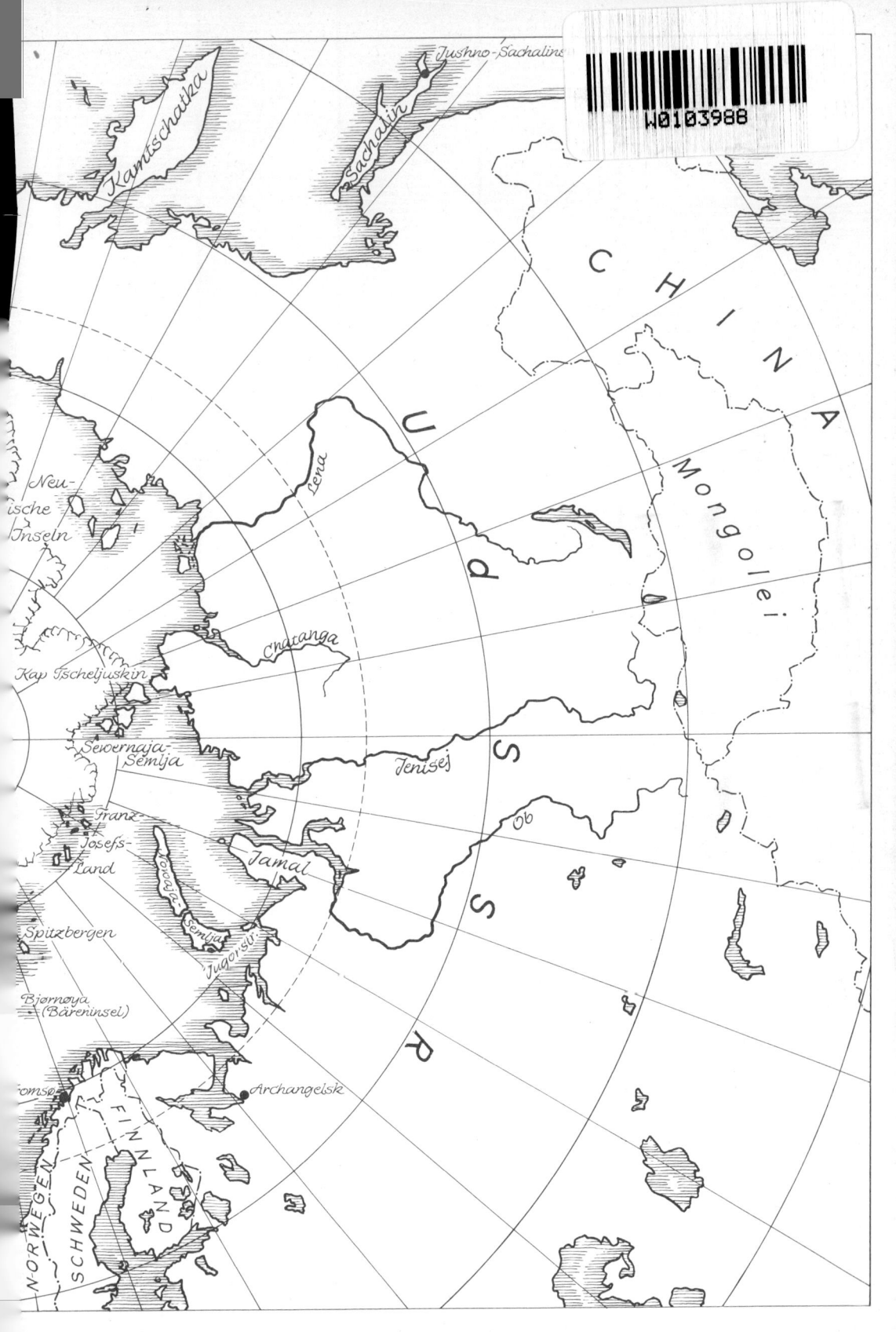

Hans Otto Meissner

Im Zauber des Nordlichts

*Reisen und Abenteuer
am Polarkreis*

C. Bertelsmann Verlag

Schutzumschlag unter Verwendung eines Fotos von Robert Lebeck:
Jan Buchholz und Reni Hinsch
Einband: Rolf Bünermann
© Verlagsgruppe Bertelsmann GmbH / C. Bertelsmann Verlag
München · Gütersloh · Wien 1973
Gesamtherstellung Mohndruck Reinhard Mohn OHG, Gütersloh
Printed in Germany · Alle Rechte vorbehalten
ISBN 3-570-02042-8

Inhalt

Nordlicht 7

Gresamoen 17

Bären auf dem Eis 52

Die kalte Küste 78

Die Fahrt der Vega 117

Sachalin – betreten verboten 145

Feuer, Eis und Island 173

Der Rote Erich und sein Sohn 204

Grönland – weiß und grün 219

Das neugefundene Land 240

Öl im Eis 288

Indianersommer 326

Nordlicht

Sieben Hunde vor dem Schlitten und zwei Mann darauf. Knirschender Schnee unter den Kufen, leichter Wind aus Nordosten, dunkle Nacht in Kanada. Nur matter Schimmer von Sternen auf endloser Tundra. Der Mond hält sich noch verborgen, aber mein indianischer Begleiter kennt den Weg zum Lager der Chipewyan. In drei bis vier Stunden können wir dort sein. Der weite Wald liegt hinter uns. Kleine Erlen- und Birkengruppen haben ihn abgelöst. Von Stürmen zerzaust, stehen sie krumm und schief. Die Schneelast drückt ihre Äste noch tiefer herab. Bald wird man nichts mehr von ihnen sehen.

Der Winter ist früh gekommen. Schon Ende September rieselten die Flocken drei Tage lang aus grauen Wolken. Die Bäche sind gefroren, und die Ströme führen Eis. Sonst erlebt man in dieser Jahreszeit noch die schönsten Tage, mit wunderbar gefärbtem Laub und würzigem Duft aus Wäldern, Schilf und Teichen. Nur bei Nacht sinkt die Temperatur unter den Nullpunkt, aber der Rauhreif schmilzt schon in der Morgensonne. Er tropft in Perlen von Büschen, Bäumen und Gräsern. Aber in diesem Jahr ist der Winter gut drei Wochen früher als sonst gekommen, sogar die Indianer wurden von den Schneefällen überrascht. Wie jedesmal im Herbst haben sie ihr Jagdlager weit draußen in der Tundra bezogen, an einem der vielen Seen des menschenleeren Landes. Man muß Vorräte an Fleisch für sechs bis sieben Monate für die Familie und für die Hunde beschaffen. Das geschieht an den Wanderwegen der Karibu. Diese Wege sind den Chipewyan seit vielen Jahrhunderten bekannt. Sie ändern sich nie, und es gibt bestimmte Stellen, an denen die Karibuherden durch enge Einschnitte des Geländes ziehen. Dort liegen die Jäger auf der Lauer, und ein kilometerlanger Strom von Tieren wird früher oder später vorüberziehen. Die Schüsse krachen, die Opfer brechen zusammen. Man zerwirkt die Beute, trocknet sie an der Luft oder im Rauch der Lagerfeuer. Dann schaffen die Chipewyan ihren Wintervorrat in schwerbeladenen Kanus zu den Dörfern am Clinton River.

Aber der Winter kam zu früh in diesem Jahr. Das Lager ist eingeschneit, Brennholz unter der tiefen, weißen Decke nur schwer zu finden. Die Jäger haben einen Boten in die nächste Siedlung geschickt, der Spiritus für die Primusöfen beschaffen soll. Unser Schlitten soll die Kanister bringen. Ich habe nichts damit zu tun, ich bin nur mitgefahren.

Die Zeit der Hundeschlitten geht zu Ende, durch motorisierte Schlitten werden sie ersetzt. Die Gelegenheit einer Reise im alten Stil des kanadischen Nordens wollte ich mir nicht entgehen lassen. Pierre Lacrosse, der Führer des Gespanns, hat mich ohne weiteres mitgenommen. Er ist selbst ein Chipewyan und hat geschworen, seine Hunde zu behalten. Wir sind schon seit dem frühen Morgen unterwegs, haben nur einmal gerastet und die Hunde mit doppelter Ration gefüttert. Pierre will weiterfahren, bis er das Lager erreicht. Die Last auf dem Schlitten ist nicht allzu schwer, und das Gelände bietet keine besonderen Hindernisse. Für gewöhnlich läuft der Schlittenführer auf seinen Schneereifen vor den Hunden oder neben ihnen her. Aber bei so glatter Fahrt kann Pierre Lacrosse auf eigene Anstrengung verzichten. Er steht hinter mir auf einem Trittbrett und hält sich an der Rückenlehne fest. Er schwingt keine Peitsche und hält keine Leine. Zurufe an den Leithund genügen. Außerdem wittern seine Huskies die Spur des Boten, der vor zwei Tagen die gleiche Strecke benützte.

Der Schlitten gleitet in ein flaches Tal, versinkt im tiefen Schnee, gelangt wieder auf harte Kruste und gewinnt die nächste Anhöhe. Es herrscht keine strenge Kälte, nur zehn Grad unter Null nach meiner Schätzung. Ich fühle mich wohlgeborgen in Pelzstiefeln und daunengefüllter Kleidung. Eine wunderbare Fahrt durch die Nacht. Groß ist mein Glück, daß ich während der letzten Tage vor dem Heimflug noch diese Schlittenreise erleben darf.

Ich habe das Empfinden, als sei der Himmel noch nie so schön gewesen wie in dieser Nacht. Die Sterne sind verstreute Goldkörner auf dunklem, seidenweichem Samt. Nicht zu ahnen ist die Weite des Weltenraums und die Zahl der Gestirne. Das eigene Ich bedeutet nichts im grenzenlosen Universum. Wir sind nur schnell vergehende Lebewesen auf einem winzigen Teil des unendlichen Alls.

Die Hunde hecheln vor dem Schlitten, lautlos gleiten die Kufen über den Schnee. Ich spüre den Atem des Indianers in meinem Nakken. Die Luft ist kälter geworden, und blasser blinken die Sterne. Ein heller Schimmer am Horizont, eine seltsame Spannung scheint in der Luft zu hängen. Es geht etwas vor in dieser Nacht, sie ist ganz anders als sonst. Ohne Grund laufen die Huskies rascher. Sie spitzen die Ohren und wedeln mit dem buschigen Schweif.

Ich glaube Stimmen zu hören, sehr hohe und leise schwingende Töne. Ein summendes Singen aus weiter Ferne. Es ist kaum zu vernehmen und verschwindet wieder. Das geschieht mehrere Male, doch ich kann mich täuschen.

Der Indianer sagt etwas in seiner Sprache, die ich natürlich nicht verstehe.

Es geht etwas vor in dieser Nacht. Zarte Schleier flattern am violetten Himmel. Silberfäden und Streifen bilden einen beweglichen Vorhang. Dünn und durchsichtig ist der himmlische Seidenstoff, kunstvoll drapiert und leicht gebauscht, als würde der Wind damit spielen. Ein wunderbares Wesen aus Luft und Licht, in die Nacht gezaubert von geheimnisvollen Künsten der Natur. Die Farben ändern sich von Minute zu Minute, lichtes Grün, leuchtendes Gelb und schimmerndes Blau. Die Schichten liegen übereinander und trennen sich wieder. Das helle Gewebe schlägt Falten, dreht und wendet sich wie eine Gardine am offenen Fenster. Rosaroter Glanz umgibt die Ränder und Spitzen wie aus weißem Musselin. Etwa die Hälfte des Himmels ist mit tanzenden Schleiern behängt. Heben und Senken, Fließen und Bewegen in Halbkreisen. Wie das flammt und lodert, wie sich die wechselnden Farben auf dem Schnee der Tundra spiegeln ...

Unser Schlitten steht. Die Hunde haben die Köpfe gehoben und verharren in regloser Haltung. Ihre Augen leuchten im Widerschein des Wunders.

Nordlicht nennt man diese Vision der nordischen Nächte, *aurora borealis*, ein Gewebe aus fliegenden Spinnenfäden. Niemand kann erklären, wie es zustande kommt. Es ist fast nur in den Regionen am Polarkreis zu sehen, und zwar in den Monaten September und Oktober, März und April. Man sagt, daß Eruptionen auf der Sonne dabei mitwirken, daß Magnetströme sich mit 1000 Meilen Geschwindigkeit pro Sekunde durch die Stratosphäre bewegen. Millionen Protonen und Elektronen treffen in zwei bis drei Sekunden auf einen Quadratzentimeter der außerirdischen Lufthülle. Aber das und noch vieles andere sind nur Theorien der Wissenschaft. Eine unbestrittene Erklärung wurde bis heute nicht gefunden. Das Nordlicht stört den Funkverkehr, unterbricht das Fernsehen und knistert in den Radiogeräten. Die *aurora borealis* erscheint den Naturvölkern als Tanz der Geister und Fest der Götter. Sie sehen im flatternden Licht gute und böse Vorzeichen, auch eine Botschaft der abgeschiedenen Seelen.

Bei seltenen Gelegenheiten wird das grandiose Schauspiel von leisen Geräuschen begleitet. Es sind jene schwingenden Töne, die wir schon vor den ersten Lichteffekten gehört haben. Ein zartes Rauschen wie von Seidenstoffen, die an einem dünnen Gitter vorüberstreifen. Swisch ... sch ... sch ... swisch ... sch ... swisch ...

Die Hunde beginnen zu heulen. Mit zurückgelegten Ohren und weit geöffnetem Rachen veranstalten sie ein wildes Konzert. Das Blut der Wölfe fließt durch ihre Adern, keiner von ihnen kann bellen. Ihre Sprache ist Gejaule. Sie spüren mehr von den Geheimnissen der Natur als wir Menschen ahnen. Sie empfangen Impulse, die uns verborgen bleiben, und antworten darauf nach ihrer Art.

»Hast du Angst?« fragt der Indianer.

»Nein, es ist wunderbar.«

»Ich habe Angst ... jedesmal, wenn der Himmel brennt. Es ist dumm von mir, aber ich bin kalt am ganzen Körper ... ich kann nichts dafür.«

Die *aurora* soll etwa 100 000 Meter hoch über dem Boden schweben. Aber es scheint, als ob die Schleier den glitzernden Schnee berühren. Bis zu 1000 Kilometer soll das Nordlicht hinaufreichen und sich nach den Seiten hin bis 800 Kilometer ausbreiten. Aber wie könnte man es messen in der Unendlichkeit des Raumes?

Das Konzert der Huskies verstummt so plötzlich, als wäre dazu ein Befehl erteilt worden. Alle Tiere legen sich flach auf den Boden.

»Gleich geht's zu Ende«, sagt der Indianer.

Die Farben der *aurora* verblassen. Die seidenen Fäden zerfließen, die lichtdurchfluteten Schleier verschwinden. Noch ein schwacher Schimmer am Horizont, dann ist wieder dunkle Nacht über der Tundra.

Im Bannkreis der *aurora borealis* liegen alle Länder über und unter dem Polarkreis. Am häufigsten erlebt man das Naturwunder in der Zone zwischen dem 20. und 25. Breitengrad vom Nördlichen Magnetpol. In diesem Raum erscheint es rings um den ganzen Erdkreis. Von Lappland über Sibirien bis nach Alaska, von Alaska über den Norden Kanadas bis nach Neufundland. Die *aurora* leuchtet über Island, Spitzbergen, Grönland und Labrador. Es kann sein, daß man wochen- und monatelang vergeblich darauf wartet. Aber man hat das Nordlicht auch in vielen aufeinanderfolgenden Nächten gesehen. Vorhersagen sind nicht möglich, die Gelehrten streiten sich noch immer über die physikalischen Bedingungen seines Entstehens. Wie es scheint, kennt die *aurora borealis* keine Gesetze, die Menschen ergründen könnten. Gegen jede angenommene Regel zeigt sich das Wunder der nordischen Nächte in unbestimmten Abständen von vielen Jahren auch am Himmel der südlichen Zone, in Spanien und Italien, in Mexiko, Florida und sogar über der arabischen Wüste. Man kann sich das Erschrecken der Menschen vorstellen, die es noch nie gesehen haben und vielleicht glauben, das Ende der Welt sei gekommen.

Die Bewohner der Länder am Polarkreis befürchten das nicht. Aber auch für sie ist die *aurora* ein großes, ein nicht zu ergründendes

Geheimnis. Es gehört zu ihrer Welt, und ich glaube, sie wünschen keine Erklärung. Der hohe Norden hat so viele besondere Eigenarten. Es ist nicht leicht, sie mit Worten zu schildern. Aber ich will es dennoch versuchen.

An gewohnten Begriffen sind die Länder nahe dem Polarkreis nicht zu messen. Alles ist dort anders, die Menschen und Tiere, das Klima, die Landschaft und überhaupt das ganze Leben. Die nordische Natur hat ihre eigenen Gesetze. Wer gegen sie ankämpfen will, ist zum Untergang verurteilt. Man muß sich den rauhen Bedingungen anpassen. Nur das fügsame Einordnen in die arktische Umgebung macht es menschenmöglich, dort zu existieren. Die Bewohner der Länder unter dem Nordlicht mußten deshalb eine Lebensweise entwickeln, die es in anderen Teilen der Welt nicht gibt. Ihre Behausungen und Transportmittel sind einzigartig, ebenso ihre Bekleidung, die Waffen und die Jagdmethoden. Sie haben ihre eigene Art der Ernährung, und besondere Sitten beherrschen die Gemeinschaft. Gewiß haben die neue Zeit und der Einbruch moderner Technik vieles verändert, aber doch nur an der Oberfläche. Soweit wie möglich hat man sich das Leben leichter gemacht. Was sich jedoch unter keinen Umständen verändern läßt, ist die Natur im Norden.

Jedesmal, wenn ich den Polarkreis überquere, klopft mein Herz ein wenig rascher. Die Vernunft kann nicht erklären, warum das so ist. Ein unbestimmtes Gefühl scheint zu sagen, daß Abenteuer außergewöhnlicher Art bevorstehen. Es sind keine Erlebnisse, die man normalerweise erwarten darf, sondern Überraschungen, die sich einstellen, ohne daß sie Licht oder Schatten vorauswerfen.

Dem Verkehr der Zukunft öffnen sich die Dschungel der Tropen, kreischende Motorsägen machen mit den Urwaldriesen kurzen Prozeß. Straßentunnel durchbohren die Hochgebirge, Asphaltbänder spannen sich durch wasserlose Wüsten, und fieberverseuchte Sümpfe werden trockengelegt. Dämme aus Beton verwandeln rauschende Flüsse und donnernde Wasserfälle in gehorsame Lieferanten von elektrischem Strom. So weit sich auf Erden die gemäßigten und heißen Zonen ausdehnen, müssen sie im Dienst der explosiv zunehmenden Menschheit ihr natürliches Bild verlieren. Wo das bisher noch nicht geschah, wird es bald geschehen. Seit dem Beginn dieses Jahrhunderts hat sich die Bevölkerungszahl verdoppelt und wird bis zur kommenden Jahrhundertwende auf wenigstens sieben Milliarden ansteigen. Was sich von den Gaben der Natur irgendwie nützen läßt, und seien die Kosten noch so hoch, wird planmäßig ausgebeutet. Nicht allein die Zahl der Menschen steigt von Tag zu Tag um etwa 150 000, sie wollen auch besser als früher und zeitgemäß versorgt sein. So steigt der Verbrauch an allem, was die Natur zu bieten hat, noch viel rascher als die Menschenzahl. Es ist eine zwangsläufige Entwicklung, die kein Bedauern verhindern kann. Naturvölker verschwinden im Sog gleichmachender Zivilisation, und bald werden die freilebenden Tiere auf künstlich erhaltene Reservate beschränkt sein.

Am Polarkreis behauptet sich nach wie vor die echte, die ursprüngliche Natur. Daran wird sich meiner Überzeugung nach auch in kommenden Zeiten nichts wesentlich ändern. Niemand kann die Arktis vergewaltigen. Das tägliche Leben ist dort zu schwierig und stellt Anforderungen, die man nur zu ertragen bereit ist, wenn eine entsprechende Gegenleistung geboten wird.

Die Zeit der Pioniere ist vorbei, wir kennen sie nur noch aus alten Berichten. Das einsame Blockhaus im nordischen Urwald ist ein romantischer Traum, aber welche Familie möchte es heute noch für immer bewohnen? Der Sommer ist kurz, aber der dunkle Winter sehr lang. Zwei, drei oder vier Monate ohne einen Schimmer von Sonnenlicht, das läßt sich notfalls in einer Stadt ertragen, aber nicht in menschenleerer, schneebedeckter, klirrend kalter Wildnis. Wo Bäche, Ströme und Seen ein halbes Jahr und länger bis zum Grund gefrieren, was sollen Menschen unserer Zeit dort beginnen? Wozu all die Entbehrungen auf sich nehmen, ohne daß ganz besondere Umstände dazu zwingen? Viele sagen zwar, sie könnten auf die Annehmlichkeiten der Zivilisation gerne verzichten, doch sind fast alle Versuche in der rauhen Praxis gescheitert. So erlebt man heute am Polarkreis und darüber, daß die wenigen Städte wachsen, aber kleine Siedlungen vergehen. Mit jedem Jahr wird die Wildnis wilder als sie jemals gewesen ist.

Dagegen wendet man ein, daß doch in der Arktis neuerdings

Bodenschätze gehoben werden, Öl gebohrt wird und eine ganze Reihe von Radarstationen bestehen. Aber wie sieht es dort aus, wie leben die Techniker, Ingenieure und Soldaten in diesen Außenposten? Unter einer Glasglocke, möchte man sagen, in hermetisch von der Umwelt abgeschlossenen Räumen. Die Weite und Breite der nordischen Natur wird davon nicht berührt. Solche Bergwerke, Ölbohrungen, Radarstationen und ähnliches mehr sind nicht einmal Oasen in der sonst menschenleeren Landschaft. Man erkennt sie nur als winzige Punkte auf grenzenloser Einöde. Es sind absolute Fremdkörper, die nur den Flecken stören, wo sie stehen. Außerdem wird die Zahl der notwendigen Arbeitskräfte so gering wie nur möglich gehalten, um die sehr hohen Löhne zu sparen.

Was hat es schon zu bedeuten, wenn die Statistik besagt, daß die Bevölkerung von Alaska, ein Land, das siebenmal größer ist als die Bundesrepublik, von 1960 bis 1972 um etwa ein Drittel zugenommen hat und heute rund 300000 Menschen zählt? Auf ihre Verteilung kommt es an, um zu wissen, ob die Erschließung der Wildnis einige Fortschritte gemacht hat. Das ist nicht geschehen, denn während der gleichen Zeit hat sich die Einwohnerzahl der Region Anchorage von rund 40000 auf fast 160000 vermehrt. Damit lebt nun über die Hälfte aller Alaskaner in der größten Stadt ihres Staates. Die meisten von ihnen sind aus den übrigen Teilen des menschenarmen Landes zugezogen. Das ist keine Erschließung, vielmehr eine Zusammenballung in bevorzugter Gegend. In den kanadischen Nordwestterritorien bietet sich das gleiche Bild. Einige Dörfer wurden zu Städten, aber das Hinterland hat sich entvölkert. Auch in Island zählt die Hauptstadt mehr Einwohner als sonst auf der ganzen großen Insel leben. Selbst im nördlichen Skandinavien ist eine Landflucht größten Ausmaßes im Gange. Bauern verlassen ihre einsam gelegenen Höfe, um in den Städten besser zu verdienen und bequemer zu leben. Nur wenige Lappen am Polarkreis ziehen noch mit ihren Rentierherden durch das schweigende Land. Die meisten wurden seßhaft in relativ volkreichen Siedlungen. Auf der Eismeerinsel Spitzbergen hat sich unlängst der letzte Trapper zur Ruhe gesetzt. Die klobigen Holzhütten der einstigen Pelzjäger sind verödet.

Wo sonst gibt es noch einsame Wildnis auf der Welt? Wo blieb die Natur so ungestört, wo sind noch freilebende Tiere fast allein die Bewohner ihres Landes, und wo kann man noch endlose Weiten durchwandern, ohne auf eine menschliche Spur zu stoßen?

In den Ländern unter dem Nordlicht, diesseits und jenseits des Polarkreises. Wer die schmalen, nur an wenigen Stellen vorhandenen Pfade des Tourismus verläßt, hat die Landschaft für sich allein. Vorstöße ins Unbekannte sind möglich, Entdeckungen sind noch denkbar. Unvergleichbare Jagdgründe bieten sich dem Jäger, nie besuchte Fischwasser dem Sportfischer und ein Labyrinth selten oder vielleicht noch gar nicht befahrener Wasserwege dem Paddler. Von keinem Menschen betretene Gipfel warten auf ihren ersten Besteiger. Für alle Freunde der echten Natur liegt die Schöpfung so fleckenlos ausgebreitet wie vor tausend oder zehntausend Jahren.

Selbst dort, wo Menschen leben oder früher gelebt haben, ist der Reiz des Ungewöhnlichen zu spüren. Brauchtum aus uralten Zeiten blieb erhalten, ebenso die Reste heidnischen Glaubens und ein persönliches Verhältnis zur umgebenden Natur. Wo die Menschen der Vorzeit verschwunden sind, blieb die Erinnerung, und man erzählt von ihnen noch so manche Geschichte. Sagen und Legenden müssen historische Kenntnisse ersetzen, bis ein glücklicher Zufall bestimmte Entdeckungen herbeiführt, die Licht in geheimnisvolles Dunkel werfen. So geschah es in L'Anse aux Meadow, als man sichere Beweise dafür fand, daß tatsächlich skandinavische Siedler im nördlichsten Amerika gelebt haben, fast ein halbes Jahrtausend bevor Kolumbus in der Neuen Welt erschien.

Wer selbst den Wegen der Entdecker folgt oder jene Stellen sucht, die kühne weiße Forscher als erste betraten, wird ihre Leistungen noch viel höher einschätzen, als wenn er nur davon liest. Es waren großartige Männer, gnadenlos hart gegen sich selbst und zu jedem Opfer bereit. Bis in unser Jahrhundert hinein haben sie die vielfachen Rätsel der Arktis gelöst.

Keine Reise in den hohen Norden nimmt einen normalen Verlauf. Es ist jedesmal anders. Immer wieder hat man hinreichend Grund zu sprachlosem Staunen. Auf dem gleichen Breitengrad wechseln dichte Waldgebiete mit der kargen Tundra. Warme Quellen an der Eismeerküste, glühende Lava am Rande der Gletscher, Eskimo im Hochgebirge und Blumen am nördlichsten Kap der Welt. Ich habe es selbst gesehen und schon fast das Staunen verlernt.

Der sogenannte Polarkreis bei 66 Grad 30 Minuten nördlicher Breite wurde von den Geographen als Grenze zwischen der gemäßigten und arktischen Zone bestimmt. Die Wirklichkeit hat damit nur wenig zu tun. Wo polare Verhältnisse herrschen oder nicht, das bestimmen Meeresströmungen, vorherrschende Winde, die gegen Norden geschützte Lage hinter hohen Gebirgen oder das Heranwehen kalter Polarluft über freie Flächen. Noch vieles andere kann zur Klimabildung beitragen. Die warmen Gewässer des Golfstromes erlauben bis hinauf ins nördliche Skandinavien eine relativ üppige Vegetation, ebenso der Japanstrom an der Südostküste von Alaska. Während die Meere dort auch im Winter nicht zufrieren, erstarren alle Gewässer in anderen Regionen des gleichen Breitengrades schon im frühen Oktober und bleiben bis Mitte Juni geschlossen. So kommt es, daß zu den Ländern am Polarkreis auch solche Gebiete gehören, die nicht unseren polaren Vorstellungen entsprechen. Nirgendwo ist der Wechsel zwischen den gemäßigten und arktischen Zonen deutlich zu erkennen. Der Übergang von dem einen in das andere Bild der Landschaft, die sogenannte subarktische Zone, kann sich über hundert, zweihundert oder dreihundert Kilometer hinziehen. Die Wälder werden dünner und die Bäume schmächtiger. Pappeln, Fichten und Tannen bleiben zurück. Weiter im Norden halten sich noch Birken, Weiden und Erlen. Der Wind hat sie zerzaust, verkrüppelt und zu Zwergen gemacht. Bald sind es nur noch verholzte Gestrüppe, die sich an moosbedeckte Steine schmiegen. Danach folgt die Tundra, wo nur fußhohe Vegetation gedeiht. Tiefgrünes Beerenkraut, biegsames Wollgras, bunte Flechten am Gestein. Selbst im Hochsommer ist der Boden bis nahe zur Oberfläche hart gefroren. Regen und Tauwasser können nicht versickern, deshalb die vielen Teiche, Sümpfe und Seen, auch die zahllosen Bäche, Flüsse und Ströme des Nordens. Ein Labyrinth von Wasser und Land im kurzen Sommer, eine Welt von Eis und Schnee während der längsten Zeit des Jahres. Endlich hört so gut wie alles auf, was der Boden hervorbringen kann.

Gresamoen

Das Pferd trägt Schneeschuhe und zieht einen Schlitten. Welch ungewöhnliches Bild an diesem schönen Tag im September. Noch ist kein Hauch des kommenden Winters zu spüren. In herbstlichen Farben leuchtet das Laub, Mückenschwärme tanzen auf und nieder. Reife Waldbeeren hängen an den Büschen, und knietief waten wir durchs feuchte, schwammige Moos. Aber das Pferd stapft mit den Winterschuhen vor seinem schwerbeladenen Schlitten. So muß das sein, sonst würde es im Sumpf versinken.

Die seltsam geformten Schuhe bestehen aus einem ledernen Oberteil, das mit Riemen und Spangen an die Hufe geschnallt wird. Diese Manschette ist fest mit einem ovalen Holzteller verbunden, der alle darauf drückende Last auf eine etwa siebenmal größere Fläche verteilt.

Eigentlich sind diese Gehwerkzeuge für tiefen und lockeren Schnee gedacht, ganz wie die Schneeschuhe der Menschen. Aber sie erfüllen im zähen Brei der versumpften Wiesen den gleichen Zweck. Ebenso der Schlitten mit seinen breiten, quietschenden Kufen, die wie Skier aussehen und glatt über den Schlamm gleiten, obwohl die Reibung gewiß viel stärker ist als auf frisch gefallenem Schnee. Das brave Pferd, einem Islandpony sehr ähnlich, muß sich tüchtig anstrengen, um die Schlittenlast zu bewegen. Aber es kennt diese Art des Transportes und ist von Jugend an daran gewöhnt, seine Schneeschuhe auch im Frühjahr, Sommer und Herbst zu tragen.

Wir sind in Norwegen, im nördlichen Zipfel von Trøndelag, wo dem Anschein nach die bewohnte Welt zu Ende ist. Östlich der einzigen Bahnlinie und bis zur schwedischen Grenze hin lebt kein Mensch in den weiten Wäldern. Es gibt keine Straße, keinen Telefondraht und erst recht keinen störenden Zaun. Auf meinem Kartenblatt ist nichts zu sehen, das auf irgendeine Verbindung zur Außenwelt schließen ließe. Nur ganz am linken Rand ein Bogen der Bahn mit einer kleinen Station. Dort liegen drei oder vier Bauernhöfe. Einer davon gehört schon seit Jahrhunderten der Familie Vedal. Von dort sind wir gekommen, mit Einar Vedal als unserem Führer im weglosen Gelände. Er weiß, welche Sumpfstrecken man überqueren kann und welche zu meiden sind.

»Gelbes Gras ist gefährlich, gehen Sie nie dorthin. Dort ist der Boden grundlos, man wird hineingesogen, als würde der Teufel ziehen.«

Im grünen Schilf und auf graugrünem Moos ist man seines Lebens sicher, auch wenn der durchlässige Morast bis zu den Knien reicht. Die Vegetation hat ein Netz von Wurzelfäden gesponnen, das irgendwo den Stiefeln eine schwankende Stütze gewährt.

Wir Menschen könnten über felsige Hügel wandern oder halbdunkle Tannenwälder durchqueren. Aber das Pferd mit dem Schlitten käme nicht durch das Unterholz. Deshalb bleiben wir in den Niederungen. Zwar ist das Gehen durch feuchtes und weiches Gelände sehr schwer, weil man nach jedem Schritt die Füße erst wieder herausziehen muß. Doch wir haben keine besondere Eile, und sollte es Nacht werden, liegen Zelt, Proviant und Schlafsäcke auf dem Schlitten bereit.

»Aber ein richtiges Bett wär' mir lieber«, sagt Marianne, »auch einen ordentlichen Herd in der Küche hast du mir versprochen.«

Ich habe meiner Frau gar nichts versprochen, sondern nur wiederholt, was Einar Vedal mich vor dem Abmarsch wissen ließ. Aber je weiter die bewohnte Gegend zurückbleibt, desto zweifelhafter scheint die Hoffnung, eine wetterfeste Unterkunft zu finden.

»Warten Sie's doch ab«, meint der baumlange Mann, »um so größer ist am Ende die Überraschung.«

So stapfen wir weiter. Aus dem sumpfigen Tal geht es einen mit

Moosbeerenkraut bewachsenen Abhang hinauf, dann durch einen lichten Birkenbestand und wieder hinab in eine Niederung. Das brave Pferd und der kratzende Schlitten folgen im gleichen gemäßigten Tempo. Von den Lärchen rieseln goldschimmernde Nadeln. Blaßgrünes, hellgelbes und grauweißes Birkenlaub zittert im leichten Wind. Das wuchernde, würzig duftende Moos verschluckt die Geräusche unserer Schritte. Bunte Farben überall, mit einer Leuchtkraft, wie man sie bei uns nur selten sieht. Glühendes Rot, schimmerndes Indigoblau, strahlendes Violett, jede nur denkbare Schattierung an Bäumen, Büschen und Beerenkraut. Im September ist der Norden am schönsten, kein Tropendschungel und keine Südseeinsel können damit konkurrieren.

Von dem schilfumsäumten Tümpel streichen Enten ab. Schneehühner, noch in ihrem gesprenkelten Sommerkleid, eilen in den Schutz des Gerölls, wo sie ihre Tarnfarbe verbirgt. Fährten von Rentier und Elch stehen im feuchten Boden.

Der Norweger zeigt auf einen besonders starken Abdruck.

»Gamel sture Elgen«, sagt er in der eigenen Sprache, »so einen sollten Sie bekommen . . . mit starken, schweren Schaufeln. Sie können sich auf Jaumo verlassen, der wird's schon machen. Aber Glück gehört natürlich dazu . . .«

Es gehört noch mehr dazu, wenn man als Fremder in diesem Tal Norwegens jagen will. Ein Gebiet von sehr weiter Ausdehnung muß man fürs ganze Jahr von der Forstverwaltung pachten, obwohl die Jagd auf Elche nur drei Wochen lang gestattet ist. Bevor der Jäger den norwegischen Jagdschein erhält, hat er auf militärischem Schießgelände nachzuweisen, daß er seine Waffe beherrscht und ein hinreichend guter Schütze ist. Damit er sich in den wilden Wäldern nicht verirrt und ganz gewiß die strengen Jagdgesetze befolgt, muß ihn ein amtlich zugelassener Führer begleiten. Im übrigen wird verlangt, daß er sein erbeutetes Wildbret auf diese oder jene Weise nutzbringend verwertet. Man kann es selbst verspeisen, irgendwo verkaufen oder an irgend jemanden verschenken. Nur in der Natur liegenlassen darf man es auf keinen Fall. Eine kluge und gute Bestimmung, aber der Transport von einigen hundert Kilo Fleisch ist ebenso umständlich wie teuer. Bei warmem Wetter muß das oft mit Hilfe eines Flugzeugs geschehen, weil die Beute sonst verdirbt*. Aber insgesamt sind die Kosten geringer, als wenn man in Alaska oder Kanada jagen würde.

Einar Vedal, der die deutsche und englische Sprache gut beherrscht, hat sich um die Vorbereitung bemüht und auch den Jagdführer angestellt. Wir sollen diesem Mann aber erst im Standlager begegnen, das irgendwo am Luru liegt und mit dem Namen Gresamoen bezeichnet wird. Bis dorthin will uns Einar begleiten, auch später von dort wieder abholen. Für alles übrige hat Jaumo zu sorgen, nach Vedals Behauptung einer der besten Kenner des Landes und seiner Tiere. So war es abgemacht, und volle drei Wochen stehen für das Unternehmen zur Verfügung.

Am Waldrand drei Rentiere, die mit klappernden Hufgelenken davonlaufen, als unsere Kolonne erscheint.

»Wilde Rentiere . . . ?« frage ich.

»Sagen wir halbwild«, meint der Norweger, »die wirklich wilden gibt's nur in der Hardangervida und im Dovrefjell, soviel ich weiß. Diese hier gehören den Lappen . . . aber sie laufen frei herum, wie man sieht.«

Das ist die neue Methode in Trøndelag, und sie wird wohl bald auch in anderen Gegenden Skandinaviens allmählich eingeführt. Die Lappen haben aufgehört, den Wanderwegen ihrer Herden zu folgen, und lassen sie auch nicht mehr von Hunden bewachen, wie es früher allgemein üblich war. Die Rentiere leben heute so frei wie ihre wilden Vorfahren. Sie gehören keinem bestimmten Besitzer mehr, sondern allen jenen Familien gemeinsam, die früher im gleichen Gebiet eine Herde besaßen. Entsprechend der Kopfzahl bei ihrer letzten Zählung können die früheren Eigentümer so viele Tiere pro Jahr abschießen, wie es der Bestand verträgt. Die Abgänge durch Bejagung werden durch Geburtenzuwachs ebenso ersetzt wie in den vergangenen Zeiten, als jeder Besitzer aus der zusammengetriebenen Herde eine bestimmte Zahl seiner Rentiere mit dem Lasso fing, um sie zu schlachten.

---

* Die Bestimmungen sind nicht überall die gleichen. Die Landschaft, der Wildbestand, auch die Eigentumsverhältnisse an Grund und Boden spielen eine Rolle.

»Aber wie kann man verhindern, daß die freilebenden Tiere in weite Fernen abwandern?«

»Sie wandern nicht ab, sie folgen immer den gleichen Wegen wie seit Jahrtausenden. Die Herden wurden ja auch in alter Zeit nicht geführt, sondern nur von den Lappen begleitet und vor Raubtieren geschützt. Jetzt sind Bären, Wölfe und Luchse so selten geworden, daß man die Herden nicht mehr zu schützen braucht. Die neue Methode hat sich gut bewährt... man weiß ja, in welchem Jahreskreis die Herden herumziehen, und kann die Jagd entsprechend einteilen, wenn dafür die Zeit gekommen ist. Früher haben die Lappen das ganze Jahr mit ihren Rentieren verbracht, heute genügen wenige Wochen.«

Schußwaffen haben das Lasso und das lange Messer ersetzt. Auf Motorschlitten bringt man die Beute zu Schlachthöfen an der Bahnlinie, wo sie rasch zerwirkt und dann nach Oslo oder Stockholm verladen wird. Die Mühe ist relativ gering, aber der Gewinn sehr viel höher.

»Den Lappen geht's also gut«, meine ich.

»Besser als je zuvor«, nickt Vedal, »denn nur Lappen dürfen Rentiere jagen... jedenfalls hier in der Gegend, wo sie das rechtmäßige Eigentum an den Herden behielten. Die Regierung hat dafür besondere Gesetze erlassen.«

Wir stehen vor dem Lurufluß, voller Staunen über seine Schönheit. Das kristallklare Wasser strömt ruhig und gleichmäßig über glattpolierten Kies. Vom Wind verwehte Blätter, Tannennadeln und Fichtenzweige schweben auf der durchsichtigen Flut. Eine lange Reihe heller Birkenstämme auf unserer Seite, dunkler Tannenwald auf der anderen. Darüber blaßblauer Himmel mit hellen Wolken. Von Osten kommend zieht der Fluß nach Westen, nicht in gerader Linie, sondern mit vielen Bögen, wie sie das hügelige Gelände verursacht. Weil man nicht weiter als wenige hundert Meter sieht, wirkt sein Lauf geheimnisvoll. Wie gerne würde ich den Luru in einem Boot hinabgleiten. Was könnte man dabei nicht alles erleben und entdecken!

»Wir müssen hinüber«, meint Vedal, »Sie werden sehen, es ist ganz einfach.«

Marianne hält die Hand ins Wasser und schätzt die Temperatur auf mindestens drei Grad unter Null. So kalt kann es nicht sein, aber sicher viel zu kalt, um mit nassen Kleidern wieder herauszukommen. Beim Durchwaten des Luru würde uns das Wasser bis über den Gürtel reichen, vielleicht auch bis zum Hals.

»Ich setz' mich auf's Pferd«, meint Marianne, »es hat einen gutmütigen Charakter und wird mich oben lassen.«

Vedal bittet mich ihm zu helfen. Er hat im Ufergestrüpp einen Kahn gefunden, mit dem Kiel nach oben. Es ist nicht leicht, ihn umzudrehen.

»Wem gehört der Kahn?« möchte ich wissen.

»Jedem, der ihn braucht. Ich glaube, er liegt schon hundert Jahre hier, mal auf der einen und mal auf der anderen Seite. Irgend jemand hat ihn voriges Jahr frisch gestrichen und ein Leck geflickt.«

Ruder gibt es nicht und auch keine Stangen. Die müssen wir uns selber mit der Axt schlagen und zuschneiden. Vedal bittet einzusteigen, schiebt das Boot in die Strömung, springt hinterher und greift zur Stange. Dem Pferd braucht man nichts zu sagen. Es zerrt am Schlitten, watet ins Wasser und stemmt sich gegen die starke Flut. Bis zur breiten Brust taucht es ein, läßt sich aber weder durch Kälte noch Strömung aus der Richtung bringen. Nur gut, daß unsere Siebensachen so fest in Segeltuch verschnürt sind. Ich hatte gedacht, das sollte nur gegen Regen schützen. Doch nun wird der eigentliche Zweck offenbar. Fast das gesamte Gepäck verschwindet unter Wasser. Der arme Gaul muß sich große Mühe geben, den getauchten Schlitten durchzubringen.

Fast gleichzeitig kommen wir drüben an. ›Snorri‹ erhält einen Brotkanten und darf sich ausruhen. Wir ziehen den alten Kahn auf sicheren Boden, drehen ihn wieder kieloben und schieben die Stangen darunter.

Wie kann man nur sagen, daß unser altes Europa übervölkert sei! Abseits der großen Straßen, abseits der allzu viel besuchten Zentren des Tourismus gibt es auch in unserem Erdteil noch Menschenleere und völlige Einsamkeit. Hier stört keine Spur der fernen Zivilisation das natürliche Leben. Keine Motorsäge schrillt durch den Wald, kein Draht zerteilt das Gelände, niemand hat die reine Natur mit dem geringsten Abfall beschmutzt. Ein Wanderer, der nicht alles genau betrachtet, könnte glauben, daß niemals Menschen in diese Gegend kommen. Aber gewisse Anzeichen verraten, daß hin und wieder Waldläufer, Fischer und gewiß auch Rentierjäger die Landschaft durchziehen. Wenn es auch keine durch häufigen Gebrauch erkennbaren Pfade gibt und erst recht keine gebahnten Wege, so folgen diese Leute doch bestimmten »Leitlinien«. Ein anderes Wort dafür, von der Waidmannssprache abgeleitet, wäre »Menschenwechsel«. Das heißt, die Wanderer der Wildnis streben ihrem Ziel, was es auch sein mag, auf dem bestmöglichen Weg entgegen. Sie umgehen steile Hügel, zeitraubende Sümpfe, allzu dichten Wald und locker liegendes Geröll. Sie folgen dem Weg des geringsten Widerstandes, ebenso wie es freilebende Tiere tun. Flüsse werden dort durchquert, wo die Vorläufer eine natürliche Furt entdeckten, oder wo in stark strömenden Bächen ein paar Trittsteine aus dem Strudel ragen. Kommen wir selbst dorthin, ist auf der einen oder anderen Seite fast immer eine armdicke Stange vorhanden, mit deren Hilfe man hinüber gelangt. Ist kein Stab zu finden, schnitzt Einar Vedal gleich einen neuen und läßt ihn zurück. Das gehört sich so, es ist gewissermaßen eine soziale Verpflichtung. Schöpfkellen, aus Birkenholz geschnitzt, hängen manchmal an den Übergängen. So kann sich der Wanderer mit frischem Wasser erquicken, ohne unmittelbar aus dem Bach zu trinken. Neben den Erdhütten der Lappen, den sogenannten Kota, ist Feuerholz aufgeschichtet, das jeder Verbraucher vor seinem Weitermarsch erneuern muß. Führt der »Menschenwechsel« durch einen Fluß, den man nicht durchwaten kann, ist meist ein umgedrehter Kahn vorhanden. Allerdings nur auf einer Seite, aber Glück muß man haben, und meist haben wir es auch. Ich nehme an, daß die Waldläufer für gewöhnlich auf dem gleichen Weg zurückkehren und deshalb den Kahn wieder dorthin bringen, wo sie ihn gefunden haben.

»Hast du so was schon mal gesehen?« fragt meine Frau, und ich folge ihrem Blick.

Da ist ein niederes, aber langes Gebäude, mit einem Tannenwäldchen auf dem Dach. Aus starkem Rundholz hat man es gebaut, wahrscheinlich ohne Nägel und mit der Axt als einzigem Werkzeug.

Für hundert Jahre und noch viel mehr scheint der Bau geschaffen, aber schon sehr lange hat ihn niemand mehr benutzt.

»Dalvasa Seter nennen wir den Platz«, erklärt Vedal, »war früher mal ein armer Hof, dann ein Stall für Weidevieh, aber jetzt ist er gar nichts mehr . . .«

Nur Tür und Fenster fehlen, sonst hat die Vernachlässigung keinen größeren Schaden angerichtet. Wie jedes Blockhaus im alten Norwegen hat man seinerzeit auch hier das solide Holzdach mit Grasplaggen bedeckt. Sie wachsen fest zusammen und werden im Frühjahr zu einer blühenden Wiese. Wenn sich niemand darum kümmert, entstehen aus herbeigewehten Samen auch Bäumchen auf dem Dach. Hier hat sie so lange Zeit hindurch niemand gestört, daß ihre Höhe nun zwei bis drei Meter beträgt. Mit den leeren Fensterhöhlen darunter fürwahr ein seltsamer Anblick.

Warum denn keine Leute mehr hier seien, fragt Marianne. Man könne doch gar nicht schöner wohnen als in dieser idyllischen Gegend. Für Vieh gäbe es doch genügend Weide, und Holz für die Kachelöfen und Fische im Fluß und überhaupt die himmlische Ruhe.

»Mit viel Mühe haben sich mal Leute dieses dauerhafte Blockhaus gebaut. Weshalb will's denn keiner mehr in Ordnung bringen?«

Vedal erklärt, daß eine Landflucht großen Ausmaßes die nördlichen Regionen Skandinaviens entvölkert. Die Städte wachsen, aber das Hinterland wird menschenleerer von Jahr zu Jahr. Woran das liegt, ist unschwer zu begreifen. Wo schnelle Verbindungen fehlen, kann der moderne Mensch nicht am Segen oder Unsegen der Zivili-

Nordlicht über einer Trapperhütte am Polarkreis. Wegen der in rascher Folge wechselnden Farben und fallenden Lichtschleier sind fotografische Momentaufnahmen äußerst schwierig. Dieses Foto gelang Gustav Lamprecht, einem Mitarbeiter des Geophysikalischen Insituts der Universität von Alaska.

Nächste Doppelseite: *Aus dem Tunasee im menschenleeren Hinterland von Norwegen erhebt sich die Felseninsel Gudefjell. Sie war in alten Zeiten ein Versammlungsort der damals noch heidnischen Lappen mit Opferstein auf der höchsten Spitze. Die alten und gebrechlichen Mitglieder des Stammes wurden hier nach einem Abschiedsfest auf Schlitten gebunden und über den Hang zur linken Seite in den See gestoßen.*

sation teilhaben. Er war früher mit den einfachsten Dingen des Lebens zufrieden, mit der notwendigen Kleidung, der täglichen Nahrung, mit einem Dach über dem Kopf und einer warmen Behausung. Das alles konnten fleißige Leute mit ihrer Hände Arbeit der nordischen Landschaft abringen. Sie könnten es auch heute noch, aber eben nicht viel mehr. Die alten und harten Zeiten sind endgültig vorbei. Man lebt in größeren Ortschaften, an der Bahnlinie und der Autostraße sehr viel bequemer. Ein kurzer Schulweg für die Kinder, alle Einkaufsquellen in erreichbarer Nähe, auch die Kirche, das Kino, die Kneipe, das Café und der Klub für die Stammtischbrüder. Post, Hospital, Apotheke, Rathaus, Restaurants, Nachbarn, Freunde und Bekannte sind mühelos zu erreichen. Die Arbeitswoche hat nur vierzig Stunden oder weniger, danach genießt man das erholsame Wochenende. Welche Vorteile die Stadt den jungen Leuten bietet, braucht man nicht erst zu sagen. Wer will auf all das verzichten, um noch weiter an seiner Scholle im Hinterland zu kleben? Die langen Winter, der tiefe Schnee, die dunklen Tage, die schwere Arbeit von früh bis spät, ohne jemals wirklich freie Zeit zu haben. Wer darauf angewiesen ist, den Unterhalt für sich und seine Familie der rauhen Natur abzugewinnen, weiß ihre herbe Schönheit nicht zu schätzen. Sie gibt so manches, aber sie versagt auch viel. Stürme, Hagel und Wolkenbrüche können die Ernte eines Jahres vernichten. Verdorrte Weiden gefährden das Vieh, Blitzschlag läßt die Wälder in Flammen aufgehen. Raubtiere brechen in den Hühnerstall ein, und niemand ist in der Nähe, um notfalls rasch zu helfen. Würden wir das hinnehmen, wenn wir in weit besseren Verhältnissen leben könnten?

Manchmal glaube ich, daß wir uns auf einem Weg befinden. Man hat Knüppeldämme durch Sumpflöcher gelegt und Steinmänner auf Hügel gebaut. Gelegentlich sind auch die Reste einer Rasthütte zu sehen.

Ja, es ist ein Weg, fast sogar eine Straße, die von irgendwo in

Unberührte, kaum bekannte, herrlich weite und freie Wildnis auch in Europa. Ein See ohne Namen. Kein Weg führt zu seinem Ufer, kein Haus und keine Hütte findet sich in seiner Nähe.

Schweden bis hinunter nach Trondheim führt. Einst zogen Händler mit ihren Tragtieren und zweirädrigen Karren über diesen Weg. Er war auch die Verbindung einsamer Bauernhöfe mit der Außenwelt. Aber nun ist die uralte Straße verfallen, zugewachsen und nur an wenigen Stellen noch zu erkennen. Die Natur hat das Menschenwerk ausgelöscht.

Wir folgen dem Ufer eines kilometerlangen Sees, überqueren breite Bäche und steigen geduldig über mehrere Anhöhen. ›Snorri‹ beginnt zu schnauben, der gute Gaul hat wohl genug für heute. Seine Sumpfschuhe klappern auf dem Gestein, und der Schlitten knirscht in allen Fugen. Das geplagte Tier tut uns leid, man sollte ihm die Holzteller abnehmen. Hier werden sie nicht mehr gebraucht.

»Wir sind gleich da«, läßt Vedal wissen, »hinter dem nächsten Hügel liegt Gresamoen.«

Als das Ziel dann auftaucht, bleiben wir vor Erstaunen stehen.

»Nun, was habe ich gesagt?« freut sich unser Führer. »Das haben Sie bestimmt nicht erwartet... wie in einem alten Bilderbuch?«

Ganz wie es Sigrid Undset so oft beschrieben hat. Ein vollständiges Gehöft aus der alten Zeit, mit sämtlichen Nebengebäuden, die dazu gehören. Das breite doppelstöckige Wohnhaus, ganz und gar aus mächtigen Fichtenstämmen erbaut und eine wuchernde Wiese auf dem Dach. Das Haus für Vorräte daneben, ein langer Stall, die alte Schmiede und die ehemalige Sauna, Geräteschuppen, Gesindewohnung, eine Backstube und die Abtritte. Am Bach eine Mühle und das geborstene Mühlrad.

Der Hof war vollkommen autark gewesen. Die Wolle der Schafe wurde im Haus gesponnen, die Stoffe gewebt, dann zu Decken, Kleidern und Mänteln verarbeitet. Man gerbte die Häute für Schuhe, Sättel und Zaumzeug. Aus Tonerde formte man Teller, Krüge und Schüsseln. Mit Gänsefedern wurden Kissen und Bettdecken gefüllt. Die Bienenstöcke lieferten das Wachs für die Kerzen und Honig als Ersatz für Zucker. Der Bauer beschaffte sich nur das Roheisen, um selbst daraus zu schmieden, was notwendig war. Bares Geld brauchte die Familie nur in bescheidener Menge, und sie bekam es für Gerste, Hafer und Roggen von den Feldern. Auch der Verkauf von Schlachtvieh füllte hin und wieder den Beutel.

Wir sehen noch, wo einst die Äcker waren. Dort hat sich bisher der Wald nicht ausbreiten können, und sorgsam sind die Steine von den ehemaligen Weiden entfernt worden. Generationen von Einödbauern haben sie zu Wällen am Rande der Nutzflächen aufgetürmt. Am Lurufluß ist noch der ehemalige Bootsschuppen zu erkennen. Die nun zusammengebrochenen Holzgerüste haben zum Aufhängen der Netze gedient.

Wie lange war das her, seit wann haben die Leute ihren autarken Besitz verlassen?

Als Bahn und Straßen gebaut wurden und der Autoverkehr begann, da merkten die Menschen im Hinterland, daß die neue Zeit an ihnen vorüberzugehen drohte. Zuerst verschwanden die jungen Leute und kamen nicht wieder. Ohne ihren Nachwuchs konnten die Eltern aber nicht weitermachen. Auch der Knecht, die Magd und die Hütejungen setzten sich ab, um leichtere Arbeit für doppelten Lohn zu finden. So ein großer Hof war jedoch auf billige und willige Arbeitskräfte angewiesen. Man mußte ihn aufgeben, so schwer der Entschluß auch sein mochte. Es war ein reicher Hof gewesen für die Begriffe der alten Zeit. Die Familie hatte dort so lange gesessen, daß man gar nicht mehr wußte, welcher Vorfahr den Anfang gemacht hatte. Doch am Ende war das Leben auf dem durch Generationen vererbten Hof zu hart und zu armselig geworden.

Der Bauer hatte Arbeit am Bahnbau gefunden, seine Frau in einer Konservenfabrik. Dabei soll es ihnen besser gegangen sein als während der letzten Jahre in Gresamoen. Der Hof gehörte noch ihren Nachkommen. Aber die kamen nur selten, um dies oder das zu richten. Irgendwelchen Nutzen hatten sie nicht mehr von ihrem Besitz und auch keinen Anlaß, noch Geld und Mühe hineinzustecken. Auf Vedals Frage, ob fremde Jäger dort wohnen dürften, hatte der Erbe ohne weiteres zugestimmt.

Die Tür ist nicht verschlossen. Man schiebt nur einen Holzriegel zurück und kann hineingehen. Schränke, Truhen, Tische und Stühle sind noch vorhanden, auch die Bettgestelle in den Schlafzimmern und Kerzenleuchter auf den Fensterbrettern. Der eiserne Ofen in der guten Stube ist ein Museumsstück. Er besteht aus handgeschmiedeten Platten mit kunstvollem Figurenschmuck. In einer

Schublade finden sich verstaubte und vergilbte Bücher, teilweise mit Kupferstichen geschmückt. So mancher Sammler wäre glücklich, wenn er sie erwerben könnte. Mir erscheint es wie ein Wunder, daß sie kein Fremder genommen hat.

»Hier nimmt keiner was fort«, sagt Einar Vedal, »es kann auch kein Fremder herfinden, weil Weg und Wegweiser fehlen. Nur die Lappen wissen Bescheid, auch ein paar Jäger und Fischer. Die übernachten mal hier, kochen Kaffee und wärmen sich auf. Das sind durchweg anständige Leute, wie sich's gehört. Mit Touristen wäre es anders ... man hat schon erlebt, was die anrichten. Aber zum Glück haben sie Gresamoen noch nicht entdeckt ...«

›Snorri‹ wird in den Stall geführt, mit einem Sack Hafer versorgt und der Schlitten entladen. Was für einen Haushalt im Zelt gebraucht wird, haben wir mitgenommen. Auf das Zelt können wir verzichten, aber mit dem übrigen Zeug die Küche, Stube und Schlafkammer wohnlich gestalten. Marianne ist als des »Waidmanns Weib«* kaum zu übertreffen. So knistert bald ein vielversprechendes Feuer im Küchenherd und danach auch im Eisenofen der guten Stube. Draußen ist es dunkel und kalt geworden, aber um so gemütlicher drinnen. Auf dem Tisch erscheint die Erbsensuppe mit Speck und Zwiebeln, dazu eine gute Flasche leicht gewärmten Rotweins. Wozu soll man darben, wenn es auch anders geht?

Eine Kerze spendet flackerndes Licht. Elektrische Lampen hätten nicht zur Stimmung gepaßt, und außerdem wollen wir Batterien sparen. Der Wind rüttelt an den Fensterläden, Mäuse piepsen unter dem Fußboden, und ich glaube den Ruf einer Eule zu vernehmen.

»Gleich werden auch Wölfe heulen«, fürchtet meine Frau.

Einar Vedal stopft sich die Pfeife, und als der Tabak glüht, beginnt er mit halbleiser Stimme schaurige Geschichten zu erzählen. Hier ist dafür der rechte Ort und die passende Stunde. Von hungrigen Wölfen ist die Rede, die in der Neujahrsnacht ein verirrtes Kind überfielen. Doch es wurde im letzten Augenblick auf wunderbare Weise gerettet. Vorzeiten hat ein Bär hier in den Wäldern gelebt, der von

---

* »Des Waidmanns Weib« ist der Titel eines Buches, das meine Frau unter ihrem Mädchennamen Marianne Martens geschrieben hat (Bayrischer Landwirtschaftsverlag, München).

Hunger getrieben beim nächsten Bauernhof erschien. Man gab ihm reichlich zu fressen, worauf er ein guter Freund dieser Menschen wurde. Im eiskalten Winter wärmte er sich am Kamin, und er bewachte das Haus, wenn die Leute fortgehen mußten. Als ein Fremder in die Stube trat, in abgerissenen Kleidern und zerfetzten Schuhen, wurde er von dem zornigen Bären umgebracht. Aber dieser Mann war ein verschollener Bruder des Bauern, der nach langen Irrfahrten endlich heimgekehrt war. Mit dem Tod mußte der unglückliche Bär für seinen Irrtum büßen.

Und dann die Geistergeschichten. Von Trollen, Gnomen und Schattengestalten erzählt unser Freund. Sie hausten in düsterer Schlucht, verborgenen Höhlen und verfallenen Hütten. Sie zogen Wanderer in Wasserfälle und verwandelten junge Mädchen in Fledermäuse. Es gab auch gute Geister, die verlorene Seelen auf den rechten Weg führten, das Haus vor Blitzschlag bewahrten und bei Nacht die Speisekammer füllten. Wenn Einar Vedal ganz ernsthaft davon gesprochen hat, bricht er am Ende in Gelächter aus. Wir sollen bloß nicht annehmen, daß er dergleichen für möglich hält. Dennoch träumen wir davon, und mehrmals während der Nacht ruft Marianne, ob ich nichts Verdächtiges höre.

Schon früh am Morgen holt Vedal sein gutes Pferd aus dem Stall und spannt es vor den leeren Schlitten.

»Jaumo wird bald kommen, ihr könnt euch darauf verlassen«, sagt er beim Abschied, »ich wünsch euch einen Elch mit starken Schaufeln.«

So sind wir denn allein in dem großen, alten Haus. Wir gehen durch die Stuben und Kammern, schauen in alle Winkel und Nebenräume. Wir stellen uns vor, wie es einst gewesen war, als noch geschäftiges Treiben den reichen Hof erfüllte. Bauer, Bäuerin und Kinder, der alte Großvater, Knechte, Magd und Hütejungen, vielleicht noch ein betagter Holzarbeiter, der hier sein Gnadenbrot verzehrt, Vieh auf der Weide, Pferde im Stall, Gänse am Teich und Hühner auf dem Misthaufen. Der Hofhund schläft in der Sonne, eine Katze schleicht durch die Küche, Schafe grasen auf dem Hügel. Rauch kräuselt aus dem Schornstein, in der Schmiede sprühen die Funken, am Bach dreht sich das Mühlrad. Stimmen, Gelächter, das

Knirschen eines Karrens, das Dengeln einer Sense, das Muhen der Kühe und gackerndes Federvieh.

Da kommt ein Hund gelaufen, der sein Rückenhaar sträubt und böse knurrt.

»Achtung... sehr beißig«, werden wir gewarnt, »nicht anfassen Hund!«

Ein Mann steht vor uns, sehr klein, aber breit gebaut; mit langläufigem Gewehr in der Armbeuge und einem prallgefüllten Tragsack auf dem Rücken. Er hat leicht schrägstehende Augen, lederbraune Haut und strähnige, schwarze Haare. Er sieht aus wie ein Waldschrat, grüßt aber freundlich.

»Bin ich Jaumo... der Jäger zu euch«, sagt er in gebrochenem Deutsch, »machen erst Koffi... gehen wir dann los.«

Jaumo ist ein Lappe, das sieht man auf den ersten Blick. Ein Mann, dessen Alter man nicht schätzen kann, aber gewiß ein Bündel von Kraft, Energie und guter Laune. Er trägt abgewetzte Lappenstiefel, ein Lappenmesser am Gürtel und eine rotgestrickte Lappenmütze auf dem Kopf. Sonst ist Jaumo in derbes, schon oft ausgebessertes Loden gekleidet. Ein echter Waldmensch des Nordens, gewiß sehr ausdauernd und mit allen Listen der Wildnis vertraut.

Er geht an uns vorbei in die Küche, schürt die Glut und setzt einen Topf mit Wasser aufs Feuer. Als es kocht, wirft er eine Handvoll grob geriebener Kaffeebohnen hinein.

»Nichts geben Hund«, warnt er Marianne, »er beißen in Hand sehr fest.«

Das Tier ist eine Mischung von Wolfsspitz und Wolfshund, mit sehr rauhem, dichtem und langem Haar. Ein echter Wolf, vielleicht auch mehrere gehören bestimmt zu seiner Ahnenreihe. Das beweisen seine schräggestellten Augen, der flache Schädel und das äußerst starke Gebiß.

Jaumo schlürft den dampfenden Kaffee, als könne er gar nicht heiß genug sein. In weniger als fünf Minuten ist er damit fertig.

»Zeig mal dein Gewehr«, sagt er dann und prüft die Waffe mit Kennerblick. Auch unsere Stiefel, unsere Wettermäntel und den Inhalt der Jagdtasche müssen wir vorweisen. Alles wird von Jaumo eingehend untersucht. Doch er scheint damit zufrieden zu sein.

»Gut essen am Morgen . . . gut essen bei Nachtmahl . . . nichts essen am Mittag«, sind seine Anweisungen, »nur machen Koffi bei Jagen nach Elch.«

Die alte Regel der Jäger, wir kennen sie schon.

»Also, wir gehen ab«, ist Jaumos nächster Befehl.

Er legt ein Tempo vor, daß uns bald die Zunge aus dem Halse hängt. Die kurzen Beine des Lappen müssen Sprungfedern enthalten und seine Lungen einen Blasebalg. Er läuft durch Pfützen, Bäche und hüfthohes Schilf, als wären wir auf einer gepflegten Promenade. Felsgestein, Wurzelwerk, gestürzte Stämme und sperriges Gestrüpp machen ihm gar nichts aus. Wie ein Panzer im Kleinformat bricht er durchs Unterholz, gewandt wie ein Katzentier kriecht er durch die Windbrüche.

»Wenn das so weitergeht«, stöhnt Marianne, »bleib' ich auf der Strecke.«

Mir geht es genauso, ich bin schon in Schweiß gebadet und schnappe nach Luft.

»Jaumo . . . wir kommen nicht mit . . . bleib doch endlich mal stehen.«

Er tut wie geheißen, und so können wir ihn einholen.

»Wollte ich sehen, was kraftig ihr seid«, sagt er mit nachsichtigem Lächeln, »also laufen ich nur wie Schnecke.«

Sein Schneckentempo ist so rasch, daß wir gerade noch imstande sind mitzuhalten. Bei der ersten Rast kann ich endlich aus unserem Jagdführer herausholen, was er denn eigentlich vorhat. An einer bestimmten Stelle, wo die Elche für gewöhnlich am frühen Morgen zur Tränke an den Luru ziehen, will Jaumo die Fährte eines möglichst starken Bullen aufnehmen, um ihr mit Hilfe des Hundes zu folgen. Gegen Mittag, bei einigermaßen warmem Wetter, legen sich die Elche nieder. Da muß man sich bei Gegenwind sachte und lautlos heran pirschen.

»Aber nur schießen, wenn Elgen große Sache auf Kopf«, sagt Jaumo im Befehlston, »sonst ich sein werden ganz böse . . . du nur schießen, wenn ich geben Zeichen von mir.«

Das ist deutlich genug, und es gefällt mir nicht schlecht. Mit dem Elchwild hatte ich damals noch keine Erfahrung, wußte aber von

Kennern der Elchjagd, wie außerordentlich schwierig es ist, die Stärke der Trophäe in freier Wildbahn zu schätzen. So ein Waldläufer wie Jaumo würde es wissen, und ich wollte mich ganz auf ihn verlassen. Um Mißverständnisse zu vermeiden, soll gleich gesagt werden, daß skandinavische Elche nur in seltenen Fällen die Stärke ihrer kanadischen und alaskanischen Verwandten erreichen. Sie werden nicht so schwer, nicht so hoch und schieben kein so gewaltiges Geweih wie in den nordischen Urwäldern der Neuen Welt. Außerdem trägt bei weitem nicht jeder Bulle der skandinavischen Jagdgründe die begehrten Schaufeln. Wohl die meisten sind sogenannte Stangenelche, mit deren magerem Kopfschmuck ein passionierter Waidmann nur ungern seine Wände ziert. Es müssen schon Schaufeln sein, damit es nach etwas aussieht. Wer sodann seinen Freunden erklärt, daß die Trophäe aus den Wäldern im europäischen Nordland stammt, kann der Bewunderung oder auch des Neides gewiß sein. Über das eine oder andere freut man sich gleichermaßen, denn so sind nun einmal die Jäger.

Größer als Rotwild ist das Elchwild auf jeden Fall. Wer die gewaltigen Bullen Alaskas nicht kennt, den werden auch Größe, Gestalt und Geweih der skandinavischen Elche in Erstaunen versetzen.

Nach ungefähr drei Stunden gelangen wir an jene Schleife des Luru, wo ein vielbegangener Wechsel der Elche den Fluß durchquert. Er ist hier besonders breit, aber deswegen gar nicht tief. Zwar sind Elche gute Schwimmer, wenn es sein muß, aber sie bevorzugen die seichten Stellen in einem strömenden oder stehenden Gewässer. Jaumo prüft die frischen Fährten und stellt fest, daß sie vom Morgen desselben Tages stammen. Die Ränder sind glatt und an der oberen Kante noch nicht abgebröckelt. Es findet sich zur weiteren Bestätigung der Frische auch feuchte Losung. Unser Lappe steckt den Finger hinein, spürt einen Rest von Wärme und erkennt durch sorgfältige Beriechung, daß seit dem Fall aus dem Waidloch nur wenige Stunden verstrichen sind.

»Machen hier kurzen Rast ... dann wir laufen hinterher.«

Alsbald machen wir uns wieder auf den Weg. ›Bjørn‹, der vortreffliche Elchhund, wird an die Leine genommen und auf die Fährte gesetzt. Was er zu tun hat, ist ihm wohlbekannt. Würde ihn der gut zwölf Meter lange Riemen nicht halten, wäre ›Bjørn‹ wie ein abgefeuerter Schuß im wilden Wald verschwunden. Er zerrt gewaltig an der Lederleine, läßt aber keinen Laut vernehmen. Jaumo keucht hinterher, und wir folgen so gut es geht. Über Stock und Stein, durch Gestrüpp, Wasserläufe und Erlenbüsche. Von Jaumos sogenanntem Schneckentempo ist keine Rede mehr. Wie lange uns der Hund als Vorläufer diente, weiß ich nicht mehr zu sagen. Ebensowenig ist mir klar, woran der Lappe erkennt, daß mit einemmal größte Vorsicht geboten scheint. Ich nehme an, die Spannung des Riemens hat nachgelassen, weil ›Bjørn‹ sein stürmisches Tempo verlangsamt. Jaumo pfeift durch die Zähne, der Hund bleibt stehen und legt sich nieder.

»Kommen du mit«, sagt Jaumo zu mir, »und du bleiben hier«, sagt er zu Marianne.

Bekanntlich sind bei der Jagd schon zwei Mann zuviel. Das weiß auch meine Frau und verspricht, geduldig zu warten. Jaumo bindet seinen ›Bjørn‹ an den nächsten Baum, wobei er nicht unterläßt, Marianne nochmals vor jeder Annäherung zu warnen.

»Nur ich kann anfassen ... andere Mensch beißen Bjørn ganz kraftig.«

Der Wind ist gut, und meine Hoffnung steigt. Aber zu sehen ist noch nichts. Der Lappe läuft lautlos einen locker bewaldeten Hang hinauf. Ich vermeide jedes Ästchen, das brechen könnte, auch jede raschelnde Berührung mit belaubten Zweigen. Hast und Eile wären noch schlimmere Fehler. Auch der Lappe bewegt sich so langsam, wie man es nach der bisherigen Erfahrung kaum von ihm erwarten konnte. Als vorne Licht durchs Unterholz schimmert, legt er sich nieder, um nur noch zu kriechen. Ich mache es genauso und schiebe dabei die Mauser 9,3 vor mir her. So kommen wir endlich auf die Höhe des gewölbten Rückens, wo uns freier Ausblick in eine sumpfige Niederung gegönnt wird.

»Kommen neben mir ganz ruhig ... noch mehr ruhig ... Fernglas nehmen und schauen dort!«

Dort drüben stehen zwei Elchkühe mit Kälbern, bis an den Bauch im Wasser eines trüben Teiches. Sie äsen Schilfgras. Eine der Kühe holt sich auch Schlinggewächse vom schlammigen Grund. Wenn ihr

Haupt wieder, mit tropfenden Büscheln im Maul, zum Vorschein kommt, kann sich das Kalb davon nehmen, was es will. Es ist ein seltsamer und rührender Anblick zugleich.

»Bull nicht gut«, sagt Jaumo, »nur Stanger auf Kopf.«

Ich sehe keinen Bullen.

»Im Busch links von Teich, wo Baum brechen um . . . da kommen noch ein Bull, mit Schaufel . . . ganz schön breit . . .«

Jetzt kann ich dort ein mächtiges Tier erkennen, aber nur seine ungefähre Gestalt. Es sind viele Zweige davor, auch hat das vermorschte Holz in seiner nächsten Umgebung etwa die gleiche Färbung. Aber ich hoffe, daß sich der Bulle ins Freie bewegt, ziehe die Waffe heran und lege die Sicherung nach links.

»Du nichts machen«, knurrt der Lappe, »ich sagen, wann schießen.«

So ist das mit Jaumo, doch ich brenne im Jagdfieber. Aber der rechte Waidmann muß sich zur Ruhe zwingen, auch wenn das noch so viel Überwindung kostet. Geduld ist der Vater des Erfolges. Die besten Trophäen werden nach langem Warten erbeutet, man hat es oft genug gehört und auch selbst erfahren.

Der Elch mit den Schaufeln tritt langsam hervor, und ich kann es nicht lassen, die Waffe fester zu greifen. Mir scheint, daß hier eine überaus starke Trophäe zu erbeuten ist.

»Haben breite Schaufel«, muß Jaumo zugeben, »schön breit genug . . . aber kurz, sehr viel kurz. Sollen du nicht schießen . . .«

Ich protestiere, der Bulle gehört zur stärksten Klasse, davon bin ich fest überzeugt. Sein Schaufelgeweih ist großartig.

»Der soll es sein«, erkläre ich flüsternd dem Lappen, »so eine Gelegenheit kommt nicht wieder.«

Was daraufhin geschieht, ist kaum zu beschreiben. Der Lappenmensch richtet sich zur halben Höhe auf und läßt das Geheul eines Wolfes hören. Ob es so echt klingt wie bei richtigen Wölfen, mag dahingestellt bleiben. Doch es hat die gewünschte Wirkung. Dem Elchwild drunten fährt ein blitzartiger Schreck in die Glieder. Im Bruchteil von Sekunden sind alle Tiere weg. Nur ihr Gepolter ist noch eine Weile zu hören, bis es weit in der Ferne verklingt.

Natürlich habe ich auf Jaumo eine gewaltige Wut. Doch rasch siegt die kühle Vernunft. Was er getan hat, geschah für den guten Zweck, mir weit bessere Schaufeln zu verschaffen, als sie jener Bulle besitzt. Nur ein Stück des edlen Wildes kommt in Frage, mehr will und darf ich nicht erlegen. Aber die bestmögliche Trophäe muß es sein, das ist klar. Diese schon am ersten Tag von zwanzig Tagen zu erbeuten, wäre ein Glücksfall sondergleichen. Der Lappe weiß hier Bescheid. Ich dagegen habe noch keine Ahnung von den Hoffnungen, die man hegen darf oder nicht.

»So war es gut, Jaumo, ich werd' in Zukunft die Knarre erst heben, wenn du mir ein Zeichen gibst.«

Er strahlt wie ein Pflaumenkuchen mit Schlagsahne.

»Du bekommen werden Schaufeln ... gar nicht passen in Auto, nur auf Dach.«

Seine Worte in das Ohr des heiligen Hubertus, meinetwegen auch in die rosaroten Lauscher der heidnischen Göttin Diana.

Guter Dinge und munter plaudernd machen wir uns auf den Rückweg zu meiner Frau. Jaumo läuft schneller und ist als erster in ihrer Nähe.

Plötzlich bleibt er stehen, und ich ahne Unheil.

»Bjørn ... Bjørn beißen Frau ...«, ruft er zu Tode erschrocken und rennt wie von Sinnen zum Tatort.

Jenes Bild, das sich bot, werde ich nie vergessen. Die Hundeschnauze am Hals von Marianne, aber nicht, um die scharfen Zähne hineinzuschlagen, sondern als Ausdruck lebhafter Zuneigung. Nur mit Mühe kann sie verhindern, daß ihr ›Bjørn‹ die Wangen abschleckt. Sie hält das Tier in den Armen. Aus den Hundeaugen lächelt tiefste Dankbarkeit für so gute Freundschaft. Der Hund wedelt mit seinem buschigen Schweif, als hätte ihn ein Ventilator angekurbelt. Der Lappe sieht es mit fassungslosem Staunen.

»Wie du machen das ... mit so beißige Hund?«

»Mein Leben lang hat mich noch kein Hund gebissen und überhaupt kein Tier auf der weiten Welt. Ich hab' nur vernünftig mit ihm gesprochen, das war alles ... und Bjørn ist wirklich ein lieber Kerl.«

Was soll man dazu sagen? Bisher ist das immer gutgegangen, und ich glaube, es würde auch mit einem schwarzen Panther gutgehen.

»Meine Frau Bjørn nie anfassen«, erklärt uns Jaumo, »immer Angst haben, weil knurrt und Zähner zeigen.«

Wenn man vor Hunden Angst habe, meint Marianne, würden sie das als Zweifel an ihrem guten Charakter empfinden. Aber der Lappe hat sich noch nicht mit dem neuesten Stand der Verhaltensforschung beschäftigt. Er schüttelt erst einige Male den Kopf, geht aber dann zur Tagesordnung über.

»Wir gehen zu Kota und machen Koffi.«

»Wo will er Kaffee kochen?« fragt Marianne.

»In einer Kota, hast du doch gehört ... lassen wir uns überraschen.«

Er geht mit eiligen Schritten voran, offenbar einem Pfad im Walde folgend, den nur seine Augen erkennen. Bemooste Steine, gefallene Stämme, Farnkraut bis zu den Hüften. Dann eine rieselnde Quelle und daneben ein Grashügel von Menschenhand. Er ähnelt von außen einem indianischen Wigwam. Das Ding hat etwa drei Meter Höhe und drei Meter Durchmesser. Auf allen Seiten fallen die Graswände schräg zum Boden ab. Das ist die Kota, in längst vergangenen Zeiten die allgemein übliche Behausung der Lappen. Heute baut man sie nicht mehr, soviel ich weiß. Aber die noch vorhandenen Kota werden gelegentlich bei Wanderungen mit den Rentieren oder auf Jagdausflügen als notdürftige Unterkunft für wenige Tage bezogen. Sonst wohnen auch die Lappen in festen Häusern mit allem Komfort unserer Zeit. Das gilt sogar für die »Touristenlappen«, die sich an Durchgangsstraßen vor einer alten Kota den Kameras der Fremden präsentieren. Von dem Geld, das ihnen Touristen spenden, leisten sich die Leute ein bequemes Leben im modernen Eigenheim. Es befindet sich in nicht allzu weiter Entfernung von ihrer Kota, die nur als Staffage für romantische Aufnahmen dient.

Aber das hier ist eine wirkliche Kota, von Rentierlappen für ihren echten Bedarf gebaut. An der Art, wie sie mit ihrer natürlichen Umgebung verwachsen ist, läßt sich erkennen, daß dieses Bauwerk schon seit einem halben Jahrhundert oder länger besteht.

Jaumo rutscht bäuchlings an dem Kegel hinauf und holt eine halbmeterbreite Steinplatte von der Spitze. Damit ist der Abzug für den Rauch und der Einfall für Tageslicht geöffnet. Die Tür liegt auf der anderen Seite, ist aus Balken zusammengefügt und nur schwer zu bewegen. Ein fünfjähriges Kind hätte den Eingang erhobenen Hauptes durchschreiten können, aber für Erwachsene ist der Kriechgang notwendig.

Nässe und Moderduft haben wir darin erwartet. Aber aus mir nicht bekannten Gründen sind auch die lange unbewohnten Kota meistens trocken und frei von eklem Gewürm. Drei Schlafstellen aus angehäuftem Laub befinden sich rechts, links und gegenüber vom Eingang. Die Mitte des Raumes ist frei und dient als Feuerstelle.

»Ich bringen Brennholz«, läßt unser Freund verlauten, »gleich werden Regen sein sehr viel.«

Deshalb hat er uns also in die Kota geführt, wir haben die heranziehenden Regenwolken gar nicht bemerkt.

Was Jaumo bringt, ist eine sorgfältige Auswahl von Brennmaterial. Dürres Gras, Birkenrinde und kleinste Ästchen zum Anzünden des Feuers, fingerdicke Tannenzweige für das eigentliche Entflammen. Danach starke Fichtenäste für einen großen Brand und schließlich grobe Scheite von Laubholz, um dauerhafte Glut zu spenden. Es ist ein Vergnügen zu sehen, wie schnell und geschickt er zu Werke geht. Wenige Minuten später sitzen wir schon am prasselnden, knisternden, wohlig wärmenden Feuer.

Den gemahlenen Kaffee, einen Beutel mit Zucker, die verbeulten Becher und eine stark verrußte Kanne holt unser Freund aus seinem Ledersack. An dem Haken einer Kette, die vom Luftloch herunterhängt, wird die mit Wasser gefüllte Kanne befestigt. Als das Gebrodel beginnt, wirft er mit dem Kaffee und sehr viel Zucker noch zerriebene Kräuter hinein.

»Machen wir Lappenkoffi«, ist seine Erklärung, »finde ich gute Würze im Wald . . . früher machen Lappen immer so und brauchen gar nicht Koffi.«

Kaffeebohnen sind erst mit den Händlern des vorletzten Jahrhunderts zu den Lappen gelangt. Aber schon bald waren die Naturmenschen so versessen darauf, daß sie den besten Teil ihrer Tauschwaren für Kaffee verschwendeten. Gewiß hat man zu Anfang die Lappen gewaltig betrogen. Heute ist Kaffee nicht mehr so sündhaft teuer wie damals, und die Ureinwohner des nördlichen Skandinavien vertilgen davon unglaubliche Mengen. Sechs, sieben und auch mehr Kaffeepausen gehören zu den täglichen Gewohnheiten.

Der Geschmack der Kräuter im Lappenkaffee kitzelt die Zunge und schmeichelt dem Gaumen, hat aber keine üblen Folgen.

Indessen rauscht der Regen, und ein beachtlicher Sturm rüttelt an der geschlossenen Türe, die aber seiner Wucht widersteht. Wer befürchtet hat, daß Schauer von Regentropfen durch das kreisrunde Loch im Dach die Gemütlichkeit stören, wird angenehm enttäuscht. Was der aufsteigende Rauch nicht mit seiner heißen Luft vertreibt, muß im Feuer verzischen.

Die offene Dachspitze ist das Lichtloch, der Schornstein und die Luftzufuhr in einem. Das Feuer und der Rauch vertreiben die Mükken, jene gräßliche Plage der warmen Jahreszeit. Es wäre völlig falsch, die Kota und die ähnlich gebauten Wigwams herablassend als Behausung primitiver Völker zu bezeichnen. Während die Lappen schon seit vielen Jahrhunderten in der gemütlichen Kota wohnten, saßen unsere Vorfahren mit Triefaugen ums Feuer, denn sie kannten noch keinen gut funktionierenden Abzug für den Rauch.

Weil es weiter in Strömen gießt und kohlschwarze Dunkelheit die Welt verhüllt, bleiben wir über Nacht in der Kota. Nicht etwa mit hungrigem Magen, denn auf solche Notfälle ist der gute Jaumo vorbereitet. Aus seinem geräumigen Rucksack bringt er Schweinespeck, Haferflocken, Rosinen, Schafskäse und Butternudeln zum Vorschein. Eine tiefe Bratpfanne und drei lange Löffel kramt er gleichfalls heraus. Mit wachsendem Staunen folgen wir der Zubereitung des ungewöhnlichen Mahles. Er sagt zwar, wie man es nennt, doch habe ich das längst vergessen. Jedenfalls verzehren wir die Mischung des kochkundigen Lappen mit großem Genuß. Und zwar gleich aus der Pfanne, weil wir keine Teller haben. Auch ›Bjørn‹, der freundliche Hund, kommt nicht zu kurz. Dafür zu sorgen hält Marianne für eine selbstverständliche Pflicht der Freundschaft. Wo er sein Nachtlager sucht, ist keine Frage mehr. Marianne wird jedenfalls gut gewärmt.

In den folgenden vierzehn Tagen besuchen wir noch manche Kota, übernachten aber nicht mehr darin. Gresamoen ist unser romantisches Zuhause. Von dort ziehen wir beim ersten Tageslicht aus, dorthin kehren wir am späten Nachmittag zurück. Einmal kommt Vedal zu Besuch, um zu fragen, ob wir etwas brauchen und wie es mit dem Jagderfolg steht. Sonst sehen wir in den beiden Wochen keinen anderen Menschen. Die Gegend wir uns immer vertrauter, denn wir haben sie bald nach allen Richtungen durchwandert. Wir lernen die Namen der Berge, der Flüsse und der zahlreichen Seen, sofern sie überhaupt einen Namen besitzen. Es gibt noch mehr verlassene Höfe in dem weiten Revier, doch keiner ist so weitläufig und noch so gut erhalten wie Gresamoen. Ich schätze, daß in der Gegend, die wir bejagen dürfen, zwölf bis zwanzig Familien gelebt haben. Nun ist es menschenleerer als zu Anfang der geschichtlich beglaubigten Zeit. Sogar vorher noch, meint Jaumo, da allein die Lappen mit ihren Rentierherden das Land durchzogen, gab es mehr Verkehr als heutigentags. Die Ballungszentren der Großstädte sind Magneten mit unwiderstehlicher Anziehungskraft. Aber die vielgepriesene freie Natur, klare Luft und reines Wasser, gesunde Umgebung und himmlische Ruhe sind nicht mehr gefragt.

Sechsmal oder siebenmal, ich weiß nicht mehr wie oft, hätte ich einen Elch mit breiten Schaufeln erlegen können. Aber Jaumo will es nicht haben. Ich muß schon befürchten, daß in der ganzen Gegend keiner der Bullen seinen hohen Ansprüchen gerecht wird. Ganz ehrlich gesagt, lege ich nicht mehr so entscheidenden Wert darauf, mit einer kapitalen Trophäe heimzufahren. Für Marianne und mich ist schon das Erlebnis genug, in dieser ganz und gar ursprünglichen Welt zu sein. Alles ist schön, auch die donnernden Gewitter, der brausende Sturm, rieselnder Regen und wallender Nebel. Es gibt in Wahrheit kein schlechtes Wetter, sondern nur falsche Kleidung. Wir werden frischer und gesünder von Tag zu Tag. Märsche von acht bis zehn Stunden machen uns nichts mehr aus. Fast können wir das übliche Tempo von Jaumo mithalten.

Es ist der vierzehnte Tag, als endlich der große, kaum noch erhoffte Augenblick kommt. Wie schon so oft, folgen wir einer Fährte und wollen wegen der späten Tagesstunde aufgeben, als Jaumo eine Brunftgrube entdeckt. Wobei zu erklären ist, worum es sich handelt. Elchbullen haben bisweilen die übelriechende Angewohnheit, ihre Losung wie ihren Feuchtguß an bestimmten Stellen abzugeben. Sie stampfen dafür mit den Hufen eine mäßig tiefe Grube in den weichen Boden. Darin wird der Urin mit Kot vermischt, was ebenfalls durch Stampfen geschieht. Mehr und mehr kommt hinein. Die fortschreitende Fäulnis bewirkt schon bald einen penetranten und weit verbreiteten Gestank. Was unserer Nase abscheulich erscheint, ist für Elchkühe ein verlockender Duft. Er reizt das brunftige Tier zur Paarung mit dem ebenso brunftigen Bullen. Der weiß das genau, und deshalb kommt er immer wieder an die stinkende Stelle zurück. Es ist ja sehr wahrscheinlich, daß er dort über kurz oder lang eine passende Gefährtin findet.

Marianne, außerhalb der Wildnis eine gepflegte Frau, erwähnt in diesem Zusammenhang das französische Parfüm mit Namen »Je reviens«. Genau dasselbe, nur mit völlig anderen Ingredienzen, bedeutet die Stinkgrube eines Elches. »Ich kehre zurück« will er damit zum Ausdruck bringen.

»Wollen hier bleiben und warten auf kraftig Bull«, ist der wohldurchdachte Plan unseres Freundes.

Nur ist es leider schlecht mit dem Wind. Wo sich die einzig mögliche Deckung findet, von dort weht unsere menschliche Witterung zur Brunftgrube. Als ich meine, bei dem gräßlichen Geruch der Grube könne doch kein Elch unseren feinen Körperduft wahrnehmen, ist der jagdlich erfahrene Lappe anderer Ansicht.

»Grube riechen fein für Elch . . . kennen er schon lange. Mensch riechen ganz schlecht für Elch, weil kennen er nicht.«

Kaum gesagt, begibt er sich zum Bullenklosett, streift seine Strickjacke ab und taucht sie in das ekelhafte Zeug. Danach zieht er die Jacke wieder an und kommt zurück.

»Auch so machen«, sagt er mir, »müssen riechen gut für Elch. Auch deine Frau müssen so machen . . .«

Aber schon ist Marianne hundert Meter weit geflüchtet. Lieber keine kapitalen Schaufeln als am eigenen Leib so infernalisch zu pesten. Dazu kann mich kein Jaumo überreden.

»Muß du hinter mir sein, dann vielleicht Elch riecht nur mein Jacke.«

Auch dazu gehört große Überwindung. Doch wenn es unbedingt sein muß, können passionierte Jäger sehr viel vertragen.

Die Sonne neigt sich zum Horizont, als zögernd und doch lebhaft interessiert eine Elchkuh der Grube entgegenzieht.

»Bull nicht weit«, sagt Jaumo leise, »wird er kommen bestimmt.«

Wie aus dem Boden gewachsen steht er da. Ein Riese von Gestalt, mit Schaufeln wie Scheunentore.

Aber meinem Freund scheint er nicht besonders zu gefallen. Ein guter Elch, sogar ein recht guter Elch, doch keiner von den stärksten.

»Immer noch besser als jeder bisher«, dränge ich Jaumo, »laß mich doch schießen!«

Da greift er nach meiner Hand und hält sie fest.

»Ruhig ... ruhig, kommen noch einer ... bleiben ruhig. Er ist kraftig ... ganz groß kraftig.«

Bei Brunftgruben ist es durchaus möglich, daß noch andere Bullen dorthin kommen. Sie respektieren keineswegs die Rechte des Erzeugers von Grube und Gestank. Wo sich vermutlich die Kühe einfinden, fühlt sich jeder Elchbulle hingezogen. So ist es hier, und so treffen nun zwei Rivalen zusammen. Im Angesicht des begehrten Weibes will natürlich keiner nachgeben. Beide machen klar zum Gefecht.

Doch besteht kaum ein Zweifel, wer am Ende die Schlacht verliert und vielleicht sogar das Leben. Zu deutlich ist der zweite dem ersten überlegen.

Jaumos Zeichen habe ich nicht mehr nötig. Seine Aufregung sagt mehr als genug. Die Sonne ist längst versunken, bald muß auch das letzte Licht verlöschen. Zum Glück stehen beide Bullen frei und sind noch einigermaßen gut zu erkennen.

»Der Rechte ... der Rechte ... mussen der Rechte sein ... du schießen ... schießen ...«

Ohne Auflage zu schießen, aus ziemlich verdrehter Stellung, mit dem linken Ellbogen auf dem rechten Knie.

Krach, Feuer und Rückstoß ... noch mal durchgeladen und gleich den zweiten Schuß hinterher.

Keine Reaktion bei dem Opfer. Der Bulle steht wie aus Stein gemeißelt. Was denn, verdammt noch mal, war falsch gewesen!

»Ist schon tot . . . ganz gut tot . . .«, ruft Jaumo in wilder, heidnischer Freude, »nicht mehr leben . . . nicht mehr spüren, ganz tot . . . sehr tot.«

Aber erst nach vier oder fünf Sekunden bricht das gewaltige Tier zusammen. Der Boden bebt bei seinem Fall, und die Birken daneben zittern.

Der Lappe schlägt mir so oft und so kräftig auf die Schultern, daß ich bitten muß, seine Glückwünsche zu beenden. Von Marianne ist zu vernehmen, daß sie erst kommen wird, wenn sich Jaumo der stinkenden Jacke entledigt hat. Eine gründliche Waschung im Bach vertreibt den schauderhaften Geruch.

»Tut es dir nicht leid?« fragt des Waidmanns Weib, als der gestürzte Riese zu unseren Füßen liegt.

»Ja, natürlich, so wie immer. Aber größer ist die Freude. Es ist nun mal so . . . beides gehört zusammen.«

Über allem haben wir den ersten Elch und die Kuh vergessen. Der Schuß, der Lärm und die Witterung von Menschen waren für sie gewiß ein schreckliches Erlebnis. Ich nehme an, daß sie beide so schnell wie der Wind davonstürmten.

Aber wenn Elche lieben, dann hören, sehen und fürchten sie nichts. Keine hundert Meter weit entfernt, gegen den verblassenden Horizont noch deutlich zu sehen, sind der andere Bulle und die Kuh mit der Paarung beschäftigt. Bei so großen und schweren Tieren ein ungemein uriger Anblick.

Der Rivale ist durch fremde Hand gefallen. Was nun der andere schnaubend genießt, hat er mir zu verdanken.

»Machen wir Koffi«, sagt Jaumo, »dann arbeiten viel an toter Bull. Zu Hause ich braten Nieren, mit Speck und Pfeffer, sehr gut . . . sehr gut . . .«

Ohne diesen strengen und tüchtigen Mann, bemerkt meine Frau, hätte ich so starke Schaufeln nie erbeutet. Sie hat vollkommen recht, und ich darf hoffen, daß nicht sehr viele Jäger eine so stolze Trophäe aus Norwegen mitbrachten. Nun muß ich meinerseits die Schultern Jaumos beklopfen, aber ganz so kräftig, wie er das kann, gelingt es mir nicht.

Es ist noch ein weiter Weg bis nach Gresamoen, im sanften

Schimmer des Mondes und der Sterne. Als das Zifferblatt meiner Uhr die zwölfte Stunde zeigt, ruft ein Uhu durch die Nacht. Das U...huh...huh der großen, heimlichen Eule wiederholt sich mehrere Male. Es ist in unserer Heimat längst verklungen, von verschwindend wenigen Ausnahmen abgesehen. Hier aber ist der Uhu noch zu Hause. Niemand stellt ihm nach oder holt Jungvögel aus dem Nest. Der Ruf findet sein Echo, ein Nachtvogel gleicher Art gibt ihm Antwort. Für menschliche Ohren klingt es wie eine Klage über die Unvollkommenheiten der Welt.

Zeitlich gesehen hat uns der Tod des Elchbullen um eine Woche reicher gemacht. Mir wäre es recht gewesen, während dieser Tage nur zu wandern, ohne Waffe auf dem Rücken und Patronen in der Tasche. Aber Jaumo macht verlockende Vorschläge, die auch das Interesse meiner Frau erregen. Von der Insel Gudefjell im Tunasee ist die Rede, einem in alter Zeit vielbesuchten Versammlungsplatz der Lappen. Auf dem Gipfel dieser Insel liegt eine Opferstätte aus heidnischer Zeit. Wie Jaumo meint, haben Fremde diese Stelle noch nie besucht, auch die meisten Lappen der heutigen Zeit bewahren keine Erinnerung daran. Wenn wir die Opfersteine sehen wollen, ist der gute Freund gerne bereit, uns hinaufzuführen. Da er die Vergangenheit seines Volkes besser kennt als mancher der gelehrten Lappenforscher und mit bemerkenswertem Stolz davon spricht, fällt die Entscheidung nicht schwer.

Jaumo eilt nach Agle, um Einar Vedal mit Pferd und Schlitten zu holen. So wird der Elch schon am nächsten Tag abtransportiert, und wir verlassen den einsamen Hof. Ich habe Gresamoen nie wiedergesehen, auch von niemandem gehört, der nach uns dort gewohnt hat. Wir können nur hoffen, daß alles so geblieben ist wie damals vor zwölf Jahren.

In Agle steht unser Wagen. Wir verstauen das Gepäck im Kofferraum und das Schaufelgeweih droben auf dem Gepäckträger. Der Lappe nebst seinem Hund steigt hinzu. Ein Studium der Straßenkarte kann unterbleiben, Jaumo weiß besser Bescheid als die Tourenexperten des Automobilclub. Er dirigiert uns nicht über Asphalt oder Teerbelag, sondern seitwärts über Nebenstraßen durch wildromantische Landschaft. Wenig Verkehr und nur wenige Ortschaften.

Schmale und oft schlechte Wege, in steilen Windungen hinauf und auf engen Kurven hinab. Schäumende Wasserfälle, graugrüne Seen, felsige Bergrücken und herrliche herbstbunte Färbung überall. Wir wohnen in altmodischen, noch sehr bescheidenen Gasthöfen, wo man gemeinsam mit der Familie die Mahlzeiten einnimmt. Man muß diese Unterkünfte kennen, denn es gibt keine Reklameschilder, die darauf hinweisen. Der Gastbetrieb ist nur Nebensache, und mir scheint, daß es den Leuten dabei mehr um anregende Geselligkeit als um die Füllung der Kasse geht. Selten haben wir so billig gewohnt und gespeist. Aber ohne Kenntnis der norwegischen Sprache ist kaum eine Verständigung möglich.

In Bergli am Tunasee ist die Fahrstraße zu Ende. Man will sie um die ganze Nordseite des weiten Sees herumführen, und ich könnte mir denken, daß es seit unserem Besuch geschehen ist. Aber es wird nichts daran ändern, daß man die Gudefjellinsel erst nach längerer Wasserfahrt erreicht.

Das Wetter ist empfindlich kalt geworden, und graue Wolken haben den Himmel überzogen. Auf dem See spielen Wellen, die manchmal ins Boot hineinschlagen. Während Jaumo rudert, bin ich mit der Schöpfkelle beschäftigt. Marianne beruhigt den Hund, den die Schaukelei im Kahn mit Angst erfüllt. ›Bjørn‹ ist das nicht gewohnt, er hat bisher ein Wasserfahrzeug nur zum Überqueren des Luru betreten.

Der Tunasee, so habe ich der Landkarte entnommen, ist etwa 25 Kilometer lang und maximal 9 Kilometer breit. Berge, Wälder und Steilküste umgeben das Gewässer. Tiefe Buchten schneiden ins Land, viele Halbinseln greifen hinaus in den See. Von den zahlreichen Inseln sind Lillefjell und Gudefjell die größten. Bis fünfhundert Meter hebt sich Gudefjell über den Seespiegel. Alles in allem eine Landschaft von rauher Romantik, noch nicht für den Fremdenverkehr erschlossen und ohne jedes störende Beiwerk der Zivilisation.

Unser Boot stößt an den Strand. Der Lappe springt heraus, zieht den Kahn aufs steinige Ufer, wirft sich den Ledersack auf den Rücken und bittet zu folgen. Auch hier keine Spur eines Weges, obwohl doch vorzeiten viele Menschen mit Lasten, Schlitten und Hunden den Gipfel bestiegen haben. Aber das ist lange her, und keine Spur ist von ihnen geblieben. Einem Bachbett müssen wir folgen, das tief eingeschnitten nach oben führt. Felsblöcke sind unsere Treppe. Die Gummischuhe rutschen ab, wir fassen in schneidend kaltes Wasser. Höher hinauf, immer höher hinauf. Jaumo reicht Marianne die Hand, und Marianne zieht den Hund am Halsband hinterher. Ich muß klettern wie im Hochgebirge auf der Gamsjagd. Mir scheint, daß der Höhenunterschied nicht fünfhundert, sondern fünftausend Meter beträgt. Aber ein letzter Klimmzug bringt uns auf eine Hochfläche, und Jaumo sagt, von jetzt ab wäre alles einfach.

Drei, vier, fünf Rentiere springen ab. Wie kamen sie auf die Insel? Vielleicht im Winter über das Eis. Doch unser Lappe glaubt, seine Vorfahren hätten ihre Vorfahren mitgebracht, als Opfertiere für die Heidenfeste. Da sind einige entsprungen, deren Nachkommen den Schutz der verlassenen Insel genießen. Über die gefrorene Fläche eines so großen Sees würden Rentiere nicht ziehen, aus angeborener Furcht vor den Wölfen. So kann es sein, ich will es glauben.

Jaumo führt zu einem flachen Platz, den auf drei Seiten moosbewachsene Hügel umgeben. Zur offenen Seite hin senkt sich ein gleichmäßig schräger Hang zum See hinab. Keine Schlucht darin und keine Felsblöcke darauf. Da wäre der Anstieg viel leichter gewesen.

»Nennen wir Weg zum Tode«, sagt Jaumo, »nicht gut für Menschen, die wollen leben.«

Er muß es wissen, ich kann es nicht beurteilen. Wie ein gelernter Fremdenführer erklärt uns der Freund die Bedeutung des Platzes. In vorchristlicher Zeit, und das war für die Lappen bis etwa zum Beginn des achtzehnten Jahrhunderts, kamen alle Familien aus wochenweiter Umgebung in jedem Frühjahr zur Gudefjellinsel und schlugen hier oben ihre Zelte auf. Es waren Zelte aus Rentierfellen und Birkenästen. Feste wurden hier gefeiert, Streit geschlichtet und noch weiter oben den Naturgeistern reiche Opfer dargebracht. Zu Jaumos lebhaftem Bedauern vertreten einige der Lappenforscher die völlig unbewiesene Ansicht, daß man auch Menschen geopfert habe. In Wahrheit hätten seine Vorfahren das niemals getan. Nur die Hinrichtung von Verbrechern hält Jaumo für möglich, aber dann hatten sie gewiß eine so harte Strafe verdient. Einzig und allein Rentiere führte man zu den Opfersteinen, stieß ein Steinmesser durch ihre Kehle und ließ sie verbluten. Wie Jaumo betonte, hatten früher noch viele andere Völker ungefähr das gleiche getan. Sogar im Alten Testament sei die Rede von geopferten Tieren. Den Lappen könne man es gewiß nicht übelnehmen*.

Am Ende der Festtage wurden die hochbetagten Mitglieder des Stammes mit den besten Sachen bewirtet, die man nur auftreiben konnte. Auch fermentierte Rentiermilch, die fröhlich und trunken macht, bot man den alten Männern und Frauen in verschwenderischem Maße. Alsdann nahm man liebevollen Abschied von ihnen, band sie auf einem Schlitten fest und ließ sie über den schrägen Hang in den See gleiten.

»Wie bitte . . .?« fragt Marianne voller Entsetzen, »man hat die Alten umgebracht?«

Nein, man hatte sie von ihren Altersbeschwerden erlöst. Ein ständig wanderndes Volk konnte die Alten, die Kranken und die Gebrechlichen nur solange mitnehmen, als sie keine Last für die Familie waren. Wenn sie aber nur noch auf Schlitten weiterkamen, wenn man sie tragen mußte oder wenn sie nicht mehr imstande waren, ihre Ernährung durch Mitarbeit zu verdienen, mußte man sie in die andere Welt entlassen. Das wußten die Alten und erwarteten nichts anderes. Das vorhergehende Festmahl, auch der Abschied unter Tränen, bewies zur Genüge, daß man die Trennung nur mit größtem Bedauern vollzog.

Aber ein Blick auf den Weg des Todes ließ uns doch ein Schaudern verspüren. Was die armen Alten dabei empfanden, ist nicht überliefert.

»Gehen wir zu drei Steinen«, sagt Jaumo und schreitet voran.

Es ist nicht weit, wir steigen nur die Hügelkette hinauf, dann zur nächsten Anhöhe, und da ist schon der Gipfel. Ein ungewöhnlicher Gipfel, das muß man zugeben. Drei Granitblöcke, jeder etwa sechs Meter hoch und drei Meter breit, lehnen gegeneinander. Sie hätten

---

* Die Lappen selbst nennen sich Samen oder Samelaken, was in ihrer Sprache »Nomaden« bedeutet. ›Lappen‹ wurde das ursprünglich mongolische Volk, in Urzeiten aus dem Südosten des heutigen Rußlands eingewandert, von den Schweden und Norwegern genannt, danach überhaupt von allen Fremden.

sich ohne die gemeinsame Stütze nicht aufrecht erhalten. Ich bezweifle, daß Menschen das Werk vollbracht haben. Sehr wahrscheinlich haben Naturkräfte, wie etwa die Gletscherbewegung vor Jahrmillionen, das seltsame Gebilde geschaffen. Weil es so seltsam ist, sahen die Lappen darin eine Wohnung der unsichtbaren Geister, der allmächtigen Beherrscher der Natur. Sie opferten ihnen, was am wertvollsten war, nämlich Tiere, von denen sie fast ihren gesamten Unterhalt bezogen, die Nahrung, Kleider, Schuhe, Leder, die Geräte aus Horn und die Messer aus geschliffenen Knochen. Das leuchtet ein, das kann man begreifen.

Der Opferstein selbst liegt vor den drei Blöcken. Er besteht aus einer flachen Granitplatte mit natürlicher Mulde in der Mitte. Diesen Stein hatten vielleicht Menschen dorthin gebracht.

Auf der Platte befinden sich fünf oder sechs Rentiergeweihe, noch nicht verwittert und noch mit Resten geronnenen Blutes an den Schädeln. Unserem Freund fehlen die Worte. Er steht mit vorgebeugtem Leib und starrt die gebleichten Knochen an. Als Jaumo seine Fassung wiederfindet, redet er zuerst in der eigenen, dann in der norwegischen Sprache, um am Ende sein gebrochenes Deutsch zu gebrauchen.

»Wer das machen... wer noch glauben an Geister?«

Des Rätsels Lösung haben wir nie erfahren. Es können Liebhaber der Folklore gewesen sein, die sich das makabre Ritual erlaubten. Sogar Amateurfilmer sind denkbar, denen aus echtem Interesse oder häßlichem Unfug daran gelegen war, eine Imitation der Lappenopfer im Heimkino vorzuführen. Eine dritte Möglichkeit wäre es, daß junge Lappen sich damit vergnügt hatten, die Geweihe ganz normal geschossener Rentiere von irgendwoher nach Gudefjell zu bringen und hier droben abzulegen. Es sollte bei etwaigen Besuchern den verwirrenden Eindruck erwecken, als würden noch heute heidnische Opfer stattfinden.

Zu welcher Meinung Jaumo gelangt, sagt er nicht. Aber seinem Verhalten nach haben wir fast den Eindruck, daß ihm der erstaunliche Anblick recht gut gefällt. Er rückt die Geweihe zusammen und verbindet sie mit einer Lederschnur aus seiner Tasche.

»Gehen wir zu Boot«, lächelt er dann, »und machen wir Koffi.«

Bären auf dem Eis

Die ›Havella‹ ist das kleinste Schiff, mit dem ich jemals über einen Ozean gefahren bin. Ihre Länge beträgt dreizehn Meter und die größte Breite vier. Nach der Tonnage habe ich nicht gefragt. Der Käpten hat schon vor der Ausreise gesagt, man müsse sich an die Enge gewöhnen und den Kopf entsprechend niedrig tragen. Das Schiff, mit dem Kolumbus die Neue Welt entdeckte, sei auch nicht größer gewesen. Seitdem waren aber 475 Jahre vergangen, und ganz davon abgesehen, hatte die Mannschaft des Kolumbus mehrmals mit Meuterei gedroht.

Hier kam das nicht in Frage. Jeder von uns hatte eine Menge guten Geldes bezahlt, und in Gestalt eines Bärenfelles wollten wir den Ausgleich dafür haben. An Bord der ›Havella‹ war der Erfolg so gut wie sicher. Ist mir doch kein Jäger bekannt, der von einer solchen Safari ohne den Pelz eines Polarbären nach Hause zurückkam. In Tromsø, wo die Jagdfahrt durchs Nordmeer endet, gibt es mehrere Geschäfte, die Eisbärenfelle verkaufen. Aber wer über eine sichere Hand verfügt, die richtige Waffe führt und im entscheidenden Augenblick nicht die Nerven verliert, kann die stolze Trophäe auch selbst erbeuten.

Um es gleich zu sagen: Das Erlegen eines Polarbären ist weder besonders schwierig, noch setzt der Schütze dabei sein Leben aufs Spiel. Seltene Ausnahmen können nur die Regel bestätigen. In jenen Gewässern, wo die ›Havella‹ kreuzt, ist nicht zu befürchten, daß die Gesamtzahl der Eisbären abnimmt. Im Gegenteil, heute leben sie relativ länger und sicherer als zuvor. Während der Wildschutz von Alaska noch immer behauptet, er könne die Eisbärenjagd draußen vor der Küste nicht beschränken, weil die gesetzlichen Befugnisse des Staates nur bis zum Rand der Drei-Meilen-Zone reichen, haben die Norweger das juristische Problem auf ebenso zweckmäßige wie einfache Art gelöst.

Jedem Schiff unter norwegischer Flagge ist die Beförderung von toten oder lebenden Eisbären streng verboten, auch darf sich nicht der kleinste Teil davon an Bord befinden. Das Fahrzeug kann beschlagnahmt werden, der Kapitän sein Patent verlieren, und wer sonst noch mit der verbotenen Fracht irgend etwas zu tun hatte, wird streng bestraft. Das gilt auch für Schiffe unter fremder Flagge, wenn sie einen norwegischen Hafen anlaufen. Weil Spitzbergen zu Norwegen gehört, gelten dort die gleichen Gesetze. Die Wechselfälle einer Polarfahrt kann niemand voraussehen, zumal Treibeis, lang anhaltender Nebel oder ein plötzlicher Wandel des Wetters die Safari gefährden. Ist sodann der Kapitän gezwungen, sei es auch nur aus Mangel an Treibstoff oder Verpflegung, den nächsten Hafen anzulaufen, hat ihn schon die Polizei im Griff. Da hilft es auch nichts, die Beweise der Jagd über Bord zu werfen. Allein schon die Waffen erregen Verdacht, Spuren der Untat lassen sich finden, und eingehende Verhöre von Mannschaft und Passagieren erbringen fast immer den schlüssigen Beweis.

Aber einigen Schiffen ist die Jagd erlaubt. Nach neuestem Stand, so glaube ich, sind es nicht mehr als drei. Sie dürfen nur eine bestimmte Zahl von Jägern mitnehmen, und die ist an Bord der ›Havella‹ auf vier beschränkt. Im Verbreitungsgebiet der Bären sind die Jagdfahrten, jeweils 12 bis 15 Tage, nur von Anfang Juni bis Ende September möglich. So kann die Zahl der Opfer niemals höher sein, als man für den schlimmsten Fall berechnet hat, und das auch nur, wenn wirklich jeder Schütze seinen Bären erlegt. Früher war die Erbeutung von zwei Trophäen pro Kopf gestattet, heute muß sich der Bärentöter mit einer begnügen. Das angeschweißte Tier zählt als totes Tier, auch wenn es bei noch scheinbar guten Kräften in der Ferne verschwindet. Also ist für diesen Schützen die Jagd zu Ende.

Speziell für die Bärenjagd im Eismeer wurde die ›Havella‹ gebaut. Sie ist ein klobiges Schiff mit zwei starken und sehr leistungsfähigen Dieselmotoren. Der mit fingerdickem Kupfer beschlagene Rumpf besitzt eine besondere Wölbung, die vermeiden soll, daß die ›Havella‹ zerdrückt wird, wenn sich das Eis ringsherum schließt und immer stärker gegen die Bordwände preßt. Das System des gewölbten Rumpfes ist den Eismeerfahrern schon lange bekannt und hat so manches Schiff mit seiner Besatzung vor dem sicheren Verderben gerettet. Der Nachteil ist nur, daß so ein Fahrzeug schon bei mäßig bewegter See ganz schrecklich rollt, schlingert und stampft. Aber das muß man ertragen, die Sicherheit geht vor. Doch ist niemandem, der zur Seekrankheit neigt, die Fahrt mit einem solchen Schiff zu empfehlen.

Selbstverständlich ist die ›Havella‹ mit einer zuverlässigen Anlage für Sprechfunk ausgestattet, verfügt auch über Radar und Echolot. Die Besatzung besteht aus fünf Mann, dem Kapitän, dem Steuermann und Maschinisten, dem Koch und einem Mann für alles übrige. Jeder hat langjährige Erfahrung im Eismeer, und abgesehen vom Küchenchef kann einer den anderen vertreten. Das Logis für den Käpten und seine drei Gehilfen befindet sich im Heck, je zwei Kojen an Backbord und Steuerbord. Es ist dort recht gemütlich, hat man sich erst daran gewöhnt, den Kopf und die Schultern in einer Ebene zu halten. Nur beim Sitzen können die Männer das Haupt erheben. Sie haben ihren eigenen Waschraum und WC, auch viele Schubladen, einen Klapptisch im engen Raum und bunte Bilder nach seemännischem Geschmack an den Wänden. Daneben, fast schon mittschiffs, liegt der Maschinenraum und darüber das Steuerhaus. Zwei Mann der Besatzung halten sich immer darin auf, so verlangt es die Vorschrift bei Fahrten in polaren Gewässern. Auch für die Passagiere gibt es einen Tisch und zwei schmale Bänke im Steuerhaus. Wir können dort alle Maßnahmen der Schiffsführung aus der Nähe verfolgen, auf den Radarschirm schauen und das Ausschlagen des Echolots betrachten. Wer etwas Norwegisch versteht, hört die Unterhaltung am Sprechfunk mit. Zwar haben wir auf unserer weiten Fahrt nie ein anderes Schiff gesehen, aber die Funksprüche machten den Eindruck, als sei das Polarmeer ein Tummelplatz für sehr viele Fahrzeuge. Doch in Wirklichkeit sind Schiffe dort nur dünn gesät und meist über hundert Kilometer voneinander entfernt.

Vom Steuerhaus führen sechs steile Stufen in den sogenannten Salon. Darin befindet sich der Eßtisch für die vier Gäste an Bord. Die Sitzbank und zwei festgeschraubte Drehstühle, ein Schrank, ein Sofa und Bücherbrett füllen den restlichen Raum. Die beiden Passagierkabinen sind nur halb so groß wie das Abteil in einem Schlafwagen. Mit Kleiderhaken statt Kleiderschrank muß man sich begnügen. Wem das Oberbett zuteil wurde, hat einige Mühe hinaufzukommen. Die untere Koje dient ihm als Sprungbrett, ganz gleich, ob der Kabinengenosse darin ruht oder nicht. Droben ist es kaum möglich, den Kopf zu heben. Man stößt gleich an die Decke. Mein linker Arm muß von der Hand bis zur Schulter die Wand berühren und der rechte dicht am Körper bleiben, sonst reicht der Platz im Bett nicht aus. Das Anziehen und Ausziehen ist ein Problem für sich. Die Enge des Kabinchens erlaubt keine Drehung. Da noch alles mit Gepäck vollgestopft ist, hat man gerade noch einen tellergroßen Platz, um mit eingezogenem Bauch vor den Betten zu stehen.

Der Waschraum, Dusche und Klo sind im Bug des Schiffes untergebracht, durch den Miniatursalon von den beiden Minikabinen getrennt. Die Bedienung des Klo erfordert hydraulische Kenntnisse unter seemännischen Bedingungen. Denn zuvor und hinterher muß man eine Pumpe betätigen, wobei sehr auf wechselndes Tempo und Wassermengen zu achten ist. Notfalls kann man den kundigen Koch zu Hilfe rufen.

Hendrik heißt er, und seine Kochkünste verdienen schon deshalb besonderes Lob, weil die Norweger sonst nur essen, um nicht zu verhungern. Seine Schiffsküche hätte in die Hälfte eines normalen Kleiderschrankes gepaßt. Dennoch gelingt es Hendrik, wenn auch in mehreren Arbeitsschichten, in diesem Gelaß gut gewürzte Mahlzeiten für neun Personen zu bereiten. Auch Windstärke zehn kann einen Koch wie Hendrik nicht erschüttern, obwohl er bei heftigem Sturm und Wogenschwall kaum noch weiß, ob er auf dem Kopf oder auf den Füßen steht. Die Töpfe und Deckel sind bei hohem Seegang natürlich fest auf dem Gasofen angeschraubt.

Hendrik muß so klein, so schmal und schmächtig sein wie er ist, denn seine Schlafkammer hinter der Küche ist bestenfalls für einen zehnjährigen Buben berechnet. Er aber scheint sich darin ganz wohl zu fühlen. Schon die erste Ausfahrt der ›Havella‹, zwölf Jahre zuvor, hat Hendrik als Koch begleitet und offenbar nie den Wunsch verspürt, sich zu verändern.

Der Käpten heißt Hansen, trägt weißblondes Haar und zählt etwa fünfzig Jahre. Davon hat er den größten Teil auf kleinen und ganz kleinen Fahrzeugen im Nördlichen Eismeer verbracht. Er ist Seele und Geist der ›Havella‹. Seine wasserhellen Augen durchdringen den Nebel und seine tieftönende Stimme den stärksten Sturm. Er gibt freundliche Antworten selbst auf dümmste Fragen. Die Unwissenheit der Landratten, zumal in dieser seltsamen Welt des Polarmeeres, kann ihn schon längst nicht mehr aus seiner Ruhe bringen.

Der Maschinist, der Steuermann und der Mann für alles übrige sind eher schweigsame Naturen. Ruhig und gewissenhaft erfüllen sie ihre Pflicht. Allerdings darf der Nachschub an dampfendem Kaffee zu keiner Stunde fehlen. Ein Topf mit drei Litern Fassungsvermögen ist stets am Kochen. Was diese Männer wegen mangelnder Sprachkenntnisse nicht deutlich genug sagen können, bringt ihr breites Lächeln zum Ausdruck.

Nach der Schilderung von Schiff und Mannschaft darf ein Hinweis auf die Passagiere nicht fehlen. Mein Kabinengenosse pflegt von sich zu sagen, er sei der »biggest cattledealer of Nevada«. Über den Umfang seines Viehhandels kann ich mir kein Urteil erlauben, aber daß Tim Mullen »big« ist, sieht man ihm an. Wie eine Kugel rollt er über Deck. Seine Pfoten erinnern an Weißwürste im Münchner Hofbräuhaus, und wenn er in Gelächter ausbricht, schwabbelt sein ganzer Körper. Aber es ist nicht Fett allein, das ihn ausfüllt, sondern mehr noch überflüssige Luft. Mr. Mullen ist imstande, sie vorübergehend abzulassen, wenn es die Umstände erfordern. Für unsere Kabine ist das nötig, sonst würde seine Figur unweigerlich die Kammer sprengen.

Tim ist kaum älter als dreißig Jahre, sehr von sich überzeugt und stets auf seinen Vorteil bedacht. Aber ausgeprägter Sinn für Humor sowie ein nie versagender Vorrat an Herrenwitzen machen Timothy

Mullen erträglich. Angesichts seiner Körperformen ist ihm die Leidenschaft des Jägers kaum zu glauben, obwohl er viele aufregende Abenteuer erzählt, in denen er selbst die Hauptrolle spielt.

Das absolute Gegenteil von Mr. Mullen ist der feingliedrige, etwa sechzigjährige Aristokrat aus der Provence, Monsieur Hippolyte de Sièzes. Er spricht nur wenig, benimmt sich äußerst rücksichtsvoll und ist überhaupt ein sehr angenehmer Bordgenosse. Es gibt so gut wie keine Gegend auf der weiten Welt, aus der Monsieur de Sièzes nicht befriedigende Beute heimgebracht hätte. Aber noch nie ist ein freilebendes Tier durch seine Hand zu Schaden gekommen. Er verfolgt das Wild nur mit Teleobjektiven. Drei Kameras hängen meist um seinen Hals, und ein ganzes Arsenal fotografischen Zubehörs trägt er in einem Spezialkoffer bei sich. Seine Beute ist wirklich »hochkapital«. Er zeigt uns ein ledergebundenes Album, das unvergleichlich schöne Aufnahmen seltenster Wildarten enthält. Beleuchtung, Umgebung und Haltung der Tiere zeugen von wahrhaft künstlerischem Empfinden dieses harmlosen Bildjägers.

»Ich fotografiere mit den Augen des Malers«, verrät er sein Geheimnis, »die Kameras sind nur notwendige Hilfsmittel.«

Einem Indianer vom Stamm der Sioux wird man im nordöstlichen Eismeer nur selten begegnen. Hier aber ist es der Fall. Wir haben eine vollkommen echte, reinblütige Rothaut an Bord. Nur entspricht Clark Coldwell nicht mehr ganz den Vorstellungen, die sich unverbesserliche Romantiker und Karl-May-Leser von den Indianern machen, besonders von den männermordenden Sioux. Sie haben schon längst das Skalpmesser aus der Hand gelegt, und ich glaube, daß Mr. Coldwell gar nicht weiß, wie seine Vorfahren damit umgingen. Er zieht den Leuten auf ganz andere, mehr zeitgenössische Art die Haut ab, nämlich als Grundstücksmakler im Staate Wisconsin. Diese launige Redensart stammt von ihm selbst, ich würde mich gemäßigter ausdrücken.

Der Gesichtsschnitt, die Hautfarbe und auch seine Art sich zu bewegen sind aber noch ganz indianisch. Man hört Coldwell nicht kommen und nicht gehen. Er stößt nirgendwo an, zeigt auch bei jagdlichen Vorfällen keine Erregung.

Nach meinem Geschmack gibt es nur wenig andere Erlebnisse, die an Stimmung, Naturnähe und besonderen Reizen eine Fahrt durch die Arktis übertreffen. Je kleiner das Schiff, desto besser. Möglichst lange soll es draußen bleiben und durch menschenleere Weite schwimmen. Die Jagd gehört wohl dazu, ist aber nicht die Hauptsache. Das dunkle Wasser und glitzerndes Eis, die offenen Rinnen und treibenden Schollen, das ist eine Welt für sich. Inseln tauchen auf und verschwinden. Es gibt keine Nacht, es wird von Juni bis August nicht dunkel. Bei gutem Wetter strahlt die Sonne so hell und warm wie im südlichen Spanien. Von den Eisbergen rinnen Bäche ins Meer. Eine Kante rutscht ab, oder das ganze Ding zerbricht in zwei Teile. Oft kann es sein, daß Nebel heranweht, die Sicht verhüllt und das Schifflein in graue Vorhänge einschließt. Die Maschinen stehen dann still. An den Bordwänden knirschen Schollen. Die Mannschaft legt sich in die Kojen, bis auf einen, der gelangweilt die Wache übernimmt. Ruhige Stunden, auch für die Passagiere. Draußen ist nichts zu sehen, nur die grauweißen Nebelwolken. Die übrige Welt scheint nicht zu existieren.

Ich war schon in Tromsø an Bord gegangen, dem Heimathafen der ›Havella‹, wo sie auch den langen Winter verschläft. Die erste Jagdfahrt der Saison beginnt immer dort. Es hat für die Passagiere mit arktischen Interessen den Vorteil, daß man ungefähr in der Mitte zwischen Norwegen und Spitzbergen die Bäreninsel anläuft, um den Leuten von der Wetterstation Post und Pakete zu bringen. Dabei geht es meist recht lustig zu, denn die Wetterfrösche quittieren den Empfang mit einem Saufgelage. Sie können ihre alkoholischen Getränke zollfrei beziehen und haben demgemäß sparsamen Verbrauch nicht nötig. Die wackeren Männer der ›Havella‹ wären Spielverderber, würden sie an dem Umtrunk nicht teilnehmen. Hernach lassen sie ein paar Stunden verstreichen, bis in Kopf und Augen wieder genügend Klarheit herrscht, um das Schiff verantwortungsbewußt führen zu können.

Die Bäreninsel ist viel zu groß, als daß man sie an einem Tag durchqueren könnte. Aber schon die Umgebung der Station hat so manche interessanten Eindrücke und Anblicke zu bieten. Bäume gibt es auf der Insel nicht. Ihre Vegetation beschränkt sich auf niedere Weidenbüsche, am Boden hinkriechende Zwergbirken, graugrünes Moos und Grasteppiche mit kleinen Blümchen darin. Der Boden ist steinig, dunkle Felshügel durchziehen die Landschaft. Nur an wenigen Stellen können Boote anlegen, weil die Küste meist senkrecht ins Meer fällt. Das Gedonner der Brandung, die gegen haushohe Klippen anläuft, ist meilenweit zu hören.

Es gibt nur die Wetterstation auf der unwirtlichen Insel, sonst kein Haus, keinen Schuppen und erst recht keine Menschen. Früher ist das anders gewesen, da lebten jahraus und jahrein zwölf bis zwanzig Jäger auf dieser Oase im Nordmeer. Es waren Russen, die Fallen stellten, Schlingen legten und Eisbären schossen. Es gab so viele Bären auf der Insel, daß sie nach ihnen genannt wurde.

Eine Besonderheit des heutigen Tierlebens auf der Bäreninsel sind rosarote Schweinchen. Sie gehören zur Wetterstation, genießen aber von Frühjahr bis Herbst völlige Freiheit. Erst wenn die Winterstürme beginnen, eilen sie in den schützenden Stall. Teils leben die halbwilden Schweine von den Abfällen der Station, teils vom Moos, Gras und Gebüsch der Insel. Sie seien eine ganz besondere Rasse, meinen die Wetterkundler, denn gewöhnliche Schweine könnten hier im Freien nicht existieren. Um die Art zu erhalten, werden immer einige Sauen und der stärkste Eber vom Schlachtmesser verschont. Allen übrigen geschieht, was Schweinen fast immer geschieht. Während des Winters werden sie von den Menschen verspeist.

Als Kuriosum der Polargeschichte sei erwähnt, daß sich die Bäreninsel während einiger Jahre in deutschem Privatbesitz befand, und zwar als eine Art von selbständigem Staatswesen. Theo Lerner, geboren in Linz am Rhein, hieß jener merkwürdige Mann, der sich im Jahre 1898 zum Beherrscher der seit langem nicht mehr bewohnten Insel erklärte. Ein phantasievoller Abenteurer war Lerner und ein tüchtiger Mensch mit jahrzehntelanger Erfahrung im Eismeer. Das reiche Vorkommen an Kohle veranlaßte ihn, von der Bäreninsel Besitz zu ergreifen.

Eines Tages kam Lerner mit drei Begleitern und begann sofort, die Klippen nahe der bequemsten Landestelle mit schwarz-weiß-roter Farbe zu bemalen. Er meinte, daß dies nach damaligen Begriffen genüge, um ihm das Eigentumsrecht an dem Land zu sichern. Bisher hatte ja noch kein Staat die herrenlose Insel für sich beansprucht. Lerner schaffte Baumaterial heran, um in Gestalt von drei Hütten eine Hauptstadt zu errichten, die er »Südhafen« nannte. Es mag gewiß nur ein Zufall gewesen sein, daß bald darauf ein kleines deutsches Schiff, die ›Olga‹, vor der Bäreninsel erschien, um die Wassertiefe auszuloten. Abermals wurden deutsche Farben an die Felsen gemalt, noch mit dem Zusatz »Vermessen von Seiner Majestät Schiff ›Olga‹«.

Indessen begann Lerner mit dem Abbau von Kohle, wenn auch nur in bescheidenem Umfang. Aber es reichte zur Beheizung seines Versorgungsschiffes. Bald hatte sich dieser Anfangserfolg herumgesprochen. Andere Interessenten kamen, um es Lerner gleichzutun, der nun in nordischen Gewässern der »Nebelfürst« genannt wurde. All diesen ungebetenen Besuchern trat Theo Lerner höflich, aber entschieden entgegen. Der Nebelfürst hielt ihnen ein Dokument vor die staunenden Augen, das folgenden Wortlaut hatte:

»Am Montag, den 5. Juni 1899, habe ich, der unterzeichnete deutsche Staatsangehörige Theodor Lerner aus Linz, für mich das bis dahin herrenlose Land auf der keinem Staatsverband zugehörigen Bäreninsel in Privatbesitz genommen. Für diese dem deutschen Reichskanzler angezeigte Erwerbung wird der Schutz des Deutschen Reichs in Anspruch genommen.«

Eine Bestätigung des deutschen Reichskanzlers hatte er, soviel man weiß, jedoch nicht erhalten. Dennoch machte das Schriftstück den gewünschten Eindruck. Die Rechte des Nebelfürsten wurden respektiert. Als wissenschaftliche Expeditionen in gebührender Form um Landegenehmigung nachsuchten, erwies sich Lerner als höflicher und hilfsbereiter Inselkönig. Am 26. Juli 1900 jedoch stand er dem Landekommando des russischen Kreuzers ›Swetlana‹ gegenüber. Dessen Kapitän hatte Auftrag, die Insel für das Zarenreich zu besetzen. Die Begründung dafür war, daß einige Skelette der hier verstorbenen Pelzjäger noch zweifelsfrei russische Pelzstiefel trugen. Demnach hatten russische Staatsbürger die Insel zuerst bewohnt, und deshalb gehöre sie zum Reich des Zaren. Der Nebelfürst bestritt das ganz energisch. Seit mehr als hundert Jahren seien die Russen verschwunden. Er habe die Bäreninsel menschenleer gefunden und rechtmäßig in Besitz genommen. So sagte Theo Lerner und drohte allen Ernstes, sich mit seinen drei bewaffneten Leuten todesmutig zu verteidigen. Der Russenkapitän hatte wohl keine Befugnis zur Anwendung von Gewalt oder fürchtete internationale Folgen des Konflikts. Die ›Swetlana‹ dampfte davon.

So blieb der tapfere Theo weiter Nebelfürst auf der Bäreninsel. Aber die hohen Kosten der Kohleförderung und die Absatzschwierigkeiten machten drei Jahre später seinem Traum ein Ende. Er mußte die Insel verlassen. Zwar wollte Lerner seine Besitzrechte dem Deutschen Reich übertragen, doch sein Vaterland verzichtete auf das zweifelhafte Geschenk. Als die Sowjetregierung nach dem Ersten Weltkrieg mit den gleichen Argumenten wie seinerzeit das Zarenreich Ansprüche auf die Bäreninsel erhob, trat der Nebelfürst nochmals in Erscheinung. Ebenso wie gegenüber dem Kapitän der ›Swetlana‹ erklärte Lerner, daß seine Besitzergreifung von 1899 alle ehemaligen Rechte der Russen ausgelöscht habe. Diese Auffassung wurde von einem internationalen Gremium bestätigt, das 1920 zusammentrat und die wieder herrenlose Insel dem Königreich Norwegen zusprach. Das war gewiß die beste Lösung, und der ehemalige Nebelfürst konnte sagen, sie sei wohl auch ihm zu verdanken. 1930 ist Theo Lerner in Linz am Rhein gestorben.

Kaum ist die Bäreninsel am Horizont versunken, erscheint der Käpten, um eine feierliche Handlung zu vollziehen: Die Reihenfolge der Schützen wird ausgelost. Er hält vier Papierstreifen in der Hand. Die Nummern darauf können wir nicht sehen, aber sie entscheiden, wer als erster, zweiter, dritter und letzter zu Schuß kommt.

»Ich brauch' das nicht«, meint Monsieur de Sièzes, »ich will gar nicht schießen . . .«

»Das hat schon mancher gesagt, der nur Kameras an Bord schleppte. Aber dann wollte er doch seinen Bären. Für solche Fälle steht meine Winchester zur Verfügung.«

Sièzes muß mitmachen und zieht das Los Nummer 1. Aber gleich holt er sein Feuerzeug aus der Tasche und verbrennt den Zettel. Mr. Mullen findet das sehr nobel, greift zu einem der Lose und gelangt auf den dritten Platz. Als sich der Siouxindianer den zweiten holt, kann für mich nur der vierte übrigbleiben.

Clark Coldwell verrät kein Zeichen der Freude, obwohl er an den ersten Platz gerückt ist. Sein Bär ist ihm sicher. Erst wenn ein Jäger dreimal gefehlt hat, kommt der nächste an die Reihe.

»Wo kein Eis schwimmt«, sagt Käpten Hansen, »gibt's auch keine Bären. Deshalb begeben wir uns nun auf schnellstem Wege ins treibende Eis. Eine steife Brise steht zu erwarten, und das Schiffchen dürfte schaukeln. Es macht Ihnen hoffentlich nichts aus . . .«

Die steife Brise ist ein brausender Sturm. Die Wellenberge steigen zu Gebirgen auf. Sie rollen donnernd übers Deck der ›Havella‹, klatschen wie Fausthiebe aufs Dach der Kommandokabine und lassen für Landratten das Schlimmste befürchten. Der Bug bohrt sich in die Wassermassen, während das Heck frei in der Luft hängt. Mitunter hat man das wenig angenehme Gefühl, die ›Havella‹ sei zum Unterseeboot geworden. Mal liegt sie ganz auf der linken, dann wieder flach auf der rechten Seite. Wir werden von den Sitzen gehoben, an die Wand gepreßt und über den Boden gerollt. Nur das schmale Bett kann vor Schädelfraktur und Knochenbrüchen bewahren, wenn man sich mit den Sicherheitsgurten darin festschnallt. Auch dann ist es so, als würde man abwechselnd auf den Kopf und die Füße gestellt. Durchs Bullauge sehe ich in grüne Tiefe und gleich danach in dunkle Wolken. Die Bewegung der Mannschaft erinnert an Seiltänzer. Dem Koch gelingt sogar der Balanceakt mit einem vollgefüllten Tablett. Doch hat er mit seinem freundlichen Angebot keinen Erfolg. Zu Ehren aller Mitreisenden muß ich aber sagen, daß keiner vom Brechreiz überwältigt wurde. Wir leiden mit Anstand, schlukken alle möglichen Medikamente und sinken in Halbschlaf. Die Welt ist gar nicht mehr da.

Das Wetter beruhigt sich am dritten Tag. Als ich aus dem Bett rutsche, das Treppchen hinaufkrieche und an die frische Luft gelange, ist die See ringsum von Eisschollen bedeckt. Die Sonne steht hoch am Himmel und strahlt über einer herrlich schönen Welt. Es ist auch wohltuend warm an Deck.

»Mitternacht ist gerade vorüber«, meint frohgemut der Maschinist, »kein Wölkchen steht am Himmel, der Mastkorb ist schon besetzt. Sagen Sie dem Herrn Indianer, daß schon bald was passieren kann.«

Coldwell läßt nicht lange auf sich warten. Die Büchse im Arm, erscheint der Grundstücksmakler an Deck, schiebt fünf Patronen in die Waffe und setzt sich nieder. Sein Ausdruck bleibt so gleichmütig wie zuvor.

An der Jagd auf weiße Bären, wie sie von Bord der ›Havella‹ geschieht, sind wenigstens drei Mann beteiligt. In den meisten Fällen hat dabei der Jäger am wenigsten zu tun. Die Zusammenarbeit des Beobachters im Mastkorb und des Kapitäns am Steuer ist maßgeblich für den Erfolg. Sobald man das Gebiet der treibenden Schollen erreicht und klares Wetter weite Sicht erlaubt, steigt ein Mann auf der Strickleiter zum Mastkorb hinauf. Durch Telefon ist er mit dem Kollegen am Steuer verbunden. Vom Korb in etwa 7 Meter Höhe reicht sein Blick natürlich sehr viel weiter als von Deck, und er kann über hochgestautes Eis hinwegsehen. Die Schollen sind ja nicht so flach wie Tische, sondern werden oft von zwei bis drei Meter hohen Hügeln durchzogen. Es sind auch Blöcke auf dem Eis oder Reste von Schneeverwehungen. Wer auf Deck steht, kann nicht ausmachen, ob sich dahinter ein Tier bewegt.

Eisbären sind nicht so weiß wie Schnee. Sie erwecken diesen Eindruck nur vor einem dunklen Hintergrund, wie beispielsweise in zoologischen Gärten. Ihre wirkliche Farbe in der heimatlichen Landschaft hat einen gelblichen Schimmer, erscheint mitunter auch zitronengelb. Bekanntlich hat der Eisbär schwarze Augen, eine schwarze Nase und schwarzbraune Krallen, in der freien Wildbahn auch meist einen breiten, dunklen Fleck am Hintern. Daher sind die Eisbären in der weißen Wildnis recht gut zu erkennen. Lange bevor man den Bären selbst entdeckt, hat man in den meisten Fällen schon seine Fährte gesehen. Sie ist während des Sommers im feuchten Schnee tief und deutlich eingedrückt. Das ist es, wonach der Mann im Mastkorb mit dem Fernglas sucht. Was der Sucher sodann von oben sieht, meldet er dem Mann am Steuer. Der Kapitän wird selbst die Führung des Schiffes übernehmen, sobald eine Fährte entdeckt ist. Es gilt nun einen Weg durch die Schollen zu finden, der möglichst dicht an den Bären heranführt. Das ist die eigentliche Jagd und die wirkliche Kunst bei der Sache. Der Schütze kann nur abwarten. Er sieht noch lange nichts, sondern spürt nur die steigende Erregung.

Vom Mastkorb wird dem Kapitän gesagt, wo sich im weiteren Umkreis offenes Fahrwasser befindet. Er wendet scharf nach Steuerbord, läßt die Maschine zurücklaufen, gleitet voran oder wechselt auf Backbord. Aus seinem Kurs im Zickzack, den Schlangenlinien im Labyrinth vom treibenden Eis wird niemand klug, ohne die Lage von Schiff, Schollen und Bärenspur zu kennen. Nur der Mann im Mastkorb weiß, ob sich die ›Havella‹ hindurcharbeiten kann.

Auch der Bär ist ein Jäger. Er verbringt den größten Teil aller Tage auf der Suche nach Robben und Seehunden. Dabei führt ihn der Weg über Schollen, Eishügel, Schneeverwehungen und durch offenes Wasser. Deshalb ist es durchaus nicht einfach, seiner Fährte zu folgen. Die Schollen sind ja auch in Bewegung, und oft läßt sich nicht erkennen, wo der Bär wieder aus dem Wasser stieg. Die Sache ist also äußerst spannend.

Es gibt viele Möglichkeiten des Mißerfolges. Große Schollen können den Weg versperren oder plötzlich einfallender Nebel die Sicht verhindern. Die Fährte ist verschwunden, der Bär ist nicht zu erreichen, und die Jagd wird aufgegeben. Es kann auch sein, daß der Mann im Mastkorb eine führende Bärin meldet, also Mutter mit Kind. Selbstverständlich muß man sie schonen, und die Suche beginnt aufs neue.

»Bjørn ... Bjørn ...«, ruft der Mann im Mastkorb, wenn er einen jagdbaren Bären entdeckt. Wie der Jäger zu Lande an seine Beute heranpirscht, so schleicht nun die ›Havella‹ durch die Rinnen im Eis. Der Bär wittert vorerst noch keine Gefahr. Er ist bei weitem das stärkste Tier in seiner Welt und fühlt sich jedem anderen Geschöpf überlegen. Er weiß nichts von den Menschen, kann sie auch gar nicht wahrnehmen, solange sie an Bord des Schiffes bleiben. Er hört zwar das Motorengeräusch, die feine Nase hat längst die Auspuffgase gespürt, und vielleicht sieht er auch die Umrisse des Fahrzeugs. Aber das bedeutet für ihn noch keine tödliche Bedrohung. Es gibt ja Eisberge in jeder Form und in verschiedener Färbung. Was ihn schließlich alarmieren muß, ist die Beharrlichkeit, mit der ihm diese Erscheinung folgt. Da will nun der Bär den Abstand vergrößern. Er plumpst ins Wasser, schwimmt zur nächsten Scholle, läuft darüber, geht wieder ins Wasser und steigt auf eine andere

Scholle. Das Schiff kann so schnell nicht folgen. Es muß Umwege machen, verliert dabei Zeit, und der Bär glaubt, daß die mögliche Gefahr vorüber sei. Er beginnt wieder mit der Suche nach seiner Beute. So geht das viele Male, ohne daß die Gäste auf Deck das Hin und Her in den Eisrinnen begreifen.

Endlich ist es soweit, auch wir haben den Bären erkannt. Der Schütze vom Stamme der Sioux macht sich schußfertig. Aber noch ist die Entfernung zu groß, und erst muß die Maschine stillstehen. Vom zitternden Deck ist kein sicherer Treffer möglich. Dennoch hat jeden an Bord höchste Erregung gepackt.

Indessen wird für den Bären die ›Havella‹ immer größer. Sie muß nun direkt auf ihn zusteuern. Das macht den ewigen Wanderer nervös. Er eilt über die Scholle, taucht ins Wasser und schwimmt zur nächsten. Der Käpten umrundet die Eisfläche, versucht den weiteren Fluchtweg zu sperren und stoppt die Maschine. Das Schiff gleitet lautlos ...

Keiner von uns sagt ein Wort, es herrscht vollkommene Ruhe. Clark Coldwell hebt die Waffe, schließt das linke Auge und zielt mit ruhiger Hand.

Mehrere Minuten vergehen, weil der Bär hinter Eishügeln verschwunden ist. Aber jetzt kommt er wieder zum Vorschein, auf etwa 100 Meter Distanz.

»Wenn Sie dreimal vorbeischießen«, sagt im gleichen Augenblick der korpulente Viehhändler, »bin ich an der Reihe.«

Ein anderer hätte ihn vors Schienbein getreten, aber der Sioux kann sich beherrschen.

Die Kugel fliegt, und der Bär bricht zusammen.

Gleich danach stößt unser Schiff gegen die Scholle und wird am Eis festgemacht. Coldwell hat akkurat in den Schädel getroffen, dicht hinter das rechte Auge seines Opfers. Es beginnt nun die Arbeit des Abhäutens, und das ist kein schöner Anblick. Dunkelrot werden Eis und Schnee vom dampfenden Blut.

»Sie können Ihre Jagd nur einmal erleben«, sagt Monsieur de Sièzes, »im Bruchteil einer Sekunde war für Sie alles vorbei. Ich kann's mir immer wieder ansehen auf meinen Fotos. Das ist besser als Film, meine Fotos halten den Augenblick fest.«

Wir wollen es kurz machen und die Bärenjagd des Mr. Timothy Mullen nur am Rande erwähnen. Die letzte an Spannung geladene Minute hat bei ihm zur Folge, daß er sich aufpumpt wie ein Luftballon. Erst mit seinem dritten Schuß trifft er den Bären. Aber dem bleiben noch zwei bis drei Sekunden Zeit, an Flucht zu denken. Er eilt bis zum Rande der Scholle und wirft sich ins Meer.

»Faß ihn mit dem Haken«, ruft der Käpten und läßt die Maschine wieder an. Doch bis sich die ›Havella‹ bewegt und den roten Fleck im Wasser erreicht, ist die kostbare Trophäe versunken.

Eisbären können zwar tagelang schwimmen und sogar schlafend im Wasser treiben, aber sie gehen gleich unter, wenn ihre Lungen nicht mehr atmen.

Der arme Mullen ist wirklich zu bedauern. Mit pfeifendem Geräusch entflieht die Luft aus seinem Leib. Die Bank an Backbord nimmt ihn auf, und wir sehen mit Erstaunen, daß er bitterlich weint.

Nun wäre ich an der Reihe, aber das Wetter macht nicht mit. Leichter Regen fällt vom Himmel, und der Mann im Mastkorb kann nicht weiter sehen als 100 bis 150 Meter. Da meint Kapitän Hansen, das sei eine gute Gelegenheit, um Post und Pakete nach Hopen zu bringen. Aus Gefälligkeit hat er diese Aufgabe übernommen, zumal er bei der dortigen Wetterstation einen seiner besten Freunde weiß. Die Insel ist schon in wenigen Stunden zu erreichen und in mancher Hinsicht auch für die Fahrgäste recht interessant. Für mich ganz besonders, wie er sagt.

Es kann spätabends oder auch frühmorgens gewesen sein, als wir dort eintrafen. Hopen ist ein sehr langgezogener und bis auf etwa hundert Meter ansteigender Landrücken, aber nirgendwo breiter als einen Kilometer. Die Wetterstation liegt an der schmalsten Stelle, die auch die niedrigste ist. Durch Sprechfunk hat sich die ›Havella‹ angemeldet, und ein kleines Motorboot kommt rasch heran. Die Leute leben hier noch viel einsamer als auf der Bäreninsel. Nur zweimal im Jahr werden sie von einem Regierungsschiff versorgt. Um so größer die Freude, wenn ganz überraschend andere Besucher erscheinen, die dazu noch Post und Pakete mitbringen. Unser Käpten wird empfangen, als hätten ihn Engel des Himmels entsandt. Auch wir nehmen teil an der glücklichen Stimmung. Der Punsch ist schon gebraut, und der Inselkoch bereitet aus Konserven die bestmögliche Mahlzeit.

Der Stationschef hat kaum vernommen, daß ich aus Deutschland stamme, als er mir schon zeigen will, welch bleibende Erinnerungen an meine Landsleute auf Hopen vorhanden sind. Das kann nur glauben, wer es mit eigenen Augen gesehen hat. Ein vorüberfahrendes Schiff wird davon nichts bemerken, denn es sollte ja feindlichen Spähern verborgen bleiben. Ich stehe vor dem Gleis einer Feldbahn, die zu drei Baracken führt.

»Alles haben die Deutschen während eines dunklen Winters im Zweiten Weltkrieg nach Hopen gebracht«, erklärt mir der Inselchef. »Es war eine geheime Funkstation der Marine ... der deutschen Marine, meine ich. Sie sollte das Wetter melden ... das war auch 'ne geheime Sache damals. Die Konvois aus Amerika, mit Waffen und Material für die Russen, die fuhren nämlich hier durch die Gegend, so weit nördlich, wie's gerade ging. Sie wurden von der deutschen Luftwaffe angegriffen, wenn das Wetter gut war ... das heißt schlecht für den Konvoi. Ein Offizier mit dem merkwürdigen Namen Dr. Neunteufel war Kommandant auf Hopen. Ein Aufklärer der Engländer hat die Station schließlich entdeckt. Aber da war der Krieg schon fast zu Ende*.«

In der Arktis dauert das Vermodern, Verrosten und Verfaulen sehr viel länger als in unserem Klima. So sind die Baracken und ihre Einrichtung noch in erstaunlich gutem Zustand. Benzintonnen mit der Aufschrift »Deutsche Wehrmacht« stehen vor dem Maschinenschuppen. Nur die Funkgeräte und hochwertigen Anlagen hatte man fortgeschafft. Sonst ist nahezu alles geblieben, wie es seinerzeit die Kameraden zurückließen.

Es ist noch mehr zu sehen aus einer Epoche, die weiter zurückliegt. Da hatte, fast an gleicher Stelle, der Pelzjäger Henry Rudi einige Jahre verbracht. Man gab ihm den schmückenden Beinamen Isbjørnkongen, weil er mehr Eisbären umgebracht hat als irgendein

---

* Es gab Wetterstationen der deutschen Marine und Luftwaffe, die nie entdeckt wurden. Sie meldeten sich selbst dem Feind, als die Kapitulation unterzeichnet war. Der Wettertrupp Haudegen auf dem Nordostland von Spitzbergen schwieg bis zum 16. August 1945, drei Monate nach Kriegsende.

anderer Jäger. Auf insgesamt dreitausend Stück wird seine »Leistung« geschätzt. Er hat darüber ein Buch verfaßt oder für sich schreiben lassen, worin auf einem Foto nicht weniger als 115 Bärenschädel zu sehen sind.

»Hier hat der Rudi gelebt«, sagt mein Begleiter und zeigt auf eine windschiefe Hütte aus angetriebenen Baumstämmen. Mit Blechplatten, gebleichten Brettern und einer Lehmschicht ist das schräge Dach gedeckt. Kaum ist zu glauben, daß ein ausgewachsener Mann jahrelang in dieser winzig kleinen Bude gehaust hat. Schon das primitive Bettgestell füllt die Hälfte des Raumes, und mein Kopf stößt an die Decke. Das einzige Fenster ist nicht größer als 30 mal 30 Zentimeter. Auf dem rostigen Ofen kann gerade ein normaler Kochtopf Platz finden und auf dem Holztisch nur zwei bis drei Teller. Wenn man bedenkt, daß die Temperatur im Winter bis 50 Grad unter Null absinkt, daß die Polarnacht vier Monate dauert und eisige Stürme wochenlang wehen, so ist es kaum vorstellbar, wie da ein Mensch existieren konnte. Aber Henry Rudi hat es nicht anders gewollt und war mit seinem Beruf zufrieden. In Tromsø fragte ich den Eisbärenkönig, ob er denn nicht zu viele Bären umgebracht habe.

»Aber nein, ich hab' nur genommen, was da herumlief. Jeder muß sich sein Geld verdienen, wie er's am besten kann, und am Ende haben mich die Bärenfelle zum wohlhabenden Mann gemacht!«

Rings um seine Hütte verstreut, zwischen Steinblöcken und auf dem Kiesgeröll liegen im weiten Umkreis die Bärengerippe. Zum Teil hängen noch Hautfetzen daran. Mir graust bei dem scheußlichen Anblick.

»Hopen ist einer der besten Jagdgründe, die man finden kann«, versichert der Stationschef, »gerade hier über die tiefste Stelle führt ein vielbegangener Bärenwechsel. Wenn sich auf der einen Seite das Eis geschlossen hat und mit der Robbenjagd nichts mehr zu machen ist, marschieren die Bären hinüber zur Westseite. Dort sind bis spät in den Oktober manchmal noch Rinnen frei. Da haben sie's bequem, da brauchen sie nicht erst nach Atemlöchern zu suchen ... Wir haben Springguns für die Jagd. Ich werd's Ihnen zeigen.«

Von allen Methoden, die man jemals angewandt hat, um die Tiere in den Tod zu locken, ist das für meinen Geschmack die übelste. Das sogenannte ›Springgun‹ besteht aus einer Holzkiste, die vorne offen und gerade so groß ist, daß der Kopf eines Polarbären hineinpaßt. An der Rückseite hat man ein altes Schrotgewehr angebracht, dessen Lauf bis auf einen kurzen Stummel abgesägt ist. Ein dünner Draht führt vom Abzug der Schrotflinte durch ein Loch in der Kistenwand. Wenn die »Jagdsaison« beginnt, legt man ein Stück Robbenspeck in die Kiste und zieht das Ende des Drahtes hindurch. Die Flinte wird mit einem Brenneckegeschoß oder Rehposten geladen. Damit die Kiste selbst aus tiefem Schnee herausragt, wird sie auf einen Pfahl genagelt. Außerdem macht man sich noch die Neugier der Eisbären zunutze. Im Abstand von 40 bis 50 Metern werden quer über die schmalste Stelle der Insel Hopen lange Stangen in den Boden gerammt, an deren Spitze bunte Wimpel hängen.

So kann der Erfolg nicht ausbleiben. Kommt ein Bär des Weges, sieht er von weitem die im Wind flatternden Fähnchen. Da sie eine ungewohnte Erscheinung sind, will er sie näher betrachten und womöglich beriechen. Da steigt ihm auch bald der Duft des Robbenspecks in die Nase. Ein gefundenes Fressen läßt man nicht liegen. Also steckt der hungrige Bär seinen Kopf in die Kiste, zerrt am Köder und ... hat sich im gleichen Augenblick selbst erschossen.

Die Fallensteller sitzen unterdessen in der warmen Stube ihrer Station. Sie kommen erst bei gutem Wetter heraus, ziehen dem Bären das Fell ab und machen die Mordkiste wieder aktionsbereit.

»Im letzten Winter waren's nur sechzehn Felle. Aber bevor ich kam, haben es meine Kollegen mal auf vierzig Stück gebracht. So haben wir eine Nebenbeschäftigung bei der täglichen Langeweile. Sie bringt gutes Geld, von dem jeder seinen Anteil bekommt.«

Kaum hat Mr. Mullen vernommen, auf welche Weise hier auf Hopen zahlreiche Bärenfelle erbeutet werden, kommt er schon auf den guten Gedanken, sich Ersatz für den Pelz zu beschaffen, der vor seinen Augen versunken ist. Er will nicht mit leeren Händen heimkehren. Man führt den Viehhändler gleich in einen Schuppen, wo er sich aus dem Stapel der Eisbärenfelle das schönste und größte aussuchen darf. Ein paar Geldscheine wechseln den Besitzer.

Alsbald macht sich die ›Havella‹ wieder auf den Weg ins treibende Eis. Gut ist das Wetter gerade nicht. Nebelschleier ziehen über das

Meer, reichen aber nicht bis zur Mastspitze herab. Wieder steigt ein Mann in den Korb, um nach Eisbären Ausschau zu halten. Eine Stunde nach der anderen vergeht, aber keine Spur wird entdeckt. Wir sehen Robben und Seehunde auf den Schollen. Es sind viele und sogar sehr viele. Sie heben die runden Köpfe, wenn das Schiff vorübergleitet. Kommt die ›Havella‹ ihren Ruheplätzen zu nahe, rutschen sie rasch an den Rand und klatschen ins Wasser. Der Mann aus Nevada will schießen, aber der Käpten erlaubt es nicht.

»Erst müssen wir den dritten Bären haben ... darauf kommt's jetzt an. Hinterher können wir uns ein paar Robben holen. Mit 'nem Eimer voll Speck habe ich was ganz Besonderes vor.«

Da gedenkt der ›cattledealer‹ mit seiner Schrotbüchse auf Möwen zu ballern, die unsere ständigen Begleiter sind. Aber das wird ihm noch energischer untersagt. Kein Seemann, der dieses Namens würdig ist, kann mit ansehen, daß Möwen geschossen werden. Erstens, weil man sie gerne um sich hat, und zweitens soll das Morden von Möwen schlimmes Unheil für Schiff und Mannschaft bedeuten.

Wir schwimmen durch eine seltsam unwirkliche Welt. Die geschlossene Wolkenschicht hat ihr allen Glanz genommen! Blaßgraues Eis und dunkles Wasser, nirgendwo eine Andeutung von Land oder Insel. Wir sehen weit in die Ferne, haben jedoch ein nebliges Dach ohne Ende über dem Kopf. Es ist eine Fahrt zwischen zwei Flächen. Man fühlt sich nicht wohl, die Lage ist nicht ganz geheuer. Ich habe das unheimliche Gefühl, als seien wir Irrläufer in einem unbekannten Raum. Bis zu welcher Tiefe reicht wohl das Nordmeer hinab, wo hört es auf, gibt es noch einen Weg zurück ... wie soll das ein gutes Ende nehmen?

Es wird nicht geredet an Bord. Aus Gründen, die sich niemand erklären kann, ist die Stimmung gedrückt.

»Bjørn ...«, sagt der Käpten, »Bjørn zwei Meilen Backbord vor uns.«

Der Mann im Mastkorb hat es gerade gemeldet, und Hansen dreht am Steuer.

Ich greife zur Waffe, schiebe die Patronen hinein und prüfe noch einmal den Verschluß. Aber die sonst übliche Spannung bleibt aus. Es liegt an der Atmosphäre, die uns alle beherrscht.

Auch Sièzes macht seine Apparate in aller Ruhe bereit. Der Indianer wischt am Fernglas, Tim Mullen tut gar nichts.

Indessen schiebt sich die ›Havella‹ durchs Labyrinth der Rinnen. Die Schollen liegen sehr dicht und sind meist so groß wie ein Fußballfeld. Ich stehe im Steuerhaus, kann aber den Meinungsaustausch zwischen Käpten und Beobachter nur undeutlich verstehen. Die Maschinen laufen langsam. Oft geht es zurück, weil sich vorne keine Durchfahrt öffnet. Das Eis knirscht an der Bordwand, schmelzende Schneehügel streifen die Reling. Auf den Schollen liegen viele weiße Blöcke. Sie bilden oft ganze Hügelketten und erreichen manchmal die Höhe von Häusern.

»Wir kommen nicht 'ran«, sagt der Käpten, »die Scholle ist meilenbreit, und der Bär steht mittendrin...«

Dann teilt sich aber doch ein weißes Feld, und die ›Havella‹ zwängt sich in den langen Spalt hinein. Aus dem Mastkorb wird gemeldet, daß der Bär eine Robbe hat. Damit ist er jetzt beschäftigt.

»Holger sagt«, erklärt mir der Kapitän, »daß wir so nahe sind, wie's gerade noch möglich ist. Vielleicht eine halbe Meile ist der Bär noch weg ... von hier unten können wir nichts von ihm sehen, die Kette von Eisblöcken liegt dazwischen. Holger sieht ihn gut ... aber Ihnen kann das nicht helfen.«

Doch, es kann. Wenn er mir vom Mastkorb die Richtung angibt, will ich versuchen, den Bären anzupirschen. Mit dem Fernglas werde ich jede Handbewegung des hilfreichen Mannes erkennen.

»Durch Fingerzeichen der linken Hand soll er mir sagen, wieviel hundert Meter es noch bis zum Bären sind. Jeder Finger an der rechten Hand bedeutet zehn Meter. Bitte fragen Sie, ob das in Ordnung geht?«

So hatte ich das bei den Wildhütern im Val di Paradiso bei der Jagd auf Steinböcke erlebt. Dort saß ein Mann am gegenüberliegenden Hang und signalisierte dem Jäger den Standort eines kapitalen Stückes, der sich durch ein Felsenlabyrinth hinauf bemühte. Holger scheint das auch zu kennen. Jedenfalls begreift er sogleich, was ich von ihm möchte.

Die anderen Herren an Bord sind enttäuscht. Sie können von dieser Jagd nichts miterleben, und Sièzes bekommt keine Aufnahmen.

»Was ist aber, wenn Sie dreimal vorbeischießen?« fragt der ›cattledealer‹.

»Dann hat mich der Bär . . .«

So weit wird es nicht kommen. Im allgemeinen laufen Bären weg, wenn es knallt. Nur das schlecht getroffene Tier stürzt sich vielleicht auf den Angreifer. Niemand kann es ihm verübeln, der Jäger schon gar nicht.

Die ›Havella‹ legt an, und ich steige aufs Eis. Etwa einen halben Meter hoch ist der nasse Schnee, und bis über die Gummistiefel sinke ich ein. Ungefähr sechzig Schritt vor mir liegt die erste Kette aus Eisblöcken, nicht höher als zwei bis drei Meter. Ich schaue zum Mastkorb und erhalte die Weisung, geradeaus zu marschieren. Die Entfernung bis zum Bären beträgt nach Holgers Fingerzeichen noch einen halben Kilometer.

Von der Kette aus hoffe ich mein Ziel zu sehen. Aber dahinter wiederholt sich die Hügelbildung, und dazu verhindern noch Schneeverwehungen die Sicht. Holger zeigt jetzt halb nach links. Entweder hat der Bär seinen Platz gewechselt, oder in der neuen Richtung ist es leichter, über den Eisriegel zu kommen. Bald danach stehe ich vor einer Spalte offenen Wassers. Aber sie ist kaum einen Meter breit, und so springe ich mit Anlauf leicht hinüber.

Nur die Antenne und den Mast der ›Havella‹ kann ich noch sehen. Die Aufbauten an Deck liegen hinter den weißen Hügeln. Mein Mitarbeiter zeigt mir eine neue Richtung, mehr nach rechts. Das ist gut so, denn dort gibt es eine Lücke im folgenden ziemlich hohen Riegel. Der Boden ist fester geworden, und das Gehen macht keine Mühe. Als ich wieder zurückschaue, hält Holger nur drei Finger hoch. Also 300 Meter bis zum Bären, nach seiner Schätzung.

Ich will auf einen blauen Block steigen, rutsche mehrmals ab und komme erst beim dritten Versuch hinauf. Von dort sehe ich mit klopfendem Herzen die frische Fährte.

Das beste wird sein, daß ich dem Abdruck der Tatzen folge. Doch der Mann im Mastkorb winkt ab. Geradeaus soll ich gehen, genau in der Richtung seines ausgestreckten Armes. Holger muß es wissen, wahrscheinlich hat der Bär Umwege gemacht.

Wieder eine Kette und gleich danach die nächste. Holger weist in dieselbe Richtung wie zuvor. Noch zweihundert Meter ... mein Herzschlag ist deutlich zu spüren.

Als ich aufs neue zum Mastkorb schaue, ist Holgers Hand auch im zehnfachen Glas kaum noch zu erkennen. Die Sicht scheint schlechter geworden. Auf die Angabe der Entfernung muß ich verzichten. Doch an der Richtung hat sich nichts geändert. Holgers ausgestreckten Arm kann ich noch sehen.

Den Eisbären beim Fraß zu stören, das muß ich vermeiden. Wenn er mich zuerst sieht und vielleicht glaubt, die fremde Gestalt will ihm seine Beute wegnehmen, könnte es sein, daß er zum Angriff übergeht. Also steige ich wieder auf einen Schneehügel, um die Lage zu prüfen.

Dicht vor mir die Fährte, tief eingeprägt und mit Schmelzwasser darin. Sie führt durch Eistrümmer, verschwindet nach etwa siebzig Schritt und erscheint danach aufs neue. Der Bär kann rechts, links oder auch vor mir sein. Von Holger ist nur noch ein Schatten zu sehen. Der Mastkorb sieht aus, als schwebe er im freien Raum.

Beim Hinuntergehen rutsche ich ab, und der Lauf meiner Büchse bohrt sich in den Schnee. Umständlich muß ich die Waffe erst reinigen und das Fernglas abwischen.

Als ich damit fertig bin, steht mir ein gewaltiger Eisbär gegenüber.

Dunkles Robbenblut tropft aus seinem Maul. Gerade schluckt er noch einen Fleischfetzen herunter.

Ich bin sekundenlang starr und steif vor Schrecken. Wie diese plötzliche Begegnung zustande kam, dafür habe ich bis heute keine Erklärung. Welche Entfernung uns trennt, kann ich auch nicht mehr sagen. Hinterher schätze ich, daß es dreißig bis vierzig Meter waren.

Der Bär ist nicht böse, aber neugierig. Er hat so etwas noch nie gesehen und möchte feststellen, um welche Art von Geschöpf es sich handelt. Mit schnüffelnder Nase und gestrecktem Hals trottet er langsam auf mich zu.

Das löst meine Lähmung. Ich hebe behutsam die Waffe, lege den Schaft an die Backe und die Sicherung zurück.

Der Bär ist mißtrauisch geworden, mein Geruch scheint ihm nicht zu gefallen. Er hebt sich auf die Hinterbeine zu imponierender Höhe, schwenkt die Vorderpranken und brummt mich an. Ich ziele auf seine linke Brust, in der Hoffnung, genau ins Herz zu treffen.

Da läßt er sich wieder fallen, bleibt jedoch auf der gleichen Stelle. Eine Weile schauen wir uns an. Vielleicht sind es nur Bruchteile von Sekunden, vielleicht auch volle Minuten. Dann beginnt er mich zu umkreisen und bietet mir dabei die Flanke.

Vom rechten Auge über Kimme und Korn suche ich den Zielpunkt drei Handbreit unter dem Schulterblatt.

Der Schuß geht los, und der Bär steht still.

Aber ganz bestimmt habe ich gut getroffen, es kann nicht anders sein.

Mit flatternden Fingern durchgeladen und noch mal gefeuert. Da sackt das große Tier zusammen, bleibt liegen und rührt sich nicht mehr.

Ich setze mich hin, stehe wieder auf, sitze nochmals im nassen Schnee und komme mit entschlossenem Ruck wieder auf die Beine.

Ich will meinem Helfer im Mastkorb winken, aber von der ›Havella‹ ist nichts mehr zu sehen. Nebel hat sich hinter mir ausgebreitet und alles verhüllt. Ich bin allein in den heranziehenden Wolken und habe nur den toten Bären zur Gesellschaft.

Die Angst vor totaler Einsamkeit ist bald überwunden. Auf der eigenen Spur kann ich mühelos ans Schiff gelangen und mache mich gleich auf den Weg.

Bis zu der schmalen Spalte, über die ich vorhin so leicht gesprungen bin, brauche ich keine fünf Minuten. Aber jetzt ist mit einem Sprung nichts mehr zu machen. Die Spalte hat sich weit geöffnet und wird vor meinen Augen immer breiter. Ich laufe keuchend nach rechts, um eine engere Stelle zu finden. Doch es gibt sie nicht. In der anderen Richtung dasselbe. Also keine Hoffnung hinüberzukommen. Ich spüre kalten Schweiß im Nacken, und der Nebel zieht heran. Was kann ich jetzt noch tun?

So laut wie möglich rufen und dann die Patronen verschießen? Das muß man hören. Aber im Nebel dringt es nicht weit, er verschluckt alle Geräusche. So stehe ich nun, von grauen Wolken umgeben, auf einer schwimmenden Scholle irgendwo im Nördlichen Eismeer. Wie soll mich jemand finden, was bleibt mir noch übrig zu tun? Ein Mann, der in dieser Welt den Kontakt zu seinem Schiff verliert, hat die Rückkehr ins Leben verpaßt.

So denke und fühle ich und glaube, daß anderen auch das Herz in die Hose sinken würde. Welche Überlegungen mir dabei durch den Kopf gehen, ist schwer zu sagen.

Es zieht mich wieder zu dem Bären, als sei er noch bei guten Kräften und mir freundlich gesonnen. Die Sicht reicht kaum drei Meter weit. Aber ich habe meine eigene Spur zweifach vor mir, kann also den kurzen Weg bis zu meinem Opfer nicht verfehlen.

Da höre ich Stimmen und sehe gleich darauf die Umrisse der ›Havella‹. Fast bin ich dagegen geprallt, so dicht vor mir liegt das rettende Schiff und daneben der große Bär in einer dampfenden Blutlache.

»Ich wollte schon jemand hinter Ihnen herschicken«, sagt der Käpten mit spürbarem Tadel, »ohne zwingenden Grund soll man nicht im Nebel herumlaufen.«

Wie kam die ›Havella‹ genau an den richtigen Platz, wie war das möglich gewesen? Ganz einfach natürlich. Holger hat gesehen, wo der Bär gefallen war, und dem Käpten sagte der Kompaß, in welche Richtung er steuern mußte. Der Nebel und auch die Schollenbewegung konnten in so kurzer Zeit nichts daran ändern. Als die Spalte breiter wurde, über die ich nicht mehr springen konnte, hatte sich auch die Rinne vor der ›Havella‹ weiter geöffnet und das Schiff fuhr bis zum Bären hindurch.

»Bisher haben wir noch keinen Jäger verloren«, lachen die Leute, »auf der Scholle waren Sie uns sicher, da findet man auch im dicksten Nebel seinen Mann, oder . . . hatten Sie etwa ängstliche Gefühle?«

Der Nebel steigt nach oben, und wir nehmen die Fahrt wieder auf. Von 81 Grad nördlicher Breite geht nun der Kurs nach Südwesten. Die Landungsbrücke von Longyearbyen wird der Endpunkt unserer Reise sein. In zwei bis höchstens drei Tagen sollen wir dort eintreffen.

»Jetzt hab' ich nichts dagegen, daß die Herren ein paar Robben schießen«, erlaubt der Käpten, weil er für bestimmte Zwecke ein Faß voll Robbenspeck braucht.

Nachdem die Beute geborgen ist, macht die ›Havella‹ an einer Scholle fest. Treibendes Eis schwimmt überall. Wir liegen mitten darin, doch es gibt genügend Kanäle, um wieder herauszukommen.

»Am besten gehen die Herren erst mal schlafen«, meint unser freundlicher Koch, »wenn's dann soweit ist, werde ich Sie wecken.«

»Was ist dann soweit . . .?«

»Warten Sie's ab!«

Ich will aber nicht warten, sondern zuschauen, was da vor sich geht.

Die Männer schneiden einen guten Zentner Robbenspeck in handbreite Stücke. Damit wird eine verbeulte Blechtrommel bis etwa zur Hälfte gefüllt und der Rest beiseite gelegt. In den Eimer kommen noch Putzlumpen und andere Stoffetzen. Dann gießt der Käpten einen halben Liter Dieseltreibstoff darüber. Alsdann wird der Eimer an einen Bootshaken gehängt, so daß er zwei bis drei Meter weit außerhalb des Schiffes über dem Eis schwebt. Der Steuermann wirft eine glimmende Zigarette hinein, und gleich lodern blaue Flammen.

Es dauert nicht lange, da ist das Feuer im Eimer kaum noch zu sehen. Nun brennt der Speck, wobei die Putzlumpen den gleichen Zweck erfüllen wie der Docht einer Tranlampe. Der Gestank ist fürchterlich, aber der Wind trägt ihn fort über das Eis. Nach einer Weile ist der scheußliche Geruch im Gegenwind kaum noch zu spüren.

Der Führer unseres Schiffes reibt sich die Hände.

»Ein gutes Wetterchen, ich hoffe den Herren schon bald eine Überraschung bereiten zu können.«

Warten kann ich auch unten, wo sich der ›cattledealer‹ und der passionierte Fotograf über die politische Lage unterhalten. Clark Coldwell raucht Pfeife ohne zu reden. So vergeht eine Stunde, vielleicht sind es auch zwei.

»Bjørn . . .«, ruft der Koch in die Kabine, »Bjørn am Schiff . . . kommen Sie leise und vorsichtig . . . aber nur mit Kameras!«

Vom Duft des rauchenden Specks angelockt, sitzt ein kapitaler Bär nur etwa sechzig Schritte entfernt auf dem Eis. Was für uns so gräßlich stinkt, duftet für den Polarbären so schön und gut, daß er sich bald wieder erhebt, um näher zu kommen. Weder das Schiff noch die Menschen stören dabei. Der verlockende Geruch von glimmendem Robbenspeck läßt ihn alles übrige vergessen. Bald ist der Bär so nahe, daß wir auf Teleobjektive verzichten können.

Der Maschinist greift in den Haufen der frischen Speckstücke und wirft davon eines über die Bordwand.

Der Bär weicht erst zurück, hat aber gleich den Schrecken überwunden und packt den Bissen. Er wird nochmals versorgt, doch näher am Schiff. So geht das weiter mit wachsendem Erfolg. Der Eisbär steht schließlich hochaufgerichtet an der Reling und läßt sich mit Robbenspeck füttern, der ihm an einer Stange gereicht wird.

Er bleibt nicht allein, der Duft des süßen Lebens hat sich über viele Eisschollen ausgebreitet. So erscheint eine Mutter mit zwei Kindern und am Ende noch ein Bärenmann. Sie bummeln aber erst dann bis zur Bordwand, als sich unser Hauptbär gesättigt hinter eine Schneeverwehung zurückzieht.

»Warum haben Sie das nicht gleich gemacht, als wir noch schießen durften«, fragt der Dicke aus Nevada, »dann wär' doch alles ganz einfach gewesen?«

»Ja, das wäre es«, sagt der Käpten, »eben deswegen haben wir's nicht gemacht.«

Die kalte Küste

Hilmars Garten war der schönste im ganzen Land. Eine Blütenpracht ohnegleichen, ein buntes Bild von seltenem Zauber. Wie der alte Mann mir sagte, hatte er auf seinen Streifzügen durch Berg und Tal und zu anderen Inseln ein halbes Hundert Blumenarten gesammelt, um seinen Garten damit zu schmücken. Wenn es geregnet hatte und danach die Sonne wieder schien, glänzten die vielen Farben mit wunderbarer Leuchtkraft.

Doch keine Blüte war größer als ein Hemdenknopf und kein Pflänzchen höher als Hilmars Daumen. Das war nicht anders möglich, denn sein Blumenteppich lag auf 78,4 Grad nördlicher Breite, nicht mehr als 90 Flugminuten vom Nordpol entfernt. Nur den Ausläufern des Golfstromes ist es zu verdanken, daß eine so relativ üppige Vegetation an der Westküste von Spitzbergen gedeiht. Besonders die geschützte Lage am Sassendalfjord macht den Blumenschmuck möglich. Weidengestrüpp, Zwergbirken und arktische Gewächse ähnlicher Art können zwar an besonders günstigen Stellen bis etwa 30 Zentimeter Höhe heranwachsen, doch vergehen darüber hundert Jahre, vielleicht auch noch mehr. Die Blumen dürfen ihre Köpfchen nicht heben, der Sturmwind würde sie fortreißen. Sie müssen am Boden kleben oder sich in Steinspalten verstecken. Moos und Wollgras, Flechten und Sumpfkräuter haben es auch nicht besser. Das grausame Klima erlaubt ihnen bestenfalls ein Wachstum von drei Monaten im Jahr. Ewiges Eis, gewaltige Gletscher und kahle Gebirge bedecken neun Zehntel der Inselgruppe. Überall dort kann überhaupt nichts gedeihen.

»Ich war ein junger Bursche von siebzehn, als ich Spitzbergen zum erstenmal gesehen habe«, erklärte Hilmar Nois, »und bald sind's fünfzig dunkle Winter, die ich an der kalten Küste hinter mich brachte. Da freut man sich auch an kleinsten Blümchen, das können Sie mir glauben.«

Ich glaubte es gern, obwohl ich 116 Tage Dunkelheit noch nie erlebt habe. Es sind gewiß Menschen von besonderem Schlag, die aus freiem Entschluß so lange Nächte hinnehmen. Während der letzten beiden Jahrzehnte hatte der alte Mann die finsteren Monate fast immer alleine verbracht, etwa 50 Kilometer von der nächsten menschlichen Gesellschaft entfernt. Sein Haus, ›Fredheim‹ genannt, war allerdings recht bequem für arktische Verhältnisse. Er hatte es selbst gebaut. Nur gelegentlich waren damals gute Freunde erschienen, um Hilmar zu helfen. Es gab in ›Friedenheim‹ eine Wohnküche, zwei Schlafzimmer, eine Werkstatt und einen Raum für die Vorräte. Alles so eingerichtet, wie es vor etwa einem halben Jahrhundert bei bescheidenen Verhältnissen in Norwegen üblich war. Die Lampen wurden mit Petroleum gespeist, und die Wasserleitung war ein Bach neben dem Haus. Wenn er von Oktober bis Mai zu Eis erstarrte, mußte der Hausherr ein paar Blechkübel mit Schnee auf den Herd stellen und auftauen. Hilmar heizte mit Kohlen, für die er nichts bezahlte. Sie liegen im Boden von Spitzbergen und oft so nahe der Oberfläche, daß man nur eine Schaufel und einen Schubkarren braucht, um den nötigen Vorrat heimzuschaffen. So war das hier am Sassendalfjord, und der Einsiedler hatte vor allem wegen der billigen Heizung diesen Bauplatz gewählt.

»Und wegen des Gartens«, fügte er hinzu, »im Sommer bleibt der Boden feucht. Es liegen nicht zu viele Steine herum, ich konnte ohne besondere Mühe die Pflanzlöcher graben. Aber gut gedüngt muß werden, sonst kann sich der Blumenteppich nicht ausbreiten.«

»Und was ist hier der beste Dünger?« wollte ich wissen.

»Der aus meinem Abort, was anderes könnt' ich kaum bekommen.«

Hilmar Nois war der letzte Trapper auf Spitzbergen, der letzte aus einer langen Reihe von Pelzjägern, die hier an der kalten Küste schon seit dem sechzehnten Jahrhundert weiche, wärmende Felle erbeutet hatten[*]. Noch vor dem Zweiten Weltkrieg waren es zwanzig bis dreißig gewesen, und in der alten Zeit sogar bis zu zweihundert. Aber jetzt lohnt es sich nicht mehr. Die Mühen der Fallenstellerei sind zu groß und der Gewinn zu klein. Pelztierfarmen liefern im allgemeinen bessere Felle, und in den jeweils gewünschten Farben. Der Trapper ist auf Zufälle angewiesen und kann nicht auf Bestellung herbeischaffen, was die Mode gerade wünscht. Die in Norwegen jedem Bürger ausbezahlte Altersrente mußte Hilmars Defizit decken. Außerdem konnte er fischen und Robben jagen. Hilmar war im übrigen als landeskundiger Führer von Expeditionen ein begehrter Mann. Er sprach gutes Englisch, etwas Deutsch und verstand noch die Kunst, einen Hundeschlitten zu lenken.

Ich hatte mit ihm eine Durchquerung der Insel vereinbart. Weil das an der schmalsten Stelle geschehen sollte, wo steile Berge und breite Gletscher fehlen, war es kein gewagtes Unternehmen. Die Strecke betrug nur knapp 70 Kilometer Luftlinie, und meist konnten wir dabei in schneefreien Tälern bleiben. Was ich gerne sehen wollte, waren die Moschusochsen, die besondere Art der wilden Rentiere und überhaupt das kaum bekannte Hinterland der arktischen Insel. Für den Hinweg und Rückweg schätzte Hilmar acht bis zehn Tage.

»Wenn das Wetter gut bleibt, haben wir's ganz gemütlich. Nur einen ziemlich schweren Rucksack müssen Sie schleppen, und auf die Wollsocken kommt es an. Davon brauchen Sie mindestens drei Paar zum Wechseln. Ich lauf' meine gestrickten Strümpfe immer durch... hoffentlich habe ich noch genug ohne Löcher.«

Damit stieg er auf den Dachboden, und aus Neugier folgte ich nach. Da lagen angerostete Fallen jeder Größe und Form, vorsintflutliche Gewehre standen in den Ecken. Schadhafte Skier und Schneereifen, alte Pelzstiefel, Hundegeschirre, Fischnetze und Angelgerät waren dort eingelagert, vermutlich schon seit Hilmars jüngeren Jahren. Von mehreren Balken an der Decke hingen Wollsocken für eine ganze Infanteriekompanie. Hilmar schaute sie nicht

---

[*] Svalbard, der norwegische Name für Spitzbergen, bedeutet *Kalte Küste*.

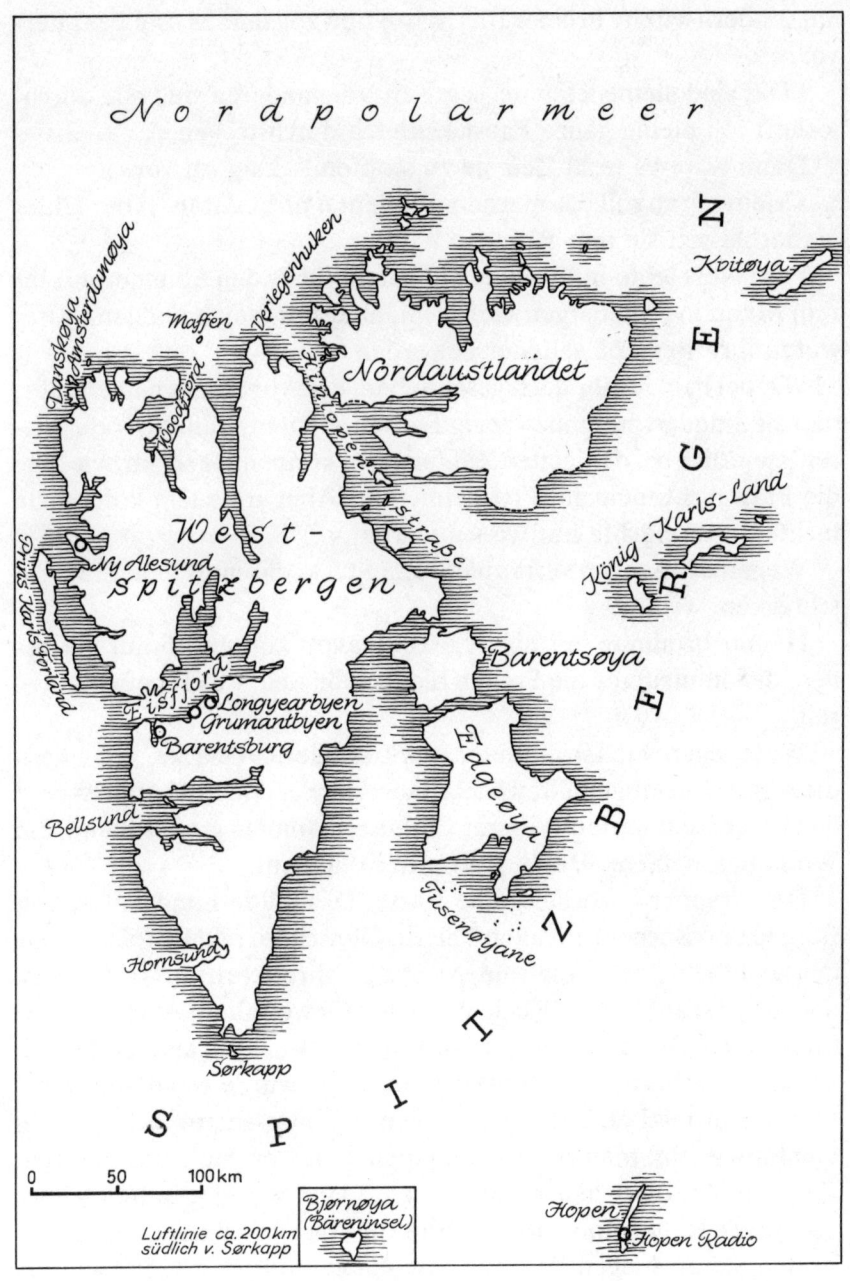

Spitzbergen

an, sondern wühlte in einer Blechkiste und zog daraus drei Paar hervor.

»Das sind meine letzten«, sagte er, »die anderen sind alle durchlöchert . . . meine ganze Faust kann ich durchstecken.«

Dann wäre es wohl Zeit sie zu stopfen, schlug ich vor.

»Meine Frau soll das machen, ich denke nicht daran. Aber leider vernachlässigt sie ihre Pflichten.«

Frau Nois lebte in Tromsø. Sie hatte früher den Sommer mit ihrem Mann in Spitzbergen verbracht, aber mit zunehmendem Alter waren ihre Besuche seltener geworden.

»Dabei hab' ich ihr doch geschrieben, erst vor einem halben Jahr, daß sie hundertdreiundzwanzig Socken stopfen muß. So viele waren's wirklich bei der letzten Zählung. Da können Sie sehen, wie lang die Frau nicht mehr in ›Fredheim‹ war. Aber trotzdem kommt sie nicht . . . ich möchte nur wissen warum.«

Wegen der Socken vermutlich. 123 Stück, das muß jede Frau abschrecken.

Hilmar brummte auf norwegisch. Davon konnte ich nur verstehen, daß heutzutage die Frauen nicht mehr sind, was sie einmal waren.

Wir stiegen wieder hinunter, packten die Rucksäcke, schnallten die regendicht eingehüllten Schlafsäcke darauf und machten uns bald danach auf den weiten Weg zur Ostküste. Hilmars großer Hund, ein Wolfsspitz namens ›Baldur‹, kam natürlich mit.

Der Trapper brauchte keine Karte. Das wilde Land mit seinen Bergen und Bächen, mit allen Tälern, Gletschern und Eisfeldern war ihm wohlbekannt. Trotz seiner siebzig Jahre schritt er kräftig aus, und die Last auf seinem Rücken war alte Gewohnheit. Auch ›Baldur‹ hatte einen Teil des Proviants zu tragen. Zwei Packtaschen hingen links und rechts an dem braven Hund. Mir wurde es anfangs nicht leicht, dem raschen Tempo zu folgen. Ich marschiere nicht gern in Gummistiefeln, man hat darin keinen so festen Halt wie in guten Bergstiefeln. Aber hier mußte es sein, denn wir gingen meist über sumpfigen Boden und hatten zahlreiche Bäche zu durchqueren. Auf beiden Seiten stiegen Berge an, die schon auf halber Höhe von Eis oder Schnee bedeckt waren.

»Bis daß der Schnee schwarz wird...« ist eine oft gebrauchte Redensart. Sie soll zum Ausdruck bringen, daß irgend etwas sehr lange dauert oder niemals zu Ende geht. Auf Spitzbergen hat diese Bemerkung keine Bedeutung, denn an vielen Stellen ist schwarzgefärbter Schnee vorhanden. Der Staub offenliegender Kohlenstreifen wurde vom Wind darüber geweht. Ganze Berghänge sind auf diese Weise verdunkelt.

»Da hat schon mancher gestaunt«, meinte Hilmar, »nur könnte die Kohle besser sein. Der Abbau hat sich bisher nur an sieben Stellen gelohnt. Mal wird eine Grube aufgemacht und wieder geschlossen. Je nachdem, wie die Preise sind und wie hoch die Unkosten.«

Das Wetter blieb gut, und auf die Tageszeit brauchten wir nicht zu achten. Morgen, Mittag, Abend und Mitternacht sind im arktischen Sommer ungefähr dasselbe. Wie weit wir kamen, hing von den eigenen Kräften ab. Das Zelt wurde aufgeschlagen, wenn wir müde waren. Der Hunger bestimmte, wann wir uns zu einer Mahlzeit niederließen. Ein Spirituskocher älterer Bauart diente als Küchenherd, verbeulte Teller und Tassen aus Blech waren unser Geschirr. Der alte Trapper hatte nur mitgenommen, was man unbedingt brauchte. So war das auch richtig und gefiel mir sehr. Wasser gab es überall, so konnten wir auf Dosen mit flüssigem oder feuchtem Inhalt gut verzichten. Haferflocken und Nudeln, Eipulver, Mehl, Zucker, Tee und Kaffee sind leicht, ebenfalls gedörrter Fisch und getrocknetes Obst. Außerdem hatten wir noch Knäckebrot, Salami und eine Kilobüchse Fett. Damit ließ sich leben. Mein Begleiter war sogar der Meinung, es wäre ein Schlaraffenleben im Vergleich zu früheren Zeiten. Davon sprach er gern, wenn wir gemütlich am zischenden Kocher beisammensaßen.

Als Hilmar Nois sein Trapperleben begann, war es üblich, daß zwei, drei und auch vier Fallensteller gemeinsam ein Standquartier bauten. Man benutzte dafür Stämme aus Treibholz, fand auch gelegentlich Schnittholz an der Küste. Beides hatte die Strömung des Polarmeeres aus Sibirien herangetragen. Fenster und Türen mußten die Trapper aber aus Norwegen mitbringen. Soweit wie möglich lebten sie von ihrer Beute, den Robben, Seehunden, Schneehühnern, Rentieren und Lachsen. Zum Teil wurden Stiefel und Kleidung aus

Fellen angefertigt. Für die Pelzjagd war natürlich der Winter die beste Zeit. Dann sind die Felle zum Schutz vor der grimmigen Kälte besonders dicht, glänzend und langhaarig. Weißfüchse und Blaufüchse waren die am meisten begehrten Pelztiere der Trapper, denn es wurden damals relativ höhere Preise dafür bezahlt als heute. Man fing sie in Fallen und mußte den Wechsel der Pelztiere sehr genau kennen, um Erfolg zu haben. Eisbären wurden geschossen, wo man sie bekam, doch hatten sich nur wenige Jäger auf diese Art des Lebensunterhalts spezialisiert. Das Zubereiten der Felle machte sehr viel Mühe, denn fein säuberlich mußte man sie abschaben, gut trocknen und sachgerecht spannen. Wenn der kurze Sommer Ende Mai oder Anfang Juni endlich wiederkam, begaben sich die Trapper zu Fuß oder im Boot an bestimmte Sammelpunkte, wo zur festgesetzten Zeit das Versorgungsschiff aus Norwegen erschien. Händler waren an Bord, um die Felle zu kaufen oder gegen Gebrauchsartikel einzutauschen. Ein Teil der Trapper, vor allem die Familienväter, verbrachten den Sommer in Norwegen. Andere blieben viele Jahre in Spitzbergen, ohne die Wohltaten einer zivilisierten Welt zu vermissen.

»Manche hatten ihre Frauen dabei, sogar im Winter«, berichtete Hilmar, »die haben oft mit gejagt und Fallen gestellt. Meine Frau war auch von der guten Sorte, ich konnte nicht über sie klagen. Sie hat mir sehr geholfen, und es gefiel ihr ganz gut in unserem schönen Haus. Nun ja, sie ist eben auch älter geworden. In Tromsø lebt man bequemer, und wir haben dort ein hübsches Heim. Wenn meine Knochen steif werden, fahr' ich zur Frau . . . und brauch' nicht mehr selber mein Geschirr spülen.«

Er lachte mit bebendem Bart, als sei das ein guter Witz gewesen. Doch gleich sprach er wieder vom Broterwerb des Fallenstellers.

Die »große Zeit«, wie er sie nannte, war längst zu Ende, als Hilmar nach Spitzbergen kam. Schon vor dreihundert Jahren hatten russische Pelzjäger, die sogenannten »Promischleniki«, den Reichtum an Pelztieren entdeckt. Sie waren rauhe Männer einfachster Herkunft gewesen, mit wallenden Bärten und stets von Kopf bis Fuß in Pelze gehüllt. Sie wohnten in Gruppen von zwölf bis zwanzig zusammen, bauten sich große Blockhäuser und mußten von dem leben, was ihnen Land und Meer zu bieten hatten. Von ihrem gemeinsamen Standquartier zogen sie einzeln aus, oft viele Wochen lang, um jeder für sich eine Fallenlinie zu legen. Während dieser Zeit schliefen sie in selbstgegrabenen Höhlen, Schneehäusern oder Steinhütten. Nur einmal im Jahr kamen aus Archangelsk kleine, klobig gebaute Segelschiffe an einen bestimmten Treffpunkt, um mit den Trappern regen Tauschhandel zu treiben. Die Promischleniki blieben so lange, bis sie Altersbeschwerden spürten oder starben. Eine Erholung in der Heimat gab es für sie nicht.

»Da hat wohl mancher fünfzig Jahre lang keinen Baum und Strauch gesehen«, meinte Hilmar, »aber ich glaub's schon, der Mensch gewöhnt sich an alles.«

Wir kamen an einem schiefen Holzkreuz vorüber, doch wessen Knochen darunter lagen, war längst vergessen. Hilmar sagte, daß er auf seinen Wanderungen vielen Grabkreuzen begegnet sei. Bis das Holz verfault, können Jahrhunderte vergehen. Die russischen Gräber erkennt man am Doppelkreuz der orthodoxen Kirche und weiß dann, wie alt sie mindestens sein müssen, denn um 1850 hat die Pelzjagd der Promischleniki aufgehört.

»Wer ein richtiges Grab mit Kreuz bekam, hat noch Glück gehabt«, stellte Hilmar fest. »Als es mit ihm zu Ende ging, war er wenigstens nicht allein und wurde auf anständige Weise unter die Erde gebracht. Von den anderen blieb nichts übrig. Eisbären haben die Toten gefressen und ihre Gebeine verschleppt.«

Es war am zweiten oder dritten Tag, so genau weiß ich es nicht mehr, als wir endlich die Moschusochsen sahen. Sie wirkten auf dem Boden mit nicht einmal fingerlangem Gras weit größer, als sie tatsächlich waren. Das dunkelbraune Fell reichte wie Pluderhosen bis zu den Hufen. Ihr Gehörn, das auch weibliche Tiere tragen, war breit auf der Stirn, bog sich dicht am Schädel bis fast zum Maul und zeigte dann mit zwei scharfen Spitzen nach vorne. Die Moschusochsen, auch Polarbüffel genannt, sind Geschöpfe zwischen Wildschaf und Wildrind. Einst über ganz Nordeuropa und die nördlichsten Gebiete Amerikas verbreitet, ist heute ihr Wandergebiet auf das arktische Kanada und den Nordosten von Grönland beschränkt. Was wir aus vielleicht hundert Meter Entfernung sahen, waren die Nachkommen

»verpflanzter Tiere«. Sieben Polarbüffel hatte man 1924 aus Grönland nach Spitzbergen gebracht. Hier herrschen die gleichen klimatischen und landschaftlichen Verhältnisse wie dort. Mit dem Wohlbefinden der importierten Polarbüffel und ihrer baldigen Vermehrung war deshalb zu rechnen. Aber die Umstellung schien doch recht schwierig zu sein. Erst blieben Geburten völlig aus, dann kamen nur wenig Kälber auf die Welt. – Doch seit etwa zwanzig Jahren hat eine relativ rasche Fortpflanzung begonnen. Man glaubt, daß nun 60 bis 70 Moschusochsen auf Spitzbergen leben. Wie sich denken läßt, ist die Jagd und überhaupt jede Belästigung der seltenen Tiere streng verboten*.

»Manchmal kommen sie bis nach Longyearbyen, und ein Bulle ist neulich sogar durch die Hauptstraße gebummelt. Sonst bleiben sie meist in derselben Gegend. Keine Herde ist weit gewandert ... nicht mehr als fünfzig bis sechzig Kilometer von dort, wo man sie seinerzeit ausgesetzt hat.«

Wäre es anders gewesen, hätten wir sie nicht gefunden. Fetzen und Streifen ihrer abgefallenen Winterwolle lagen im Gelände verstreut. Es soll die feinste Wolle sein, die es von irgendeiner Tierart gibt. Die Polarbüffel leben von Moos, von dem kurzen Gras, von Steinflechten und auch von dem fingerdicken, verholzten Gestrüpp, das sich dicht an den Boden schmiegt. Während des Winters fegen Stürme mit solcher Gewalt über das Land, daß der Schnee an vielen Stellen davonfliegt. Dort suchen dann die hungrigen Büffel ihre Nahrung. Sonst müssen sie selbst mit ihren Hufen die notwendigste Äsung freilegen.

Kaum hatten uns die Büffel erblickt, bildeten sie schon ihren berühmten Igel. Drei Kälber im Zentrum, die Kühe im Kreis darum, die Bullen an der Außenfront. So ist es die Regel, aber die Geschlechter waren aus der Ferne nicht zu unterscheiden. Zwölf Tiere habe ich gezählt. Solange kein Mensch mit Pfeil und Speer

---

* Sie wurden auch in Alaska, wo sie ausgerottet waren, wieder eingesetzt. Auf der Insel Nunivak sind es nun mehr als tausend. Ebenso ist die Wiedereinbürgerung an zwei Stellen in Norwegen gelungen. Auf den Hochflächen des Dovrefjell habe ich später eine siebenköpfige Herde gesehen. In Gehegen der USA und in einem Gatter bei Fairbanks werden sie unter menschlicher Aufsicht wie Rinderherden gehalten.

oder gar mit Schußwaffen den Moschusochsen nachstellte, war diese Art der Verteidigung vollkommen. Die natürlichen Feinde, nämlich Wölfe und Bären, können die Abwehrfront nadelscharfer Hörner nicht durchbrechen. Schon vier Büffel genügen dazu. Doch Einzelgänger sind gefährdet, weil der schneller bewegliche Feind immer versucht, den Moschusochsen von hinten oder von der Seite zu packen.

Ich kam so weit heran, wie es mir gerade noch sicher schien, um zu fotografieren. Als einige der Tiere stampften und schnaubten, hielt ich den Rückzug für geraten.

»Ich hab' gehört, daß die Bullen angreifen«, sagte Hilmar erst jetzt, »wenn man ihnen zu dicht auf den Pelz rückt. Das sind so ungefähr zwanzig Schritt.«

Später bin ich auf Bathhurst, einer Insel der kanadischen Arktis, ohne Gefahr bis auf zwölf Schritt an den Igel herangekommen. Aber das braucht nicht die Regel zu sein.

Wir zogen bald weiter. Erst durch ein Tal mit sumpfigem Boden und schwellendem Moos, dann über einen kahlen steinigen Bergrücken und wieder hinab ins nächste Tal. Das Eis war nahe, die Gletscher auf beiden Seiten unsere ständigen Begleiter. Wir folgten viele Stunden einem rauschenden Bach. Schneehühner flogen auf, ein weißer Fuchs huschte vorbei. Lemminge liefen über den Boden, um schnell in Erdlöchern zu verschwinden. Es wäre ein gutes Jahr für die Schnee-Eulen, meinte Hilmar. Bald sahen wir auch einen der großen Greifvögel. Er saß unbeweglich auf einem Felsen, von dem er mit scharfen Augen nach Beute spähte. Plötzlich erhob sich die weiße Eule, schwebte lautlos davon und stieß senkrecht nieder. Die Jagd hatte offenbar den gewünschten Erfolg, denn mit flatternden Flügeln blieb der Räuber, wo er gelandet war.

Wir hielten Rast neben einer winzigen Bretterbude. Stürme hatten ihr Dach verschoben und die Tür aus den Angeln gebrochen.

»Muß ich wieder in Ordnung bringen«, meinte Hilmar, »es ist eine von meinen Unterkünften, wenn ich die Fallen auslege. Mit dem Schlitten hab' ich die Bretter hergebracht, als ich noch zwölf Hunde hatte. An sich ein guter Platz, nur etwas zu windig, wenn's von Osten weht. Früher stand hier mal 'ne russische Blockhütte, aber ziemlich verfallen. Das alte Holz taugte nur noch zum Feuermachen.«

Rentiere in einer Mulde, sieben, acht oder neun. Wir konnten nicht genau zählen, weil sie durcheinander liefen und teilweise hinter Steinblöcken standen. Die Rentiere auf Spitzbergen sind kleiner als ihre Verwandten in Skandinavien und stehen auf kürzeren Beinen. Aber ihr Körper ist breiter gebaut und das Geweih relativ groß. Man sagt, sie stammen ursprünglich aus Sibirien, und ihre Vorfahren wären auf treibendem Eis nach Spitzbergen gekommen. Früher wurden sie von den Trappern und auch von fremden Sportjägern in großer Menge abgeschossen, stehen aber heute unter Naturschutz.

Als wir über die Hochfläche zogen, eiskaltem Wind entgegen, stand in der Ferne ein Rentier ganz allein. Statt scheu zu fliehen, kam das Tier auf uns zu. Es suchte Gesellschaft, wie mir schien, ohne zu erkennen, daß wir gar nicht zu ihm paßten. Wir standen still, um es nicht mißtrauisch zu machen. Ohne Furcht schritt die junge Rentierkuh immer näher, bis auf dreißig, zwanzig und zehn Meter. Ich hielt die Kamera am Auge, und bald war die Bildfläche ganz von dem Rentier ausgefüllt. Die großen, dunklen Augen schauten uns an. Der Blick war irgendwie rührend, eine Bitte um Bekanntschaft, vielleicht auch der Versuch, »ins Gespräch« zu kommen. Meine letzte Aufnahme zeigt nur das Haupt, unmittelbar vor dem Objektiv. Dann fühlte ich das weiche Maul an meinen Händen.

Wir waren eine Gruppe zu dritt. Das Rentier wollte auf seine Art etwas sagen, und ich gab freundliche Antwort nach Menschenart. Doch leider ist die gemeinsame Sprache zwischen Mensch und Tier noch nicht gefunden. Auch ›Baldur‹, der brave Hund, bewies seinen guten Charakter, als er schweifwedelnd von einem privaten Umweg herankam. Er schien zu wissen, daß in diesem Kreis vollkommener Frieden herrschte. Hilmar sagte dem Rentier, es sei das schönste und beste auf ganz Spitzbergen.

»Es hat die Herde verloren«, meinte ich, »können wir ihm helfen?«

»Wenn wir's mit Steinwürfen nach Westen treiben, aber das bring' ich nicht übers Herz.«

Nach einer Weile nahmen wir den Marsch wieder auf. Das einsame Tier folgte uns drei Stunden lang oder länger. Dann plötzlich, als sei sie tief von uns enttäuscht, machte die Begleitung kehrt und eilte mit klapperndem Rentiertrab den gleichen Weg zurück. Ich hoffte, es war dem Tier eben eingefallen, wo es viel bessere Gesellschaft finden konnte.

Am dritten Tag, es kann auch der vierte gewesen sein, gelangten wir keuchend auf einen schneebedeckten Bergrücken. Bis über den Rand versanken die Gummistiefel, und jeder Schritt wurde zu einer fühlbaren Anstrengung. Doch vom höchsten Punkt sahen wir einen Meeresarm der Ostküste. Im blauen Wasser schwammen Eisberge und weiße Schollen.

Das Ziel war noch weit entfernt, aber gewiß zu erreichen. Das gab mir frische Kräfte, und ich hatte keine Mühe mehr, der flotten Gangart des alten Trappers zu folgen. Noch ein Lager drunten im Tal, mit warmen Mahlzeiten vor und nach zehn Stunden tiefen Schlafes, dann waren wir an dem steinigen Strand.

Ich weiß nicht genau, an welchem Fjord wir zur anderen Seite von Spitzbergen gelangten. Hilmar kannte dafür keinen Namen, obwohl er schon öfters an der gleichen Stelle gewesen war. Ein Blick auf die Karte half auch nicht viel, da gab es überall kleine und größere und vielverzweigte Fjorde. Einer davon muß es gewesen sein, so ungefähr dort, wo die große Insel beiderseits am tiefsten eingeschnitten ist. Ich neige zur Annahme, daß es die Mohnbucht war.

»Wie man's nennt, hat keine praktische Bedeutung«, sagte Hilmar, »wir sind jedenfalls dort, wo ich hinwollte, und ich kenn' mich aus. Da vorn liegt ein Wrack... können 'reinschauen, wenn Sie wollen. Aber viel ist nicht zu sehen.«

Ein Wrack zu untersuchen dürfte wohl jeden Menschen reizen. Das hier war der aufgesplitterte Rumpf eines alten Seglers. Vermutlich wollte er im Fjord vor Stürmen Zuflucht suchen, war jedoch im Nebel gestrandet. So könne es gewesen sein oder auch ganz anders, meinte Hilmar. Die Mannschaft hatte sich jedenfalls an Land gerettet.

»Konnte ihnen aber nicht viel helfen. Ich nehm' an, sie hatten keine Waffen bei sich und sind langsam verhungert. Ein paar Knochen hab' ich gefunden und begraben.«

In der Koje lagen verfaulte Strohsäcke, und in der Kombüse stand ein Herd aus gebrannten Ziegeln. Die Masten waren bis auf kurze Stümpfe abgebrochen, das Schanzdeck eingeschlagen und das Steuerhaus zertrümmert.

»Das lag schon hier und sah aus wie jetzt, als ich es zum erstenmal gesehen habe ... und da war ich noch ein junger Kerl.«

Auf dem Rückmarsch wurde das Wetter schlecht. Schneidend kalter Wind kam uns entgegen. Zweimal wurden wir vom strömenden Regen durchnäßt, gingen aber trotzdem weiter, denn es gab ja keine Möglichkeit, unsere Kleider zu trocknen. Die rasche Bewegung mußte wärmen. Eklig war es nur, aus dem gemütlichen Schlafsack in feuchte Sachen zu steigen.

Wir sahen die Moschusochsen wieder und mehrmals eine Rentierherde. In verhältnismäßig guter Verfassung kamen wir nach ›Fredheim‹ zurück. Pünktlich, wie es zuvor ausgemacht war, erschien das Motorboot der *Store Norsk Kul Kompanie*, um mich wieder nach Longyearbyen zu bringen. Auch Hilmar wollte einige Tage später nach dort übersiedeln, zu einem Urlaub unter Menschen, wie er sagte. Es war also kein Abschied für immer.

Spitzbergen besteht aus drei großen und vielen kleinen Inseln mit einer Ausdehnung von zusammen 62 000 Quadratkilometern*. Westspitzbergen ist bei weitem die größte Insel der Gruppe und auch die einzige mit ständig bewohnten Ortschaften. Nur schmale Meeresarme trennen die drei großen Inseln. Weiter im Osten liegt das König-Karls-Land, ein Schutzgebiet für Eisbären. Fast 60 Prozent der Inselgruppe sind während des ganzen Jahres mit Eis bedeckt. Die Westküste und ihre Fjorde sowie die vorgelagerten Inseln haben ein relativ mildes Klima, weil sie von den nördlichsten Ausläufern des Golfstromes berührt werden. Im groben Durchschnitt begnügt sich der Winter mit 10 Grad Celsius unter Null, im Sommer liegt die mittlere Temperatur bei 7 Grad plus. Doch kann das Thermometer bis zu 50 Grad unter Null fallen, im Hochsommer auch bis 27 Grad steigen. Aber solche Wärme- und Kälterekorde werden nur für kurze Zeit erreicht.

---

* Im Vergleich dazu: das Bundesland Bayern hat 70 500 Quadratkilometer.

Von Ende Mai bis Anfang Oktober können Schiffe in fast alle Fjorde der Westküste einlaufen. Während des übrigen Jahres ist wegen geschlossener Eisdecke keine Seefahrt möglich. Nennenswerte Vegetation findet sich nur an der Westküste sowie in den Tälern Westspitzbergens. Die übrige Inselwelt, soweit sie nicht vom ewigen Eis bedeckt ist, kann nur den kümmerlichen Pflanzenwuchs der Arktis hervorbringen. Der weitaus größte Teil Spitzbergens entspricht dem Namen und besteht aus Bergen, deren Spitzen das erste sind, was die Seefahrer aus der Ferne erblicken. Weil die Gebirge oft senkrecht aus dem Meer emporsteigen, wurde ihre Höhe zunächst weit überschätzt. Spätere Messungen ergaben, daß kein Gipfel 2000 Meter erreicht. Mit 1717 Metern ist Newtontoppen der höchste im Land.

Eingeborene haben niemals auf Spitzbergen gelebt, weder Eskimo noch Samojeden, noch sonst ein Volk des hohen Nordens. Wenn man dem ›Landnamabok‹ des alten Island glauben will, wurde ›Svalbard‹ schon im Jahre 1194 von den Wikingern entdeckt, aber bald wieder vergessen. Die eigentliche Geschichte der Inselgruppe beginnt erst vierhundert Jahre später. Da bemühten sich die seefahrenden Nationen Europas, einen direkten Weg zu den Schätzen von Indien und China zu finden. Sie glaubten, es sei möglich, den nordamerikanischen Kontinent zwischen Grönland und Kanada zu umfahren*.

Gelegentlich einer dieser Expeditionen wurde Spitzbergen von dem holländischen Seefahrer Willem Barents 1596 zum zweitenmal entdeckt. Er fand auch die Bäreninsel und noch im selben Jahr die Doppelinsel Nowaja Semlja nördlich von Sibirien. Der Reichtum an Walen, Walrossen und Robben in diesen Gewässern führte alsbald zur Entsendung von Fangschiffen. Die Holländer begannen damit, die Engländer, Franzosen, Dänen und die deutschen Hansestädte folgten, ebenso die russische *Muscovy Company*. Im Verlauf der

---

* Das gelang nach sehr vielen vergeblichen Versuchen und schweren Verlusten erst Roald Amundsen in den Jahren 1903 bis 1906. Aber die von ihm entdeckte Durchfahrt war so zeitraubend und gefährlich, daß man ihr keinen praktischen Wert beimessen kann. In meinem Buch »Mein Leben für die weiße Wildnis« (Cotta-Verlag) habe ich die Entdeckung der Nordwestpassage geschildert.

hundert Jahre von 1670 bis 1770 haben allein die Holländer 60 000 Wale bei Spitzbergen harpuniert. Der Tran wurde an Land ausgekocht und in der Heimat vor allem zur Beleuchtung verwendet. Auf der Insel Amsterdamøya besaßen die Holländer eine Niederlassung namens ›Smeerenborg‹, auf deutsch ›Fettstadt‹. Während des Sommers lebten dort bis zu 1200 Menschen, aber kaum der zehnte Teil verbrachte auch den dunklen Winter in Smeerenborg. Aus den Geschäftsbüchern der Walfangreedereien ist noch heute zu ersehen, daß insgesamt 1400 Schiffe die Fettstadt besuchten. Gemessen an der Einwohnerzahl im Sommer war Smeerenborg die größte Stadt so hoch im Norden, die es jemals gab. Aber schon um das Jahr 1800 waren die Wale und zum größten Teil auch die Walrosse ausgerottet. Smeerenborg wurde verlassen, und alle Nationen mußten den Walfang bei Spitzbergen aufgeben.

Was blieb, war die Jagd auf Pelztiere. Die Russen hatten schon zu Anfang des 17. Jahrhunderts damit begonnen. Organisiert wurde das Unternehmen von den geschäftstüchtigen Mönchen des Solowetskojklosters auf der Insel gleichen Namens im Weißen Meer, also nahe bei Archangelsk. Sie schickten die Promischleniki nach Spitzbergen, versorgten sie mit Nachschub, ließen die Pelzbeute abholen und steckten den reichen Gewinn in die Klosterkasse. Betagte Jäger, sofern sie alle Mühen und Gefahren überstanden hatten, durften ihren Lebensabend in der Obhut des Klosters verbringen. Aus Gründen, die mir nicht bekannt sind, war es mit der russischen Pelzjagd um die Mitte des vorigen Jahrhunderts vorbei.

Am Verschwinden der Pelztiere kann es nicht gelegen haben, denn anstelle der Russen kamen norwegische Trapper aus Tromsø und Hammerfest, die allem Anschein nach mit ihrer Ausbeute recht zufrieden waren. Wie sie dabei vorgingen, hat schon Hilmar Nois erzählt, der gewissermaßen den Abschluß dieser Epoche darstellt. Im

Einsame Insel im Polarmeer bei Spitzbergen.

NÄCHSTE DOPPELSEITE: *Die ›Havella‹ gleitet mit langsamer Fahrt durch treibendes Eis im Nordosten von Spitzbergen. Wir beobachten im Fernglas einen jungen Eisbären, der so sehr mit seiner Jagd auf Seehunde beschäftigt ist, daß ihn die Nähe des Schiffes nicht stört.*

letzten Drittel des 19. Jahrhunderts begann die wissenschaftliche Erforschung der Inselgruppe, woran auch deutsche Expeditionen beteiligt waren. Die Küste wurde vermessen, das Land an mehreren Stellen durchquert und Berge bestiegen. Nachdem sich die Zoologen mit der Tierwelt, die Botaniker mit den Pflänzchen, Ichthyologen mit den Fischen und Klimatologen mit dem Wetter beschäftigt hatten, kamen auch die Geologen, um Bodenschätze zu erkunden. Die Kohle lag offen vor ihren Augen, aber sie fanden auch Gips, Marmor, Eisenerz, Zinkblende, Asbest und Pyrit. Nach so manchen hoffnungsvollen Versuchen, die Schätze gewinnbringend abzubauen, blieb wegen zu hoher Arbeitskosten am Ende nur die Kohle übrig. Der Amerikaner Longyear betrieb ab 1904 mit gutem Erfolg eine Kohlengrube am Eisfjord, genauer gesagt im Adventfjord, der davon abzweigt. Bald folgten andere Unternehmen im gleichen Gebiet. Man konnte in beiden Fjorden die Kohle unmittelbar auf Schiffe verladen. Die Qualität soll nicht die beste sein, aber sie findet ihre Abnehmer, deckt die Kosten und lohnt die Mühe. Mr. Longyear verkaufte seine Rechte und seine Anlagen 1916 an die *Norwegische Store Kul Kompanie*, die so manches hinzufügte und laufend ausbaut. Nicht weit von den Norwegern sind auch die Russen tätig. Sie betreiben am Eisfjord die drei Gruben Barentsberg, Grumantsbyen und Pyramidspitsen. Private Ausflüge sind den Angestellten und Arbeitern der Russengruben nicht gestattet. Jedenfalls habe ich keinen Sowjetmenschen in Longyearbyen oder sonstwo in Spitzbergen gesehen.

Wenn man die Wetterstationen nicht mitrechnet, gibt es außer

Viele tausend Walrosse haben sich einst zur Paarung auf der tischflachen Insel Maffen versammelt. Doch alle wurden von den Robbenschlägern aus Gewinnsucht vernichtet. Bei näherem Hinsehen wird man entdecken, daß hier kein Geröll aus grauen Steinen liegt, sondern bis zum Rande des Horizonts nur die Knochenreste der grausam erschlagenen Tiere (oben).

Ein Blick in das Wrack der ›Vega‹, die vor etwa hundert Jahren als erstes Schiff die Nordostpassage bezwang, den langgesuchten Seeweg von Europa an Sibirien vorbei nach Ostasien. Die einst in aller Welt berühmte ›Vega‹ liegt heute vergessen unter dem Landepier von Ny Alesund auf Spitzbergen (unten).

den Kohlengruben am Eisfjord und Adventfjord nur eine Siedlung auf der ganzen Inselgruppe. Das ist Ny Alesund am Kongsfjord, hoch im Norden von Westspitzbergen. Ebenfalls eine Kohlengrube, die von der *Kongsfjord Kul Kompanie* betrieben wird und etwa 170 Einwohner zählt. Auch Frauen und Kinder sind dabei, doch ist die männliche Bevölkerung insgesamt auf Spitzbergen annähernd zehnmal zahlreicher als die weibliche. Die Löhne sind hoch und bieten für junge Männer den Anreiz, nach wenigen Jahren guten Verdienstes mit einer beachtlichen Sparsumme heimzukehren. Die Einwohnerzahl von Spitzbergen, alle Nationalitäten mitgerechnet und auch solche Leute, die nicht lange bleiben, beträgt etwa 4500. Dabei sind die Sowjetrussen mit schätzungsweise 2500 in der Überzahl. Doch wie gesagt, sie treten außerhalb ihres Bereiches nicht in Erscheinung.

Warum aber, so fragt man, lassen die Norweger so viele Fremde ins Land, ohne deren Zahl oder die Dauer ihres Aufenthalts zu beschränken? Das ist die Folge jenes internationalen Vertrages von 1925, der erst nach langen und schwierigen Verhandlungen bestimmte, daß Spitzbergen zum Königreich Norwegen gehört. Während der ganzen langen Zeit nach Willem Barents' Entdeckung hatten die Schiffe so vieler Nationen regelmäßig die Küste Spitzbergens besucht und Pelzjäger im Lande gelebt, daß kein Staat für sich allein die Hoheitsrechte beanspruchen konnte. Holland, England, Dänemark, Norwegen und das russische Zarenreich stellten zwar Ansprüche, aber die gegenseitige Rivalität verhinderte die Lösung des Problems. So blieb Spitzbergen ein Land ohne Besitzer, jeder konnte dort tun und lassen, was er wollte. Es gab keine Spur von Obrigkeit und auch keine Stelle, um Streit zu schlichten oder Verbrechen zu bestrafen. Die Klärung der Frage, welchem Staat Spitzbergen gehören sollte, zog sich über fünfzig Jahre hin. Erst dann kam man überein, die Inselgruppe den Norwegern zu überlassen. Aber Norwegen mußte sich verpflichten, kein Militär und keinen Marinestützpunkt dort zu unterhalten. Der Vertrag bestimmte, daß jedem Ausländer die Einreise, der unbegrenzte Aufenthalt und freie Abbau von Bodenschätzen erlaubt sei. Da ein Flugplatz für militärische Zwecke benützt werden könnte, besteht bisher kein regelmäßiger Flugverkehr nach Spitzbergen. Was an Möglichkeiten für Start und Landung vorhanden ist, genügt nur für den Krankentransport und Warentransport in Notfällen. Ein norwegischer Polizeibeamter sorgt für die öffentliche Ordnung. Alle übrigen Aufgaben der Verwaltung besorgt der ›Sysselman‹. So nämlich wird der Gouverneur genannt. Als Hauptstadt von Spitzbergen gilt Longyearbyen mit rund 1500 Einwohnern*.

Heute hat man schon fast vergessen, daß Nordlandreisen zu Kaiser Wilhelms Zeiten große Mode waren. Seine Majestät hatten selbst durch Fahrten auf der ›Hohenzollern‹ dazu das Beispiel gegeben. Begüterte Leute fuhren bis nach Spitzbergen, um die grandiose Polarwelt zu erleben. So kam es, daß schon 1896 am schön gelegenen Adventfjord ein Hotel entstanden war und bald darauf ein zweites am Kongsfjord. Auf diese Weise konnten die Nordlandfahrer eine oder mehrere Wochen auf Spitzbergen verbringen, um danach mit einem anderen Schiff heimzufahren. Nordlandreisen sind wieder, und zwar mehr denn je, ein beliebtes Ferienvergnügen. Aber man will nicht lange an einer bestimmten Stelle bleiben, sondern möglichst rasch anderen Zielen zustreben. Die Bequemlichkeit gebietet an Bord zu wohnen, und da ohnehin die bevorzugte Saison für Reisen nach Spitzbergen auf etwa siebzig Tage beschränkt ist, haben die Hotels schon längst ihre Pforten wieder geschlossen.

Wer im Land bleiben will, aber dort niemanden kennt und an niemanden empfohlen ist, hat kein Dach über dem Kopf. Auch Mahlzeiten werden ihm nicht serviert, denn es fehlen Restaurants für Reisende.

Das eigene Zelt und ein Schlafsack, auch der eigene Herd sind Goldes wert. Dem unabhängigen Camper stehen mehr als 60 000 Quadratkilometer zur freien Verfügung, sofern er imstande ist, alle Probleme des Klimas, der Verpflegung und der Fortbewegung zu lösen. Wer eine verlassene Hütte findet, darf sie benützen. Freiliegende Kohle und angeschwemmtes Holz kann für den eigenen, örtlichen Bedarf als Brennstoff dienen. Die Erlaubnis zum Fischen und

---

* Dies und jenes, vor allem die Zahlen, mögen sich geringfügig geändert haben, seit ich 1963 zum letzten Male in Spitzbergen war.

Angeln gewährt der ›Sysselman‹. Während des kurzen Sommers fährt jede Woche ein Schiff von Tromsø nach Longyearbyen und Ny Alesund, das auch Passagiere befördert. Die uralte ›Lyngen‹ möchte ich besonders empfehlen, obwohl die Kabinen eng sind und man neuzeitlichen Komfort nicht erwarten darf. Dafür ist die ›Lyngen‹ einer von den letzten Kohlenpötten, die es bei der christlichen Seefahrt noch gibt. Es sind ja die Tage nicht mehr fern, da es mit Reisen auf Dampfschiffen völlig vorbei ist. Die mächtig qualmende ›Lyngen‹ ist nur deshalb noch in Betrieb, weil ihre Kessel billige Kohlen schlucken, die aus den Gruben von Spitzbergen stammen.

Globetrotter pflegen zu sagen, man könne auch ohne Gepäck die ganze Welt bereisen, wenn nur der Paß alle notwendigen Stempel trägt und die Brieftasche gut gefüllt ist. Für Spitzbergen gilt das nicht. Niemand wird dort nach seinem Paß gefragt, und wer auf die Macht des Geldes vertraut, wird mit Erstaunen feststellen, daß er machtlos ist. Wie schon gesagt, gibt es kein Hotel oder sonst eine Unterkunft für fremde Menschen. Einen Wagen zu mieten hat keinen Sinn, weil die Straßen am Rand der Ortschaft aufhören. Abgesehen von nur ganz wenigen Ausnahmen steht jeder Bewohner Longyearbyens im Dienst der *Kul Kompanie*, der so gut wie alles gehört, was man in dem Städtchen sieht. Einen Führer zu finden oder ein Boot mit Bootsmann zu mieten, weil man sich doch gerne im Land und in den Fjorden umsehen möchte, kann ohne persönliche Beziehungen kaum gelingen. Das weitaus wichtigste Papier in meiner Tasche war ein empfehlendes Schreiben an Herrn Bing, den Direktor der *Store Norsk Kul Kompanie*. In Anbetracht der vorgenannten Umstände wirkte es in ähnlicher Weise wie Aladins Wunderlampe. Ich durfte im Kasino der *Kul Kompanie* essen, im Laden der *Kompanie* zu relativ billigen Preisen einkaufen und die Wohnung eines abwesenden Ingenieurs beziehen. Herr Bing zeigte mir von seinem Fenster, wo dies Haus gelegen war. Ich dankte sehr und bat um den Schlüssel.

»Sie brauchen keinen Schlüssel, hier wird nichts abgeschlossen.«

Dabei war mir noch unbekannt, daß der Ingenieur mit seiner Familie gedachte, volle drei Monate in Norwegen zu verbringen. Wie ich alsdann feststellte, war an der Haustür nur eine Klinke, aber ein Schloß gar nicht vorgesehen. Drinnen sah alles aus, als wäre die Familie gerade nur eben fortgegangen. Kleider im Schrank, Wäsche in der Kommode, komplettes Geschirr in der Küche, Konserven in der Kühlbox und Pantoffeln vor den frischbezogenen Betten. Als ich Herrn Bing später sagte, mir sei es geradezu peinlich gewesen, als völlig Fremder in den ganz privaten Räumen einer Familie zu hausen, meinte er nur, die Ekklunds würden sich freuen, daß irgend jemand bei ihnen Gastfreundschaft genossen habe. So und nicht anders sei die Sitte des Landes.

Schon am ersten Tage erhielt ich den Besuch meines Nachbarn. Er war Bergbauingenieur, nannte sich Karl Klemper und stammte aus Wien an der Donau. Eine Flasche Kognak brachte er gleich mit. Das war als bedeutendes Opfer anzusehen, weil die strengen Alkoholgesetze nur eine Flasche pro Kopf und Monat erlauben. Wir hatten, wie man so sagt, ein gutes Gespräch. Während der folgenden Tage kam ich viel mit Klemper zusammen. Er fuhr auf den wenigen Straßenkilometern, die zur Verfügung standen, einen Volkswagen ohne Nummer. Da auf Spitzbergen keine KFZ-Steuer verlangt wird und jeder Wagen gut bekannt ist, hat man auf Nummern verzichtet. Nebenbei gesagt sind auch Zölle unbekannt, Spitzbergen ist zollfreies Gebiet. Wer bei uns über die Einkommensteuer klagt, sollte sich auf ›Svalbard‹ niederlassen. Mit höchstens zehn Prozent, sagte man mir, sei der ›Sysselmann‹ zufrieden.

Karl Klemper war im Begriff seinen Jahresurlaub anzutreten. Aber nicht im milden Klima Europas, sondern im Polarmeer, um Spitzbergen so eingehend kennenzulernen, wie das in der knappen Zeit von drei Wochen nur möglich war. Das schien mir recht interessant zu sein.

»Da gibt's hier einen Mann«, sagte er weiter, »der hat ein sehr solides Motorboot mit Kabine und Kleinküche an Bord. Das hab' ich gemietet und gleich Sven Sverdrup dazu, dem das Boot gehört. Früher war Sven beim Polarinstitut. Sein halbes Leben lang hat er nichts anderes gemacht als Fjorde vermessen und Steine gesammelt. Das letztere ist nun sein Hauptberuf. Er nennt sich Prospektor, sucht bestimmte Mineralien und schickt die Proben nach Oslo. Sven kennt Spitzbergen wie seinen Tabaksbeutel . . . nicht das Innere, muß ich einschränken, aber die Küste, die Buchten und die Inseln, ohne irgendeine Ausnahme, glaub' ich. Also mit dem werd' ich fahren... drei Wochen lang.«

Meine Ohren waren weit geöffnet. Das hätte mir auch gefallen. Solche Gelegenheiten bieten sich nicht alle Tage, sondern höchstens einmal im Jahr.

»Wie viele Leute können in dem Boot unterkommen?«

»Das ist es, was mich noch stört«, meinte Karl Klemper, »es hat Platz für vier Mann, auch zum Schlafen natürlich. Aber ich konnte niemand finden, der mitmacht und die Kosten teilt...«

»Doch, Sie haben mich gefunden. Wann soll's denn losgehen?«

Kemper trank auf mein Wohl und ich auf das seine.

»Müssen nur noch Proviant besorgen und Sven auf Trab bringen. Dann hält uns nichts mehr zurück... oder haben Sie noch andere Pläne?«

Nein, ich war so frei wie der Vogel im Wind. Nur die Rückreise nach Tromsø mußte ich verschieben, Herrn Bing verständigen und ein Telegramm nach München schicken. Das war alles.

Unser Boot hieß ›Ibsen‹, zu Ehren des großen norwegischen Dramatikers. Es besaß einen starken Dieselmotor, eine Funksprechanlage, ein chemisches Klo im Kleiderschrank und vier Schlafkojen in der Kabine. Der Bug und die Bordwände waren vom Eis zerschrammt, die Farbe abgewetzt, und das Beiboot aus Blech hatte Beulen. Schon viel hatte die ›Ibsen‹ mitgemacht, das sah man gleich. Aber zweifellos war sie ein kerngesundes Fahrzeug, ein rüstiger Veteran des Polarmeeres. Nicht gedacht für weite Fahrten über den endlosen Ozean, war sie gerade das Richtige für kalte Küsten am Polarkreis und darüber.

Sven Sverdrup paßte zu seiner ›Ibsen‹ wie der Korken auf die Flasche. Er mochte fünfzig Jahre zählen, hatte schon lange den Friseur nicht mehr besucht und nahm seine Knasterpfeife nur aus dem Mund, wenn er zu essen oder zu schlafen gedachte. Ein echter Nordlandtyp vom alten Schrot und Korn. Er lachte auch dann noch mit dröhnendem Baß, wenn anderen Leuten das Lachen verging.

»Haha... hoho, schau mal einer an«, begrüßte er mich, »da haben wir ja den dritten Mann an Bord. Werde mich bemühen, Sie ohne gebrochene Knochen wieder in Longyear abzuliefern. Dann bekomm' ich vielleicht den Führerschein für Motorboote... hoho... haha.«

Mit solchen Leuten muß man reisen, da erlebt man viel und sieht so manches.

Das Motorengeräusch war beruhigend, so als könnte gar nichts das gleichmäßige Auf und Nieder der Kolben stören. Aus dem relativ schmalen und kurzen Adventfjord begab sich das Schiffchen in den breiten und langen Eisfjord. Wir sahen tief in dunkle Täler und hoch hinauf an steilen Wänden. Sie waren in zahlreiche horizontal verlaufende Schichten geteilt. Da gab es helle, dunkle, violette, rötliche und gelbliche Bänder im Felsgestein. Die Sonne ließ sie leuchten, und glitzernde Wasserfäden rieselten von oben herab. Auf gewiß nur handbreiten Vorsprüngen saßen Seevögel, mit dem Ausbrüten der Eier und der Pflege ihrer Nestlinge beschäftigt. Daran waren beide Partner abwechselnd beteiligt, der eine flog herbei, und der andere segelte davon. Eine Wolke von Schwingen war stets in Bewegung, grelles Geschrei erfüllte die Luft.

Nach ungefähr drei Stunden begann die ›Ibsen‹ zu rollen. Wir hatten das offene Meer erreicht und nahmen Kurs nach Nordwest. Unser Ziel, so erklärte Sverdrup, sei zunächst Salpynten, das Südkap von Prins Karls Forland. Es war eine sehr lange, aber nur schmale Insel, und wie schon ihr Name sagt, lag sie vor dem Land. Sie machte einen finsteren und abweisenden Eindruck. Schroffe Klippen, dunkle Felsen, rollende Brandung. Kein grüner Fleck, kein flaches Ufer. Sven jedoch kannte eine Bucht, die vor Wind und Wogen geschützt war. An hochragenden Klippen vorbei steuerte er die ›Ibsen‹ in stilles Wasser. Der Motor verstummte, die beiden Ankerchen klatschten ins Wasser. Im Beiboot ruderten wir an den steinigen Strand.

Dort lag Treibholz aufgetürmt, als hätten es fleißige Menschen hingeschafft und nicht die Strömung des Nördlichen Eismeers.

»Wir braten Lachs am Spieß«, meinte Karl Klemper, »das mag ich gern, und dem Sven gefällt's auch. Er hat sie neulich im Netz gefangen, wir sind seine Gäste.«

Was kann es Schöneres geben? Eine schimmernde Bucht, von

Felsen umfaßt, ein loderndes Feuer, gute Gesellschaft und delikater Lachs im beizenden Rauch. Wir drehten den Spieß und lauschten dem Geknister der Glut. Ich konnte mir nicht denken, daß noch etwas fehlte.

Aber Sven meinte, daß zu dieser Stunde und an diesen Platz eine Geschichte gehöre, ebenso wahr wie geheimnisvoll. Er begann damit ganz beiläufig, so als wäre es nichts Besonderes.

Die Arbeiter der Kohlengruben reisten nicht alle während ihrer Ferien nach Norwegen. Manche zogen es vor, ein Boot zu mieten und Ausflüge zu machen. Gemeinsam ließen sich ein paar Männer mit Sack und Pack irgendwo nieder, stellten ein Zelt auf und zogen von dort durch die Gegend. Sie angelten, warfen Netze aus oder vertrieben sich die Zeit mit Entenjagd. Manche nahmen auch Fallen mit, um Füchse zu fangen, obwohl der Sommerpelz nur wenig Wert besitzt. Vor einigen Jahren hatten vier Arbeiter, alle jung, kräftig und kerngesund, das Prins Karls Forland als Ferienplatz gewählt, genauer gesagt einen namenlosen Fjord bei Kaldneset an der Westküste. Vierzehn Tage wollten sie bleiben, aber drei Wochen vergingen, ohne daß sie wiederkamen. Man kannte alle vier als ordentliche Leute, die bestimmt nicht ohne triftigen Grund den Urlaub überschritten. Nach vier Wochen begab sich der einzige Polizist von Spitzbergen auf die Suche nach ihnen. Er fand das Zeltlager, aber keine Spur von den Männern. Da machte sich der ›Sysselman‹ mit seinem Regierungsschiff auf den Weg.

»Eine Suchexpedition kam mit, die aus den erfahrensten Leuten bestand«, berichtete Sven. »Auch Hunde mit Spürnase waren dabei und natürlich Hilmar Nois. Aber nichts wurde entdeckt, absolut gar nichts bis zum heutigen Tage ...«

Wie war das Verschwinden der Männer zu erklären? Die Stiefel standen im Zelt, und die Kleider hingen an ihrem Haken. Das Boot lag unbeschädigt auf dem Strand. Der Motor war in Ordnung und reichlich Brennstoff vorhanden. Das Fischnetz und die Gewehre nebst Munition und auch das Angelzeug waren im Lager geblieben. An Vorräten und Spiritus für die Kocher fehlte es nicht. Im Zelt herrschte Ordnung. Die Schlafsäcke waren eingerollt, das Geschirr gespült und die Waffen gereinigt. Was die Sache so geheimnisvoll machte, das waren Hosen, Jacken, Hemden, Pullover und Anoraks im Zelt. Man wußte ziemlich genau, was die Männer an Kleidung mitgenommen hatten, und alles wurde im Lager gefunden. Die Männer konnten doch nicht nackt oder halbnackt davongelaufen sein, ohne Stiefel über das scharfkantige Geröll!

»Jeder kann darüber nachdenken, so viel er will« meinte Sverdrup, »er kommt doch nicht zu einer glaubhaften Erklärung.«

Fast hätten wir das Drehen der Spieße vergessen, so sehr hatte uns die Geschichte gepackt. Nach dem Essen schliefen wir an Bord, holten gegen sieben Uhr früh die Anker wieder hoch und glitten aus der Bucht ins offene Meer. Die ›Ibsen‹ folgte der Westküste, hielt jedoch Abstand von mehreren Meilen, um nicht in den Bereich der Klippen und Riffe zu geraten. Wir schaukelten am Bellsund vorbei, sahen von ferne die Gletscherfront des Raudfjell, die Einfahrt zum Hornsund und die glitzernden Höhen von Sørkappland. Darüber mochten gut zwanzig Stunden vergangen sein. Sven Sverdrup machte es nichts aus. Er blieb am Steuer und duldete keine Ablösung. Wenn man nicht auf die Uhr schaute, waren bei bedecktem Himmel die Tageszeiten alle gleich. Von der Nacht bemerkten wir nichts.

Bei der Halbinsel Ørland wußte Sven einen tiefen Fjord, in dessen Schutz wir vor Anker gingen, um zu essen und zu schlafen. Auf einen Besuch des mit Felsblöcken bestreuten Strandes wurde verzichtet.

Es war so recht gemütlich in der kleinen Kabine, wenn der Kocher summte, der Kaffee dampfte und draußen kleine Wellen an die Bordwand glucksten. Drei Mann auf engem Raum vereint ergibt in den meisten Fällen gewisse Spannungen. Hier war es nicht der Fall. Gerade weil wir nach Herkunft, Bildung und Lebensweise so verschieden waren, ergänzte einer den anderen. Wir hielten gute Kameradschaft, ohne daß burschikose Kumpelei daraus entstand. Die Freude an der abenteuerlichen Fahrt war uns gemeinsam. Die Teilung der Pflichten ergab sich von selbst. Sverdrup war für die seemännischen Belange zuständig, Klemper für die Pflege des Motors und der sonstigen Technik, während ich für mehr oder minder schmackhafte Mahlzeiten sorgte.

Wir umfuhren das Südkap Spitzbergens, um danach etwa 150 Kilometer weit übers freie Wasser nach Tusenøyane zu schippern*. Der Name bedeutet ›Tausend Inseln‹, obwohl es einige mehr oder auch weniger sein können. Alle sind klein und manche nur Klippen. Bei schlechtem oder nebligem Wetter sollte man sie in weitem Bogen umfahren, sonst ist Schiffbruch zu befürchten. Aus dem Norden und Nordosten trieben Eisschollen heran. Es war nicht immer einfach, den rechten und sicheren Weg zu finden. Nur ein guter Kenner der Eisverhältnisse kann sich auf den Kurs begeben, dem Sverdrup folgte. Wir tuckerten die Ostküste der großen Insel Edgeøya entlang und sahen, daß sie großenteils von geschlossenem Eis blockiert wurde. Das soll immer so sein, auch der Sommer kann diese weiße Masse nicht schmelzen.

Gelegentlich machten wir an Schollen fest, um Frischwasser an Bord zu nehmen. Nur wenige Menschen wissen, daß gefrorenes Salzwasser zu Süßwasser wird, wenn es langsam auftaut. Man schöpft den Bedarf aus Tümpeln auf dem Eis und gewinnt ebenso gutes Trinkwasser wie aus einem Quellbach in den Bergen.

Sverdrup wollte nach Hvitø. Aber das ließ sich leider nicht machen, weil uns die schwimmende Eisfront keinen Durchlaß gewährte. Hätte sie uns eingeschlossen, wären wir womöglich erst nach Wochen wieder herausgekommen. Die ›Weiße Insel‹ zu verpassen, habe ich sehr bedauert. Denn dort ist es gewesen, wo man dreiunddreißig Jahre nach ihrem Verschwinden die von der Kälte konservierten Leichen des schwedischen Polarforschers August Andrée und seiner beiden Begleiter entdeckte. Sie hatten im Sommer 1897 die Insel Danskøya nördlich von Ny Alesund in einem Riesenballon verlassen, um mit günstigem Wind über den Pol nach Alaska zu schweben. Seitdem waren die ersten Luftreisenden der Arktis verschollen, und niemand glaubte mehr, daß ihr Schicksal zu klären sei. Doch im Jahr 1930 fanden Robbenjäger das Zeltlager der drei Ballonfahrer am Strand von Hvitø. Bis zu seiner letzten Stunde hatte Andrée Tagebuch geführt und trug es noch im Tode bei sich.

* Seeleute würden die Entfernung in Seemeilen ausdrücken. Aber ich nehme an, daß meine Leser zum allergrößten Teil Landratten sind. Wer auf Seemeilen besteht, mag bitte umrechnen: 1 Seemeile = 1,8 Kilometer.

Darin konnte man nun lesen, daß der Ballon 82,4 Grad nördlicher Breite erreicht hatte, aber dann aufs Eis gedrückt wurde. Ein Faltboot und ein Schlitten waren an Bord, ebenso Proviant, Zelt, Schlafsäcke, Spirituskocher und Jagdwaffen. Damit versuchten die Männer den weiten Rückweg nach Danskøya zu bewältigen. Aller Voraussicht nach hätte es gelingen können, da sie in guter Verfassung die Insel Hvitø erreichten und damit nicht mehr gar so weit vom Nordostland Spitzbergens entfernt waren. Sie erlegten auf Hvitø einen Bären und verzehrten dessen Leber. Aber gerade auf die Leber sollten Eisbärenjäger verzichten. Sie enthält weit mehr Vitamine einer bestimmten Gruppe als der Mensch verträgt. Andrée wußte es offenbar nicht, und man nimmt an, daß alle drei Männer an den Folgen dieser gefährlichen Mahlzeit starben. Ihre Ausrüstung war noch vollständig vorhanden.

Unser Käpten entschloß sich zur Fahrt durch die Hinlopenstraße. Sie trennt Nordostland von Westspitzbergen und ist von zahlreichen Inseln durchsetzt. Bei dem Kap Fanshawe mußten wir wegen Nebel zwei Tage ohne Nächte liegenbleiben. Danach machte uns die Eisdrift zu schaffen. Sverdrup meinte aber, wir würden schon durchkommen. Interessant war es auf jeden Fall und sagenhaft schön. Wer die Polarwelt nicht kennt, wird die Vielfalt der Eisfarben kaum für möglich halten. Die schwimmenden Schollen und Berge glänzen, wenn die Sonne schräg darauf scheint, in nahezu allen Schattierungen der Farbenskala. Die bizarrsten Formen treiben vorüber, Burgen und Kathedralen aus Eis, Türme, klobige Klötze und überhängende Balkone. Glitzernde Höhlen, violette Schluchten, glasierte Abhänge am blaßgrünen Koloß. Da rinnen die Bächlein, da fallen die Tropfen. Kaskaden sprühenden Schmelzwassers ergießen sich ins dunkle Meer. Das alles sind Trümmer der Gletscher, die krachend an der Küste abbrechen und Wogen aufwerfen. Wie man weiß, schweben sieben Achtel der Eisberge unter Wasser, nur der geringste Teil ist zu sehen. Darauf liegen oft große Steine und dunkelgraue Kiesel. Der Gletscher hat sie auf seiner langsamen Wanderung über Land mitgenommen und am Ende den Eisbergen überlassen. Irgendwo werden sie eines Tages vom zergehenden Berg abrollen und am Meeresboden ihren Ruheplatz finden.

Wenn Eisberge den Grund berühren, bleiben sie stehen. Ein Sturm muß sie wieder losreißen, sonst können viele Sommer vergehen, ohne daß sie schmelzen. Manche Fjorde stecken voll mit gestrandeten Eisbergen, kilometerweit wird die Küste blockiert.

Wie Sven vorausgesagt hatte, ließ uns die Hinlopenstraße wieder frei. Genau bei 80 Grad nördlicher Breite pufftc die ›Ibsen‹ hinaus. Wir gingen auf westlichen Kurs, ließen das Kap Verlegenhuken an Backbord und gelangten zur Insel Maffen.

Sie ist flach wie ein Tisch, rund wie ein Kreis und ragt kaum über die Wasseroberfläche hinaus. Die Anker fielen, das Bootchen wurde ausgesetzt, und wir gingen an Land.

So weit das Auge reicht, sieht man bleiche Knochen und Skelette. Hier war für Jahrhunderte die Schlachtbank für Walrosse. In jedem Sommer kamen Dutzende von Segelschiffen nach Maffen, um ihre Laderäume zu füllen. Auf dem Land sind die Walrosse wehrlos und können sich nur langsam bewegen. So dicht lagen die schwerfälligen Tiere nebeneinander, daß es nur geringe Mühe machte, sie massenhaft umzubringen. Mit Knüppeln zerbrach man ihnen den Schädel. Es ging um das Elfenbein der Stoßzähne und die Lederhaut. Die Menge der meeresbewohnenden Säugetiere muß unermeßlich gewesen sein. Maffen war der Platz ihrer Paarung und Geburtsort der Jungtiere, ein Sammelpunkt der Herden aus oft sehr weiter Ferne. Aber dem furchtbarsten Raubtier aller Zeiten, dem Menschen, ist es am Ende doch gelungen, die Walrosse auf Maffen restlos zu vernichten. Er hat dort einen Friedhof hinterlassen, dessen anklagende Öde sich niemand vorstellen kann, der das Knochenfeld nicht mit eigenen Augen gesehen hat.

Die Eiderenten sind geblieben. Sie haben ihre weichgepolsterten Nester in jeder Vertiefung angelegt, auch zwischen den bemoosten Gerippen. Die zarten Flaumfedern, worin die Eier auf dem naßkalten Boden ruhen, stammen aus dem Gefieder der brütenden Mutter. Auch das verspricht gute Geschäfte, denn zur Füllung von Kissen und Bettdecken gibt es kein wärmeres, leichteres und feineres Material als Eiderdaunen. Dementsprechend hoch sind die Preise. So kommen die Daunensammler gelegentlich bis nach Maffen, um die Nester zu plündern. Erst nach dem Schlüpfen der Jungen ist es gestattet, wenn sie das weiche und warme Nest nicht mehr brauchen. Aber wer soll, wer kann das Befolgen dieser Vorschrift kontrollieren?

Die Ente bleibt auf ihren Küken, wenn sich fremde Gestalten nähern. Dank ihrer Tarnfarbe ist sie erst aus zwei oder drei Schritt Entfernung zu erkennen. Wir holten die kleinen Entchen hervor und nahmen sie auf die Hand. Die Mutter wich nicht von der Stelle. Sie fürchtete um den Rest ihrer Brut, denn Raubmöwen stoßen sofort auf verlassene Küken. Kaum hatten wir das Kleine wieder auf den Boden gesetzt, eilte es piepsend in das Nest zurück.

Ich fand den Rückenwirbel eines Riesenwals und schleppte ihn zum Boot. Sven war so gutmütig, den meterbreiten Fund an Deck zu befestigen. Er ist heute eine Zierde in meinem Garten.

Bald danach schaukelte unser Schiffchen in den weiten und breiten Woodfjord. Das Gestein schimmerte rot, rosarot und glühend rot. An vielen Stellen wurde die Schicht von violetten Streifen getrennt. Da keine Gletscher den Woodfjord umrahmen, trieb auch keine Scholle auf der schwarzblauen Flut. Bei Kap Kjeldsen öffnet sich der Bockfjord. Er ist weiter nichts als ein Daumen an der linken Hand des Woodfjord, aber an seinem Ende steigt an kalten Tagen der Dampf warmer Quellen in die Luft. Es sind die einzigen ihrer Art auf Spitzbergen. Sie liegen so versteckt, daß man sie erst am Ende der Pelzjägerzeit gefunden hat. Auch heutzutage kommt so gut wie niemand in den kaum bekannten Fjord. Nur während des Hochsommers hat man in diesen Gewässern freie Fahrt.

Schon dicht am felsigen Strand sprudelt warmes Wasser aus tassengroßen Löchern. Mineralische Bestandteile haben die Umgebung weiß, gelb und grünlich gefärbt. Heiße Quellen sind es freilich nicht, die Temperatur beträgt nur 27 Grad Celsius. Als schmales Rinnsal läuft das lauwarme, angeblich heilkräftige Wasser an dem farbigen Sintergestein herab und bildet kleine Tümpel.

»Zum Baden fehlt der Platz«, mußte Sven zugeben, »doch tiefer im Tal gibt's ein paar natürliche Badewannen, so ungefähr anderthalb Stunden muß man gehen dorthin!«

Das klang verlockend, und wir machten uns gleich auf den Weg. Am schäumenden Bach entlang, kahle Berghänge auf beiden Seiten, stiegen wir über Steintrümmer und rundes Geröll. Die Zeit verging viel rascher als gedacht. Weiß und gelb gestreifte Terrassen waren bald zu sehen. Man hätte glauben können, sie seien von Menschenhand geschaffen. Jede enthielt eine ovale Wanne, im Durchmesser von zwei bis drei Metern. Eine lag etwas höher als die andere. Warmes Wasser tröpfelte über den Rand des oberen Beckens in das untere. Es war etwa das gleiche System wie bei den Reisfeldern in Bali. Das höher am Berg gelegene Feld bewässerte das nächsttiefere und immer so weiter bis hinunter zum Talboden. Nur waren hier keine Menschen am Werk gewesen, sondern allein die Natur.

Die Becken waren gerade tief genug, um darin zu liegen. Wir legten die Kleider ab, und jeder bestieg seine Wanne. So wohlig wie dort habe ich ein warmes Bad noch nie empfunden. Es mochte die rauhe Umgebung sein, der Kontrast zwischen arktischer Landschaft und lauwarmem Luxus, der solch behagliche Gefühle auslöste. Sverdrup meinte, daß die Temperatur auch im kältesten Winter immer gleich bliebe. Aber nach einer Weile machte sich geltend, daß 27 Grad für ein heißes Bad eben doch nicht genügen. Wir verließen die Becken und kehrten an den Fjord zurück.

Unser nächster Ankerplatz lag am windgeschützten Ostufer der Insel Danskøya, in unmittelbarer Nähe der einstigen ›Fettstadt‹. Wo jetzt die ›Ibsen‹ schwamm, hatten früher die Walfänger Bord an Bord gelegen, oft sechzig und siebzig Schiffe zu gleicher Zeit. Der übelriechende Dampf aus kochenden Trankesseln hatte die Luft erfüllt. Wale wurden am Ufer abgespeckt, und Blutströme ergossen sich in den Fjord. Schwärme von Möwen stürzten sich auf die Abfälle. Zwölfhundert, zeitweise auch fünfzehnhundert Menschen waren in Smeerenborg beschäftigt gewesen. Die nördlichste Siedlung weißer Männer in der damaligen Welt besaß außer den Wohnhäusern, Hütten und Schuppen auch Kontore, Kneipen, Spielhöllen, Krankenstuben und sogar eine Kirche. Nur Grabhügel, Grabsteine und Grabkreuze sind davon geblieben. Auch hier hatten Bären nach Gebeinen gewühlt und Gerippe verschleppt. Grinsende Schädel lagen im kurzen Gras*.

* Inzwischen hat man die Menschenknochen wieder begraben, und die Gräber mit schweren Steinen bedeckt.

Beim Umherwandern sahen wir noch einige Reste der Blockhäuser und sogar Fundamente der Tranöfen. Sie waren aus gebrannten Ziegelsteinen gemauert, die man aus Holland herbeigeschafft hatte. Einer der Öfen war noch anderthalb Meter hoch und auch sonst recht gut erhalten. Riesengroße Trankessel lagen daneben, doch jeder durchgebrannt und schon längst zu Schrott geworden.

Bei der nächsten Landung, ebenfalls auf Danskøya, aber in der Virgobucht, war von menschlicher Tätigkeit viel mehr zu sehen. Es waren ja seitdem auch nur 66 Jahre vergangen. Wir standen vor der Ballonhütte August Andrées. Die Schneelast der langen Winter hatte die Dachbalken geknickt und die Wände gesprengt. Aber nichts war verfault und nichts verrostet. Eisenfässer, Öfen, Werkzeugbänke und noch viel anderes Gerät lag oder stand zwischen den Trümmern. Alles zusammen war eine große und kostspielige Anlage gewesen. Der allzu frühe Versuch, den Pol zu überfliegen, hatte leider das Leben der drei Männer gekostet. Aber ihr Plan war so kühn und so großartig gewesen, daß er höchste Bewunderung verdient. Kein Denkmal und keine Tafel erinnert an den 11. Juli 1897, als sich der Ballon gegen drei Uhr nachmittags vom Boden der Insel erhob. Was Andrée damals versuchte, nämlich die erste Überquerung des Polgebietes auf dem Luftweg, wurde sechs Jahrzehnte danach zur täglichen Routine. Düsenriesen rasen über das eisige Dach der Welt mit hundert und noch mehr Passagieren an Bord. Der kürzeste Weg von Europa nach Japan ist und bleibt der Polflug. Andrée hat es vorausgesehen und wollte der Wegbereiter sein, bevor noch das Flugzeug erfunden war.

Wir sahen in der Magdalenabucht das sogenannte Kalben der Gletscher, die Geburt der Eisberge. Nur bis auf einen halben Kilometer wagte sich unser Käpten an das Schauspiel heran. Der Abbruch eines Berges aus der glitzernden Front geschieht mit solchem Getöse und Aufwallen der Wogen, daß ein kleines Schiff verloren wäre, wenn es hineingeriete. Von Erdbeben und vulkanischen Eruptionen abgesehen ist das Gletscherkalben gewiß einer der gewaltigsten Vorgänge natürlicher Art, die ein Mensch erleben kann. Film, Farbe und Ton können es nicht wiedergeben. Man muß das selber sehen, hören und bestaunen.

»Nur wenige Stunden«, meinte Sven, »und wir können wieder einige Wohltaten der Zivilisation genießen.«

So war es denn auch, als die ›Ibsen‹ am Hafenpier von Ny Alesund festmachte. Eine Grubenstadt, wie schon erwähnt, die ihre Existenz der relativ guten Kohle am Kongsfjord verdankt. Die Anlage besteht seit 1906 und beschäftigt maximal 170 Menschen. Anders als Longyearbyen liegt Ny Alesund auf flachem Land, mit steil aufsteigenden Bergen dahinter. Eine Schmalspurbahn fährt von den eigentlichen Gruben zum Hafenpier. Die Siedlung für Arbeiter und Angestellte, die teilweise auch mit ihren Familien am achtzigsten Breitengrad leben, hat Kino, Klub und Café, dazu einen Sportplatz, einen Kaufladen und die Post. Alles in Miniaturausgabe natürlich, denn die Grubenstadt ist nur ein kleines Dorf. Aber ein Dorf der Superlative, wie es wohl kaum ein anderes gibt.

Ein Blick auf die Karte zeigt Ny Alesund als nördlichste Siedlung der Welt. Das können auch Kanadier, Alaskaner, Sibirier und Grönländer nicht bestreiten. Nur einige wenige Wetterstationen und militärische Warnposten liegen noch näher am Nordpol. Aber dort gibt es kein Familienleben und erst recht keine Dorfgemeinschaft. In diesen Außenposten sind nur Männer beschäftigt. Das nördlichste Baby der Welt liegt in Ny Alesund an der Mutterbrust. Keine andere Frau steht so hoch auf nördlicher Breite an ihrem Küchenherd. Dort sah ich das nördlichste Pferd der Welt und ein paar fette Schweine, die nördlicher gar nicht sein können. Auf dem nördlichsten Schienennetz läuft die nördlichste Kleinbahn. Ihre Lokomotive wurde 1909 bei Borsig in Berlin gebaut, erfüllt aber trotz hohen Alters noch getreu ihre Pflichten. Eine grün gestrichene Hütte, auf den Namen ›Walhalla‹ getauft, ist sicher das nördlichste Wochenendhaus aller Kontinente. So könnte man noch vieles aufzählen, das in seiner Art dem Nordpol so nahe ist wie nirgendwo etwas ähnliches.

Aber nicht alle Leute können gleichmütig eine Nacht von 150 Tagen durchleben. Es gibt Fälle von Polarkoller und seelischen Depressionen. Die Gemeinschaft bemüht sich, diesen Menschen durch mancherlei Aufmunterung zu helfen. Abendkurse, Tonbandkonzerte, Vorlesungen, Gesellschaftsspiele, Wettbewerbe und dergleichen werden veranstaltet, um Zerstreuung zu bieten. Die Grube arbeitet in drei Schichten, ohne daß die Männer bemerken, ob sie bei Tage, bei Nacht, am Mittag oder Abend einfahren. Der Nachbar frühstückt zur gleichen Zeit, da sein Kollege das Abendessen verzehrt. Wenn endlich der Himmel heller wird, sieht man einem Tag von 2500 Stunden entgegen. Das zehrt an den Nerven, daran muß man sich erst gewöhnen. Wem das gelingt, der bleibt ein zweites, drittes, viertes Jahr und noch länger. Der Verdienst ist gut, die täglichen Ausgaben sind gering, und die Versorgung ist mustergültig. Man darf eben nur nicht verlangen, was den Verhältnissen entsprechend unmöglich ist.

Auf einen Hund beim Haus muß man verzichten. Scheinbar sind auch die Nerven der Polarhunde nicht dazu geschaffen, immer friedlich und freundlich in Ny Alesund zu leben. Es kommt vor, daß sie grundlos Menschen anfallen, und einmal hat ein Haushund im Polarkoller das Kleinkind am Boden der Küche zerrissen. Da wurden alle übrigen Hunde erschossen, und seitdem ist das Halten von Hunden verboten.

Sven Sverdrup war in Ny Alesund ein bekannter Mann, und Karl Klemper wurde als Kollege der Kohlenzunft begrüßt. Ich gehörte einfach dazu. So führten wir in Ny Alesund ein gesellschaftliches Leben, als wäre Hochsaison. Ein Essen hier, ein Kaffeeklatsch dort, Party beim Chef, beim Doktor und bei den Ingenieuren. Kino in der Kantine, Tanz im Kohlenklub und Geburtstagsfeier des Betriebsratsvorsitzenden.

Am dritten Tag kam der König. Das weiße Schiff lief ein, die Nationalhymne erklang und überfall flatterten die Fähnchen. Olaf V. schritt von Bord, drückte hundertsiebzig Hände, strich übers Haar der Kinder und hielt eine Rede. Es war sein erster Besuch in Ny Alesund, und die nördlichsten Bürger seines Reiches freuten sich sehr. Soziale Unterschiede waren in keiner Weise zu bemerken. Arbeiter, Angestellte und Direktoren tafelten mit dem König. Ganz selbstverständlich waren auch wir dabei. Gäste in Ny Alesund sind nun einmal Gäste in jedem Fall.

Deswegen hatte Sven Sverdrup sein Schiff gerade in diesen Tagen nach Ny Alesund gebracht. Wir wußten vorher nichts davon und waren aufs höchste überrascht, ausgerechnet am 79. Breitengrad einem gekrönten Haupt zu begegnen. Im Gefolge Seiner Majestät besuchten wir die historischen Stätten der Luftfahrt und blieben bescheiden zurück, als sich die Gesellschaft wieder entfernte. Es sind drei denkwürdige Ereignisse, die am Kongsfjord ihren Anfang nahmen. Eine knappe halbe Stunde kann zur Betrachtung der Überbleibsel nicht genügen.

Roald Amundsen, der Entdecker des Südpols und der Nordwestpassage, wollte von hier mit dem amerikanischen Piloten Lincoln Ellsworth und sechs anderen Begleitern im Juli 1925 den Nordpol überfliegen. Aber eines der beiden Flugboote hatte Motorschaden und mußte 260 Kilometer vom Pol zwischen treibendem Eis notlanden. Die andere Maschine setzte sich daneben, um Hilfe zu leisten. Nach 24 Tagen angestrengter Arbeit konnte nur eines der Flugboote wieder starten, mit beiden Besatzungen an Bord. Man hatte kaum noch Hoffnung gehabt, die acht Männer wiederzusehen, als sie halb verhungert wieder in Ny Alesund ankamen.

Der Gittermast am Kongsfjord hatte zum Festmachen des Luftschiffes ›Norge‹ gedient. Wie schon sein Name sagt, fuhr es unter norwegischer Flagge. Aber der Kapitän der ›Norge‹ war Umberto Nobile, ein Oberst der italienischen Luftwaffe. Als Berater für arktische Verhältnisse befand sich Roald Amundsen an Bord. Man schrieb das Jahr 1926, für die Luftschiffer ein Jahr glänzender Erfolge. Die ›Norge‹ schwebte eine halbe Stunde über dem Pol, bevor sie Kurs auf Alaska nahm. Sie ist auch dort eingetroffen.

Aber wem der Erfolg zu verdanken war, einem Italiener oder Norweger, darüber stritten in Wort und Schrift beide Nationen. Der Duce stellte dem zum General beförderten Nobile ein neues Luftschiff zur Verfügung. Von einer stattlichen Flotte, auch von zahlreichen Journalisten begleitet, gelangte die ›Italia‹ an den Kongsfjord. Am ehemaligen Gittermast der ›Norge‹ machte auch die ›Italia‹ fest. Amundsen grollte in Oslo, während die Welt mit Spannung dem Ergebnis der italienischen Polarfahrt entgegensah.

Die ›Italia‹ hob sich am 18. Juli 1926 in die sonnenklare Luft. Aber bald wurde das Wetter schlecht und drückte hoch im Norden die ›Italia‹ aufs Eis. Das Luftschiff zerbrach, doch ein Teil der Besatzung wurde vom plötzlich wieder aufsteigenden Wrack auf Nimmerwiedersehen entführt. General Nobile und acht Gefährten blieben zurück, mit ihnen auch Zelte, etwas Proviant und ein schwaches Funkgerät. Damit gelang es nach vielen vergeblichen Versuchen, einen Notruf in den Äther zu senden. Schweden, Norwegen, Italien und die Sowjetunion schickten Rettungsexpeditionen in die vermutete Gegend. Roald Amundsen vergab und vergaß die Kontroverse mit Nobile. Mit einem französischen Flugboot des Typs ›Latham‹ flog er von Tromsø ins Eismeer hinaus, um den General und die anderen Überlebenden zu finden. Seitdem ist er verschwunden.

Nobiles Gruppe wurde schließlich von dem schwedischen Piloten Lundberg entdeckt. Der General ließ sich als erster retten, was ihn seinen Rang und sein Ansehen gekostet hat. Der russische Eisbrecher ›Krassin‹ rettete die anderen Überlebenden. Nur der Schwede Malmgreen blieb verschwunden. Das Ereignis mit all seinen spannenden wie beklagenswerten Episoden hatte damals die gesamte Weltpresse wochenlang beschäftigt. Am Kongsfjord waren von allem nur der Gittermast, die Reste von Blechhütten und ein Hügel von Schrott übriggeblieben. Für Amundsen hat man immerhin einen Gedenkstein errichtet.

Als wir vor der Abfahrt nach Longyearbyen vorn auf der Pier standen, fragte Sverdrup, ob ich wisse, was für ein Schiff die ›Vega‹ einst gewesen war.

Nicht umsonst habe ich zwölf Bücher über die Geschichte der Weltentdeckung geschrieben, jedes einem Entdecker gewidmet. Zwar gehört der schwedische Forscher Adolf Erik von Nordenskiöld nicht dazu, hätte es aber gewiß verdient. Jedenfalls konnte ich auf die Frage Sverdrups antworten.

Die ›Vega‹ war das Schiff Nordenskiölds gewesen. Nachdem er schon drei erfolgreiche Expeditionen geführt und einen Winter auf dem Nordostland Spitzbergens verbracht hatte, plante der mutige Mann eine Fahrt um Sibirien. Was er wollte und vor ihm schon viele gewollt hatten, war die Entdeckung der sogenannten Nordostpassage. Noch niemandem war eine solche Seereise geglückt. Sie mußte in Europa beginnen, um das Russische Reich im Nördlichen Eismeer und am Ende Sibiriens in die Beringstraße führen. Danach konnte man ohne besondere Mühe einen japanischen Hafen erreichen und auf bekanntem Wege nach Europa zurückkehren. Schließlich hatte man die gesamte Landmasse Eurasiens umrundet. Diese große Leistung hatte Erik Nordenskiöld mit der ›Vega‹ vollbracht und zwei Jahre dazu gebraucht.

»Wissen Sie auch«, meinte unser Käpten, »was aus dem berühmten Schiff geworden ist?«

Nein, das wußte ich nicht.

»Weshalb fragen Sie mich gerade hier nach der ›Vega‹?« wollte ich wissen.

»Weil das Wrack der ›Vega‹ unter Ihren Füßen liegt.«

Man hatte den Laderaum mit Steinen gefüllt und das alte Schiff am Kopf des Piers versenkt. So dient es nach seiner weltumspannenden Seefahrt noch als Abstützung der vorgeschobenen Verladerampe von Ny Alesund. Welch unwürdiges Ende!

Auf einer Leiter stiegen wir hinab und betraten das trockenliegende Deck. Im Rumpf der ›Vega‹ schwappte dunkles Wasser, und von der Dampfmaschine war kaum noch der Kessel zu sehen. Den mächtigen Mast hatte man in etwa zwei Meter Höhe abgesägt, die Aufbauten entfernt und die Niedergänge vernagelt. Das Eichenholz hatte der Zeit und der Fäulnis widerstanden. Es war keine offene Fuge darin. Wir konnten vom Heck über die Planken zum Bug gehen, als würde die ›Vega‹ noch im Stockholmer Hafen schwimmen.

»Es ging schon abwärts mit der Vega, als sie von der Nordostpassage zurückkam«, sagte Sverdrup mit deutlich spürbarem Bedauern. »In der Küstenschiffahrt wurde sie eingesetzt, dann als Kohlenfrachter auf der Spitzbergenroute und schließlich nur noch als schwimmender Lagerraum. Sie war hoffnungslos veraltet, für so ein Mittelding zwischen Segler und Dampfer gab es keine andere Verwendung.«

Nach ein paar Jahren war es auch damit vorbei. Als der Landepier gebaut war, setzte man die ›Vega‹ auf Grund und benützte das noch immer starke Deck als sichere Grundlage für Balken, auf denen nun die Kleinbahn endet. Auch bei den Bewohnern von Ny Alesund ist der Ruhm des Veteranen verblaßt. Nur wenige wissen noch, welch großartige Leistung er in seinen jungen Jahren vollbracht hat.

Doch ich meine, man sollte die Fahrt der ›Vega‹ nicht vergessen.

Die Fahrt der Vega

Als ich auf dem Wrack der ›Vega‹ stand, war sie gerade 100 Jahre alt. Doch es dachte niemand daran, das einst so berühmte Schiff mit Girlanden zu schmücken. Droben rollten über eine Rampe die Karren mit Kohle und schütteten die schwarze Fracht lärmend in den Bauch eines modernen Frachters.

Als die ›Vega‹ am 24. April 1880 von ihrer Reise um Sibirien nach Stockholm zurückkam, wurde sie von zwölf über die Toppen geflaggten Kriegsschiffen eingeholt, und die Batterien an der Küste schossen Salut. Jetzt aber wollten nicht einmal die Ratten mehr etwas von der ›Vega‹ wissen.

Sie war in Bremerhaven vom Stapel gelaufen und für damalige Begriffe eine Meisterleistung des Schiffsbaues gewesen. Planken, Deck und Kiel bestanden aus dem besten Eichenholz, das die deutschen Wälder vor hundert Jahren liefern konnten. Die Länge betrug über Deck 43 Meter, die Breite mittschiffs 8,5 Meter und der Tiefgang 4,6 Meter. Alles in allem ein Schiff von 300 Bruttoregistertonnen. Für Fahrten im Polarmeer war die ›Vega‹ konstruiert und deshalb mit einer zweiten Verschalung gegen den Eisdruck versehen. Sie besaß die Takelage einer Vollbark und außerdem eine Dampfmaschine. Unter Segel konnte sie bei günstigem Wind bis zehn Knoten Geschwindigkeit erreichen (18,5 Stundenkilometer), unter Dampf aber nur sieben Knoten. Die Maschine verbrauchte in drei Stunden eine Tonne Kohle, wobei sie die Kraft von 60 PS entwikkelte, nicht mehr als heute ein Volkswagen. Die Maschine war nur für windstille Tage und für Notfälle gedacht. Die eigentliche Bestimmung des Schiffes war der Walfang. Aber schon bald wurde die ›Vega‹ von der *Schwedischen Geographischen Gesellschaft* gekauft und für Forschungsfahrten im Eismeer ausgerüstet. König Oskar von Schweden und einige wohlhabende Kaufleute hatten dafür die Gelder gestiftet.

Es ging um die Nordostpassage, das heißt um die Erkundung eines direkten Wasserweges von Europa nach Ostasien. Die Möglichkeit einer direkten Verbindung von Europa nach Ostasien war ein uralter Traum aller seefahrenden Völker. Schon Kolumbus hatte im Grunde nichts anderes gewollt, war jedoch auf das gewaltige Hindernis des amerikanischen Kontinents gestoßen. Alle Versuche, das amerikanische Festland im Norden zu umsegeln, hatten während der folgenden vier Jahrhunderte zu keinem Ergebnis geführt. Aber zahlreiche Schiffe, sogar ganze Flotten und im Laufe der Zeit mehr als tausend Menschen, waren bei diesen Reisen spurlos verschwunden.

Am Ende des 15. Jahrhunderts umsegelte Vasco da Gama das Kap der Guten Hoffnung und kam nach Indien. Nicht lange danach entdeckte Fernando Maghellan an der Südspitze Amerikas die nach ihm benannte Meeresstraße und fand über den Pazifischen Ozean gleichfalls einen Weg nach Indien. Aber beides waren sehr weite Wege, und mehr als die Hälfte der Besatzung starb auf den langen Reisen. Deshalb wurden die Versuche mit großer Beharrlichkeit fortgesetzt, eine Durchfahrt im Nördlichen Eismeer zu finden, also eine Lücke in dem ewig gefrorenen Meer zwischen Nordpol und Nordamerika. Doch diese sogenannte ›Nordwestpassage‹ wurde erst zu Beginn unseres Jahrhunderts von Roald Amundsen entdeckt. Eine andere Möglichkeit vermutete man entlang der kaum bekannten Küste von Sibirien. Wenn nicht geschlossenes Eis die Durchfahrt irgendwo versperrte, so durfte man hoffen, daß ein Schiff von Europa bis zur Beringstraße durchkam, die Alaska von Sibirien trennt. Von dort war es dann nicht mehr weit und relativ einfach nach Japan, China und Indien zu segeln. ›Nordostpassage‹ wurde dieser Weg genannt, von dem man noch gar nicht wußte, ob es ihn gab.

Schon um die Mitte des 16. Jahrhunderts segelten mehrere Schiffe von englischen Kaufleuten am Nordkap vorbei, umfuhren die Küste Lapplands und gelangten schließlich bis ins Weiße Meer, in die Gegend der heutigen Stadt Archangelsk. Auf dem Rückweg sahen sie auch die große arktische Doppelinsel Nowaja Semlja. Zwar führte der nächste Versuch noch etwas weiter, aber nachdem man Nowaja Semlja südlich umfahren hatte, wurden die Schiffe von den Eismassen zurückgetrieben. Auch der berühmte holländische Seefahrer Willem Barents, der Entdecker von Spitzbergen, mußte dort umkehren*.

Indessen wurde Sibirien auf dem Landweg erforscht und die eingeborenen Völkerschaften dem Zarenreich unterworfen. Ein Jahrhundert, von 1597 bis 1697, genügte für das ebenso grausame wie großartige Vordringen der Kosaken bis zur Halbinsel Kamtschatka, dem östlichen Ende Sibiriens. Verschiedene russische Expeditionen, auch Pelzhändler und Abenteurer, hatten zwar mit Hundeschlitten oder auf Flußbooten die Nordkante Sibiriens berührt, aber die Suche nach dem Seeweg um Sibirien blieb ohne Erfolg. Von Osten her segelte 1778 James Cook, der größte aller Entdecker zur See, vom Pazifischen Ozean durch die Beringstraße ins Nördliche Eismeer, konnte aber dann nicht weiter vordringen. Amerikanische Walfänger und russische Pelzhändler besuchten die Eskimo in Alaska und Ostsibirien, um Tauschhandel mit ihnen zu treiben. Doch keinem gelang es, eine Durchfahrt nach Westen zu finden.

Schon längst fuhren Dampfschiffe über die Weltmeere, Telegrafenkabel verbanden die Kontinente, der Suezkanal war gebaut worden, und alle großen Ströme der Welt hatten ihr Geheimnis verloren. Aber noch immer herrschte Ungewißheit darüber, ob die Nordostpassage möglich war oder nicht. Das Innere Sibiriens hatte man erforscht und teilweise erschlossen. Es gab dort rasch wachsende Städte, auch einen regen Handelsverkehr auf den Flüssen. Nur im Norden war noch unbekannte Einöde. Aber von Jahr zu Jahr wurde die Frage nach der Nordostpassage dringender gestellt. Zwar

---

* Er überwinterte an der Küste von Nowaja Semlja und starb an Skorbut. Einem Teil seiner Mannschaft gelang die Rückkehr.

hatte der Suezkanal das Problem eines direkten Seewegs von Europa nach Indien und Ostasien gelöst, doch was man außerdem brauchte, war ein Weg zu den Mündungen der Ströme in Sibirien. Wenn man über das Eismeer dorthin gelangte, war ein direkter Warenaustausch zwischen den europäischen Häfen und dem sibirischen Hinterland möglich. Unendlich weit führten die schiffbaren Flüsse nach Sibirien hinein. Jenisej, Lena und Ob reichten bis nahe an die chinesische Grenze.

Eigentlich war es Sache der Russen, sich mit aller Kraft um diese großen Ziele zu bemühen, aber sie hatten um die Mitte des vorigen Jahrhunderts noch nicht einmal die Mündung des Jenisej erreicht. Das blieb einem Schweden vorbehalten, Adolf Erik Nordenskiöld, der im Sommer 1875 mit dem kleinen Kutter ›Pröven‹ in den Jenisej einfuhr. Da man sagte, es sei ihm nur durch zahlreiche besonders günstige Umstände möglich gewesen, wiederholte er die gleiche Fahrt im nächsten Jahr mit dem 100-Tonnen-Dampfschiff ›Ymer‹. Er fuhr sogar den Strom ein weites Stück hinauf, bis zur Stadt Jakowiecz, wo er sein Schiff über Winter einfrieren ließ, um dann im nächsten Sommer wieder nach Schweden heimzufahren.

Nordenskiöld war im damals russischen Finnland 1832 geboren, stammte aber, wie der Name erkennen läßt, aus einer schwedischen Familie. Als er an der Universität Helsinki Biologie und Geographie studierte, geriet er wegen seiner liberalen Gesinnung auf die schwarze Liste der politischen Polizei des Zarenreichs. Er mußte nach Schweden flüchten, wo es ihm dank seiner Abstammung rasch gelang, schwedischer Bürger zu werden. Schon im Alter von 27 Jahren war Nordenskiöld wegen seiner außerordentlichen Fähigkeiten Professor und Kurator der Mineralogischen Abteilung am Schwedischen Staatsmuseum. Noch im selben Jahr unternahm er mit dem Polarforscher Otto Torell seine erste Expedition nach Spitzbergen. 1861 folgte die zweite Spitzbergenfahrt mit Torell und danach drei weitere von Nordenskiöld selbst geführte Expeditionen. Die dunklen Monate des Winters 1872/73 verbrachte er in einer winzigen, sturmumtobten Hütte auf dem Nordostland von Spitzbergen. So war Nordenskiöld schon ein bekannter Polarforscher, als er 1875 und 1876 die sibirische Küste erkundete. Sein Vorschlag, als nächstes die

Nordostpassage zu versuchen, kam also von einem Mann mit ausreichender Erfahrung. Ein Gremium der Fachgelehrten trat zusammen, prüfte das Projekt und kam zu dem Ergebnis, daß man unter Führung Nordenskiölds die Durchfahrt versuchen sollte.

Das allein genügte aber nicht, um ausreichende Geldmittel für die auf zwei Jahre berechnete Expedition zu beschaffen. Oskar II., König von Schweden und Norwegen, ging mit gutem Beispiel voran und stiftete einen ansehnlichen Betrag aus der eigenen Tasche. Der Göteborger Schiffsreeder Dickson und andere wohlhabende Männer spendeten ihrerseits erhebliche Summen. Die Vorbereitung des kühnen Unternehmens konnte beginnen. Erst wurde die ›Vega‹ gekauft und dann noch das kleine Dampfschiff ›Lena‹. Der an gewinnbringenden Möglichkeiten in Sibirien interessierte Kaufmann Sibiriakow (welch passender Name!) rüstete noch zwei Handelsschiffe aus, ›Express‹ und ›Fraser‹. Aber sie sollten nur die Expedition Nordenskiölds bis zur Mündung des Jenisej begleiten. Der schwedische Dampfer ›Lena‹ war als Kohlentransporter für die ›Vega‹ gedacht. Wenn ihn das eigentliche Expeditionsschiff nicht mehr brauchte, war seine Aufgabe erfüllt. Man hatte allein die ›Vega‹ dafür bestimmt, die gesamte Reise durchzuführen. Falls ihr die Nordostpassage tatsächlich gelang, sollte sie auf dem weiten Weg über Japan, China, Indien und den Suezkanal nach Schweden zurückkehren.

Der Vorsicht halber wurden Lebensmittel für drei Jahre an Bord geschafft. Alles, was man sonst an Ausrüstung, Winterkleidern und den übrigen Hilfsmitteln für eine Eismeerfahrt benötigte, war doppelt vorhanden. Die ›Vega‹ erhielt die besten wissenschaftlichen Instrumente der damaligen Zeit. Zu den Booten an Bord gehörte auch eine Dampfschaluppe. Man konnte sie mit Hilfe eines Krans relativ rasch zu Wasser lassen, und sie war notfalls imstande, die ›Vega‹ zu schleppen.

Der schwedische Marineoffizier L. Polander, einer von Nordenskiölds Begleitern in Spitzbergen, wurde zum Kapitän der ›Vega‹ bestimmt. Die übrigen Offiziere waren der schwedische Leutnant E. Brusewitz, der dänische Leutnant H. Horgaard, der russische Leutnant Nordquist und der italienische Leutnant Giacomo Bora. Wie man sieht, eine internationale Gruppe. Hinzu kamen als Botaniker und Zoologen der schwedische Dozent Dr. Kjellan und Dr. Struxberg sowie als Schiffsarzt Dr. Almquist. Zusammen mit den Unteroffizieren, Matrosen und dem Maschinenpersonal bestand die Besatzung der ›Vega‹ aus 30 Personen.

Die Expedition verließ den Hafen von Karlskrona am 22. Juni 1878. Das Geläut der Glocken, Salutschüsse der Festung und viele tausend winkende Menschen begleiteten die Ausfahrt. Wegen andauernden schlechten Wetters erreichte man Tromsø im nördlichen Norwegen erst am 17. Juli. Kohle, Frischwasser und Rentierpelze wurden an Bord genommen. Dann ging es weiter über Mosjø, wo man die letzten Briefe aus der Heimat empfing, um das Nordkap ins Eismeer. Wegen dichten Nebels verloren alle vier Schiffe die Verbindung miteinander. Erst beim ›Kap der Gänse‹, dem für solche Fälle vorgesehenen Treffpunkt im Südwesten der Insel Nowaja Semlja, konnte sich die Flotte wieder vereinen. Das Gänseland war frei von Schnee, hatte sich stellenweise sogar mit einem Teppich winziger, an den Boden gedrückter Blumen bedeckt. Im Hintergrund stiegen Bergketten auf, die Nowaja Semlja von dem einen bis zum anderen Ende durchzogen. Die Doppelinsel, von dem schmalen Matotschkinsund getrennt, ist über 1000 Kilometer lang, erreicht aber nur an einer Stelle 200 Kilometer Breite. Es gab damals noch keine Siedlung an der Küste, und das Innere war völlig unbekannt.

Die Schiffe segelten oder dampften durch eisfreies Wasser nach Süden und gelangten an die Mündung der Jugorstraße zwischen der flachen Insel Waigatsch und dem Festland zu erreichen. Bis zu diesem Punkt reichen die letzten Ausläufer des Ural, der nach geographischen Begriffen Europa von Asien trennt. Alle Länder und Inseln, die man von nun an berührte oder sehen konnte, gehörten zu Sibirien. Am 30. Juni fielen die Anker vor der Ortschaft Chabarowo. Es war ein Sammelplatz der Samojeden, die als echte Nomaden mit ihren Rentierherden durchs weite Land zogen. Nordenskiöld beschreibt diese Leute nicht sehr schmeichelhaft:

»Es sind kleine, häßliche und sehr schmutzige Menschen mit wirrem, von Ungeziefer belebtem Haar. Sie tragen Fellkleider, doch im Sommer auch buntgefärbte baumwollene Hemden. Sie leben zu al-

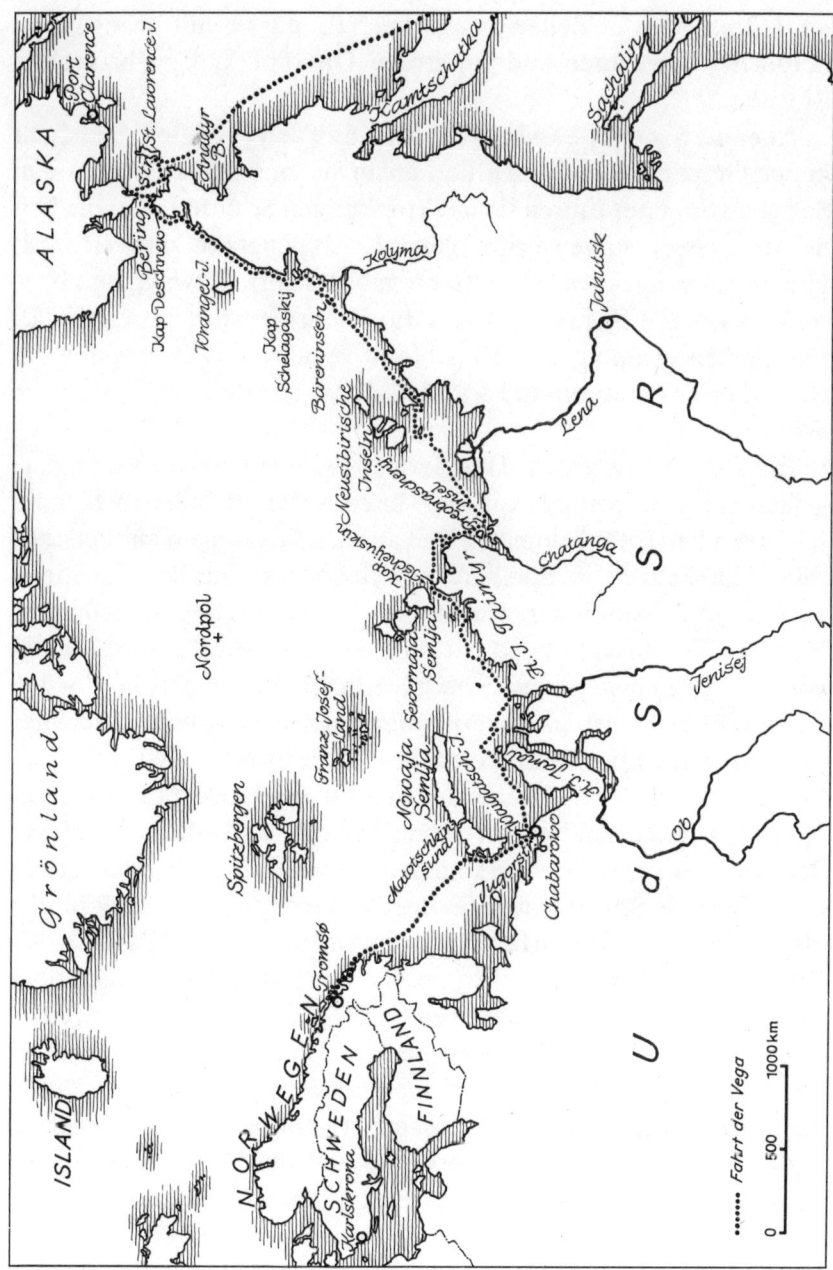

Die Fahrt der Vega

len Jahreszeiten in Zelten aus Rentierfell, die sie mit Tranlampen notdürftig beleuchten und wo größte Unsauberkeit zu bemerken ist.«

Aber die Samojeden waren freundlich zu den Fremden, tauschten kleine Geschenke mit ihnen und luden sie zu Schlittenfahrten ein. Selbst im Sommer fuhren sie mit breitkufigen Schlitten über die von Schmelzwasser aufgeweichte Tundra. Als Zugtiere dienten nicht Hunde, obwohl es sehr viele davon gab, sondern gutwillige und besonders kräftige Rentiere. Allein durch Zurufe wurden sie gelenkt. Die kleinen, struppigen, meist schlecht genährten Hunde waren die Bewacher der Herden und warnten durch knurrendes Kläffen vor Wölfen.

Ein Dutzend russischer Händler hatte sich in Chabarowo niedergelassen. Sie kamen im April mit ihren schwer beladenen Hundeschlitten über 1000 Kilometer weit aus den Siedlungen am Petschorafluß und kehrten im Spätherbst wieder dorthin zurück. Von ihnen bezogen die Samojeden Kochtöpfe, Messer, Äxte, Angelhaken, Pulver, Blei, Musketen und natürlich Feuerwasser. Es versteht sich von selbst, daß man sie dabei nach Strich und Faden betrog. Für den billigen Plunder gaben die Polarmenschen ganze Bündel der hier besonders dichthaarigen Pelze der Weißfüchse, Vielfraße und Wölfe. Auch mit den Fellen von Eisbären und Rentieren wurde gehandelt. Die Russen begehrten zudem noch Stoßzähne und Häute der Walrosse, Tran für ihre Lampen, Eiderdaunen für Federkissen und reinweiße Schwingen der Schneehühner als Hutschmuck für die eleganten Damen in den fernen Großstädten Europas. Was man den Eingeborenen nur mit Sachen im Wert von wenigen Kopeken bezahlte, versprach den Händlern einen Gewinn bis zu 1000 Prozent.

Die Russen wohnten in grasgedeckten Holzhütten, deren Fenster mit abgeschabten Tierhäuten bespannt waren. Das Mobiliar hatten sie selbst aus Kistenbrettern zusammengenagelt. Aber nirgendwo fehlten der Samowar, das Wodkafaß und die Heiligenbilder. Die Samojeden waren dem Anschein nach russisch-orthodoxe Christen, besuchten auch sonntags die kleine, sehr primitive und vom Wind schiefgestellte Holzkirche. Einer der Händler mußte den fehlenden Popen ersetzen. Aber das hielt die Eingeborenen nicht davon ab, mit mehreren Frauen zu leben. Neben einem Buntdruck des heiligen Nikolaus hing in den Zelten meist noch eine roh geschnitzte Figur des heidnischen Naturgottes Bovanyst. Schamanen spielten nach wie vor die wichtigste Rolle. Sie beschworen die bösen wie die guten Geister mit rituellen Tänzen und Trommelschlag. Nordenskiöld besuchte die Grabstätten auf Hügeln in der Tundra. Dort erhoben sich zwar christliche Kreuze, aber darunter lagen Dutzende von Bärenschädeln als Opfergaben für die abgeschiedenen Seelen. Die Schlitten, Pelzkleider, Geräte und Waffen der Verstorbenen waren über ihren Gräbern angehäuft. Dies geschah im festen Glauben, daß die Toten ihre Sachen auch im Jenseits brauchten. So herrschte also dicht an der Grenze Europas vor knapp hundert Jahren noch ein Heidentum uralter Prägung.

Die Expedition sammelte für Museen in Stockholm, Kopenhagen und Rom, was die Samojeden an Götzenbildern, selbstgemachten Waffen und Schnitzereien gegen kleine Geschenke hergaben. Dr. Kjellan entdeckte noch nicht bekannte Pflanzen, Dr. Struxberg fand einige Käfer und kleine Kriechtiere, die noch keinen Namen hatten. Aber dabei ging viel kostbare Zeit verloren. Erst Ende Juli wurden die Anker gelichtet, und die Flotte fuhr ins Karische Meer. Die See war von treibendem Eis bedeckt, doch es konnte die Schiffe nicht aufhalten. Mit der Kraft ihrer Dampfmaschinen kämpfte sich die kleine Flotte durch das Karische Meer. Auf der völlig flachen Insel Bjelo Ostroi wurden die beiden Gelehrten an Land gesetzt, um Mineralien, Pflanzen und Kleintiere zu sammeln.

Als die ›Vega‹ nach rascher Fahrt durch die Jugorstraße bei der Halbinsel Jamal anlegte, fand man drei mit Torf gedeckte Blockhäuser. Allem Anschein nach hatten sie viele Jahre hindurch russischen Pelzhändlern als recht bequeme Wohnung gedient. Es gab darin ein Labyrinth von kleinen Kammern mit riesigen Öfen aus Feldsteinen gemauert. Sogar eine Sauna, eine Schmiede und ein Raum für das Gerben der Felle waren vorhanden. Auf dem Boden lagen noch gut erhaltene Pelzteppiche, und an den Wänden hingen Bilder der Zarenfamilie. Nichts ließ erkennen, weshalb die unbekannten Besitzer ihre Häuser verlassen hatten.

Nordenskiöld war 1875 der erste weiße Mann gewesen, der auf

dem Seeweg die Halbinsel Jamal erreicht hatte. Im Jahre danach war eine norwegische Expedition fast ebenso weit gekommen, aber das Eis hatte sie festgehalten und schließlich das Schiff zerdrückt. Mit knapper Not konnte sich die Mannschaft retten und versuchte irgendwo an Land zu kommen. Kapitän Tobin und sein Sohn hatten die ersten Tage auf dem treibenden Eis nicht überlebt, drei andere Leute starben an Entkräftung. Die übrigen schleppten ihr kleines Boot weiter über die Schollen, ruderten über die Strecken freien Wassers, ernährten sich notdürftig von der Jagd und erreichten die Küste. Dort marschierten sie noch 300 Kilometer weit, bis sie endlich, mit dem letzten Funken ihrer Lebenskraft, bei der Halbinsel Jamal auf ein Lager der Samojeden stießen. Von diesen »Wilden« wurden sie mit aller Sorgfalt gepflegt und, als sie wieder bei Kräften waren, zu einer entfernten russischen Handelsstation gebracht. In Tromsø hatte Nordenskiöld selbst mit den Überlebenden gesprochen. Sie glaubten, und wohl ganz mit Recht, daß es keine besseren Menschen gab als die Samojeden an der sibirischen Küste.

Die Flotte fuhr weiter durch schlammiges Wasser und war am 8. August in der Mündung des Jenisej. Die Schiffe ›Express‹ und ›Fraser‹ wurden hier entlassen, um weiter stromauf nach Turuchansk zu dampfen, wo sie überwintern sollten. Dort wurden ihre Waren von russischen Händlern erwartet, und dort lagen auch die sibirischen Exporte, die von den beiden Schiffen im nächsten Sommer um Skandinavien herum bis nach St. Petersburg gebracht wurden. Damit war ein neuer Handelsweg durch das Polarmeer eröffnet.

Die ›Vega‹ und die ›Lena‹ gingen wieder auf nordöstlichen Kurs. Was nun kam, war auch für Nordenskiöld das große Unbekannte. Noch nie hatte ein Schiff das Eismeer östlich vom Jenisej befahren. Niemand kannte den Verlauf der Küste. Ob man irgendwo Menschen antreffen würde, war zweifelhaft. Anfangs herrschte noch günstiges Wetter. Die Temperaturen im Wasser und in der Luft hatten mit 10 Grad Wärme ihren arktischen Höhepunkt erreicht. Die frische Brise aus Südwest erlaubte beiden Schiffen vor dem Wind zu segeln. Kostbare Kohlen wurden dabei gespart. So fuhr man in bester Stimmung dem asiatischen Nordkap entgegen.

Aber nach wenigen Tagen senkte sich grauer Nebel über das

Meer. Um einander nicht zu verlieren oder womöglich zu rammen, mußten sich ›Vega‹ und ›Lena‹ pausenlos durch pfeifende Dampfsirenen verständigen. Man geriet ins Labyrinth felsiger Inseln, wo die Wassertiefe häufig wechselte. Bei langsamster Fahrt, unter Dampf natürlich, wurden alle paar Minuten die Senkbleie ausgeworfen. Als die ›Vega‹ nur mit knapper Not dem Anprall gegen ein Riff entkommen war, ließ Kapitän Polander die Anker fallen.

Durch den Nebel schimmerte ein dunkler Strich, entweder war das eine Insel oder die Küste des Festlandes. Nordenskiöld wollte die erzwungene Wartezeit für die Forschung ausnutzen. Mit dem Leutnant Nordquist und Dr. Kjellan ließ er sich an den Strand rudern. Wie auch sonst üblich, wurden Pflanzen gesammelt und Bodenproben genommen. Säugetiere entdeckte man nicht, dafür war das flache Land von zahlreichen Möwen, Seeschwalben, Ringelgänsen und Schneeammern belebt.

Bei der Rückkehr zum Schiff war der Nebel noch dichter geworden. Die Männer im Boot konnten das Land nicht sehen und auch nicht die ›Vega‹. Auf ihre Rufe erhielten sie keine Antwort. Nordenskiöld feuerte ein Dutzend Schüsse in die Luft, aber ihr Knall wurde vom Nebel verschluckt. Die verirrten Männer befanden sich in einer üblen Lage. Proviant, Frischwasser und warme Kleider waren nicht im Boot. Ein weiteres Herumsuchen versprach keinen Erfolg. Die Ruderer stellten ihre Arbeit ein und ließen das Boot treiben. Niemand hatte die geringste Ahnung, wohin es die Strömung führte. Als einzige Hoffnung blieben noch die Schiffssirenen. Man würde sie in Betrieb setzen, wenn die Landgänger nicht zurückkamen. Aber bis dahin konnte das Boot sehr weit getrieben sein, und zu hören war dann nichts mehr. So schwammen nun die Verirrten auf dem unendlichen Eismeer, einem ungewissen Schicksal ausgeliefert. Eine Stunde verging nach der anderen. Der Hunger machte sich spürbar, Kälte durchdrang die Kleider, an Rettung aus der Nebelwüste war kaum noch zu denken. Endlich glaubte Dr. Kjellan ein schwaches Signal zu hören. Niemand sonst hatte auch nur das geringste Geräusch vernommen. Dennoch ruderten die Männer mit allen Kräften in die von Kjellan angegebene Richtung. Schon nach wenigen hundert Metern erhoben sich wie ein Gespenst die Umrisse der ›Vega‹ über dem Wasser. Seitdem wurde nie mehr ein Landausflug bei Nebel unternommen.

Erst am 12. August konnten die beiden Schiffe ihre Reise fortsetzen. Schollen trieben an ihnen vorbei, und drohend tauchten Riffe auf. Die ›Vega‹ und ›Lena‹ bewegten sich nur langsam. So war es auch am nächsten und übernächsten Tag. Aber es gab keine Nacht so hoch im Norden, jeder Tag hatte 24 Stunden. Dennoch wurden Fortschritte gemacht.

Am 18. August, bei klarer Sicht, befand sich die Expedition am Kap Tscheljuskin. Es ist auf 77,44 Grad Breite der nördlichste Punkt des asiatischen Kontinents. Bis dahin auf dem Seeweg zu gelangen, war allein schon ein Erfolg, der alle Mühen und Kosten gelohnt hatte. Mit Raketen und einem Fest an Bord wurde der große Tag gefeiert. Nordenskiöld erlaubte allen Leuten, die es wünschten, eine Ruderfahrt an Land. Sie errichteten dort eine drei Meter hohe Steinpyramide, in der ein Dokument hinterlegt wurde, das in wenigen Worten vom Besuch der ›Vega‹ berichtete. Viel gab es nicht zu sehen, nur Steingeröll und Schneereste in den Bodenmulden. Die Vegetation bestand aus Moos, Flechten und kurzem Gras. Man begegnete nur einem Polarfuchs und wenigen Lemmingen. Sonst kein anderes Säugetier, auch Vogelstimmen waren weit und breit nicht zu hören. Wirklich ein lebloses, trostloses Land.

In der Ferne waren Bergzüge zu erkennen. Damals hatten sie noch keinen Namen, aber heute weiß man, daß sie die Halbinsel Tajmyr 1000 Kilometer weit duchqueren und bis zu einer Höhe von 1500 Metern ansteigen. Die Halbinsel, mit Kap Tscheljuskin an ihrer Nordspitze, hat die gewaltige Ausdehnung von 800 000 Quadratkilometern und war ein Wandergebiet der Rentiernomaden. Aber im August 1878 hat Nordenskiöld keine Anzeichen menschlicher Besuche am asiatischen Nordkap entdeckt. Weil aber das Kap schon lange einen Namen hatte, der auf Karten eingezeichnet war, mußten wohl auch schon Russen, wahrscheinlich Pelzhändler, aus dem Inneren Sibiriens bis dorthin gekommen sein.

Am 20. August weiter nach Osten. Spiegelblanke See weit draußen, aber geschlossene Eisfelder vor der flachen Küste. An Landausflüge war nicht mehr zu denken. Bald wieder Nebel, so daß man auf beiden Schiffen die Maschinen in Gang setzte. Dann wieder freie Sicht und frischer Westwind für rasche Segelfahrt. Doch beständig ist nur der Wechsel. Von einer Stunde zur anderen schlug das Wetter um. »Wir haben Nebel, den ein Messer zerschneiden könnte«, schrieb Nordenskiöld am Morgen und fügte abends hinzu: »Vom Mastkorb wird gemeldet, daß sich glitzernde Eisflächen bis zum Horizont erstrecken.«

Die Schiffe fanden keine Durchfahrt, sie wurden mit Gabelankern am Eis festgemacht. Schon war zu befürchten, daß man von dieser Stelle sobald nicht mehr fortkam. Auch der Rückweg schien abgeschnitten, und von Land war nichts zu sehen. Nur nach Norden öffnete sich eine Rinne im Eis, und beide Schiffe dampften hinein. Etwas anderes blieb ihnen gar nicht übrig. Vergeblich suchten die Augen nach eisfreiem Wasser im Osten. Eine Täuschung folgte der anderen, wie Nordenskiöld anschaulich beschreibt. Wenn leichter Nebel über Eisfeldern liegt, verschwinden alle Konturen. Geringste Erhebungen in unmittelbarer Nähe erscheinen als ferne Gebirge. Hat man eben einen starken Bären zwischen Eisblöcken erkannt, so war es in Wirklichkeit eine Möwe, die plötzlich davonflog. Auch verschneites Land ist nicht vom erstarrten Meer zu unterscheiden. Die Luft, das Eis und der Schnee haben das gleiche Aussehen. »Whiteout« ist dafür die Bezeichnung moderner Piloten, die sich bei solchem Wetter für verloren halten, wenn sie zur Notlandung gezwungen sind.

Die ›Vega‹ zog ein Schleppnetz hinter sich her, um die Meeresfauna zu erforschen. Es kamen Seesterne, Seeschnecken und Seespinnen zum Vorschein, die bisher noch kein Wissenschaftler kannte. Die beiden Gelehrten an Bord waren mit ihrer Ausbeute sehr zufrieden. Langsam aber sicher wurde das große Eisfeld auf nördlichem und dann östlichem Kurs umfahren. Man sah wieder Land, überragt von einer 600 Meter hohen Gebirgskette. Die Insel Preobraschenij tauchte auf und die Mündungsbucht des Chatangaflusses. Nordenskiöld wäre gerne gelandet, um die wissenschaftliche Sammlung der Expedition zu bereichern, aber man durfte keine Zeit verlieren. Nach dem leblosen Bild, das Kap Tscheljuskin geboten hatte, sah man am Rand der Chatangabucht ein relativ reiches Tierleben und kniehohe Vegetation. Vogelschwärme stiegen auf, wilde Rentiere zogen über die Hügel, Eisbären und Füchse waren im Fernglas zu entdecken. Vermutlich gab es hier auch Jäger und Fischer, doch es war kein rauchendes Lagerfeuer zu sehen.

Am 28. August gelangten die Schiffe bei der Insel Tumat vor das Mündungsdelta der Lena. Zum ersten Mal war der größte und längste Strom Sibiriens auf dem Seeweg erreicht worden. Hier mußte sich, wie schon vor der Ausreise beschlossen, die ›Lena‹ von der ›Vega‹ trennen. Das Begleitschiff hatte seine Pflicht getan und alle Kohlenvorräte, die es selbst nicht brauchte, an die ›Vega‹ abgegeben. Ein Bordfest vereinte zum letzten Mal die beiden Besatzungen. Danach dampfte die kleine ›Lena‹ bei heller Mitternachtssonne in die große Lena. Der Name hatte ihr Glück gebracht. Nach dem großen Strom war sie genannt worden, weil man gehofft hatte, die ›Lena‹ würde ihn eines Tages bis in das Herz Sibiriens hinauffahren. Sie hat es dann auch getan, obwohl der hierfür bestellte Lotse nicht am Treffpunkt erschien. Dreimal lief die ›Lena‹ auf Sandbänke, kam aber jedesmal wieder frei. Sie erreichte die Stadt Jakutsk am 21. September, fuhr weiter bis Njaskaja, kehrte nach Jakutsk zurück und blieb dort über Winter. Aus sibirischen Kohlenlagern wurden ihre Bunker wieder gefüllt. Mit Pelzen, Leder und Mammutelfenbein beladen traf die ›Lena‹ Ende September 1879 wieder in Schweden ein.

Nach der Trennung von seinem Begleitschiff versuchte Nordenskiöld die Neusibirischen Inseln zu erreichen. Sie liegen zwischen dem 130. und 150. Längengrad vor der sibirischen Küste. Die Inselgruppe war schon in der ersten Hälfte des achtzehnten Jahrhunderts von russischen Pelzhändlern entdeckt worden. Aber noch niemand hatte sie vermessen, und die Ausdehnung war noch unbekannt[*]. Es sind karge, meist flache, aber zum Teil sehr große Inseln mit polarem Klima. Wilde Rentiere, Polarfüchse, weiße Wölfe und Eisbären haben dort ihre Heimat. Für Menschen war es nicht möglich, einen Winter auf diesem sturmgepeitschten Land zu überstehen. Aber während des kurzen Sommers segelten trotz aller Gefahren kühne

---

[*] 28000 Quadratkilometer

Kosaken vom Festland zu den Neusibirischen Inseln. Denn es gab dort Kostbarkeiten, für die sich jedes Risiko lohnte. Mammuts, die mächtigen Elefanten der Urzeit, lagen im gefrorenen Boden. Waren auch seit Lebzeiten der letzten Mammuts zehn bis zwanzig Jahrtausende vergangen, das Elfenbein ihrer gewaltigen Stoßzähne hatte nichts von seinem Schimmer und seiner Festigkeit verloren. Im Eis der Inseln, auch in Sibirien selbst, waren sogar vollständig erhaltene Mammuts gefunden worden*. Wenn es gelang, das Mammutelfenbein mit Booten oder Schlitten bis zur Lenamündung zu schaffen, konnte man es auf dem großen Strom ohne besondere Mühe zu den Aufkäufern nach Jakutsk transportieren, die viel Geld dafür bezahlten. Von dort wurden die Mammutzähne an chinesische Händler verkauft. Im Reich der Mitte war das Elfenbein der Urelefanten als edler Rohstoff für Schnitzarbeiten besonders begehrt. Nordenskiöld wollte zu den Inseln, um Näheres über die Fundstellen zu erfahren. Gerüchten zufolge gab es dort ein Naturwunder besonderer Art, nämlich Hügel, bis 60 Meter hoch, die ganz aus übereinandergetürmten und versteinerten Baumstämmen der Vorzeit bestanden.

Die ›Vega‹ erreichte am 28. August die Inseln Semonowskij und Stilowoj. Aber das Eismeer war vor beiden Küsten so flach, daß auch die Dampfschaluppe kilometerweit vor dem Strand auf Grund geriet. So war keine Landung möglich. Bei der großen Insel Ljachow lagen Eisfelder, die nicht stark genug waren, um einen Menschen zu tragen, andererseits aber auch kein Boot hindurchließen. Die ›Vega‹ kreuzte mehrere Tage zwischen den übrigen Inseln. Doch vergebens, und so ging die Fahrt weiter nach Osten.

Die Bäreninseln, das Bärenkap und die Mündung des Kolyma. Noch ungefähr 1200 Kilometer Luftlinie bis Kap Deschnew, dem Ende Sibiriens. Nordenskiöld glaubte zuversichtlich, die gesamte Nordostpassage würde ihm noch in diesem Jahr gelingen. Aber die Temperatur fiel unter den Nullpunkt, zum ersten Mal in diesem

* Später wurden einige Exemplare, in Teile zerlegt, während des Winters nach Moskau gebracht und nach eingehender Prüfung ihrer körperlichen Beschaffenheit, auch des Mageninhalts, kunstvoll präpariert und im Naturhistorischen Museum aufgestellt. Es wird sogar berichtet, daß die Professoren im Jahr 1898 ein Festmahl veranstaltet haben, bei dem Filets von Mammut serviert wurden. Es muß den Herren gut bekommen sein, da kein Bericht gesundheitliche Schäden erwähnt.

Herbst. Die Nächte waren wieder dunkel, und die ›Vega‹ mußte von Abend bis zum Morgen liegen bleiben. Kostbare Stunden gingen dadurch verloren. Am 6. September erreichte das Schiff Kap Schelagaskij. Von dort waren es noch 800 Kilometer bis zur Einfahrt in die Beringstraße.

Zwei Umiaks, große Boote aus Walroßhaut und Walfischknochen, mit Männern, Frauen und Kindern an Bord, paddelten zur ›Vega‹ hinaus. Es waren Tschuktschen, und so kam es nach langer Zeit wieder zur ersten Begegnung mit Menschen. Sie trugen Kleider aus Rentierfellen, spitze Pelzmützen und Muklukstiefel nach Art der Eskimo. Die Gesichter der Frauen waren mit schwarzen Strichen und Punkten tätowiert. Ein heiteres, freundliches Volk und nicht ganz so verdreckt wie die Samojeden. Wie Nordenskiöld feststellte, waren einige der jungen Mädchen recht hübsch und gut gewachsen. In bester Stimmung kletterten die Tschuktschen an Bord, brachten frisches Rentierfleisch als Geschenk und begrüßten die Fremden mit lebhaften Schmatzlauten. Sie wurden mit Brot und Branntwein bewirtet, nach dem auch die kleinen Kinder ihre Händchen ausstreckten. Leider war zunächst keine Verständigung möglich. Auch als sie der Leutnant Nordquist in russischer Sprache anredete, half das nicht. Aber die Tschuktschen verstanden ein paar englische Worte. Allem Anschein nach waren schon amerikanische Walfänger aus dem Pazifischen Ozean durch die Beringstraße bis zu ihnen gekommen. Deshalb war das Erstaunen über die ›Vega‹ nicht so groß.

Wind aus Südwesten öffnete eine breite Rinne im Eis. Sofort dampfte die ›Vega‹ hinein, denn es war keine Zeit mehr zu verlieren. Der Winter konnte an jedem Tag über das Nordland hereinbrechen und die Durchfahrt sperren.

Wenige Tage danach drehte sich der Wind und schloß das Treibeis zusammen. Wieder kamen Tschuktschen an Bord, und die Fremden machten einen Gegenbesuch an Land. Die Polarmenschen lebten in Zelten aus Rentierfellen und Walroßhaut. Das Gerüst ihrer doppelwandigen Unterkünfte bestand aus eisenhartem Treibholz. Stinkende Tranlampen hatten drei Funktionen zugleich: als Beleuchtung, als Heizung und als Kochstellen. Von den gastfreien Tschuktschen wurden die Männer der ›Vega‹ mit den halbgar gekochten Eingeweiden von Rentieren bewirtet. Als Gegengabe verlangten die Tschuktschen nach Tabak. Wie es schien, war das Pfeifenrauchen schon seit langem bekannt und allgemein beliebt. Die uralten Handelswege des hohen Nordens sind von der Polarforschung bis heute nicht enträtselt worden. Man weiß nur, daß sie über die Beringstraße bis zu den amerikanischen Indianern führten und auf den sibirischen Flüssen bis zu den Vorposten chinesischer Händler. Das Elfenbein der Walrosse und Mammuts war der Tauschartikel für Tabak, schon lange bevor es eine Verbindung mit den weißen Völkern gab. Die Eisentöpfe, Äxte, Messer, Sägen und Angelhaken der Tschuktschen stammten nicht aus Rußland, wie die Expedition herausfand, sondern aus England und den USA. Offenbar hatten sie Walfänger ins Land gebracht.

Manche der Tschuktschen hatten blondes Haar und helle Augen. Gewiß waren ihre Väter oder Großväter aus den russischen Straflagern in Sibirien entkommen. Damals wie heute wurden politisch unliebsame Personen aus dem europäischen Rußland in die ferne, kalte Wildnis deportiert. Ebenso die Mörder, Diebe und sonstigen Verbrecher des Zarenreichs. Wem die Flucht gelang, konnte den Rest seines Lebens bei den eingeborenen Völkerschaften zubringen. Der Arm des Gesetzes reichte nicht bis zu den Grenzen des Eismeers.

Geldscheine waren unbekannt, Geldmünzen wurden für Schmuck gehalten. Gerade die schwedischen Münzen, von denen manche Sorten durchlöchert sind, eigneten sich für den Gebrauch als Ohrringe. Sie waren der beste Tauschartikel der Expedition. Sonst hatte Nordenskiöld nur Tabak und Tonpfeifen zu bieten. Was aber die Tschuktschen viel mehr begehrten, waren Nähnadeln, Stopfnadeln, große Messer, Sägen, Äxte, Kochkessel, Trinkbecher, Zucker, Tee und scharfer Schnaps.

Befand sich ein Dorf weit entfernt von den Handelswegen, konnte es sein, daß die Tschuktschen einen schon angerosteten Kochkessel mit so vielen Zobelfellen bezahlten, wie sich darin unterbringen ließen. Aber Nordenskiöld war kein Pelzhändler, und außerdem war der private Tauschhandel allen Mitgliedern der Expedition streng verboten. Man wollte nur Fische und Frischfleisch für die Bordküche erwerben sowie ethnographische Sammelobjekte für die Museen.

Am 18. September wurde die ›Vega‹ von einer hochgetürmten Eisbarriere festgehalten. Das war bei Inkaipij, kaum noch 400 Kilometer von Kap Deschnew entfernt. Bis Inkaipij war Captain James Cook nach seiner Fahrt durch die Beringstraße im Jahre 1778 gelangt.

Weit nach Norden ausweichend fand die ›Vega‹ eine Rinne, um die Eisbarriere hinter sich zu lassen. Aber es war ein gefährliches Unternehmen, weil die Wassertiefe nur sechs bis acht Meter betrug. Die ›Vega‹ mit ihrem Tiefgang von 4,5 Metern konnte jederzeit auflaufen. Um dieses Risiko zu verringern, dampfte sie im Schneckentempo durchs enge Fahrwasser. Am 22. September war kaum noch ein Durchkommen möglich. Nordenskiöld und Kapitän Polander unternahmen in der Dampfschaluppe eine zwölfstündige Erkundungsfahrt. Es gelang, im Labyrinth von Treibeis und Festeis noch freie Kanäle zu entdecken. Die ›Vega‹ folgte mit größter Vorsicht. Die Spannung an Bord stieg von Stunde zu Stunde. Bei freier Fahrt hätte man das ersehnte Kap Deschnew nach zwei bis höchstens drei Tagen erreicht. Nur bis dahin noch, und die Passage wäre geglückt gewesen. Hatte die ›Vega‹ erst Kap Deschnew umrundet, dann lag vor ihr die Beringstraße und freie Fahrt zum Pazifischen Ozean. Doch in diesem Jahr sollte es dem tapferen Schiff nicht mehr gelingen.

Am 27. September war die ›Vega‹ in der Koljutschinbucht, wo es offenbar nicht mehr weiterging. Eis auf allen Seiten, keine Rinnen mehr zu sehen. Nordenskiöld schickte den Leutnant Horgaard mit dem Eislotsen Johansson auf einen Bergrücken, um Ausschau zu halten. Von dort erkannten sie eine gerade noch mögliche Durchfahrt. Aber der Wind trieb Eis in die Lücke, und sie wurde zusehends enger.

Die beiden Männer liefen zurück und machten Meldung. Gleich ließ der Kapitän die ›Vega‹ mit voller Kraft gegen das Eis vor dem Bug anrennen und brach durch. Das Schiff gelangte in die Rinne, aber sie schloß sich 15 Minuten vor vier Uhr nachmittags.

So hatte die ›Vega‹ den Wettlauf mit dem Eis verloren. Nur eine Stunde früher oder eine Meile weiter nach Osten, dann wäre sie durchgekommen. So nahe dem Ziel, so knapp vor dem Abschluß der

Nordostpassage blieb die ›Vega‹ liegen. Eine Stunde Verspätung mußte die Expedition mit zehn Monaten im Eis bezahlen.

»Die Lage der ›Vega‹ ist keineswegs sicher«, schrieb Nordenskiöld in sein Tagebuch. »Sie wurde 1400 Meter von Land entfernt eingeschlossen. Unser Schiff ist den Winterstürmen aus Osten, Norden und Westen schutzlos ausgesetzt. Weit größer jedoch ist die Gefahr durch den Eisdruck, wenn sich die Masse in Bewegung setzen sollte, was auch im tiefsten Winter möglich ist. Wir können daher den kommenden Monaten nicht in ruhiger Stimmung entgegensehen.«

Man hatte die ›Vega‹ im Grundeis verankert, das fünf Meter unter ihrem Kiel lag. Es war nur 40 Meter lang und 25 Meter breit, vermutlich der Rest eines vor Jahren an der Küste gestrandeten Eisbergs. Dessen Spitze ragte noch sechs Meter hoch aus dem frischen Eis der Oberfläche.

Als die glitzernde Decke stark genug war, um Menschen zu tragen, kamen gleich die Tschuktschen an Bord. Ihre beiden Dörfer, Pitlehaj mit sieben Zelten und Jinretlan mit acht Zelten, hatte man von der ›Vega‹ schon im Fernglas gesehen. Die Bewohner waren arme Leute, denn sie hatten keine Rentiere. Ihre primitiv gebauten Schlitten wurden von kleinen, struppigen und schlecht ernährten Hunden gezogen. Diese Tschuktschen lebten nur von der Jagd und vom Fischfang an der Küste. Keiner von ihnen besaß eine Schußwaffe. Sie mußten sich ihre Nahrung noch auf primitivste Weise beschaffen, ganz so wie es ihre Vorfahren schon seit vielen tausend Jahren getan hatten. Die Vorratswirtschaft schien unbekannt. Dem Überfluß nach der Jagd auf Robben und Walrosse folgte oft eine Zeit von Hunger und Not, besonders im Winter. Sie waren Küstentschuktschen, im Gegensatz zu den Rentiertschuktschen, die stets eines ihrer zahmen Tiere schlachten konnten, um nicht Hunger zu leiden. Auch gaben die zahmen Rentiere Milch, aus der sich eine Art von Butter und Käse bereiten ließ. Außerdem sind die Besitzer solcher Tiere leichter beweglich und können mit vollbepackten Schlitten weite Entfernungen zurücklegen. Mit den armseligen Hunden der Küstentschuktschen war das nicht möglich.

Wie man erst später feststellte, gab es im Umkreis von zehn Kilometern noch vier andere Dörfer. Alles in allem lebten an der Koljutschinbucht etwa 300 Menschen. Obwohl sie hin und wieder den Besuch amerikanischer Walfänger erhielten, waren sie auf primitivster Entwicklungsstufe stehengeblieben. Sie hatten noch nicht gelernt, die Felle der Pelztiere gegen Schußwaffen oder Eisenwaren einzutauschen. Was diese Leute nicht selbst für ihre Kleider brauchten, warfen sie weg. Der Strand vor den beiden Dörfern war fußhoch von den verfaulten Resten ihrer Beutetiere, von Knochen, Exkrementen, zerbrochenem Gerät und krepierten Hunden bedeckt. »Der häßlichste Anblick«, sagte Nordenskiöld, »auch der ungesundeste Platz, der sich denken läßt.«

Alle Tschuktschen an der Bucht waren noch Heiden, die an Naturgeister und menschenfressende Dämonen glaubten. Ihr furchtsames Gemüt wurde von den Schamanen beherrscht, denen man übernatürliche Kräfte zuschrieb. Wenn die Zauberpriester ihre Trommeln schlugen, mußten die Mächte der Finsternis weichen. Wenn der Schamane ein Bündel kleiner Knochen auf den Boden warf, konnte er aus ihrer Lage künftige Ereignisse vorhersagen. Er heilte Krankheiten durch Kräuter und Vogelfedern, die im Feuer verglühten. Aber diese Tschuktschen waren friedliche, freundliche und bis zu einem gewissen Grade auch ehrliche Menschen. Nicht der kleinste Gegenstand wurde entwendet. Aber sie versuchten beim Tauschhandel zu betrügen und waren äußerst beharrliche Bettler. Da sie im Winter nur durch mühsam ins Eis gehackte Löcher fischen konnten, litten sie oft unter nagendem Hunger. Es war für die Fremden nicht schwer zu begreifen, was »winga muri kauka« zu bedeuten hatte. »Ich möchte essen« waren stets die ersten Worte, mit denen die Tschuktschen an Bord kamen. Nordenskiöld ließ täglich dreißig Brotlaibe backen, um die Gäste der ›Vega‹ zu bewirten. Aber nur an Deck durften sich die Leute aufhalten, denn ihre Fellkleider starrten vor Schmutz, und ihr Gestank hätte die Räume im Schiff verpestet. Auch waren sie gewohnt, ihre Notdurft ungeniert dort zu verrichten, wo sie gerade den Wunsch dazu verspürten.

Zunächst war auch hier keine Verständigung möglich. Doch aus Zeichen und Gesten glaubte Nordenskiöld zu entnehmen, daß nicht weit von der ›Vega‹ ein anderes Schiff im Küsteneis gefangen saß. Er schickte am 4. Oktober den Leutnant Brusewitz und zwei weitere

Männer in der angegebenen Richtung. Sie bestiegen einen zwölf Kilometer entfernten Hügel, konnten aber trotz klaren Wetters nichts entdecken. Erst zwei Jahre später, als die Expedition schon längst wieder zu Hause war, erhielt Nordenskiöld einen Brief des Kapitäns Bartlett aus Bedford in Massachusetts, der ihm bestätigte, daß sich die Tschuktschen nicht geirrt hatten. Der amerikanische Walfänger ›W. M. Meyer‹ war tatsächlich vom Eis der Koljutschinbucht festgehalten worden. Doch am 3. Oktober hatte sich plötzlich das Eis geöffnet, und das Schiff konnte bis zur Beringstraße durchkommen. Wäre es nur einen Tag länger geblieben, hätten es die drei Leute von der ›Vega‹ erreicht. Die Außenwelt hätte noch im gleichen Monat erfahren, wo die verschollene Expedition geblieben war.

Weil Nordenskiöld stets mit der Möglichkeit rechnen mußte, daß die ›Vega‹ trotz ihres gewölbten Rumpfes vom Eis zerdrückt wurde, ließ er Lebensmittel für ein ganzes Jahr, auch Winterkleider, Zeltausrüstungen, Ruderboote, Waffen, Munition, Instrumente und Handwerkzeug aller Art an Land bringen. Unter festgepflocktem Segeltuch wurden die Sachen verstaut und mit Stricken verschnürt. Die Vorsorge war notwendig, um das Überleben der Expedition zu sichern. Erst vor einigen Jahren war die gesamte Besatzung der ›Jeanette‹ an Land zugrunde gegangen, weil es der Kapitän versäumt hatte, ein Depot anzulegen. Als die ›Jeanette‹ im Eisdruck zerbrach und binnen wenigen Minuten sank, konnten sich zwar die Menschen retten, aber von der Ladung des Schiffes konnte nichts mehr an Land gebracht werden. Keinem gelang es, einen Außenposten der Zivilisation zu erreichen.

Übers Deck der ›Vega‹ wurde ein Zelt gespannt, das von der Kommandobrücke bis zum Bug reichte. Es war der Empfangssalon für alle Besucher. Dort wurde der Tauschhandel abgewickelt, dort wurden die Gäste bewirtet, und dort stand die Schmiede, deren Feuerfunken anfangs die Tschuktschen in größtes Erstaunen versetzte. Der Zeltraum war von drei Seiten windgeschützt, und nur selten sank darin die Temperatur unter minus 10 Grad Celsius. Das war für die Frauen warm genug, um ihren Säuglingen die Brust zu reichen. Die Männer legten ihre Pelzjacken ab, weil es ihnen sonst zu heiß geworden wäre.

Auf dem Achterdeck ließ man den Schnee liegen und stampfte ihn fest. Das gab eine gute Isolierung für die Räume darunter. Das Innere des Schiffes wurde mit gußeisernen Öfen geheizt. Um Kohle zu sparen, die man dringend für die Weiterfahrt im nächsten Sommer brauchte, mußte man Treibholz zerkleinern. Die Tschuktschen schafften es auf Schlitten heran und wurden dafür mit Brot, Tabak und Schnaps bezahlt. Bei Tage stieg die Temperatur in den Kabinen auf 17 Grad, um während der Nacht bis auf fünf Grad zu fallen. Selbst in den unbeheizten Laderäumen blieb das Thermometer über dem Gefrierpunkt. Draußen herrschten im Durchschnitt 30 Grad Kälte, an einigen Tagen sank die Temperatur bis auf 47 Grad Celsius unter Null. Da man die Schiffsräume nicht durchlüften konnte, weil sich sonst alle Wände sofort mit Eis überzogen hätten, war ständig feuchte Luft kaum zu vermeiden. Oft lag man in nassen Betten, und beim Schreiben klebte das Papier an den Händen. Nordenskiöld bemerkt darüber: »Beim Aufwachen glaubten wir uns in einem Dampfbad zu befinden und fühlten uns von den feuchten, allzu warmen Decken schwer belastet. Jeder eilte schnell nach oben, um sich mit kaltem Wasser zu übergießen. Dies erschien als eine Wohltat, wenn auch die Temperatur 30 bis 40 Grad Kälte betrug. Man war ja gleich danach wieder in gut beheizten Räumen.«

Aus seinen Schilderungen geht der Tagesablauf hervor. Wecken um 7 Uhr, Frühstück um 8 Uhr, dann eine halbe Stunde Spaziergang auf dem Achterdeck, bei gutem Wetter auch eine Wanderung über das Eis. Dann Tauschhandel im Zelt mit den Tschuktschen, die alle möglichen Pflanzen, Vogelbälge und selbstgefertigte Schnitzereien brachten. Auch um Fisch und frisches Fleisch wurde gehandelt, sofern es die Eingeborenen beschaffen konnten. Mittagessen um zwölf, dann eine Stunde Ruhe. Während des Nachmittags beschäftigten sich die Offiziere und Wissenschaftler mit dem Sichten ihrer neu erworbenen Sammelstücke, mit der Reinschrift ihrer Notizen und der Aufstellung von Unterlagen. Die Mannschaft hatte mit der Instandhaltung des Schiffes zu tun. Mehr als vielleicht nötig wurde geschrubbt, poliert, gebohnert und geölt. Die Techniker haben ihre Maschinen wohl ein dutzendmal auseinandergenommen und wieder zusammengesetzt. Feierabend schon um sechs, Abendessen um sieben. Danach Vorträge für alle interessierten Leute an Bord, gemütliche Unterhaltung, Schachspiel und Kartenspiel, Lesen und privates Briefeschreiben, ohne zu wissen, wann und wo die nächste Post abgehen würde. Alles in allem ein ruhiges und recht angenehmes Dasein.

Die Bücherei der ›Vega‹ umfaßte 1000 Bände, außerdem hatte jeder noch seinen eigenen Lesestoff mitgebracht. Dank der Vorräte für volle drei Jahre herrschte kein Mangel an Verpflegung. Aber nur einmal in der Woche gab es Fisch und frisches Fleisch. Alles übrige war dauerhafte Kost, die wenig Abwechslung bot und nicht besonders schmeckte. Alkoholische Getränke wurden nur sparsam zugeteilt. Betrinken konnte sich niemand. Aber es wurde auch niemand ernstlich krank. Der Schiffsarzt hatte am wenigsten zu tun.

Es kam besonders darauf an, jene Gefahr zu vermeiden, an der so viele Expeditionen gescheitert sind: einen Streit in so enger, nur auf sich selbst angewiesener Gemeinschaft. Deshalb die »Beschäftigungstherapie«, die genaue Einteilung der Pflichten und militärische Disziplin. Es war kein Mann an Bord, von dem man nicht zuvor schon gewußt hatte, daß er einen verträglichen Charakter besaß. Die Offiziere und Doktoren hatten jeder eine Kabine für sich. Glücksspiele waren verboten, ebenso das laute Fluchen. Nie kam es zu Tätlichkeiten, nie wurde ein Messer gezogen.

Von Deck führte eine aus Eisblöcken gemauerte Treppe aufs gefrorene Meer. Damit auch bei Dunkelheit und dichtem Nebel kein Mann vom Weg abkam, waren Führungsleinen ausgespannt. Als Stützen dienten ins Eis gerammte Pfähle. Etwa 100 Meter vom Schiff entfernt hatte man einen geräumigen Iglu gebaut, worin sich die Station für magnetische Messungen befand. Sie war 24 Stunden täglich besetzt, trotz der Innentemperatur von 10 bis 15 Grad Kälte. Die Wissenschaftler, in Pelze gehüllt, mußten sich bei der Arbeit ablösen. Leutnant Nordquist, trotz seines schwedischen Namens russischer Marineoffizier, bemühte sich nach Kräften, die Sprache der Tschuktschen zu lernen. Mit Hilfe eines Lehrbuches war das nicht möglich, denn es gab noch keines. Nordquist mußte die Bedeutung der Worte erraten oder sich zeigen lassen. Er war gewiß sehr begabt oder besonders fleißig, denn bald konnten ihn die Tschuktschen recht gut verstehen. Er wurde zum Dolmetscher der Expedition. Sogar ein Wörterbuch hat Nordquist verfaßt sowie einen Bericht über den Geisterglauben der Tschuktschen an der Koljutschinbucht.

Nordenskiöld entsandte Expeditionen von zwei und drei Mann zu den anderen Dörfern. Sie wurden freundlich aufgenommen, stießen aber nirgendwo auf einen Russen, ja nicht einmal auf Eingeborene, die mit Russen in Verbindung standen. Aber bei den Rentiertschuktschen fanden sie mehrfach den Beweis, daß noch immer Handelsverkehr mit den Eskimo und Indianern in Alaska bestand. Weiße Männer waren daran nicht beteiligt. Sie hätten sich keine Zobelfelle und keine Pelze nordischer Nerze entgehen lassen. Damit waren die Anoraks der wohlhabenden Rentiertschuktschen geschmückt. Wenn es stimmt, daß auch Narwalzähne bis in den Nordosten von Sibirien gelangten, mußte der geheimnisvolle Handelsweg sogar bis zum fernen Baffinland reichen, das heißt ins Eismeer nördlich von Kanada. Denn nur in diesen Gewässern machten die Eskimo Jagd auf Narwale. Auch die Rentiertschuktschen waren Heiden, obwohl manche der tätowierten Frauen christliche Kreuze trugen. Sie wurden für Amulette gehalten, genauso wie die Zaubermittel der Schamanen.

Im Landesinneren war die Jagd weit besser als nahe der Küste. Dort gab es schwarze, weiße und rote Füchse, wilde Rentiere, Vielfraße und gelegentlich braune Bären. Die Tschuktschen der Koljutschinbucht mußten sich mit Schneehasen und Schneehühnern begnügen. Sonst lebten auf dem Lande nur Eulen und Raben in ihrer Nähe.

Eines Tages im November sah man von Bord eine ganze Karawane von Rentierschlitten. Ein hoher Würdenträger mit seinem Gefolge erschien zu Besuch bei den Fremden. Schon die kostbaren Pelze, in die sich der Mann gehüllt hatte, verrieten seinen Rang. Er nannte sich Menka, sprach etwas Russisch und zeigte Papiere vor, die ihn als ›Starost‹ der eingeborenen Bevölkerung auswiesen. Er fühlte sich in diesem Teil Sibiriens als Oberhäuptling aller Tschuktschen, obwohl ihn die Küstenbewohner gar nicht kannten. Sie waren auch nicht an Vorgesetzte irgendwelcher Art gewöhnt. Wie es schien, hatte Menka seine Würde von den Russen erhalten. Aber er wußte nichts von einem Zaren, der das Russische Reich regierte. Für ihn war der Gouverneur in Irkutsk der Herr aller Reußen. Als Menka die Bilder des Königs und der Königin von Schweden im Salon der ›Vega‹ erblickte, hielt er sie für Heilige und beugte seine Knie. Er konnte nicht lesen und nicht schreiben, verstand aber jeden Ort auf der Landkarte mit Namen zu nennen. Der Handelsposten Markowa am Fluß Anadyr war der nächstgelegene Platz, an dem einige Russen lebten. Der Weg dorthin war für einen Ausflug von der ›Vega‹ zu weit, aber im Januar wollte Menka wieder eine Reise nach Markowa unternehmen.

Nordenskiöld bat um die Beförderung eines Briefes, gegen entsprechende Belohnung natürlich. Menka versprach, so »schnell wie der Sturmwind« zu reisen. Das hat er allerdings nicht getan, sondern sich viel Zeit gelassen. Erst am 10. Mai des nächsten Jahres kam der Brief in Irkutsk an. Der Gouverneur, über den das Schreiben an König Oskar II. von Schweden adressiert war, muß ein verständiger Mann gewesen sein. Er telegrafierte den ganzen Inhalt durch die eben fertiggestellte Leitung an das Außenministerium in St. Petersburg, und von dort ging er telegrafisch weiter nach Stockholm. Schon am 16. Mai wurde Nordenskiölds Bericht in der Presse veröffentlicht. Erst dadurch erfuhr man in Schweden vom Verbleib der Expedition. Die Angehörigen hatten sich schon große Sorgen gemacht. Sie wußten jetzt, daß alle Mitglieder der Expedition, jedenfalls bis zum November 1878, bei bester Gesundheit gewesen waren und nur auf den Eisbruch warteten, um die Nordostpassage zu vollenden.

Aber dafür schien in der Nacht vom 14. zum 15. Dezember kaum noch Hoffnung zu bestehen. Ein Orkan von nie erlebter Gewalt fegte aus dem Norden heran. Das Eis riß auf und wurde zu Hügeln hochgepreßt. Die ›Vega‹ erhielt heftige Stöße, der Bug stieg an und das Heck sank tiefer. Die Eisblöcke knirschten am Holz, polterten auf Deck und zerfetzten das Zelt. Die Zerstörung des Schiffes schien unvermeidlich. An die Flucht auf festen Boden war nicht mehr zu denken. Offenes, quirlendes Wasser und Eismassen, die sich auftürmten und zusammenfielen, versperrten den Weg. Außerdem war finstere Nacht. Das Schicksal eines jeden Mannes hing am Schicksal der ›Vega‹.

Nach Stunden der Hoffnung und Verzweiflung hörte das Unwetter plötzlich auf. Die ›Vega‹ kam wieder zur Ruhe, wenn auch in anderer Lage als zuvor. Die Schäden erwiesen sich als so gering, daß man sie in wenigen Tagen reparieren konnte.

Das Weihnachtsfest war gleichzeitig ein Dankfest für die Errettung aus großer Gefahr. Ein Christbaum wurde aus Treibholz und grünen Tannenzweigen hergestellt, die Nordenskiöld durch die Tschuktschen aus Bergtälern im Landesinneren holen ließ. Mit sechs Literflaschen Aquavit mußte er dafür zahlen. Dröhnende Männerstimmen sangen die Weihnachtslieder. Es gab für alle ein Festessen wie nie zuvor an Bord der ›Vega‹ und eine Punschbowle, an die sich jeder noch lange erinnerte. Während der Silvesternacht galten die Gedanken der Befreiung im kommenden Jahr und noch mehr dem endgültigen Erfolg. Um Mitternacht wurde mit Signalraketen ein Feuerwerk veranstaltet, daß die erschrockenen Tschuktschen meinten, nun sei der Himmel geplatzt.

Aber die längste Zeit geduldigen oder mehr noch ungeduldigen Wartens stand noch bevor. Die endlose Polarnacht wurde zu einer schweren Belastung für die Nerven. Nur für drei Stunden am Tage schimmerte graues Dämmerlicht auf die Eiswüste. Neue Stürme brachten das Schiff in Gefahr. Risse öffneten sich mit dem Knall eines Kanonenschusses, und die ›Vega‹ wurde von Rammstößen erschüttert. Auch das ging vorbei, es folgten wieder ruhige Wochen. Als die Tage im März wieder länger wurden, sandte Nordenskiöld neue Expeditionen ins Hinterland. Fast jeder konnte sich nun einigermaßen mit den Tschuktschen verständigen und ihnen klarmachen, welche Sachen man gern finden wollte.

Am 19. Juni erschien mit stattlichem Gefolge ein Häuptling der Rentiertschuktschen. Er brachte Post aus Nischnij Kolyansk. Aber es waren keine Briefe aus der Heimat, wie die Besatzung gehofft hatte, sondern nur ein Schreiben vom russischen Vorsteher des Bezirks von Anadyr. Er fragte an, ob man Hilfe brauche. Nein, die Expedition war nicht auf fremde Hilfe angewiesen. Sie wartete auf den Eisbruch, und lange konnte das nicht mehr dauern.

Anfang Juli war das Land bei der Koliutschinbucht frei von Schnee. Am 16. Juli zerbrach der Südwind das schon bröckelige Küsteneis, und am folgenden Tag öffnete sich nach Osten eine Rinne.

Das war der langersehnte Augenblick, und schon längst hatte man dafür alles vorbereitet. Die Freunde der Winternacht wurden rasch verabschiedet. Die Sirene der ›Vega‹ entbot letzte Grüße, dann setzte sich das Schiff unter Dampf in Bewegung.

Am 20. Juli 1879, um elf Uhr morgens, erschien Kap Deschnew am Horizont. Die Flaggen wurden gehißt, Raketen abgefeuert, und aus allen Kehlen dröhnte die schwedische Nationalhymne.

Nach dreihundert Jahren vergeblicher Versuche war die Nordostpassage bezwungen.

Die ›Vega‹ wandte sich nach Süden in die eisfreie Beringstraße, besuchte die bei Port Clarence nur von Eskimo bewohnte Küste Alaskas, lief in der Kayanbucht nochmals Sibirien an und begab sich zur amerikanischen Insel St. Lawrence. Auch dort wurden zugunsten der ethnographischen Sammlungen tagelange Landausflüge unternommen. Damals lebte noch kein weißer Mann auf St. Lawrence, aber die Eskimo waren zahlreicher als erwartet und schon mit Feuerwaffen ausgerüstet. Die ›Vega‹ steuerte nach Südosten, überquerte die Bucht von Anadyr, folgte in weitem Abstand der Küste von Kamtschatka und blieb für etwa eine Woche bei der Beringinsel, wo die Doktoren Kjellan und Struxberg botanische und zoologische Studien betrieben. Man hatte ja Zeit, die Gefahren des Eismeers lagen weit zurück.

Ein Besuch auf der großen, noch zum Russischen Reich gehörenden Insel Sachalin war nicht vorgesehen und auch keinem fremden Schiff erlaubt. Von der Urbevölkerung Sachalins, den Ainu, Orok, Giljaken und Tungusen wußte man in der Außenwelt so gut wie nichts. Nordenskiöld und die Wissenschaftler der ›Vega‹ hätten sich gerne dort umgesehen. Aber leider war das unmöglich. So ging die Fahrt entlang den Kurileninseln weiter nach Japan.

Am 2. September fielen die Anker in der Bucht von Yokohama. Wenige Stunden später erfuhren alle Großstädte der Welt durch Telegraf, daß die kleine ›Vega‹ ihre große Aufgabe erfüllt hatte.

Freudentaumel in Schweden, Beförderung für die Offiziere, Geldspenden für die Mannschaft, Orden und Ehrenzeichen für alle Mitglieder der Expedition. Nordenskiöld wurde Baron.

In Japan ein glänzendes Fest nach dem anderen, ebenso in allen Häfen, die man weiter auf der Rückreise anlief. Als die ›Vega‹ am 15. April 1880 die Meerenge zwischen Helsingør und Helsingborg passierte, schossen die Kriegsschiffe Salut. Erst gegen Abend des 24. April dampfte die ›Vega‹ mit langsamer Fahrt in den Hafen von Stockholm. Die hellerleuchtete Stadt war ein Flaggenmeer, mehr als hunderttausend Menschen eilten zum Hafen. Die Heimkehr der ›Vega‹ war das größte Ereignis jener Jahre. Die Königliche Familie, die Regierung und alle Mitglieder des Parlaments hatten sich auf dem Freiplatz vor dem Schloß versammelt. Am Kaibecken dicht davor fielen nach einer Fahrt von ungefähr 700 Tagen die Anker. Kein anderes schwedisches Schiff wurde jemals mit so großer Begeisterung begrüßt wie die ›Vega‹.

Was dann später aus ihr geworden ist und wo das einst so berühmte Schiff sein unwürdiges Ende fand, habe ich schon berichtet.

Sachalin – betreten verboten

Heute wäre die Reise nicht mehr zu machen. Seit dem Ende des Zweiten Weltkrieges gehört Sachalin zur Sowjetunion. Die große Insel vor der ostsibirischen Küste ist ein besonderes Sperrgebiet, das kein Unbefugter betreten darf. Man könnte fast glauben, daß sich Sachalin in Nebel aufgelöst hat, denn über die heute dort bestehenden Verhältnisse ist so gut wie nichts bekannt.

Eigentlich war Sachalin zu allen Zeiten der geschriebenen Geschichte ein verbotenes Land. Aus früheren Zeiten weiß man nur, daß japanische Fischer schon um das Jahr 1650 die Küste von Sachalin an mehreren Punkten berührt haben. Dabei konnten sie feststellen, daß dieses fremde, wilde Land durch eine Meeresstraße von Sibirien getrennt war und nur wilde Völkerschaften dort als Nomaden umherzogen. Russische Pelzhändler und Fallensteller hatten sich danach als erste Fremdlinge angesiedelt. Zu Beginn des vorigen Jahrhunderts erschienen in größerer Zahl japanische Fischkutter vor der Westküste und legten Stützpunkte an, die sie aber nur während der Fangsaison besuchten. Wem Sachalin gehörte, blieb eine offene Frage, wenn auch russische Landkarten die große Insel dem Zarenreich zusprachen. Sträflinge wurden dorthin deportiert und von Kosaken überwacht. Im Jahre 1855 kam mit den Japanern eine Vereinbarung zustande, wonach Sachalin unter gemeinsamer Verwaltung der beiden Regierungen stehen sollte. Das Papier war geduldig, in der Praxis jedoch ergab sich aus diesem Kompromiß eine Kette von Konflikten. So wurde zwanzig Jahre später zwischen den beiden Regierungen beschlossen, daß Rußland über ganz Sachalin verfügen sollte, während Japan die gleichfalls umstrittenen Kurileninseln für sich allein bekam. Auch dort lagen reiche Fischgründe, die zur Ernährung der rasch wachsenden japanischen Bevölkerung von großer Bedeutung waren. Als im Jahre 1905 das Zarenreich im Krieg gegen Japan unterlag, mußte es zugunsten des Siegers auf die südliche Hälfte von Sachalin verzichten. Bis hinauf zum 50. Breitengrad wurde Sachalin von den Japanern besetzt und so weit wie möglich besiedelt. Während der Russischen Revolution, die sich in Sibirien erst nach jahrelangen Kämpfen zwischen roten und weißen Truppen durchsetzen konnte, okkupierte Japan auch die nördliche Hälfte. Schließlich fiel sie aber an die Sowjetunion zurück, und wieder lag die Grenze zwischen den beiden Besitzern der vielumstrittenen Insel auf dem 50. Breitengrad.

Mit Recht sagten die Japaner, daß Rußland so gut wie nichts getan habe um Sachalin zu entwickeln. Die 76 000 Quadratkilometer große Insel war eine Wildnis geblieben. Sie hatte dem Zarenreich lediglich als Verbannungsort für politische Gegner gedient, und nur für diesen Zweck waren einige wenige Ortschaften entstanden. Die eingeborenen Völkerschaften hatten während der Zarenzeit kaum einen Hauch der russischen Verwaltung gespürt. Rußland und erst recht Sibirien waren so reich an Rohstoffen, daß man für das Holz und die Bodenschätze im entlegenen Sachalin keine Verwendung hatte. Aber das rohstoffarme Japan konnte Wälder, Erdöl und Kohle sehr gut gebrauchen. Auf die ergiebigen Fischgründe an der Küste von Sachalin waren die Japaner geradezu angewiesen. Also Gründe genug, um sich die Kriegsbeute von 1905 für immer zu sichern*.

Aber schon nach vierzig Jahren war es damit vorbei. Während der letzten Wochen des Zweiten Weltkrieges, als die restlos erschöpften

---

* Die im Boden von Sachalin ruhende Kohlenmenge wird auf 5 Milliarden Tonnen geschätzt. Heute fließt das Öl der Insel durch eine Pipeline nach Nikolajewsk bei der Amurmündung auf dem Festland und genügt zur Versorgung von ganz Ostsibirien. Die Gesamtzahl der meist russischen Einwohner beträgt z. Z. etwa 300 000. Nur knapp ein Prozent davon sind Ureinwohner des Landes.

Japaner schon Friedensfühler ausgestreckt hatten, beteiligte sich die Sowjetunion noch an der endgültigen Niederwerfung des zusammenbrechenden Kaiserreiches. Südsachalin sollte danach an Rußland zurückgehen, das war der ausbedungene Lohn. Auch die Inselgruppe der Kurilen, seit 1875 japanischer Besitz, fiel bei dieser Gelegenheit an die Sowjetunion. Immerhin gelang es noch, alle japanischen Familien, etwa 400000 Menschen, aus den verlorenen Gebieten ins Mutterland heimzuführen. Auch einige tausend Personen weißer Hautfarbe, zumeist Nachkommen der politischen Verbannten des Zarenreichs, die keine Sowjetbürger werden wollten, retteten sich nach Japan.

Meine Reise nach Südsachalin fällt in das letzte Jahr vor dem Zweiten Weltkrieg. Ich war damals jüngster Attaché an der Deutschen Botschaft in Tokyo. Als diplomatischer Kurier, ebenso aus ganz privater Reiselust, hatte ich die vier großen Inseln Japans sowie Korea, Manchukuo und China in großen Zügen kennengelernt. Das war relativ einfach gewesen. Dorthin fuhren auch viele andere Leute, und man blieb auf den allbekannten Wegen. Doch mit Südsachalin hatte es eine besondere Bewandtnis. Ich war im Kreis der Kollegen und der Ausländer noch niemandem begegnet, der mit eigenen Augen diese Insel gesehen hatte. Offiziell gehörte »Karafuto«* nicht zu den japanischen Sperrgebieten, aber man wußte Mittel und Methoden, um Fremde fernzuhalten. Hotels, so wurde gesagt, seien nicht vorhanden. Die Reise so hoch nach Norden sei sehr beschwerlich und die polizeiliche Überwachung äußerst streng. »Spionitis« nannte man das während jener Jahre in ganz Japan verbreitete und von den Behörden geschürte Mißtrauen gegen Ausländer. Wer als Fremder von den gewöhnlichen Wegen des Tourismus abwich, machte sich verdächtig. Selbst Diplomaten befreundeter Staaten, zu denen das Deutsche Reich gehörte, wurden des öfteren verhaftet und erst nach eingehendem Verhör wieder entlassen. So war gut zu begreifen, daß schon seit Jahren kein Ausländer mehr den Versuch unternommen hatte, bis nach Karafuto vorzustoßen. Sicher wäre man deswegen beim japanischen Geheimdienst in falschen

---

* Der japanische Name für Südsachalin, gesprochen Karaf'to.

Verdacht geraten. Ein junger Diplomat am Beginn seiner Laufbahn durfte sich das keinesfalls leisten.

Aber diplomatische Zurückhaltung war mir nicht gegeben. Entlegene Länder haben mich immer gereizt, um so mehr, wenn es schwierig war, dorthin zu kommen. Der Konsulatssekretär Schaefer, ein Mann mit recht guten Kenntnissen der japanischen Sprache, ließ sich für den verwegenen Plan gewinnen. Dem Botschafter sagten wir davon nichts, er hätte den Unfug bestimmt verboten. Aber kein Vorgesetzter fragte, wo man seinen Urlaub verbrachte.

Was die Verwirklichung des Planes anbetraf, so dachte ich mir, es sei wohl das beste, direkt in die Höhle des Löwen zu gehen. In diesem Fall war der Löwe ein harmlos erscheinender Professor der Philologie. Er nannte sich Fujimoto, war in Wirklichkeit Oberstleutnant der Militärpolizei und Chef des Büros zur Überwachung von Ausländern. Das wußte jeder von uns, doch keiner ließ es ihm gegenüber verlauten. Von allen Botschaften wurde der gefürchtete Mann zu gesellschaftlichen Veranstaltungen eingeladen. Daher kannte ich Fujimoto und sprach mit ihm während eines Empfangs in der Französischen Botschaft. »Ich interessiere mich für die Ureinwohner von Karafuto, aber ohne sachkundige Führung werde ich diese scheuen Menschen nicht finden. Deshalb meine Bitte, ob es Ihren guten Beziehungen möglich wäre, mir jemanden zu vermitteln, der das Land kennt und mich auf der Reise durch Karafuto begleitet ... mich und den Konsulatssekretär Schaefer.«

Die Überlegungen, die dem hohen Herrn des Geheimdienstes nun durch den Kopf gingen, sind leicht zu erraten. Was steckt dahinter, was wollen die beiden Deutschen in Karafuto? Der jüngste Mann der Deutschen Botschaft würde nicht ausgerechnet mich um Hilfe bitten, wenn er finstere Absichten hätte. Falls ich die Reise verhindere, müßte man annehmen, daß wir in Sachalin viel verborgen halten. Das ist zwar so, aber davon sehen sie nichts. Dafür wird der Begleiter sorgen, den ich zur Verfügung stelle. Man wird ein lückenloses Programm entwerfen, einen Besuch bei den Ureinwohnern können wir erlauben. Sonst dürfen sie nur mit Leuten zusammenkommen, die wir eingehend überprüft haben. So läßt sich das machen ...

»Ich werde mit großer Freude bemüht sein«, sagte Professor Fujimoto mit ausgesuchter Höflichkeit, »Ihnen behilflich zu sein.«

Ich bedankte mich sehr und fragte noch, unter welcher Adresse der landeskundige Begleiter zu finden sei.

»Er wird Sie bei der Ankunft in Karafuto erwarten.«

Einen zivilen Flugverkehr in den hohen Norden des Inselreichs gab es damals noch nicht. Um nach Karafuto zu gelangen, mußte man erst 14 Stunden mit der Bahn von Tokyo nach Aomori fahren, zur Nordspitze der japanischen Hauptinsel Hondo. Auf dieser Strecke gab es zum Glück einen Schlafwagen. In Aomori angekommen, bestieg man ein Fährschiff, um in drei bis vier Stunden die Hafenstadt Hakodate auf der Insel Hokkaido zu erreichen. Dann wieder mit der Bahn, aber ohne Schlafwagen, in etwa zwölf Stunden nach Wakkanai, dem nördlichsten Zipfel Hokkaidos. Von dort abermals eine Seereise, diesmal von etwa sieben Stunden, nach Odomari, dem Haupthafen der japanischen Hälfte von Sachalin.

Der Geheimdienst funktionierte reibungslos. Während man sonst die Plätze im Schlafwagen nach Aomori wochenlang im voraus bestellen mußte, wurden sie sogleich für uns reserviert. Sicher wurden wir überall von vielen Augen verfolgt, und eine Stelle meldete ihre Beobachtungen an die nächste weiter. Im Zug nach Wakkanai promenierten bemerkenswert unauffällige Herren pausenlos durch den Gang. Im Speiseraum des zweiten Fährschiffes hatte man einen Tisch für uns freigehalten. Ein Englisch sprechender Japaner, der sich am gleichen Tisch niederließ, war so freundlich, uns nach dem Essen an Deck zu begleiten. Nebel hing über dem Ochotskischen Meer. Von der Nordküste Hokkaidos und der Südspitze Sachalins war nirgendwo ein Schimmer zu sehen. Dafür schwammen auf der leicht bewegten See viele tausend Stücke gebrochenen Eises. Sie stammten aus den Strömen Sibiriens und trieben der Auflösung im Pazifischen Ozean entgegen.

Im Fernglas waren ein paar Robben zu erkennen, die auf schwankenden Schollen schliefen.

Der mitteilsame Mann entwarf ein düsteres Bild der Zustände, wie sie vor der japanischen Zeit in Karafuto geherrscht hatten. Etwa 12 000 Sträflinge mußten unter Aufsicht strenger Kosaken ein primitives Leben führen. Viele Polen waren dabei, deren Verbrechen lediglich darin bestanden hatte, die Befreiung ihres Landes von der russischen Herrschaft zu wünschen. Schon seit Jahrhunderten war es im Zarenreich üblich gewesen, die politischen Verbannten, mit schweren Ketten gefesselt, durch ganz Sibirien zu treiben, um sie dann der Wildnis von Sachalin zu überlassen. Kaum die Hälfte der Verurteilten soll die mehrjährige Wanderung durch Eis und Schnee, durch Sümpfe und dunkle Wälder überstanden haben. Auch Frauen wurden mitgeschleppt, und oft sind ganze Familien den Sträflingen freiwillig ins lebenslängliche Exil gefolgt. Waren sie dort angelangt, wurden immerhin Unterschiede gemacht. Die einen mußten ihren Bewachern, vor allem den üppig lebenden Offizieren, als billige Arbeitssklaven dienen. Aber die Mehrzahl durfte sich eigene Blockhütten bauen und die Wildnis durchstreifen. Sie waren Fallensteller im Auftrag der Regierung. Ihre Beute mußten sie gegen Tauschwaren der billigsten Sorte an die Kosaken abliefern. Mancher verschwand in den Wäldern und ließ sich nie mehr bei einer der russischen Stationen blicken.

»Als wir Japaner 1905 die Südhälfte Sachalins übernahmen, konnten sich etwa 6000 Deportierte oder sonstige Untertanen des Zaren dem Abtransport in den Norden der Insel entziehen. Sie genießen unter japanischer Verwaltung alle Vorteile der modernen Entwicklung. Auch die Ureinwohner des Landes nehmen daran teil.«

Wie es seinem Auftrag entsprach, trieb er Propaganda für die japanische Sache, in der sicheren Annahme, wir seien zum Bericht an die Botschaft verpflichtet. In wenig mehr als drei Jahrzehnten waren rund 250000 Japaner nach Karafuto gekommen und hatten für die Modernisierung des von den Russen so sehr vernachlässigten Landes gesorgt.* Diese Zahl erscheint gewiß imponierend, doch bei

---

* Nur 25000 Hektar der Südhälfte von Sachalin waren zu Äckern und Feldern geworden, kaum 0,3 Prozent der Gesamtfläche. Eine blühende Landwirtschaft läßt das Klima nicht zu. Frost und Schnee herrschen von Mitte Oktober bis Ende Mai, in den Bergen sogar bis Mitte Juli. Auch im Sommer ist die Witterung meist feucht und neblig. Gemessen am Breitengrad Sachalins, könnten die Temperaturen milder sein, schon wegen des warmen Kurosiwostroms an der Westküste. Aber die vorherrschend nordlichen Winde führen fast ständig kalte Luft aus den Polargebieten herbei.

Lichte besehen waren es in dem weiten Gebiet kaum vier Menschen auf einen Quadratkilometer. Da sich über die Hälfte der eingewanderten Japaner auf die beiden größten Städte, Odomari und Toyohara, konzentrierten und alle übrigen in neuen Ortschaften an der Küste lebten, mußte das Innere von Karafuto nach wie vor unbezwungene Wildnis geblieben sein.

Meine Frage nach der mutmaßlichen Zahl von Ureinwohnern konnte der Mitreisende nur ausweichend beantworten.

»Wir betreuen sie nach besten Kräften, haben auch Schulen und Krankenhäuser für sie gebaut. Alles bezahlt unsere Regierung, ohne irgendeinen Zwang auszuüben. Aber nur die Ainu sind seßhaft geworden. Die Orok und Giljaken ziehen noch mit ihren Rentierherden durchs Land. Natürlich können diese Menschen ganz so leben, wie sie wollen. Auch darin sind wir Japaner großzügig.«

Indessen hatte sich der Nebel gelichtet, und wir sahen auf drei Seiten schneebedecktes Land. Das war die Anivabucht, mit den beiden Halbinseln Kaiba und Marawyevo. Noch immer schwammen Eisschollen auf dem nun völlig ruhigen Wasser. In den Parkanlagen von Tokyo hatten schon die Kirschbäume geblüht, und man trug sommerliche Kleidung. Hier herrschte noch Winter an den Ostertagen. Alle Passagiere des Schiffes hatten sich in Pelze gehüllt und warme Mützen tief über die Ohren gezogen. So überraschend war für uns die Kälte gekommen, daß wir schleunigst von Deck verschwanden. Drunten wühlten wir hastig in den Koffern, um für das Klima von Karafuto gerüstet zu sein.

Als wir in Odomari anlegten, fand sich keine Gelegenheit mehr, von dem freundlichen Tischgenossen Abschied zu nehmen. Die geheimnisvolle Organisation, von der unsere Reise geführt wurde, hatte schon für Ablösung gesorgt. Ein Mann mittleren Alters, dessen japanische Aussprache des Englischen kaum zu verstehen war, stellte sich als Lehrer an der Hauptschule vor und nannte sich Shiguro. Er verbeugte sich tief, zog hörbar die Luft ein und drückte herzhaft unsere Hände. Damit war sowohl die japanische als auch die westliche Form der Begrüßung erledigt. Herr Shiguro führte uns lächelnd durch die Sperre. Nach Paß und Gepäck wurde nicht gefragt. Dagegen mußten sich die anderen Passagiere in einer langen

Schlange anstellen und wurden einzeln von Polizeibeamten verhört. Bis sie abgefertigt waren, mußte der Zug nach Toyohara warten. Wir durften indessen, von Shiguro-san* begleitet, einen Rundgang durch Odomari unternehmen.

Alsdann bestiegen wir den Inselexpreß. Er rollte auf einer schmalen Spur und zog eine lange Rauchfahne hinter sich her. Dickvermummte Japaner saßen im Zug, und selbst die Männer hatten sich Damenpelze um den Hals geschlungen. Ein kugeliger Ofen stand in der Wagenmitte und wurde von den Fahrgästen eifrig mit Holz gefüttert. Wir bemerkten uns gegenüber zwei bildhübsche, flachsblonde Mädchen mit strahlend blauen Augen. Aber der Versuch eines Gesprächs stockte bei den ersten Ansätzen, denn keine der uns bekannten europäischen Sprachen wurde von diesen Prototypen der arischen Rasse verstanden. Shiguro meinte, wir sollten mit ihnen japanisch reden. Das konnte Horst Schaefer sehr viel besser als ich. So war zu erfahren, daß die beiden Mädchen schon in der dritten oder vierten Generation von Deportierten aus Polen abstammten. Trotz ihrer fremden Abstammung meinten die beiden Blonden, sie seien Töchter Japans. In Tokyo wären Japanerinnen mit weißer Haut, hellen Haaren und veilchenblauen Augen höchst sonderbare Erscheinungen gewesen. Aber in Karafuto hatte man sich an die so unjapanisch aussehenden Mitbürger gewöhnt.

Als es dunkel wurde, dampfte der kleine Zug in den erstaunlich großen Bahnhof von Toyohara, der Hauptstadt Sachalins. Davor standen zwanzig bis dreißig vermummte Männer, die buntbemalte Lampions in den Händen hielten. Es waren Hoteldiener auf Kundenfang. Doch ihre Zahl ließ vermuten, daß es sich bei manchen der sogenannten Hotels um Geishahäuser, vielleicht sogar um gewöhnliche Bordelle handelte. Damit uns kein Mißgeschick passiere, hatte Shiguro schon Zimmer für uns im Hakaya Hotel reserviert. Eine ›Droschki‹ sollte uns über den hartgefrorenen Schnee dorthin verfrachten. Diese erstaunlich primitiven Gefährte bestanden in der Hauptsache aus einer geschlossenen Holzkiste auf Schlittenkufen.

---

* Die einem Namen angehängte Silbe »san« bedeutet auf japanisch Herr, Frau oder Fräulein.

Der Lenker des struppigen Pferdchens saß auf einem Brett vor der Kiste. Unserer hatte sich so völlig in Decken und Schafspelze eingehüllt, daß nur seine zusammengekniffenen Augen, die rote Nase und der graue Bart sichtbar blieben. Wie Shiguro-san erzählte, hatte ihn vor 33 Jahren die Ankunft der Japaner aus dem erbärmlichen Dasein in einem russischen Straflager befreit. Es schien in Toyohara niemanden zu geben, dessen Vorleben Shiguro nicht gründlich kannte. Wir krochen in die harte Höhle der ›Droschki‹ und klagten mit keinem Wort über das Gerüttel dieser Rutschpartie zum Hotel.

Dieses galt, nach Aussage unseres Begleiters, als erstes Haus am Platze. Es war bestimmt ein sehenswertes Hotel. Hatte man doch versucht, den klimabedingten Baustil eines altsibirischen Gasthofs mit den Annehmlichkeiten des Ryokan* auszustatten. Reismatten auf den Fußböden, aber Kachelöfen zur Erwärmung des Hauses. Dralle Mädchen im Kimono bedienten die Gäste, doch mit Gerichten aus der polnischen Küche. Echt japanisch war das heiß dampfende Planschbecken im Seitenflügel des Erdgeschosses. Von pudelnackten Gästen beiderlei Geschlechts wurde das ›Furo‹ belebt. Auch die Männer, Frauen, Mädchen und Kinder aus ehemaligen Deportiertenkreisen hatten sich daran gewöhnt, nach japanischer Sitte auf jede Art von Badekleidung zu verzichten. Um den Kontrast zwischen der Kälte draußen und der Wärme drinnen noch deutlicher zu machen, war der dunstige Baderaum mit tropischen Büschen und Bäumen bepflanzt. In der feuchtwarmen Treibhausluft konnten sie recht gut gedeihen. Damit nicht genug, in den Ästen saßen noch zwei bunte Papageien. Ein Spaßvogel hatte ihnen beigebracht, auf japanisch und polnisch zu fluchen. Darauf folgte jedesmal eine Lachsalve des badenden Publikums.

Am folgenden Morgen war Shiguro-san schon früh zur Stelle. Als erstes stand die Besichtigung der Stadt auf dem Programm. Das war nur zur einen Hälfte möglich, da sich die andere zwei bis drei Meter unter dem Schnee verbarg. Was wir am Abend für Parterre gehalten hatten, zeigte sich bei Tageslicht als erster Stock. Die Gasampeln der Straßenbeleuchtung waren durch Drahtgitter geschützt, sonst wären

---

* Hotel japanischen Stils.

unachtsame Passanten mit dem Fuß dagegengestoßen. Treppen führten nicht zu den Hauseingängen hinauf, sondern durch schmale Passagen im gefrorenen Schnee zu den Türen hinunter. Abgesehen von dem Postgebäude, das für New York geplant schien, war in Toyohara alles klein und schmal. Nur das Geschäftsviertel im engen Zentrum der Stadt bot ein modernes Bild. Sonst bestanden die Häuser, ebenso wie im Süden Japans, aus Bambus, Ölpapier und dünnem Gebälk. Es war eine Bauart, die sich für Karafuto bestimmt nicht eignete, aber beharrliches Festhalten an den alten Gewohnheiten bewies. Frierend und in Wolldecken gehüllt saßen die Söhne der Sonne um ihre ›Hibachi‹, die glimmenden Kohlenbecken ihres fernen Stammlandes.

Als Beispiel, wie man sich am besten den klimatischen Bedingungen des Landes anpaßt, sahen wir bei Toyohara die klobigen Blockhäuser aus der russischen Zeit. Da gab es sogar noch ehemalige Amtsgebäude mit dem Doppeladler über der Tür. Die Wände bestanden aus grob behauenen Stämmen, die Lücken waren mit steinhart getrocknetem Lehm verstrichen, und die Schindeldächer ragten weit über die Balkenwände hinaus. Teilweise waren die Häuser mit schönem Schnitzwerk und schmiedeeisernen Beschlägen geschmückt. Der angenehm duftende Rauch von Holzfeuern stieg aus den Kaminen. Es sah ganz so aus, als würden gleich ein paar Kosakenoffiziere an der Kupferglocke läuten.

Im Hotel lag deftige Mettwurst auf unserem Tisch. Für japanische Verhältnisse im Jahr 1938 war das eine Besonderheit. Es gab damals eigentlich nur in Tokyo, Kobe und Osaka Geschäfte, in denen man Fleischwaren nach unserem Geschmack kaufen konnte. An dieser schmackhaften Wurst hing ein Etikett, das in japanischer, polnischer und deutscher Sprache den »Metzgermeister Anton Nürnberger« empfahl, wohnhaft in Toyohara. Selbstverständlich war er Shigurosan bestens bekannt. Nachdem wir von der Stadt gesehen hatten, was an einem halben Tage möglich war, führte uns Shiguro zur genannten Metzgerei. Sie lag etwas außerhalb der Stadt, nicht weit vom Rand der ewigen Wälder. Anton Nürnberger, ein hochgewachsener Mann mit blondem Haar und etwa vierzig Jahre alt, fiel aus allen Wolken, als er nach langer Zeit wieder seine Muttersprache vernahm. Er war Sudetendeutscher aus Karlsbad, hatte in seiner Jugend irgendwie den Weg nach Tokyo gefunden, dort in einem Hotel gearbeitet und dann zufällig gehört, daß im japanischen Teil von Sachalin ehemalige Polen lebten, die Viehzucht betrieben und Schweine hielten. Für den gelernten Metzgermeister gab es dort gewiß eine gute Möglichkeit, wieder im eigenen Beruf zu arbeiten. Seine Ersparnisse zusammenraffend, hatte sich Anton Nürnberger nach Toyohara begeben, und seine Rechnung war aufgegangen. Die Zahl der Ausländer in Japan, die Nürnberger mit seinen Würsten, Schinken und sonstigen Fleischwaren belieferte, stieg von Monat zu Monat. Dem Geschäft stand noch eine weitere Ausdehnung bevor. Anton hatte die Tochter einer hier schon lange ansässigen polnischen Familie geheiratet, mit der er sich nur auf japanisch unterhalten konnte. Ein Sohn von sechs Jahren war aus der Ehe hervorgegangen.

Nürnberger schloß sein Geschäft, um an unserer Seite zu bleiben, solange wir in Toyohara waren. So machten wir auch die Bekanntschaft seiner polnischen Schwiegerfamilie, wo ein Greis von nahezu neunzig Jahren erzählte, wie er als junger Mann in Ketten durch Sibirien nach Sachalin geschleppt wurde. Er zeigte uns den Platz, wo man nach einem Aufstand der Sträflinge am gleichen Tage 400 Menschen erschossen hatte. Der uralte Mann führte uns zu einem kleinen Blockhaus, das sich Józef Pilsudski, später polnischer Marschall und Regierungschef, als politischer Verbannter des Zarenregimes mit eigener Hand aus den verkohlten Balken einer verbrannten Kirche gebaut hatte*. Pilsudskis Bruder war in Sachalin geblieben, hatte eine Frau aus dem Ainuvolk geheiratet und lebte noch jetzt irgendwo im Lande.

Auch Nürnberger sagte, daß jeder Schritt eines Ausländers in Sachalin von Agenten der Geheimpolizei überwacht wurde. Ihn störte das schon lange nicht mehr. Hatten die Beamten schließlich erkannt, wer nach ihrer Lesart ein braver und biederer Mensch war, so enthüllte auch der Geheimdienst freundliche Seiten. Die Beob-

---

* Józef Pilsudski, 1865 bis 1935, vertrieb als Oberbefehlshaber der damals neuen polnischen Armee in den Jahren 1918/1920 die Sowjettruppen aus Polen und begründete die Republik Polen.

achtung wurde zwar fortgeführt, doch sie verlief ohne Belästigung. Von Zeit zu Zeit erhielt man den höflichen Besuch eines Beamten, der sich nach dem Wohlergehen der Familie erkundigte. Dabei wurden Tee und Gebäck gereicht, und man saß recht gemütlich beisammen.

»Ärger hab' ich nur mit den Bären«, sagte der Metzgermeister, »sie wittern das Fleisch in den Schuppen und haben schon mehrmals die Türen aufgebrochen. Man darf draußen gar nichts liegen lassen, woran nur ein Tropfen Tierblut klebt, sonst sind die Kerle gleich da!«

Eine Schußwaffe durfte er nicht führen, und Fallen wären auch für Menschen gefährlich gewesen. Die Bären schienen es zu wissen und waren so frech, daß sie auch bei hellem Mondlicht kamen. Die Hauptstadt von Karafuto war ein Fremdkörper inmitten der noch ursprünglich gebliebenen Natur*.

Wir besuchten noch einen anderen Volksdeutschen, einen von der Wolga. Er hieß Senff, den Vornamen habe ich leider vergessen. Auch er war eines von den vielen Opfern der stalinistischen Verfolgung gewesen, aber ein noch relativ glückliches Opfer. Während man die meisten seiner Schicksalsgenossen auf die eine oder andere Weise liquidiert hatte, wurde Senff zu zwanzigjähriger Verbannung in Ostsibirien verurteilt. Die beiden Söhne mußten den Vater begleiten. Sie hatten sich schon im ersten Jahr ein Floß gebaut und von der Strömung drei Tage lang nach Südsachalin treiben lassen. Von den Japanern erst zögernd, aber dann hilfsbereit aufgenommen, besaß nun der Vater Senff eine Silberfuchszucht, während sich die Söhne ihr Geld als LKW-Fahrer verdienten.

»Das sind Schicksale, wie's viele gibt«, meinte Nürnberger, »man könnte ein dickes Buch darüber schreiben, aber noch keiner hat sich die Mühe gemacht.«

Von dem ›Café Prince‹ hatten wir schon Gerüchte vernommen. Es war angeblich die schlimmste Lasterhöhle im ganzen Land. Nürnberger war gerne bereit, unseren Schutz vor den Gefahren des Etablissements zu übernehmen. Recht sonderbar sah es darin aus, denn

---

* Unter dem Namen Jushno-Sachalinsk ist Toyohara heute die Hauptstadt von ganz Sachalin.

japanische Handwerker hatten das ›Café Prince‹ ohne jedes herkömmliche Maß in verwirrend westlichem Stil eingerichtet. Steil wie Hühnerleitern waren die Treppen, und so gewunden, als seien sie für Schlangen gedacht. In zwanzig verschnörkelten Eckchen standen auf jeweils einem Bein wacklige Tische, die dem Gast bis zur Nase reichten. Während man in den Sofas praktisch auf dem Boden saß, waren die Stühle dagegen nur mit kühnem Schwung zu erklimmen. Vom sündhaften Betragen der Gäste oder des weiblichen Personals konnten wir nichts bemerken. Was hinter geschlossenen Türen geschah, mochte eine andere Sache sein, doch wurde darüber nicht gesprochen. Eine auffallende Besonderheit des sogenannten Cafés waren lediglich zwei Geisha in traditioneller Tracht, doch mit blondem Haar und hellen Augen. Aber besonders verderbt sahen auch sie nicht aus.

Anderentags trug mir Anton Nürnberger eine Bitte vor, die ihm schon lange am Herz gelegen hatte. Als Sudetendeutscher besaß er einen längst abgelaufenen tschechischen Paß. Er wünschte sich stattdessen die Staatsangehörigkeit des Deutschen Reiches, denn nur infolge der nach dem Ersten Weltkrieg neu entstandenen Grenzen war er Bürger der Tschechoslowakei geworden. An seiner deutschen Abstammung, Bildung und Sprache bestand nicht der geringste Zweifel.

So war es für mich eine selbstverständliche Pflicht, ihm beim Erwerb der gewünschten Staatsangehörigkeit zu helfen. Keine drei Monate vergingen, da bekam er schon seinen deutschen Paß. Doch sieben Jahre später war das sehr zu bedauern. Als ich bei Ende des Krieges als deutscher Konsul in Mailand von den Amerikanern in das Internierungslager ›Hohenasperg‹ eingeliefert wurde, zählte zu meinen Leidensgenossen auch Anton Nürnberger. Er hatte seinerzeit Toyohara verlassen, um in Tokyo eine Metzgerei mit Restaurant zu eröffnen. Sein Geschäft war den Bomben und Bränden entgangen, aber dann von der amerikanischen Militärregierung in Japan als feindliches Eigentum konfisziert worden. Die aller Mittel entblößte Familie hatte man ins besetzte Deutschland abgeschoben und den völlig schuldlosen Nürnberger dort in ein Lager gesteckt. Hätte er damals nicht durch meine Vermittlung einen deutschen Paß bekommen, wäre ihm das alles erspart geblieben. Aber dem tüchtigen Mann ist es dann gelungen, sich wieder hochzuarbeiten.

Doch zurück nach Karafuto und in das Jahr 1938. Am folgenden Tag bestiegen wir mit unserem treuen Begleiter Shiguro die Schmalspurbahn nach Norden. Der Lokomotive des Zuges fuhr noch eine zweite voran, die einen gewaltigen Wirbel weißer Flocken von den Schienen schleuderte. Der Schnee lag so hoch, daß wir aufstehen mußten, um gelegentlich etwas von der Landschaft zu sehen. Wir hielten an kleinen, tiefverschneiten Orten, die fast nur aus roh gezimmerten Blockhütten bestanden. Hin und wieder war das eisbedeckte Meer zu erkennen. Sonst endlose Wälder ohne Unterbrechung, auch ohne eine Spur menschlicher Besiedlung. In dem langsam dahinratternden Zug herrschte glühende Hitze, draußen dagegen grimmige Kälte. Nur durch ständiges Reiben am Fenster konnten wir uns Gucklöcher offenhalten. Birken, Fichten, Weiden und Erlen glitten vorbei. Das subarktische Klima machte sich allmählich geltend. Die Wälder wurden lockerer und hatten breite Lücken. Vermutlich gab es dort im Sommer feuchte Wiesen und grundlose Sümpfe. Die 400 Kilometer lange Bahnlinie führte bis nach Shikuto. Zwischen diesem Endpunkt des Schienenstranges und der sowjetischen Grenze lagen noch weitere 100 Kilometer.

Wir verließen die Bimmelbahn bereits in Kuroi, nach einer gemütlichen Fahrt von etwa zehn Stunden. Herr Shiguro hatte diese Ortschaft für einen Aufenthalt von zwei Tagen gewählt, weil dort mehr als hundert Ainu in geschlossener Gemeinschaft lebten. Hier wurde uns Gelegenheit gegeben, die Ureinwohner Sachalins zu besuchen. Der japanische Lehrer war informiert, bei ihm fanden wir gastfreie, wenn auch sehr bescheidene Unterkunft. Zum Eingang des Hauses, von dem nur der Schornstein über die Schneemassen ragte, führte eine steile Treppe hinab. Drinnen brannte Petroleumlicht auch während des Tages. Das Freischaufeln der Fenster hätte gar nichts genützt, weil ewig wehender Wind den Schnee schon bald wieder herbeitrug.

Die Ainu gehören zu den seltsamsten Völkern der Welt, und bisher waren alle Bemühungen vergeblich, ihre Herkunft oder Verwandtschaft mit anderen Menschenrassen zu bestimmen. Zwar leben die letzten Reste des Ainuvolkes auf den fernsten Inseln Ostasiens, sind aber keine Mongolen. Die Ainu haben große, stark ausgeprägte Nasen, runde und oft sogar helle Augen, dunkelblondes bis schwarzbraunes Haar, und bei den alten Männern fallen die Bärte bis zur Leibesmitte hinab. Auf der Insel Hokkaido, wo ich sie mehrfach besucht habe, sind die Ainu stark mit Japanern vermischt und haben zum größten Teil ihre ursprünglichen Stammessitten verloren. Als ich 1970 wieder in den drei Ainudörfern Hokkaidos war, wurde die Zahl unvermischter, also wirklich echter Ainu nur noch auf knapp 250 geschätzt. Heute sind die Reste der rasch verschwindenden Rasse eine Attraktion für Touristen. Sie treten für Geld als Darsteller von Reigentänzen in ihren alten Kostümen auf*. Über das heutige Leben der Ainu im sowjetischen Sachalin und auf den ebenfalls von der Sowjetunion annektierten Kurileninseln ist nichts bekannt. Dort betrug ihre Zahl am Ende der japanischen Zeit etwa 1200. Es soll außerdem noch ein Restbestand der Ainu auf der Halbinsel Kamtschatka existieren.

Nach Ansicht des Professors Kodoma in Saporro, wohl dem besten Kenner des eigenartigen Volkes, stammen die Ainu aus dem nordöstlichen Europa und dürften Indogermanen sein. Man nimmt an, daß sie in prähistorischer Zeit durch andere Völkerschaften aus ihrem Stammland verdrängt wurden. Während vieler Jahrhunderte wanderten die Ainu viele tausend Kilometer weit nach Osten, aber nirgendwo fanden sie leeren Raum, um zu bleiben. Mongolische Stämme, denen sie nicht standhalten konnten, trieben das Volk vermutlich an der Waldgrenze entlang durch ganz Sibirien. So erreichten sie schließlich Kamtschatka, Sachalin, die Kurilen und die japanischen Inseln. Sie besiedelten das wahrscheinlich noch menschenleere Land bis in die Gegend des heutigen Tokyo, sogar bis hinunter nach Kyoto, Kobe und Osaka. Manche geographische Namen, die sich bis jetzt erhielten, liefern dafür den Beweis. Der heilige Berg Fuji bedeutet »Feuer« in der Ainusprache, und er war ja bis noch vor zweihundert Jahren ein tätiger Vulkan. Die aus dem Süden vordringenden Japaner haben in unbestimmter Vorzeit die Ainu all-

---

* Näheres darüber in meinem Buch »Wunder der Aufgehenden Sonne«, ebenfalls erschienen im Bertelsmann-Verlag.

mählich wieder nach Norden abgedrängt. Dabei ist wohl der größte Teil des vielgeplagten Volkes zugrunde gegangen oder hat durch Vermischung seine rassischen Merkmale verloren. Erst im 16. Jahrhundert wurden auch die Ainu in Hokkaido unterworfen, danach bis auf geringe Reste ausgelöscht. Im japanischen Teil von Sachalin waren zur Zeit unseres Besuches noch ungefähr 800 Ainu übriggeblieben. Bei ihnen hatte sich der Glaube an Naturgeister erhalten, teilweise auch die Sitten, Trachten und Lebensgewohnheiten ihrer Vorfahren.

Wir sollten uns gut mit Saké versehen, riet der Lehrer des Ortes, denn scharfe Getränke liebten die Ainu über alles. Herr Shiguro erklärte, wie sehr die japanische Verwaltung bemüht sei, den Bildungsstand der Ureinwohner zu heben. Aber leider wollten sie ihre verschiedenen Laster nicht aufgeben, wie beispielsweise das grausame Töten der zu diesem Zweck erst liebevoll aufgezogenen Jungbären. Sie glaubten, die Seele des rituell ermordeten Tieres würde ihre Wünsche zu den Himmelsgeistern emportragen. Ohne diese Bärenopfer keine glückliche Jagd, ohne andere Opfer kein Fischfang an der Küste und in den Flüssen. Nur ungern befolgten die Ainu gutgemeinte Ratschläge der Regierungsstellen. Statt dessen befragten sie ihre Geister.

Die niedere Hütte einer Ainufamilie, in die wir geführt wurden, war aus unbehauenen Stämmen zusammengefügt, die Lücken mit Moos, Blättern und Bast abgedichtet. Zunächst konnten wir wegen des wallenden Rauches von den Menschen und ihrer Einrichtung gar nichts sehen. Als Beleuchtung diente allein das glimmende Feuer am Boden. Es war von Felsbrocken eingefaßt, und darüber hing an einem Schwenkbalken der riesige, rußige Eisenkessel. Was darin brodelte, haben wir nicht erfahren. Dem Geruch nach war es vermutlich ein Gemisch von Fisch, Fleisch und Gemüse.

Als sich unsere Augen an das Dämmerlicht gewöhnt hatten, erblickten wir einen alten Mann mit langem, schlohweißem Bart, zwei ältere Frauen sowie mehrere jüngere Personen und einige Kinder. Das kleinste schwebte in einer Wiege aus Tierfellen unter dem Dach. Die betagte Generation trug noch die alte Tracht, den sogenannten Atsushi. Er hat Ähnlichkeit mit dem japanischen Kimono, aber das

Material besteht aus fadendünnen Streifen von Ulmenbast. An einem Atsushi weben und arbeiten die Frauen etwa drei Monate lang*. Bemerkenswert sind vor allem die auf Stoffstreifen gestickten Muster in blauer, weißer und roter Farbe. Nur bei den Ainu habe ich diese eigenartigen unverkennbaren Muster gesehen. Sie finden sich auf allen traditionellen Kleidungsstücken, Geräten, Geschirren und Waffen. Die jungen Leute trugen billigste Konfektion, dazu Strohsandalen für drinnen und Gummistiefel für draußen. Zur Winterjagd im Wald und zum Fischfang auf dem Eis dienten schwere Pelzmäntel und hüfthohe Stiefel aus Robbenfell.

Die eine Hälfte der Hütte hatte Bretterboden, mit Decken und Fellen ausgelegt. Das war der eigentliche Wohnraum und auch Schlafraum der Familie. Die Hausarbeit wurde von den Frauen im übrigen Teil des Raumes erledigt. Dort flackerte das Feuer, dort standen ein paar Truhen, der Webstuhl, ein Hackblock und das Kistenklosett. An den vier Wänden hingen Fallen, Fischnetze, dreizackige Fischspeere, Fellmäntel, Regenmäntel, Schöpfkellen und rostige Gewehre aus dem vorigen Jahrhundert. Alles in allem ein Durcheinander von alt und neu, von japanischen Gegenständen und Überbleibseln der Vergangenheit.

Die Kinder und die jungen Leute verstanden Japanisch, die älteren nur ihre eigene Sprache. Wir erklärten unsere Herkunft, aber von Deutschen hatte man noch nie etwas gehört. Wir waren ›Gaijin‹, also Fremde, und das genügte: Die Männer empfingen die Sakéflaschen mit dem Ausdruck heller Freude. Nicht nur die Kinder, sondern auch alte Frauen waren entzückt von den Süßigkeiten. Wir wurden mit Tee bewirtet, in den man Kräuter des Waldes gemischt hatte. Es schmeckte gar nicht schlecht. Die Unterhaltung, vor allem mit den älteren Leuten, war nicht sehr ergiebig, schon wegen der schwierigen Dolmetscherei. Sie hatten zwar einen Häuptling, aber dem folgten sie nur, wenn er »gute« Anordnungen traf. Außerdem gab es einen Sprecher für alle Ainu in Karafuto. Den hatten die

---

* Heutiger Preis für einen echten Atsushi der Ainu in Hokkaido ca. 1000 DM. Meines Wissens gibt es nur noch drei alte Frauen, die solche Kleider herstellen. Ihrer mühsamen Arbeit habe ich in der Nähe von Noboribetsu zugeschaut.

Japaner bestimmt, doch er stammte aus einer Häuptlingsfamilie. Dann waren noch heilkundige Leute vorhanden, die sich nach altem Ainubrauch bemühten, die bösen Geister aus den Kranken zu vertreiben. Wenn es ihnen nicht gelang, holte man einen japanischen Arzt zu Hilfe.

Die Familie besaß einen Bären, der draußen in einem Käfig aus armdicken Fichtenstämmen gehalten wurde. Man hatte die Mutter erschossen, als das Kleine erst wenige Wochen alt war. Von den Frauen mit freundlicher Fürsorge aufgezogen und jetzt etwa halbjährig, war der Braunbär so an Menschen gewöhnt, daß man ihn herauslassen und an einer langen Eisenkette herumführen konnte. Das Tier wurde gehegt, gepflegt und geliebt, war aber dennoch – oder vielleicht gerade deswegen – als Opfer bei dem nächsten Fest vorgesehen. Die Schädel seiner Vorgänger hatte man auf Pfähle gesteckt und mit flatternden Bändern geschmückt. Sieben solcher Relikte standen beisammen, ein Sinnbild des Glaubens an die Geister von Wind, Wasser und Erde.

Es lebten noch vier andere Braunbären im Dorf. Die Pfähle mit den gelbweißen Schädeln sahen wir hinter jedem zweiten oder dritten Haus. Das kann nur sein, wo die Bären im Hinterland sehr zahlreich sind. Die Hunde der Ainu spüren sie auf und rufen durch ihr Gebell die Jäger herbei. Von den Hunden umstellt, die geschickt angreifen und zurückweichen, kann der Bär nicht entkommen. Dann genügt auch ein Vorderlader, der schon Museumswert besitzt, um das Tier auf kurze Distanz zu erlegen. Sogar mit Speeren und Pfeilen ist das möglich.

Der Fischfang hört auch im kältesten Winter nicht auf. Wir stiegen über das hohe Packeis am Strand und gingen hinaus auf das meterdick zugefrorene Meer, um die Ainu beim Eisfischen zu sehen. Sie hatten in mühsamer Arbeit sechs oder sieben Löcher von etwa einem halben Meter Breite durchs Eis gehackt. Vor jedem saß eine vermummte Gestalt auf zusammengehäuften Pelzen und hielt in den Handschuhen eine Angelschnur. Das einfallende Licht lockte die Fische zu den Löchern. Mit pausenlosen ruckartigen Bewegungen wurde die Leine gehoben und gesenkt. Das hielt den Haken mit dem Köder in raschen Zuckungen. Hatte ein Fisch angebissen, riß ihn der

Angler sofort ans Tageslicht. Der Fang war sehr ergiebig. Rings um jedes Loch lagen mindestens ein Dutzend Fische, darunter auch Lachse von ansehnlicher Größe.

»Das Eisfischen ist Sache der Frauen«, erklärte uns der Lehrer von Kuroi, »aber die Löcher werden von den Männern gehackt.«

»Dann könnten sie ja auch die Leinen bewegen?«

»Nein, das wollen die Männer nicht. Es ist zu kalt auf dem Eis, wenn man viele Stunden lang sitzen muß.«

Der nächste Tag sah uns wieder im schnaufenden Zug nach Norden. Jetzt hatte das Bähnchen nur einen Personenwagen und fuhr noch langsamer als zuvor. Die Kette der Güterwagen schien eine schwere Belastung zu sein. Vermutlich war militärisches Material für die Grenztruppen unter den Planen verborgen. Das landschaftliche Bild änderte sich kaum. Die geschlossene Eisdecke zur Rechten, die lockeren Wälder zur Linken. Der Schnee war oft zu Hügeln angeweht, die alle Sicht versperrten.

Stationen, an denen wir ohne besonderen Grund bis zu einer halben Stunde hielten, bestanden nur aus wenigen, unter Schnee begrabenen Hütten. Der Bahnhofsvorsteher verkaufte heißen Tee, gekochten Reis und geräucherte Lachse zu unglaublich billigen Preisen.

Bei der vorletzten Station, deren Namen ich vergessen habe, stiegen wir aus. Shiguro-san hatte uns schon vorher gesagt, daß sich hier ein Winterlager der Giljaken befand. Unser Schlafraum war diesmal eine Abstellkammer im sehr bescheidenen Stationsgebäude. Man hatte eigens für uns Feldbetten herangeschafft und einen Stapel Wolldecken darauf geworfen. Wir wären sonst in dem ungeheizten Raum erfroren. Während der Nacht pfiff eiskalter Wind durch die Ritzen. Am Morgen hatte sich unser Atem als Eisschicht auf der Decke niedergeschlagen. Von dem Bahnhofsvorsteher erhielten wir Mäntel, mit Schafsfell gefüttert, die bis zum Boden reichten. Dazu eine Pelzkapuze, hohe Schaftstiefel und armlange Fausthandschuhe. Nur in der Verkleidung von Polarforschern konnte man für längere Zeit das Haus verlassen.

Die Giljaken sind Nomaden. Nur die alten Leute und Frauen mit kleinen Kindern bleiben während des Winters in festen Wohnplätzen. Sonst wandern sie mit ihren Rentierherden durch das weite Land.

Hier an der Küste hatten sich die Giljaken primitive Blockhütten gebaut, deren schmale Fenster nur teilweise verglast waren. Die übrigen hatte man mit abgeschabten Tierhäuten bespannt. Drinnen stank es fürchterlich. Kinder und junge Hunde krochen über den feuchten Boden. Frauen drängten sich um die Feuerstellen. Alte Männer schnarchten auf schmutzigen Fellen. Der niedere, völlig verrußte Raum war so vollgestopft, daß man sich kaum rühren konnte. Die Bewohner sahen aus wie Eskimo. Sie hatten runde, fettglänzende Gesichter, platte Nasen, geschlitzte Augen, strähnig schwarzes Haar und breite Lippen. Alle waren kleiner als der menschliche Durchschnitt, aber stämmig und wohlgenährt. Sie lachten bei unserem Anblick über das ganze Gesicht, und ein paar von den Alten streckten die Zunge hervor.

»Eine Form der Begrüßung«, erklärte Shiguro-san, »bitte haben Sie dafür Verständnis.«

Lange konnten wir es in dieser üblen Luft nicht aushalten. Eine Verständigung war kaum möglich, weil die Giljaken nur wenige Brocken der japanischen Sprache beherrschten. Im Vergleich mit ihnen waren die Ainu als kultiviert und fortschrittlich anzusehen. Doch man soll bei Naturvölkern nicht unsere Maßstäbe anlegen. Selbst Shiguro, der alles von der hohen Warte eines Japaners beurteilte, fand Gründe der Entschuldigung für die so weit zurückgebliebenen Giljaken. Die seien eben ein Wandervolk und könnten nichts dafür. Wir sahen auch nicht die besten Leute hier in der Hütte, sondern die schwachen, alten und kränklichen Vertreter ihrer Rasse. Das Winterquartier bei dem japanischen Fischerdorf war eine relativ neue Einrichtung. Sonst entsprach es nicht den Gewohnheiten der Giljaken, daß sie in unmittelbarer Nähe einer für sie so fremden Gesellschaft lebten. Die Mehrheit des kleinen Volkes, alles in allem knapp fünfhundert Menschen, zog es vor, unter sich zu bleiben. Die anderen Familien besaßen irgendwo an der Küste ihr eigenes Winterlager. Das bestand nicht aus Holzhütten, sondern aus Zelten, um die Erdhügel aufgeschüttet waren. Weil die Zelte doppelte Wände hatten, aus Rentierfellen zusammengenäht, und weil stets ein Feuer darin brannte, blieben sie auch im strengsten Winter so warm wie ein Blockhaus.

Die Jagd, der Fischfang, auch das Sammeln von eßbaren Kräutern, Beeren und Pilzen hatten beim Nahrungserwerb der Giljaken aber nur relativ geringe Bedeutung. Wir sahen zwar einen Mann, der sein Fischnetz durch ein Loch im Eis schob, aber es geschah auf wenig geschickte Weise. Auf gleiche Art wie früher bei den Lappen in Schweden, Norwegen und Finnland war auch für die Giljaken von Sachalin das Rentier der Lieferant für fast alle Bedürfnisse. Kleider, Stiefel, Zelte und Decken wurden aus Rentierfell hergestellt. Aus Rentierleder bestanden ihre Gürtel, Riemen, Fischnetze und Fischleinen. Von den geschlachteten Rentieren wurde so gut wie alles verzehrt und die Eingeweide den Hunden vorgeworfen. Rentiere zogen die Schlitten, schleppten Lasten und wurden sogar als Reittiere benützt.

»Es ist nicht mehr alles wie in der alten Zeit«, erklärte Shigurosan, »denn sie fangen jetzt auch Pelztiere für den Verkauf und liefern Rentierfelle an japanische Händler. Sie haben daher Geld und können neumodische Sachen erwerben. Übrigens habe ich für Sie eine Schlittenfahrt bestellt... falls Ihnen die Kälte nichts ausmacht.«

Jene drei Giljaken, die uns draußen in Pelze gehüllt erwarteten, hatten vor die beiden schmalen, langen Holzschlitten auf breiten Kufen sechs Rentiere gespannt, eines hinter dem anderen. Das Tier an der Spitze, das stärkste und stämmigste, trug eine Kupferglocke. Schon die wallende weiße Mähne am Hals und das weitausladende Geweih ließen erkennen, daß diesem Rentier eine führende Stellung zukam. Wir nahmen Platz in den Schlitten und wurden wie Pakete in Pelzdecken eingeschnürt. Der Kutscher saß vorne, dahinter ich und am Ende Freund Schaefer. Die beiden anderen Männer folgten im zweiten Schlitten. Herr Shiguro blieb zurück.

Der Schnee trug eine körnige Eiskruste, und mit kratzendem Geräusch glitt der Schlitten darüber. Kaum hatte die Fahrt begonnen, war von der Ortschaft und der Bahnlinie nichts mehr zu sehen. In den wilden Wald ging es hinein, vorbei an tiefverschneiten Fichten und Tannen, sanft geneigte Hügel hinauf und in flache Täler hinunter. Ich nehme an, daß wir Flüsse, Bäche und vielleicht sumpfige Niederungen überquerten. Aber die meterhohe Schneedecke verbarg alle Konturen des Bodens. Die schwerste Arbeit hatte das führende Rentier zu leisten. Es mußte mit seiner breiten Brust die Schneewehen durchstoßen, und in seine Stapfen setzten die anderen Zugtiere ihre Hufe. Zwar lief über die sechs Rücken eine lange Lederleine bis zum ersten Tier, aber es wurde meist durch Zurufe gelenkt, denen es willig folgte. Wie es am besten den Hindernissen auswich oder im Gestrüpp leichtes Durchkommen fand, blieb dem erfahrenen Rentier überlassen. Zum ersten Mal hörte ich jenes seltsame Geräusch, das laufende Rentiere mit ihren Fußgelenken erzeugen. Es ist ein metallisch klingendes Knacken, so als hätte sich beim Auto eine Radmutter gelöst und würde in der Schutzkappe herumgewirbelt. Laufende Rentiere sind deshalb auf weite Entfernungen zu hören. Dazu kam bei uns noch das Gebimmel der beiden Glocken.

Niemand hatte uns gesagt, wohin die Reise ging und wie lange sie dauern sollte. Darüber machten wir uns keine Gedanken, denn unvergeßlich war dieses Erlebnis auf jeden Fall. Ein Wintermärchen der Wildnis, ein Ausflug ins Unbekannte mit den Ureinwohnern Sachalins. Nirgendwo eine Spur von anderen Menschen oder Schlitten. Der Himmel war verhangen, und es herrschte strengste Kälte. Meine Füße begannen zu frieren, obwohl sie in drei Paar Wollstrümpfen und Pelzstiefeln steckten. Es gab in dem engen Schlitten keinen Platz, sie zu bewegen. Beim Überfahren eines Hügels sahen wir in der Ferne die gewölbten Rücken des Kamysherygebirges. Den Angaben der Karte zufolge steigt es nur bis auf 1400 Meter an, durchzieht aber die ganze Insel von der nördlichen bis zur südlichen Spitze. Wir überquerten die Fährte von Hasen, Füchsen und wilden Rentieren. Aber nirgendwo hielten wir an. Unsere Tiere bewegten sich in gemäßigtem Trab, der ihnen offenbar keine Mühe machte.

Mit plötzlichem Ruck stand der Schlitten, und wir rollten hinaus. Es war nicht weiter schlimm, die drei Giljaken rollten uns wieder hinein. Zur Erklärung des kleinen Mißgeschicks zeigten sie auf frische Fährten im Schnee. Wölfe waren hier gezogen, ein starkes Wolfsrudel auf der Suche nach Beute. Unsere Rentiere hatten die

Witterung ihrer Todfeinde gespürt und vor Schreck abrupt gehalten. Sie wurden mit einem Singsang giljakischer Worte beruhigt, und weiter ging die Fahrt nach Westen.

Rauch stieg aus einem Wäldchen. Mehr als hundert Rentiere standen beisammen, von struppigen Hunden bewacht. Die knurrten und kläfften, als wir kamen. So wurden die Menschen in dem halbverschneiten Kugelzelt rechtzeitig gewarnt. Ich glaube, es waren nahe Verwandte unserer Giljaken, weil der Besuch wie selbstverständlich erschien. Wir Fremden erregten kein besonderes Aufsehen. Wahrscheinlich hielt man uns für polnische Japaner, die gelegentlich als Pelzhändler im Hinterland auftauchten. Wir wurden in das Wohnzelt gebeten und durften uns am Feuer wärmen. Die Luft war erträglich, weil der Rauch und die Gerüche durch einen Schlitz im Zeltgewölbe davonzogen. Der Bau hatte nicht die konische Form eines indianischen Wigwams oder eine Lappenkota, sondern war aus biegsamen Birkenstämmen gebildet. Sie ergaben ein Tonnengewölbe, worin kleine Leute gerade noch stehen konnten. Wie in den Blockhütten am Meer waren auch hier alle Wände mit einem Sammelsurium von Geräten, Kleidern, Waffen, Fellen und Fallen behängt. Die Unterhaltung mit den Bewohnern beschränkte sich auf gegenseitiges Grinsen. Nur zwei Buben grüßten durch Herausstrecken der Zunge, während sich die Erwachsenen schmatzend über die Lippen fuhren. Es war gewiß die Aufforderung, sie mit Feuerwasser zu beschenken. Aber leider hatten wir dafür keine Vorsorge getroffen. Dennoch wurde uns grüngraues Gebräu aus einem Teekessel angeboten, das wir der Höflichkeit halber nicht verschmähten. Um was es sich handelte, blieb ungewiß. Doch später habe ich gelesen, daß die Tungusen in Sibirien, ein den Giljaken sehr ähnliches Volk, eine Art von Tee aus Tannennadeln herstellen*. Das hätte es sein können, schon wegen des überaus bitteren Geschmacks. Wenn auch Fettaugen darin schwammen, mußte man sie wohl dem Schmutz in dem Blechgeschirr zuschreiben. Zwar be-

---

* »Tannentee« ist ein vorzügliches Mittel gegen Skorbut. Leider wurde das von den Entdeckern, Waldläufern und weißen Siedlern in nordischen Breitengraden zu spät erkannt. Sie starben in den langen Wintern an Vitaminmangel, ohne zu ahnen, daß ein sicheres Heilmittel in Massen und Mengen von den Zweigen hing.

herrschte Freund Schaefer die japanische Sprache so gut wie perfekt, aber von den Giljaken konnte ihn keiner verstehen. Sie zogen es vor, sich lebhaft mit den eigenen Verwandten zu unterhalten. Das Gespräch wurde allein von den Männern geführt, während die Frauen an frisch erbeuteten Fellen schabten oder auf gebeugten Rücken schwere Lasten von Brennholz herbeischleppten.

Nach einer Stunde oder zwei gaben unsere Giljaken das Zeichen zum Aufbruch. Sie wählten aus Gründen, die unklar blieben, einen anderen Weg für die Rückreise. Dabei folgten uns zwei Hunde aus dem Zeltlager, als sei das ihre selbstverständliche Pflicht.

Es war noch kälter geworden. Ich fror von den Zehen bis zu den Knien und von den Fingern bis zu den Ellbogen. Um das Gesicht hatte ich einen Wollschal gewickelt, der nur die Augen frei ließ. Der heiße Atem unserer Rentiere wehte wie Dampfwolken in der eisigen Luft. Ihre flinken, knackenden Hufe verursachten ein Schneegestöber, das beide Schlittengespanne umhüllte. Niemals berührten die Geweihe einen herabhängenden Ast. Wir aber konnten nicht immer rechtzeitig ausweichen, und so rutschte jedesmal eine Schneelast auf uns herunter.

Das Tageslicht war schon schwächer geworden, als plötzlich die beiden Hunde weit nach vorne eilten und aufgeregt kläfften. Sofort hielten die Gespanne. Die Giljaken sprangen hinaus und stapften so rasch wie möglich zu den Hunden. Irgend etwas am Boden schien im höchsten Grad ihre Aufmerksamkeit zu erregen. Auch wir mußten das sehen, schälten uns aus der Verschnürung, hatten aber Mühe, die steifen Glieder zu bewegen. Der Grund für das überraschende Anhalten waren weder Wölfe noch Bären, sondern menschliche Spuren. Sie bestanden aus den Abdrücken von Schneereifen. Ich schätze, daß sich etwa ein halbes Dutzend Personen durch die Einsamkeit bewegt hatte. Erst vor kurzer Zeit, bestimmt am selben Tag, denn die Ränder waren noch scharf markiert. Was schien daran so besonders zu sein, weshalb diese Aufregung?

Die Giljaken gehören zu den Ureinwohnern der großen Insel Sachalin vor der sibirischen Ostküste. Der Mann hat eine Öffnung ins meterdicke Eis geschlagen und stopft sein Fischnetz hindurch.

Unsere Giljaken beugten sich tief hinab, zogen den Eindruck mit bloßen Fingern nach und redeten in schrillen Tönen durcheinander. Ihrem Verhalten nach waren sie ebenso empört wie besorgt.

»Vielleicht eine sowjetische Patrouille«, mutmaßte Schaefer. »Womöglich sind wir ahnungslos über die heiße Grenze gefahren ... gar nicht auszudenken, was passiert, wenn die uns erwischen!«

Zwei Beamte der Deutschen Botschaft heimlich im Machtbereich der Sowjetunion, das konnte einen diplomatischen Zwischenfall bedeuten. Nur weg von hier, so schnell es ging.

»Wenn aber die Patrouille in japanisches Gebiet eingedrungen ist ...«, fuhr Schaefer fort, »man wird uns auf der Stelle massakrieren, damit kein Zeuge am Leben bleibt!«

Dieses oder ein ähnliches Unheil ahnten wohl auch die Giljaken, denn sie drängten zur schleunigen Flucht. Kaum waren wir in die Schlitten gekrochen, wurden die Rentiere zu höchster Eile angetrieben. Wir zitterten nicht nur vor Kälte, sondern ebenso aus Angst, schon in der nächsten Minute peitschende Schüsse zu hören. Im Dämmerlicht des Waldes war das eine unheimliche Fahrt. Wenn sich die Giljaken verirrten ... wenn sie uns gar an die Sowjets auslieferten ... in geheimer Verbindung mit ihnen standen ... alles konnte möglich sein in diesem wilden Land!

Vorne ein paar Lichter, dann die vertraute Bahnstation. Schon eilte Shiguro-san zur Begrüßung herbei.

Wir überfielen ihn gleich mit besorgten Fragen.

»Aber nein, es war nichts zu befürchten! Die Grenze liegt hundert Kilometer weit im Norden ...«

»Aber warum hatten die Giljaken solche Angst ...?«

Shiguro-san lächelte nach japanischer Art.

»Die haben sich nur über die Orok geärgert. Nach altem Brauch sollen die Orok nicht durchs Jagdgebiet der Giljaken wandern. Da gibt es ungeschriebene Gesetze – und die wurden heute mal wieder verletzt. Deshalb die Aufregung ... mit Ihnen hat das gar nichts zu tun.«

Skógafoss, einer der schönsten von den vielen Wasserfällen auf Island.

Das war beruhigend, und wir lachten über das kleine Abenteuer. Wie es scheint, hatten die einst mit großer Erbitterung ausgetragenen Stammeskämpfe am Ende dazu geführt, daß die Orok im ungestörten Besitz der Berge und Täler blieben, während die Giljaken das Land zwischen der Küste und den ansteigenden Höhen durchzogen. Aber nicht immer hielten sich die beiden Nomadenvölker an das stillschweigende Abkommen. Sie sollten sich lieber vertragen wie vernünftige Menschen, meinte Shiguro, denn es gab doch wirklich Platz genug in der weiten Wildnis. Für etwa 600 Giljaken und kaum mehr als 500 Orok standen annähernd 50000 Quadratkilometer zur Verfügung.

Groß war nun unser Interesse an einem Ausflug zu den Orok. Das sagten wir Herrn Shiguro und baten ihn, die Vorbereitungen dafür zu treffen. Aber zutiefst bedauerte unser Begleiter, daß er den Wunsch nicht erfüllen könne.

Erstens wisse man nicht, wo sich gerade eine Gruppe der Orok aufhielt, zweitens würden uns die Giljaken nicht zu ihren alten Erbfeinden führen, und drittens sei das Programm für die »ehrenwerten Gäste« an seinem Ende angelangt.

»Seine Exzellenz der Herr Präfekt erwartet Sie morgen abend in Toyohara zu einem abschließenden Essen. Es wäre nicht höflich, ihn warten zu lassen.«

Das war deutlich genug. Schon ließ sich die Signalpfeife des herandampfenden Zuges vernehmen.

Feuer, Eis und Island

Niemand ahnte, was an diesem Tag vor der Küste von Island geschehen würde. Kein Vorzeichen hatte darauf hingedeutet und die Fischkutter gewarnt. Der 14. November 1963 begann wie jeder andere Tag in dieser Jahreszeit. Trübes Wetter, leichter Ostwind, relativ ruhige See, in der Luft und im Wasser die normale Temperatur von 7 und 8 Grad Celsius. Die Männer der ›Isleifur II‹ hatten vier Seemeilen westlich von Geirfuglasker, einer kleinen Felseninsel der Westmännergruppe, ihre Fischleinen ausgelegt. Gegen 6.30 Uhr saßen sie bei dampfendem Kaffee in der Kombüse ihres Kutters.

Kurz vor 7 Uhr stieg der Maschinist Arni Gudmundsson an Deck, um nach dem Wetter zu sehen. Er bemerkte einen brenzligen Geruch und glaubte, die öligen Rückstände des Dieselmotors hätten sich entzündet. Aber die Inspektion der Maschinenanlage zeigte, das alles in Ordnung war. Gudmundsson legte sich in seiner Koje zum Schlaf nieder. Dafür stieg nun Kapitän Gudmar Tomasson die Gangway hinauf. Ihm wehte leichter Schwefelgeruch in die Nase. Aber es störte ihn weiter nicht, denn oft zieht schwefliger Duft aus Islands Vulkanen weiter über das Meer. So begab sich auch der Käpten in seine Koje, um ein Stündchen zu ruhen.

Aber schon um 7.30 Uhr wurde er von dem Schiffskoch wachgerüttelt.

»Käpten, da braut sich was zusammen . . . ich werd' aber nicht klug daraus.«

Jetzt sind gleich alle Mann an Deck. Sie sehen im Südosten eine dunkle, auf dem Wasser liegende Wolke. Bei nahezu windstillem Wetter und steigendem Barometer ist das eine merkwürdige Sache. Ein brennendes Schiff könnte es sein. Tomasson meldet seine Beobachtung durch Sprechfunk der Radiostation auf Vestmannaeyjar. Aber man sagt ihm, daß kein SOS gehört wurde. Vermutlich hat sich der Käpten durch eine gewöhnliche Wolke täuschen lassen.

Aber die Männer auf der ›Isleifur II‹ erkennen im Fernglas, daß Asche aus der Wolke wirbelt. Tomasson will das näher untersuchen, läßt die Maschine anwerfen und steuert in den Rauch hinein. Dort ist die See bewegt und die Wassertemperatur auf 11 Grad Celsius gestiegen. Der Schwefelgeruch macht sich noch deutlicher bemerkbar. Die Aschensäule steigt 60 Meter hoch und schleudert Steine in die Luft. Nun sieht man auch glühende Flecke in dem dunklen Gebrodel.

Der Käpten meldet gegen 8.30 Uhr durch Sprechfunk eine Eruption des Meeresbodens auf 63,18 Grad nördlicher Breite und 20,36 Grad westlicher Länge. Nach seiner Seekarte beträgt die Wassertiefe hier 130 Meter. Die Radiostation auf den Westmännerinseln alarmiert die Behörden in Reykjavik. Von dort steigt ein Flugzeug auf, um festzustellen, was die Rauchwolke bedeutet.

Sie steigt binnen wenigen Stunden auf 2000, auf 3000 und bis 11 Uhr vormittags sogar auf 4000 Meter Höhe. Man kann sie auch in Reykjavik deutlich erkennen. Die Fischer auf der ›Isleifur II‹ sehen noch mehr. Im Abstand von etwa einer halben Minute werden leuchtende Steine 100 bis 150 Meter hoch aus dem Meer geschleudert. Das sonst türkisblaue Wasser hat sich braun gefärbt. Der Wellenschlag nimmt zu, die Temperatur steigt weiter, und der nun aufkommende Nordwind weht einen dunklen Vorhang nach Süden. Heiße Asche regnet aufs Deck der ›Isleifur‹, faustdicke Steine klatschen daneben ins Wasser. Tomasson verläßt mit voller Kraft die Gefahrenzone. Über Radio werden alle Schiffe davor gewarnt, sich der Eruption zu nähern. Wie es scheint, ist unter der Meeresfläche ein Vulkan ausgebrochen. Es kann noch viel gefährlicher werden. Auch an der Küste muß man mit Eruptionen rechnen. In Reykjavik heulen die Sirenen.

Um 3 Uhr nachmittags hat die Wolke 6000 Meter Höhe erreicht. Ein Flugzeug der Fischereiaufsicht versucht den Ausbruch zu filmen, aber Wasserdampf verhüllt die entscheidenden Stellen. Zehn Meilen weit über See ist nun das Gerumpel der Eruption zu hören. Blitze schlagen durch schwarze Wolken, Feuerstöße flammen empor. Von dem Ausbruch rollen meterhohe Wellen nach allen Seiten.

Während der Nacht vom 14. zum 15. November wurde eine neue Insel geboren. Sie erhielt den Namen »Surtsey«, zu Ehren des Riesen Surtur, von dem eine alte germanische Sage berichtet, er habe den Menschen das Feuer gebracht. Von gewaltigen Explosionen und Lavaströmen wurde die Insel noch lange beherrscht. Ihre Größe, ihre Form und Farbe veränderte sich in Tagen, manchmal auch in wenigen Stunden. Insgesamt beförderte die Eruption etwa 1000 Millionen Kubikmeter glühende Lava und lockeres Gestein aus dem Innern der Erde bis 170 Meter über den Meeresspiegel.

Am 28. Mai 1965 tauchte 600 Meter östlich von Surtsey noch eine Insel auf. Das war Syrtlingur, der »kleine Surtur«, maximal 20 Meter hoch und 200 Meter breit. Sie verschwand am nächsten Tag, kam für einige Wochen wieder hoch, versank aufs neue, zeigte sich viermal an der gleichen Stelle, wurde aber seit Ende Oktober des gleichen Jahres nicht mehr gesehen. Ein ähnliches Spiel des Auftauchens und Versinkens bestaunte man bei der »Weihnachtsinsel«, die unter feuerspeiendem Gepolter am 25. Dezember aus dem Meer emporstieg, aber nach kurzem, wechselvollem Leben wieder unterging. Nur Surtsey hat bis heute Bestand, und man glaubt, daß die Insel bleiben wird.

Im vergangenen Sommer bin ich über Surtsey geflogen, so tief wie möglich. Das Inselchen ist noch immer ein aktiver Vulkan und raucht wie ein Schlot. Wenn die Maschine direkt darüber schwebt, sieht man am Grund des Kraters brodelnde, glühende Lava. Ein dünner Streifen schlängelt sich hinunter ins Wasser, um dort zu verzischen. Aber es ist nur ein geringer Rest des Feuerzaubers von 1963. Sonst ist Surtsey friedlich geworden und hat die Rolle der südwestlichsten der Westmännerinseln übernommen. Wer sie klein nennt, sollte bedenken, daß Surtsey doppelt so groß ist wie Monako. Aber es lebt kein Mensch auf den 2,5 Quadratkilometern.

Surtsey steht unter Naturschutz, nur Wissenschaftler dürfen mit Sondergenehmigung der isländischen Regierung den Strand betreten. Denn hier ist zur Zeit die einzige Stelle auf Erden, wo man genau beobachten kann, wie sich auf neuem Land neues Leben entwickelt. Jedes von Menschen eingeschleppte Samenkorn oder Fliegenei könnte den natürlichen Vorgang verwirren. Schon im ersten Jahr nach der Inselgeburt haben sieben Arten von Zugvögeln auf Surtsey ihre Reise unterbrochen. Als ständige Bewohner erschien nach 18 Monaten zuerst ein Rabenpaar. Im dritten Jahr zählte man 30 Paare der Dreizehenmöwen, die auf ihren Gelegen saßen und Nestlinge aufzogen. Samenkapseln trieben an den Strand oder wurden von den Vögeln mitgebracht. Strandhafer und Angelica waren die ersten Sorten. Nun bedeckt schon Pflanzengrün einige Stellen der sonst graubraunen Insel. Seehunde wissen die Sicherheit von Surtsey zu schätzen. Als ein Professor der Zoologie nach gesundem Schlaf am Inselstrand wieder erwachte, befand er sich in Gesellschaft eines Seehundes, der ihn mit freundlichem Grunzen begrüßte.

Meine Maschine, eine viersitzige Cessna, flog weiter zu den Westmännerinseln. Nur Heimaey, die größte der Gruppe, ist ständig bewohnt und trägt eine Stadt von etwa 5000 Einwohnern. Auf den anderen Inseln und Inselchen leben nur Schafe. Oft möchte man fragen, wie sie hinaufkamen, denn es scheint, daß senkrechte Steilwände jeden Aufstieg zum grasgrünen Hochplateau verhindern. Man hält auch die Landung eines Bootes kaum für möglich, weil die Brandung so hoch gegen die Felsen schäumt. Aber irgendwie haben es die Westmänner doch geschafft und ihre Schafe an Seilen bis zum Grasland emporgezogen.

Die Westmänner sind Isländer von besonderer Art, wie sie bei jeder Gelegenheit betonen. Ein Teil ihrer Vorfahren wurde von den Wikingern nach Island verschleppt. Auf Beutezügen hatte man sie an den Küsten von England, Schottland und Irland gefangen und als Sklaven zu schwerer Arbeit gezwungen. Westmänner wurden sie von ihren Herren genannt, weil sie aus westlichen Ländern stammten. Schon um das Jahr 1000 entlief eine unbestimmte Zahl dem Frondienst und rettete sich in kleinen Booten zu den herrenlosen Inseln vor der isländischen Küste. Dort lebten sie vom Fischfang und tun es noch heute. Aufmerksame Beobachter wollen bemerkt haben, daß sich die Westmänner und natürlich auch die Westfrauen im Typus, im Dialekt und ihrer ganzen Wesensart deutlich von den anderen Isländern unterscheiden. Sie waren gegen den Namen von Surtsey. Die neugeborene Insel sollte »Vesturey« heißen, um klarzumachen, daß sie als Eigentum der Westmänner zu betrachten sei.

Island ist so groß wie Bayern und Baden-Württemberg zusammen, aber man zählt nur etwas über 200000 Bewohner. Mehr als die Hälfte lebt in der Hauptstadt Reykjavik. Wer Island besucht und Eingang in isländische Familien findet, fällt von einem Staunen ins andere. Das kleine Volk hat in vielfacher Hinsicht bewundernswerte Rekorde erreicht:

Die Frauen Islands leben am längsten, die Kindersterblichkeit ist am geringsten, und pro Kopf der Bevölkerung lesen Isländer die größte Zahl von Büchern, sie trinken mehr Kaffee und verbrauchen mehr Zucker als sonst auf der Welt. Zwischen den Spitzeneinkommen und den niedrigsten Einkommen klafft auf Island die kleinste Lücke. Keine tausend Menschen leben weiter von der Küste entfernt als 30 Autominuten. Island braut das dünnste Bier, besitzt die höchsten Wasserfälle und die längsten Gletscher Europas, außerdem die aktivsten Vulkane, die meisten warmen Quellen, die weitesten Einöden und die kleinsten Pferde. Es ist kaum zu glauben, aber dennoch eine Tatsache, daß auf dieser Insel im nördlichen Atlantik süße Trauben wachsen und Bananen reifen. Ich werde noch erklären, wie das möglich ist.

Das Parlament von Island, der sogenannte Althing, konnte schon 1930 auf sein tausendjähriges Bestehen zurückblicken. Wo anders hat man eine so lange Dauer der Demokratie schon erlebt?

Reykjavik bedeutet zwar »rauchende Bucht«, aber nur natürliche Wasserdämpfe sind damit gemeint. In der Hauptstadt raucht kein einziger Schlot, und keine Spur von Gestank verläßt industrielle Öfen. Man beheizt alle Wohnungen, Gebäude und Betriebe mit kochendem Wasser aus ungefähr zwanzig heißen Quellen. Demzufolge ist Reykjavik die Hauptstadt mit der reinsten Luft. Innerhalb von höchstens zehn Minuten gelangt der Reykjaviker von seiner Haustür ins nächste Schwimmbad mit wohlig warmem Wasser. Und das nicht nur während der milden Monate des Jahres, sondern auch im Winter.

Schon um die Mitte des 9. Jahrhunderts wurde Reykjavik von einem norwegischen Wikinger gegründet. Die passende Stelle für seinen Hof hat Ingolfur Arnarsson nicht selbst gesucht, sondern die Wahl den heidnischen Göttern überlassen. Im Angesicht der zerrissenen Küste warf er seinen Hochsitz, das Zeichen der Häuptlingswürde, in die schäumenden Wellen. Wo Strömung und Wind das Möbelstück an Land trieben, dort ließ Ingolfur die Hütten bauen.

Aber in der modernen Stadt ist nichts geblieben, das auf so ehrwürdiges Alter schließen läßt. Nur sehr wenige Gebäude, die man erst suchen muß, bestehen länger als sechzig bis siebzig Jahre. Reykjavik ist nach dem Ersten und besonders nach dem Zweiten Weltkrieg in atemberaubendem Tempo gewachsen. Von 1920 bis 1970 hat sich die Einwohnerzahl verzehnfacht. Weil die Isländer im allgemeinen Hochhäuser nicht mögen, obwohl es nun ein halbes Dutzend davon gibt, besteht die Hauptstadt aus einer unabsehbaren Menge von Eigenheimen oder Reihenhäusern mit nur spärlich bewachsenen Gärten. An Platz dafür fehlt es nicht, Baugrund ist billig zu haben oder langfristig vom Staat zu pachten. So bedeckt Reykjavik eine sehr viel größere Fläche als sonst eine Stadt mit etwa der gleichen Zahl von Bewohnern. Ein ganzer Tag würde kaum genügen, um vom Beginn der westlichen Außenbezirke ans Ende der östlichen zu gelangen. Alles ist neu, sauber und in klarer Ordnung angelegt. Man sagt zwar, das Wachstum habe sich während der letzten Jahre verlangsamt, weil die Gelder knapper wurden, aber der fremde Besucher gewinnt den Eindruck, als herrsche nach wie vor Höchstkonjunktur im Bauen.

Doch es fehlt pulsierendes Leben, mit der Ausnahme von zwei Straßen und drei Plätzen im Zentrum. Nur dort kann es sein, daß man einen Parkplatz suchen muß. Sonst sind für unsere Begriffe die Straßen und Gehsteige menschenleer. Reykjavik ist keine Großstadt herkömmlicher Art, sondern besiedelte Landschaft, die sich um ein kleines Städtchen ausbreitet. Sehenswerte Gebäude sucht man vergebens. Geringe Reste aus berühmter Vergangenheit kann nur das Nationalmuseum vorweisen. Dabei sind die Isländer ein denkmalfreudiges Volk und haben den Helden ihrer Vergangenheit so manches Bronzebildnis errichtet. Sogar dem Islandpony wurde auf noch freiem Feld ein lebensgroßes Denkmal gewidmet, war es doch mehr als tausend Jahre lang der alleinige Träger von Lasten und Menschen im weiten Land. Doch befassen sich neuerdings die einheimischen Bildhauer auch mit abstrakten Schöpfungen aus Draht, Blech und Kunststoffen für öffentliche Anlagen. Ausgedehnte Flächen innerhalb des Stadtgebietes sind als Parks und Gärten vorgesehen. Aber in dem harten Klima können Bäume und Sträucher nur dürftig gedeihen ... Gut hundert Jahre müssen noch vergehen, bis die Bewohner von Reykjavik über schattige Wege wandeln. Auch in Privatgärten der Wohnstraßen reichen nur wenige Bäume bis zur Dachrinne.

Bei uns würde jeder Amtsrichter über zu enge Arbeitsverhältnisse klagen, müßte er sich mit den Büroräumen eines isländischen Ministers begnügen. Das Auswärtige Amt, zur dänischen Zeit noch Staatsgefängnis, wäre für eine Botschaft der Bundesrepublik zu bescheiden. Das Parlamentsgebäude, worin auch der Staatspräsident amtiert, könnte dem Landrat von Rosenheim nicht genügen. Um so größer und weiträumiger sind die Krankenhäuser, Altersheime, Schulen, Forschungsinstitute, Studentenquartiere und die wahrhaft imponierende Universität. Vielgeschossige Warenhäuser gibt es nicht. Der Isländer bevorzugt den Einzelhandel und versorgt sich in Fachgeschäften. Buchhandlungen sind besonders zahlreich. Es entlockte mir ein selbstzufriedenes Lächeln, im reichen Angebot auch eine isländische Ausgabe von H. O. Meissner zu sehen. Für den kulturellen Hochstand der Isländer zeugen ferner ein Staatstheater mit eigenem Orchester, zwei private Theater, vielbesuchte Konzerte und zahlreiche Ausstellungen bildender Kunst. Jedes Kind lernt in der Schule die dänische Sprache. Sie macht auch die Verständigung mit Schweden und Norwegern möglich. Zur weiteren Bildung gehört Englisch, das etwa jeder zehnte Isländer spricht. Studierte Leute beherrschen meist auch die deutsche Sprache.

Würden Wolfram von Eschenbach oder Walther von der Vogelweide aus dem Grabe steigen und Island besuchen, sie könnten mit jedem Mann auf der Straße reden. Ein Vortrag des Nibelungenliedes in der Originalfassung begegnet vollem Verständnis. Das nämlich ist die heutige Sprache der Isländer. Sie hat sich seit 1000 Jahren kaum verändert. Für neu auftauchende Begriffe sucht man eine Beschreibung aus dem eigenen uralten Wortschatz.

So wenig äußerlich von den alten Zeiten zu sehen ist, so lebendig sind alte Gepflogenheiten. Einige davon können sehr leicht zu Mißverständnissen führen, wie beispielsweise die Namensgebung der Isländer. Wer Sigurdur heißt und seinen Sohn Sveinn getauft hat, meldet ihn dem Standesamt als Sveinn Sigurdursson. So weiß jeder, der kleine Sveinn ist ein Sohn von Sigurdur. Ebenso kann Helga Johannsdottir nur die Tochter von Johann sein. Das bleibt sie auch nach ihrer Eheschließung mit Sveinn Sigurdursson. Buben aus dieser Ehe heißen dann Sveinnsson und Mädchen Sveinnsdottir, mit dem eigenen Vornamen natürlich.

Die Familie aber ist namenslos, bis auf wenige Ausnahmen*. Eheleute sind als solche nicht zu erkennen. Bei Kindern läßt ihr zweiter Name auf den Vater schließen. Weil aber die Isländer an den rein nordischen Namen festhalten, von denen es relativ wenige gibt, füllen die Leifur Björnssons und Sigridur Gunnarsdottirs ganze Seiten im Telefonbuch. Damit die Verwirrung noch größer wird, stehen in allen Listen und Adreßbüchern die Taufnamen an erster Stelle. Man muß bei der Suche mit »Leifur« anfangen und danach die »Leifur Björnssons« durchgehen, bis man vielleicht auf den Richtigen trifft. Die Frau von Leifur ist unter ihrem Namen an ganz anderer Stelle, aber mit der gleichen Telefonnummer aufgeführt. Ebenso die erwachsenen Kinder, wo sie hingehören. Das hat schon so manchen Fremden zur Verzweiflung gebracht.

Ich sollte in Akureyri einen Freund guter Freunde besuchen, wobei mir gesagt wurde, es handele sich um »Herrn Johann Sveinsson«. Aber es gab dort 21 Johanns, die einen Sveinn zum Vater hatten. Nur die Tatsache, daß ich seinen Beruf wußte, führte endlich zum Ziel. Wer solche Angaben zur Person nicht machen kann, sucht ver-

---

* Jenes Gesetz, das Familiennamen verbot, ist erst 1928 in Kraft getreten. Bis dahin war es den Isländern noch möglich, für ihre Familien selbst einen Namen zu bestimmen. Wo das seinerzeit geschehen ist, gilt er noch heute und auch in Zukunft.

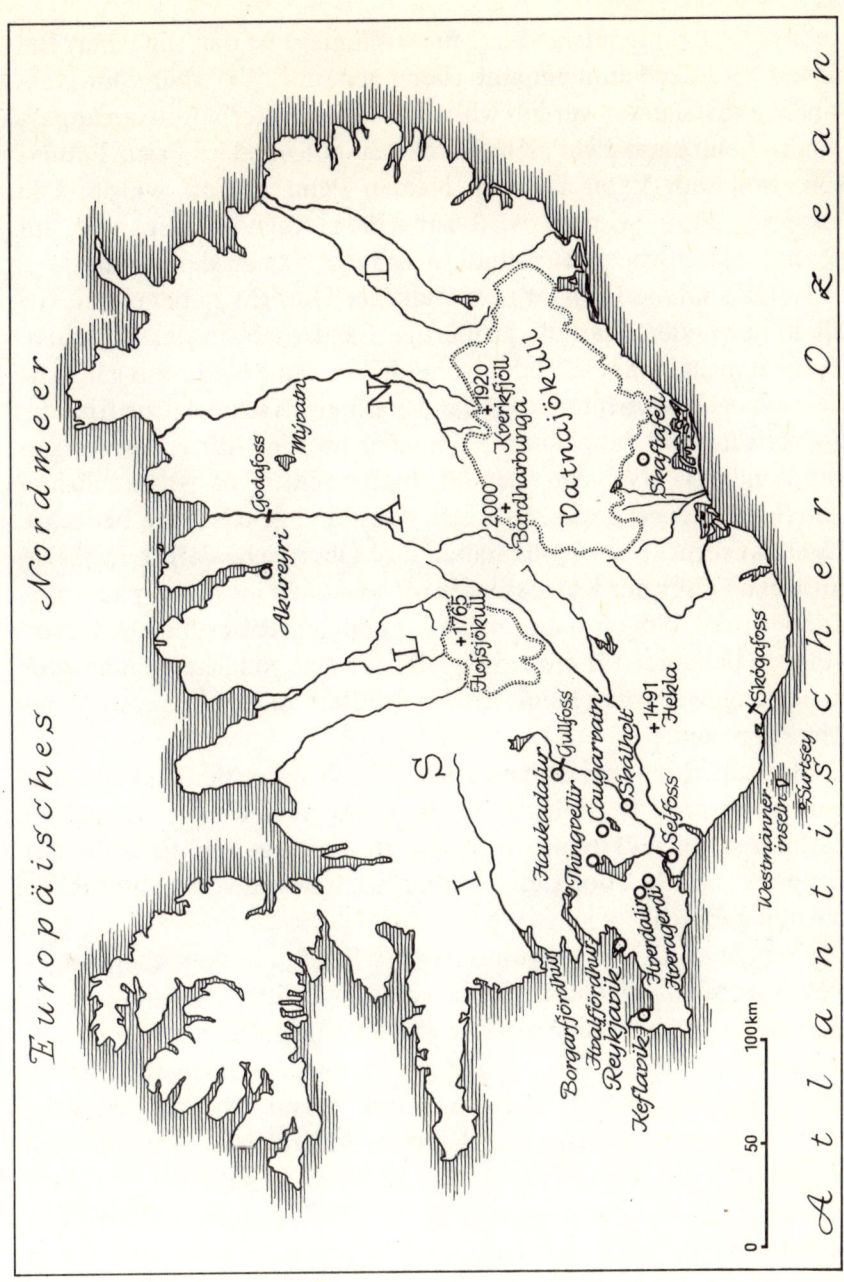

Island

geblich nach seinem Isländer. Mit Ausländern ist das einfacher. Bei denen wird der Familienname zuerst genannt. Wer aber vom Ausländer zum Isländer werden will, muß sich den Verhältnissen anpassen. Er heißt dann nicht mehr Franz Schmidt, sondern Franz Petersson, weil sein Vater auf den Namen Peter getauft wurde. Die bisherige Frau Schmidt wird zur Hilde Augustsdottir, und auf ebenso isländische Art verändern sich die Namen der Kinder.

Heute sind die Isländer in so mancher Hinsicht zu beneiden, vor allem bewundert man die großartige Landschaft, in der sie leben. Das war nicht immer so, denn früher hat man die Natur mit ganz anderen Augen betrachtet, und Island erschien als schreckliche Einöde. So berichtet ein unbekannter Besucher aus der Mitte des vorigen Jahrhunderts: »Wenige Länder bieten einen so abscheulichen Anblick wie diese graue, teilweise von ständigem Schnee bedeckte Insel. Ausbrüche der Hölle haben ihre Oberfläche deformiert. Die finsteren Felsen der Küste stürzen oft senkrecht ins Meer, pausenlos donnern die Wogen dagegen an. Die vielen Riffe und schwarzen Klippen bedeuten für die armen Isländer eine tödliche Gefahr. Nur in den engen Fjorden kann sich der Schiffer vor dem Ungestüm des Meeres retten.«

Man sah in den jederzeit möglichen Ausbrüchen der Vulkane eine immerwährende Bedrohung. Heute dagegen sind die feuerspeienden Berge ein willkommener Anlaß zu Ausflügen in die Nähe der Eruption. Auch Touristen werden scharenweise in Autobussen dorthin gebracht.

»Sie haben Glück«, sagt mir Walter Stroß, ein deutscher Angestellter vom *Island Tourist Büro,* »die Lava glüht noch und bewegt sich weiter. Ich hab' für Sie schon einen Platz im Bus reserviert. Wir bringen nur schnell Ihr Gepäck ins Quartier, dann geht's gleich los ... Es war der erste Ausbruch nach vierundzwanzig Jahren.«

Am frühen Nachmittag bin ich mit der *Icelandair* von Kopenhagen abgeflogen, am späten Nachmittag in Keflavik gelandet und nach einstündiger Autofahrt gerade in Reykjavik angekommen. Der Kundendienst des Touristenbüros läßt nichts zu wünschen übrig. Obwohl in meinem Programm keine Nachtfahrt zum Hekla vorgesehen war, hat man rasch disponiert und mich gleich informiert.

Stroß fährt selbst mit, denn auch er hatte das grandiose Schauspiel der Natur noch nicht gesehen.

Das Gerumpel im Hekla hatte schon am 1. Mai begonnen. Man war doch etwas besorgt wegen der Folgen. Beim letzten Mal mußten im Umkreis von hundert Kilometern und mehr die Farmen geräumt werden. Auf die Weideflächen fiel bis zu einem halben Meter hohe und anfangs noch glühende Asche. Viele tausend Schafe, auch Vieh und Pferde starben an Hunger oder an dem verdorbenen Futter. Es war nicht möglich gewesen, die von Panik erfaßten Tiere fortzutreiben. Deshalb hat man in diesem Frühjahr schon bei den ersten Anzeichen eines neuen Ausbruchs die Menschen, Tiere und alle bewegliche Habe aus der gefährdeten Gegend evakuiert. Als dann am 5. Mai die Eruption erfolgte, strömten die Lavamassen nicht aus dem Krater des Hekla, sondern auf etwa halber Höhe aus der Seite. Der Feuerregen war bis Reykjavik zu sehen, und bis nach Akureyri wurden dunkle Aschewolken vom Wind getragen.

»So schlimm wie beim vorigen Mal war's also nicht«, meint Stroß. »Da bekamen sogar die Norweger einen grauen Regen von unserer Asche aufs Dach.«

Aus der Nähe gesehen war auch dieser Ausbruch ein großartiger Anblick. In drei, vier oder fünf gewaltigen Strömen quoll das feurigflüssige Gestein aus dem qualmenden Berg. Es füllte Schluchten und Gräben, überrollte zischende Bäche, verbrannte Wiesen und Weiden, ließ Schneefelder schmelzen und versperrte ein paar Straßen. Aber Fußgänger konnten dem Unheil entgehen, ohne ihre Schritte zu beschleunigen. Erstaunlich war die monatelange Dauer der Fortbewegung. Jetzt im Juli war der Lavastrom noch immer nicht ganz zur Ruhe gekommen. Um etwa einen Meter pro Tag rückte das rauchende Gestein weiter nach Westen.

»Wenn's nicht endlich aufhört, wird die Lava noch den Thjórsáfluß erreichen. Dann gibt's ein tolles Spektakel... Tausende von Tonnen Glühmasse rutschen ins eisige Wasser. Kaum auszudenken, wie das spritzt und brodelt!«

Aber ich glaube, so weit wird es nicht kommen. Der Lava fehlt es an Nachschub, der mit frischen Kräften vorwärts drückt. Aus den Flanken des Vulkans quillt kaum noch etwas hervor.

Wir halten in Hveragerdi, wo vulkanische Kräfte den Wohlstand fördern. Wasserdampf aus dem Boden wurde in Röhren eingefangen und wärmt ein Dutzend große Treibhäuser. Darin reifen Tomaten, Gurken und anderes Gemüse so üppig, wie es auf unseren Feldern nicht möglich ist. Man vergißt die Nähe des Polarkreises und die Glaskuppel über den fremdländischen Pflanzen. Man wandelt zwischen hohen Stauden und atmet feuchtwarme Sommerhitze. Isländische Weintrauben werden süß und schwer, dank der vulkanischen Wärme. Der Besucher steht vor goldgelben Bananen, der Duft tropischer Blüten streicht ihm entgegen, und sein Auge erfreut sich an der Pracht exotischer Orchideen. In einem der Glashäuser kreischen kleine Affen und krächzen bunte Papageien. Die Treibhäuser sind gewiß ein gutes Geschäft, weil die Beheizung gar nichts kostet.

»Fahren wir in eine Gegend, wo die Hitze der Sahara glüht«, sagt mein Begleiter, und wir steigen wieder in den Bus.

Breite Täler, graue Bäche, grüne Wiesen. Hier und dort ein Farmhaus mit Nebengebäuden. Rostrot sind fast alle Dächer und weiß gestrichen die Wände. Jedes Gehöft hat seinen Maschinenpark und Geländewagen für den Winter. Alle besitzen Telefon und elektrischen Strom. Die Zeiten der Abgeschlossenheit sind längst vorüber. Mehr denn je sind heute die Farmen Einheiten für sich, ohne Knechte und Mägde, nur von der Familie bewirtschaftet. Die Farmen liegen weit auseinander. Zwanzig Kilometer bis zum nächsten Nachbarn, das gilt noch nicht als einsame Lage.

Island hat eine Million Schafe, das heißt fünf pro Kopf der Bevölkerung. Die Wolle ist etwas rauh, aber wärmend und widerstandsfähig. Buntes Vieh wandert über die Wiesen, oft in Gesellschaft der berühmten Islandponies, die man besser Islandpferde nennen sollte, weil sie die wirklichen Ponies an Größe und Gewicht übertreffen. Man braucht sie noch heute, um Schafe in Pferch oder Stall zu treiben. Auch als Tragtiere und Verkehrsmittel haben sie abseits der Fahrwege noch Pflichten zu erfüllen.

Der Anbau von Feldfrüchten, Getreide, Kartoffeln und Gemüse ist aus klimatischen Gründen nur bei wenigen Farmen möglich. Fast das gesamte Einkommen der Farmer liefern Schafe und Rinder. Noch vor einem halben Jahrhundert lebten drei Viertel der Isländer von der Weidewirtschaft, heute kaum zwölf Prozent und bald noch weniger. Die Zahl der Farmen vermindert sich von Jahr zu Jahr. Zur Zeit sind es kaum noch 5000. Rechnet man das Ödland hinzu, die kahlen Berghänge und weiten Geröllfelder, so können manche Farmer als Besitzer von Latifundien gelten. Es soll Farmen geben, die an Größe das Großherzogtum Luxemburg übertreffen. Aber nur ein sehr geringer Teil davon hat wirtschaftlichen Wert. Handel und Industrie, das Baugewerbe und die Verarbeitung von Fischereiprodukten ziehen die Menschen vom Land in die schnell wachsenden Städte, vor allem nach Reykjavik. Der Sog dorthin ist so stark, daß manche Farmen veröden und alte Höfe verfallen. Zu den Zeiten, als Island nur 70000 Menschen zählte, gegenüber der heutigen Zahl von 205000, war das Hinterland dichter besiedelt. Das einstige Volk der Bauern wurde zum Stadtvolk, dessen Erinnerung an das Landleben von Jahr zu Jahr mehr verblaßt.

Wir haben das dunkle Massiv des Hekla zur Rechten und sehen kräuselnden Rauch an seinem Hang emporsteigen. Auf den Weideflächen am Weg mischt sich das karge Gras mit krümeliger Asche. Bald ist von der ohnehin sparsamen Vegetation nichts mehr zu sehen.

Der Autobus biegt von der Straße ab und folgt nun Fahrspuren im weichen, fast völlig schwarzen Gelände. Man erkennt an den Reifenrinnen, daß die Räder eine Handbreit tief in die Asche sinken. Stellenweise ist es aber dem Gras geglückt, ein paar Halme ans Tageslicht zu schieben. Übers Jahr können wahrscheinlich die Schafe wieder weiden.

Vorbei an Wasserfällen und tief gespaltenen Felsen. Die körnige Asche liegt jetzt zwanzig Zentimeter hoch. So weit das Auge reicht, ist alles dunkel und düster. Baracken am Staudamm sind von Asche bedeckt und alle Fenster von schwarzem Staub beschmutzt. Wir rollen durch Aschewolken, die unsere Räder aufwirbeln. Der Geruch von Kohle und Schwefel dringt in den geschlossenen Bus. Nur der Fahrer kann noch sehen, weil der Wischer über seine Scheibe fegt. Die Passagiere schauen auf verdunkelte Fenster. Es ist wie eine Fahrt durch die Nacht.

Wir hören die Räder knirschen. Der Bus schwankt über Lavakies, rumpelt über feste Brocken, steigt auf eine Höhe, rollt durch ein Tal und wieder bergauf. Schließlich bleibt er ruckartig stehen, und wir dürfen aussteigen.

Die Uhr zeigt Mitternacht, doch man könnte im fahlen Licht noch lesen. Vor uns ein langgestreckter Wall aus schwarzgrauem Gestein. Das ist der Lavafluß, wie mir Stroß erklärt. Die Wärme eines Kachelofens geht davon aus. Es riecht nach glimmendem Koks, nach verstopftem Schornstein und irgendwelchen Chemikalien.

»Treten Sie näher heran«, sagt der Fahrer aus seiner Kabine, »aber lassen Sie die Finger von der Lava. Man verbrennt sich die Pfoten!«

Es knistert im Gestein, kistengroße Blöcke rollen rauchend herab. Dabei öffnen sich Spalten, und man schaut in rotglühendes Feuer.

»Nur draußen brennt die Lava nicht«, sagt mein Begleiter, »drinnen ist noch alles so heiß wie die Hölle. Wer genau hinschaut, merkt die Bewegung.«

Und das besonders an der breiten, oval geformten Stirn des mächtigen Walles. Dort lösen sich Brocken und poltern auf den Boden. Wo sie eine Lücke hinterlassen, erscheint für Augenblicke die glühende Masse. Aber gleich wird auch diese Stelle wieder grau. Das feurige Gestein kann die relativ kühle Luft von draußen nicht vertragen. Kleinere Brocken rollen von oben herab, hier und dort folgt ein größerer. Sie alle vereinen sich vor der Lavafront zur neuen Lage, die allmählich höher und immer höher anwächst. So bewegt sich der Strom, nur sehr langsam, aber doch in gleichbleibendem Rhythmus.

Überall Geknister, Gerumpel und Geschiebe. Ein unheimliches, bedrohliches, rätselhaftes Gebilde. Wie ein gewaltiges Lebewesen der Urzeit kriecht der viele Meilen lange Wurm durchs Gelände.

Am 14. November 1963 wurde die Insel Surtsey geboren. Sie tauchte in Rauch und Flammen gehüllt aus dem Meer vor der Südküste Islands empor. Fast zur gleichen Zeit entstand auch die kleinere Insel, die aber nach wenigen Monaten wieder ins Meer versank (oben).

Der letzte Ausbruch des Heklavulkans auf Island hat mit seiner Lava eine Straße gesperrt (unten).

Wir steigen am Hang des Hekla eine halbe Stunde hinauf, um das gewaltige Kriechtier in seiner ganzen Breite und Weite zu überschauen. Da sieht man aus dem geschuppten und gezackten Rücken die Rauchsäulen hochsteigen. Die Breite des Lavastromes beträgt hundert bis dreihundert Meter, die Höhe auf dem Mittelrücken etwa dreißig Meter. Fünf Wälle gleicher Art sind zu sehen, ähnlich den fünf Fingern einer gespreizten Hand. Der Ursprung von allen liegt hinter einem Bergriegel verborgen. Stroß sagt mir, man könne die offenen Spalten des Hekla in drei Marschstunden erreichen, aber nicht nahe herangehen, weil gelegentlich noch ein Hagel glühender Lava auf die Umgebung niederprasselt. Bei ungünstigem Wind gerät man auch in Wolken aus Schwefel und Kohlenstaub.

Wenn die Lava erkaltet, müssen noch tausend Jahre vergehen, bis graugrünes Moos die Steine bedeckt. Regen, Frost und Schmelzen sowie die Mooswurzeln zersetzen allmählich die hartgebrannte Lava. Nach ungefähr zehntausend Jahren ist lockerer Boden daraus geworden, der in gemäßigtem Klima reichen Pflanzenwuchs trägt. Besonders günstig ist dieser Boden für Weinkultur, wie die Hänge an Vesuv und Ätna beweisen. Auf Island sind es immerhin blumenübersäte Wiesen, dichtes Heidegestrüpp und saftige Kräuter, die auf älterem Lavaboden gedeihen. Aber das nur in niederen, windgeschützten Lagen während der Monate Mai bis September.

Es führt keine Straße durch Island hindurch, sondern nur außen herum. Aber der Kreis ist nicht geschlossen, bei Skaftafel, unter dem Vatnagletscher, klafft noch eine Lücke im sandig-sumpfigen Gelände. Nirgendwo ist eine isländische Fahrstraße weiter als etwa 70 Kilometer von der Meeresbrandung entfernt. Nur mit Gelände-

Thingvellir, Versammlungsort der isländischen Volksvertretung unter freiem Himmel. Schon vor über tausend Jahren wurden hier die Gesetze beschlossen und die Urteile verkündet. Erst seit 1843 tagt das Parlament der Isländer in einem Gebäude der Hauptstadt Reykjavik (oben).

Mehr als drei Monate sind nach dem Ausbruch des Hekla vergangen, aber noch immer bewegt sich der Lavastrom täglich um etwa einen Meter weiter. Das Innere ist noch eine glühende Masse, die schwefligen Rauch und höllische Hitze verbreitet (unten).

wagen und Vierradantrieb ist es möglich, auf ungebahnten Wegen durch das Innere der Insel zu rollen. Solche Ausflüge und sogar die Durchquerung von ganz Island werden für zahlungskräftige und schüttelfeste Touristen organisiert. Für eine dieser Fahrten braucht man zehn Tage, schläft im Zelt, speist an Klapptischen und erlebt eine der imponierendsten Landschaften unserer Erde. Rauchende Vulkane, weite Lavafelder, dampfende Teiche und tiefe Krater. Das rauhe Geröll nimmt kein Ende. Selten eine grüne Insel, aber Schneeflächen noch im Juni und schäumendes, gurgelndes Wasser alle paar Kilometer. Es fahren mehrere Wagen zusammen, damit in häufig vorkommenden Fällen einer dem anderen helfen kann.

Unser Autobus hatte Räder von einem Meter Höhe, um ohne weiteres durch Wildbäche zu fahren. Natürlich besaß er auch Vierradantrieb, einen Motor von 250 PS und einen Benzintank, der 600 Liter faßt. Er war mit Sprechfunk ausgerüstet, mit einem tragbaren Küchenherd und allen Notwendigkeiten für das Camping von 12 bis 20 Personen. Eine Woche lang hätte die Verpflegung gereicht, aber wir wollten schon nach fünf Tagen zurück sein. Unsere Gesellschaft bestand zu zwei Dritteln aus isländischen Bergsteigern und zu einem Drittel aus fremden Besuchern. Das Touristenbüro in Reykjavik hatte unsere Gruppe für diese besondere Fahrt zusammengestellt.

Wir wollten so weit wie möglich in das lange, wilde und vielgewundene Bergtal von Thórsmoerk hineinfahren, am Endpunkt das Lager aufschlagen und von dort aus Wanderungen unternehmen.

Wie schon der Name ›Thor‹ besagt, hatten die alten Isländer geglaubt, das tiefe Tal sei der bevorzugte Aufenthalt des hochverehrten und gefürchteten Gottes. Von unseren heidnischen Vorfahren wurde er Donar genannt, woran jeder Donnerstag noch heute erinnert. Der Sage nach hatte Thor diese Schlucht mit Hammer und Blitz in die Felsenberge geschlagen. Das Tal von Thórsmoerk sah danach aus.

Kaum hatten wir – etwa zwei Stunden nach der Abfahrt von Reykjavik – die Straße verlassen, begann schon eine völlig andere Welt. Zu beiden Seiten zerklüftete Berghänge und dazwischen eine breite Fläche von Kiesgeröll. Sie war durchfurcht von zahllosen großen und kleinen Bächen. Diese führten das Schmelzwasser der Gletscher ins Tiefland und hatten deshalb eine grautrübe Farbe. Allenthalben rieselten Wasserfäden oder rauschten Wasserfälle an den dunklen Wänden herab. Die Luft war feucht und kühl.

Gerne hätte ich meine ganze Aufmerksamkeit der Landschaft gewidmet, aber das war wegen der heftigen Stöße des Wagens nicht möglich. Er ratterte über das Geröll, die Räder mahlten durch feinkörnigen Kies und tauchten in Bäche. Nirgendwo ein Haus oder eine Hütte, auch sonst kein Werk von Menschenhand. Das Tempo betrug keine zehn Kilometer in der Stunde.

Es war Mittag geworden, als der hochbeinige Bus vor einem rauschenden Gewässer haltmachte. Da konnte er nicht hinüber, das sah ich auf den ersten Blick. Der Fluß war etwa zwanzig Meter breit und sicher sehr tief. Die starke Strömung hätte auch einen Zehntonnentankwagen mitgerissen.

So glaubte ich, aber der Fahrer wußte es besser. Er stieg aus, zog hüfthohe Gummistiefel an und ergriff eine lange Stange. Damit stieg er in die brausende Flut, während wir Fremden in der Gruppe um sein Leben bangten. Die Isländer im Bus ruhten sich von dem Gerüttel aus. Indessen reichte dem Fahrer das Wasser bis nahe zum Gürtel. Er stützte sich der Strömung entgegen auf seinen Stab, wagte einen Schritt nach dem anderen und war schon über die Mitte des wilden Flusses hinausgekommen, als er den Rückweg antrat.

»Kein Problem«, sagte er, »das schaffen wir leicht. Bitte einsteigen, der Bus fährt ab.«

Die beiden Damen aus Dortmund schlossen die Augen. Ehrlich gesagt war mir auch nicht ganz geheuer bei dem bevorstehenden Unternehmen. Aber der Mann am Steuer wußte, wie man den Gefahren der Strömung nicht nur entgeht, sondern sie als Schubkraft benützt. Statt geradewegs das gegenüberliegende Ufer anzupeilen, steuerte er den Bus so schräg in das gurgelnde Wasser, als wollte er dem Flußlauf folgen. So hatten wir die Strömung von hinten, und sie half dem Motor bei der Fortbewegung.

Ich dachte, wir würden nie mehr herauskommen, weil schon Wasser unten an den Türen eindrang. Es mußte auch in den Vergaser strömen, den heißen Motorblock sprengen und den Auspuff verstopfen. Aber nichts dergleichen. Man hatte entsprechende Vorsorge getroffen. Ein Isoliermantel schützte den Motor. Ein Aufsatz über dem Luftfilter und der bis zur halben Wagenhöhe verlängerte Auspuff ließen keinen Wassertropfen eindringen. Der Bus schwankte, rumpelte und schnaufte mit dem Strom durch den Strom. Was mir als eine Ewigkeit erschien, waren gewiß nur wenige Minuten. Der Wagen hob sich aus der Flut und kletterte drüben ans Ufer. Der Fahrer lachte, und wir klatschten Beifall.

Das Thortal wurde enger, die Bergwände immer höher, und alle Bäche strömten in einem Fluß zusammen. Siebenmal mußten wir auf die gleiche Art hindurch wie beim ersten Mal. Oft sah das noch gefährlicher aus, aber nie blieben wir stecken. Doch gegen acht Uhr abends versperrten haushohe Felsblöcke den weiteren Weg.

»Das wär's für heute«, sagte der Fahrer, »dort drüben ist ein guter Platz für Camping.«

Er selbst bezog die hinterste Sitzbank im Bus. Die Leitung des Unternehmens wurde vom Anführer der isländischen Bergsteigergruppe übernommen. Er war noch jung an Jahren, aber sicher reich an Erfahrung. Weil man unter Fremden nie wissen kann, wer beim Schlafen schnarcht, legte ich Wert auf ein Zelt für mich allein. Ich bekam es und entdeckte beim Aufbauen, daß mein Minizelt keinen Boden hatte. Da es an Luftmatratzen fehlte, lag mein Schlafsack unmittelbar auf der isländischen Erde. Im Thórsmoerktal besteht sie überwiegend aus hartem Gestein. Aber sonst war der Platz gut gewählt und wild romantisch. Ein Bach plätscherte über bemooste Felsen, und der seltene Anblick eines Birkenwäldchens war uns vergönnt. Hoch droben sah man den rauhen Glanz von Gletschern.

Zwei junge Mädchen kochten Kaffee auf dem Primusofen. Sie teilten Tassen aus und reichten jedem zwei belegte Brote.

»Wie wär's mit einem kleinen Abendbummel«, schlug Sigurdur vor, dessen Sache es war, das Programm der Fußmärsche zu gestalten. Ich nehme an, daß er noch an diesem Abend den sportlichen Geist der Ausländer prüfen wollte. Nur die Damen aus Dortmund blieben im Lager, alle übrigen waren gerne zu dem »Abendbummel« bereit. Der Führer ging voran, und im Gänsemarsch folgten wir nach. Niemand hatte im Tal des Thor einen Weg erwartet, und es gab auch keinen. Wegen des steilen Geländes bewegten wir uns in

Serpentinen am Hang hinauf. Weil Sigurdur ein sehr flottes Tempo anschlug, keuchte bald die ganze Kolonne. Aber der Rücken, dem wir zustrebten, war nicht allzu hoch. Dort war gewiß der abendliche Spaziergang zu Ende.

Diese Hoffnung erfüllte sich nicht. Kaum waren wir oben, begann ein neuer Anstieg und darauf der nächste. Wenn jemand sagte, er wollte hier die Rückkehr der Gruppe abwarten, gab Sigurdur zur Antwort, das könne nicht sein, weil man auf ganz anderer Route ins Lager zurückkehre. Zwar versank die Sonne hinter den Bergen, aber es wurde deshalb nicht dunkel. Gegen Mitternacht war endlich der höchste Punkt erreicht, und ich muß sagen, daß sich die Mühe gelohnt hatte. Ein grandioser Rundblick lag vor uns ausgebreitet. Schimmernde Eisfelder auf den Höhen, klaffende Schluchten vor unseren Füßen und silberne Wasserfälle an den grauschwarzen Wänden.

Erst um zwei Uhr morgens konnte ich zur dringend benötigten Ruhe den Schlafsack beziehen. Mit schmerzenden Gliedern kroch ich nach kaum vier Stunden wieder heraus, weil unruhige Geister mehrere Topfdeckel gegeneinander schlugen. Wer nicht gleich sein Frühstück holte, bekam nichts mehr. Rühreier mit Speck und ein Liter Kaffee für jeden.

»Wir überqueren den Gletscher«, sagte mir Sigurdur, »eine Wanderung von etwa zehn Stunden. Ich meine, Sie können das sehr gut mitmachen. Für die anderen Ausländer hab' ich nur 'ne ganz bequeme Tour vorgesehen ... wegen der Rücksichtnahme auf die lahmen Enten. Pal Palsson wird sie führen, weil er sich nach seinem Unfall mit dem Auto noch schonen muß. Es ist eine langweilige Damentour, also bestimmt nichts für Sie.«

Ich dankte für sein Kompliment, meinte aber, sie sei gerade richtig für mich.

Die Isländer beluden sich mit ihren prall gefüllten Rucksäcken, zeigten die entschlossene Haltung von Hochtouristen und waren bald unseren Blicken entschwunden. Ein belgischer Studienrat, ein englischer Buchhändler und die beiden Chefsekretärinnen aus Dortmund, dazu noch ich selbst, wurden von Herrn Pal Palsson ins Schlepptau genommen. Er ging zunächst sehr langsam und zog dabei den linken Fuß etwas nach. Wir wollten es uns gemütlich machen, war sein fester Vorsatz. Das sagte er mehrere Male, wobei er seine Schritte jedesmal etwas beschleunigte. Schon als Schulbub hatte er die Gegend mit seinem Vater wochenlang durchwandert. Er trug einen roten, stellenweise schon graumelierten Spitzbart, eine Baskenmütze auf dem Kopf und einen Knotenstock in der Hand. Wir hatten keine Verpflegung mitgenommen, weil Palsson schon gegen Mittag zurück sein wollte.

Ohne Mühe gelangten wir auf eine schneefreie Höhe mit wunderbarer Weitsicht, stiegen hinab in ein grünes Tal und wieder hinauf bis zum Rand der Gletscher. Diese Strecke liege abseits aller üblichen Touren, sagte Palsson, vermutlich sei überhaupt noch niemand in dieser Region gewesen. Die Mittagsstunde war längst vorüber, als ich mir die Frage erlaubte, ob unserem Führer noch bekannt sei, wo wir waren.

Palsson blieb stehen, und sein Gesicht zeigte einen tief bekümmerten Ausdruck. Doch als ehrlicher Mann zögerte er nicht länger mit der Wahrheit.

»Entschuldigen Sie bitte, ich habe ... habe mich verirrt.«

Wo man das Lager finden konnte, ließ sich am Stand der Sonne vermuten. Auch hatten wir eine Kette der höchsten Gipfel als Leitlinie zur Orientierung. So schlimm konnte es also nicht sein.

»Es ist doch recht schlimm«, meinte der schuldbewußte Mann, »es klaffen ja überall so tiefe Schluchten.«

Ich will es kurz machen, obwohl dieser Tag einer der längsten war. Schritt für Schritt ging es hinunter, durch himmelhohe Engpässe sind wir geklettert und zogen die müden Knochen mit Hilfe der Hände an scharfkantigem Geröll hinauf. Wir entdeckten idyllische Talsenken mit blauen Blumen und Birkenwäldchen. Murmelnde Quellen, dunkle Höhlen, tropfende Eiszapfen, tiefgrünes Moos und alter Schnee in schattigen Lagen. Die Damen bedurften der Stütze, und Palsson trug die Ältere auf seinem Rücken durch Wildbäche. Die Vorsehung führte uns gegen acht Uhr abends ins Tal des Thor. Aber wir hatten keinen Bus, um viele Male den Fluß zu durchqueren. Seine Kälte war atemberaubend, die Strömung riß uns fast die Beine weg. Alle Achtung vor den Frauen, die wir hinter uns herschleiften.

Als ich einen fortschwimmenden Hut ergriff, war darin auch die blonde Perücke. Infolgedessen hatte sich das Erscheinungsbild der Dame in auffallender Weise verändert.

Es waren Fanfarenstöße des Autobusses im Lager, die unsere erschöpften Kräfte aufs neue belebten. Die Kameraden hatten sich Sorgen gemacht, durchaus mit Recht, und ließen zur Wegweisung die akustischen Signale erklingen. Es war auch an diesem Abend schon lange nach Mitternacht, als wir die Zelte erreichten.

Wo er mit uns gewesen sei, wurde der entkräftete Pal Palsson gefragt.

»Wenn ich's nur wüßte«, seufzte der Rotbart, »aber ich kann es nicht sagen.«

Die Trolle hätten wohl seinen Geist verwirrt, lachte der baumlange Sigurdur.

Dem Ausflug ins Thórsmoerktal folgte ein Flug nach Akureyri, der zweitgrößten Stadt von Island. Sie liegt im Norden nahe dem Polarkreis und zählt etwa 10 000 Einwohner. Leider schwebte eine Wolkendecke über dem Innern der Insel, und so war von den Gletschermassen des Vatnajökull, dem Krater des Hekla und den einsamen Landschaften im Herzen Islands nichts zu sehen. Mit anderen Touristen fuhr ich von Akureyri zum Godafoss, dem »Wasserfall der Götter«. So wurde er genannt, weil die alten Wikinger ihre hölzernen Heidengötter in die tosenden Fälle warfen, als sich ihr harter Sinn dem christlichen Glauben zuwandte. Es war eine düstere Landschaft, der stürzende Strom donnerte wie ein gewaltiges Gewitter. Im Myvatnsee eine unschätzbare Zahl kleiner und kleinster Inseln. Die sogenannten Pilotenfelsen erhoben sich wie ein Feld von Pilzen aus dem glasklaren Wasser. Weiter zu den Geysiren, den dampfenden Quellen und kochenden Teichen. Der Bus stoppte vor einem Felsenwall, und der Fahrer deutete auf zwei natürliche Tunnel.

»Hier sind die warmen Schwimmbäder . . . bitte die Damen in die linke Höhle und die Herren nach rechts.«

Handtücher wurden ausgeteilt, und damit verschwanden wir in den hohlen Felsen. Es sah darin aus wie in der Blauen Grotte von Capri. Durch Felsspalten fiel Licht auf das schweflige Wasser in etwa sechs Meter Tiefe. Über Steinblöcke rutscht man hinunter, entledigt sich der Kleider und sinkt in die warme Flut. Die Temperatur betrug etwa 40 Grad und der Durchmesser des Bades ungefähr 20 Meter. Teilweise konnten wir im Becken stehen, teilweise mußte man schwimmen. Erst vor wenigen Jahren wurden die unterirdischen Warmbäder entdeckt, ein ganzes Dutzend soll es davon geben. Man hat nur die Eingänge verbreitert, aber sonst alles gelassen, wie es ursprünglich war. Hoffentlich bleibt es dabei.

Von Akureyri fuhr ich mit einem Linienbus in zwölf Stunden nach Reykjavik. Die Straße hielt sich nahe der Westküste, aber nur selten war das Nordmeer zu sehen. Grüne Täler, hohe Bergpässe und weite Moorlandschaften. Graue Lavafelder und in großen Abständen kleine Ortschaften. Schafe auf den Weiden, rotbraunes Vieh bei den Farmen, struppige Islandponies standen am Weg.

Eine andere Reise zum Wunder der 60 Meter hohen Skógafälle, dann zum Gullfoss unter einem herrlichen Regenbogen und zum Hvitafluß, wo zahllose kleine Wasserfälle aus dem hohen Felsenufer sprühen. Mehrere Kilometer weit folgt ein rauschender Schleier dem anderen. Wochen würden vergehen, wollte man nur die schönsten Wasserfälle Islands aus der Nähe betrachten. Ein Buch müßte tausend Seiten enthalten, um die Sehenswürdigkeiten Islands zu schildern.

Die vulkanische Zone von Haukadalur, der dampfende Boden von Hveravellir, die heißen Quellen von Hveragerdhi und die glühende Hölle von Surtur, dem feuerbringenden Riesen. Bei Krisuvik spritzt ein kochender Strahl zwölf Meter hoch. Im Hvalfjördhur werden Walfische abgespeckt, im Tal von Stöng sieht man die grasgedeckten Höfe aus alter Zeit. Der mächtige Geysir ›Strokkur‹ schießt alle Viertelstunde aus der Erde hervor.

Island ist unerschöpflich an Schauspielen der Natur. Je länger man auf der großen Insel verweilt, desto mehr möchte man auch von den Spuren der Vergangenheit und dem Leben in der neuen Zeit sehen. Die Menschen sind hilfsbereit, wenn auch zurückhaltend mit ihrer Neigung für Touristen. Noch ist das Land nicht von Fremden überlaufen und die Reisezeit auf die Monate von Juni bis September beschränkt. Die Preise halten sich in Grenzen und sind im Durchschnitt geringer als bei uns. Reykjavik hat ein halbes Dutzend neuer Hotels.

Die sind zwar modern bis ins letzte Detail, aber ohne anheimelnde Atmosphäre.

Auf dem Land werden bescheidene Ansprüche nicht enttäuscht. Alles ist sauber und durchaus preiswert. Während der Sommerferien sind die Schulinternate für Fremde geöffnet. Die Bedienung besteht meist aus Studenten oder halberwachsenen Schülern beiderlei Geschlechts. Warme Schwimmbäder gehören zu vielen dieser »Gasthöfe«. Man kann fischen und angeln, wandern und auf den Islandponies reiten. Ich habe mir so ein Pferdchen und einen zwölfjährigen, ebenfalls berittenen Begleiter für drei Tage gemietet und war von früh bis spät im Sattel. Die Ponies auf Island sind freundliche Tiere von erstaunlicher Ausdauer. Sie bleiben das ganze Jahr über im Freien, verlangen fast keine Pflege und sind auch mit magerer Weide zufrieden.

Thingvellir darf man nicht auslassen, wo sich schon im Jahre 930 und bis zum Ende des 18. Jahrhunderts die Häupter der isländischen Familien zur Sonnwendzeit versammelten, um Fragen des öffentlichen Wohles zu entscheiden und Recht zu sprechen. Das glückliche Island hatte in der frühen Epoche nur einen Beamten, den sogenannten ›Lögmadur‹. Er leitete den Verlauf der Diskussion, zählte die Stimmen der Wahlberechtigten und verkündete die Gesetze. Sein Platz war oben auf einer natürlichen Felsterrasse. Die Volksvertreter standen in einem Halbkreis darunter, während die Familien mit all ihrem Hausrat auf der Ebene lagerten. Aus der Ebene ist durch das Erdbeben im Jahr 1785 leider ein Sumpf geworden. Aber hier und dort sieht man noch die Reste von Erdwällen, die man zum Schutz der Zelte aufgeworfen hatte. Sogar die Namen der Sippenführer sind bekannt, denen diese Stellen nach altem Gewohnheitsrecht gehörten. Die Felsterrasse hinter dem Standort des Sprechers hat einen tiefen, etwa kilometerlangen und gradlinig verlaufenden Einschnitt, den fünf Männer nebeneinander durchschreiten können. Das ist die Almannjaschlucht. Wotan, der mächtigste Gott der germanischen Völker, hat diese Schlucht mit seinem Schwert in den Fels geschlagen. In der sonst fast lieblich anmutenden Ebene liegt ein finsterer, sumpfiger Tümpel. Hatte eine Frau die eheliche Treue gebrochen und kam es zur Kenntnis des hohen

Gerichts, so war ihr Leben verwirkt. Das unglückliche Weib verschwand in dem Tümpel. Gegen die am Treuebruch beteiligten Männer wurde keine Anklage erhoben. Sie waren ja nur Opfer der weiblichen Verführungskunst und damit ohne eigene Schuld.

Hatte ein Mann schlimme Untat verübt, wurde er zu zwanzigjähriger Verbannung im menschenleeren Hinterland verurteilt. Wie diese Ausgestoßenen dort ihr Leben fristeten und den langen Winter überstanden, war ihre Sache. Meist hausten sie in Höhlen, wärmten sich an den heißen Quellen und ernährten sich von entlaufenen Schafen. Aber nur wenige überlebten die ersten Jahre. Der Tod durch Hunger oder der Sprung in einen Krater erlöste sie von ihrem jämmerlichen Dasein. Für Mord und Totschlag galten mildernde Umstände, wenn ungezügeltes Temperament daran die Mitschuld trug. In solchen Fällen genügten drei Jahre der Verbannung aus Island. Die Verurteilten durften ein Schiff besteigen und, mit allen Notwendigkeiten des Lebens versehen, auf die hohe See hinausfahren. Wenn sie eines Tages zurückkehrten, war alles vergeben und vergessen.

Islands »Goldene Zeit« nennt man die Jahre vom Beginn der Besiedlung bis zum Ende des dreizehnten Jahrhunderts. Da war die Insel ein selbständiges Staatswesen mit einer für damalige Begriffe hohen Kultur und blühendem Wohlstand. Etwa 80 000 Menschen lebten auf Island, eine erstaunlich hohe Zahl für nördliche Breitengrade in dieser Zeit. Viele konnten lesen und schreiben. Heldensagen wurden aufgezeichnet und in Stabreimen gedichtet. Die Edda, die Sagen von Egil, Gudrun und Brunhild sind davon nur wenige Beispiele. Das ›Landnamabok‹ schildert die frühe Geschichte Islands und die Sturlungasaga alle bedeutenden Ereignisse bis zum Verlust der Selbständigkeit an die norwegische Krone. Die Eriksaga beschreibt die Fahrt Erichs des Roten nach Grönland und die Vinlandsaga den ersten Siedlungsversuch seines Sohnes Leif in Amerika.

Der größte Sagendichter und auch Sammler von Sagen, der Geschichtsschreiber des alten Island, war Snorri Sturlusson, um 1178 geboren und 1241 erschlagen. Er war einer der mächtigen Feudalherren im Lande, besaß an die hundert Leibeigene und einen großen Hof bei Reykholt. Davon ist das kreisrunde, von einer dampfenden Quelle gespeiste Badebecken, ›Snorralaug‹ genannt, übriggeblieben. Gleich daneben erhebt sich heute ein Schulinternat, das während der langen Sommerferien den Touristen zur Verfügung steht. Da mich Sturlussons literarische Schöpfungen und mehr noch seine Geschichte der alten isländischen Seefahrt schon lange interessiert hatten, wollte ich mir die Stätte seines Wirkens ansehen. Aber was mußte ich dort von ihm hören?

»Er war ein gottbegnadeter Dichter, hatte jedoch einen abstoßend schlechten Charakter«, sagte eine bildhübsche Studienrätin, die Fremde herumführte.

Dennoch mußte Snorri ein Mann gewesen sein, der in ungewöhnlicher Weise auf Frauen wirkte. Hintereinander führte er vier von den reichsten Erbinnen Islands zum Traualtar. Angeblich hat er nach einigen Jahren dann jede im Badebecken ertränkt, um wieder frei zu sein für die nächste Hochzeit. Aber es wird von großen Männern viel erzählt, ohne daß eine Nachprüfung ihres wirklichen Lebenswandels möglich ist. Sicher hat Snorri Sturlusson grimmige Feinde gehabt, denn schließlich fand auch er selbst ein gewaltsames Ende in seinem Badebecken. Ich betrachte ›Snorrilaug‹ mit gemischten Gefühlen. Es sah ganz harmlos aus, hatte auch die richtige Temperatur, um lange darin zu liegen. Aber vier ertränkte Frauen und ein totgeschlagener Dichter gaben der heißen Quelle einen höllischen Beigeschmack.

»Übrigens soll Sturlusson der erste Isländer gewesen sein, der täglich badete«, erzählte die sachkundige Dame. »Sonst stieg damals kein Mensch freiwillig ins Wasser. Erst Snorri gab dafür ein gutes Beispiel.«

Sein Ende fiel ungefähr mit dem Ende der »Goldenen Zeit« zusammen. 1264 geriet das freie Island unter die Oberherrschaft der norwegischen Könige. Die alten und reichen Familien verloren ihren maßgebenden Einfluß, großenteils auch ihren Besitz und ihre Knechte. Eine Verschlechterung des Klimas kam noch hinzu. So konnte die hohe Kultur der ersten Jahrhunderte nicht weiterblühen. Etwa die Hälfte der Bevölkerung wurde 1405/06 von der Pest dahingerafft.

Als die Insel an die dänische Krone überging, verboten strenge Gesetze jeden Handel mit anderen Staaten, und Island wurde zu einer ausgebeuteten dänischen Kolonie. Allgemeine Not und Armut bedrückten die Menschen. Das Althing hatte kaum noch Bedeutung und blieb nur Gerichtshof. Der furchtbare Ausbruch des Laki vernichtete 1786 einen großen Teil der Farmen. Die Bevölkerung sank auf den Tiefstand von 36 000 Personen. Während sich im übrigen Europa die Menschenzahl verdoppelte und verdreifachte, hatte die Insel weniger Bewohner als im elften Jahrhundert. Endlich, im Jahre 1847, erhielt Island wieder eine eigene Verwaltung für innere Angelegenheiten. Da war auch die Bevölkerungszahl wieder auf den Stand der früheren Zeit gestiegen. 1918 wurde Island ein Königreich in Personalunion mit dem jeweils regierenden König von Dänemark. Zwei Jahre später war der Althing wieder allgemeine Volksvertretung, aber schon nicht mehr in Thingvellir, sondern im Parlamentsgebäude von Reykjavik. Während des Zweiten Weltkrieges, als Island von amerikanischen und Dänemark von deutschen Truppen besetzt war, ergab 1944 eine Volksabstimmung die Mehrheit von 90 Prozent für eine selbständige Republik. So ist es bis heute geblieben.

In Reykjavik wohnte ich nicht mehr in der unpersönlichen Atmosphäre eines der großen Hotels, sondern bei dem jungen Ehepaar Stroß in der ›Öldugata‹. Er war Deutscher und seine blonde, schlanke Frau eine Tochter des Landes. Vier wohlgeratene Kinder zwischen zwei und sieben Jahren gehörten zum Haushalt. Wer nicht nur die Bekanntschaft Islands machen möchte, sondern auch der Isländer, dem rate ich dringend zu einem Privatquartier, vorzugsweise in einem der älteren Wohnviertel der Hauptstadt. Von dort sind alle besseren Geschäfte, Restaurants und Museen, auch die Banken, Büros und Stationen der Überlandbusse zu Fuß erreichbar. Die schon vor längerer Zeit angelegten Villenviertel sind ruhig und vornehm. Dort gibt es auch schöne Gärten und schattenspendende Bäume. Dagegen machen die modernen Regionen Reykjaviks den Eindruck, als wären sie in vegetationsloser Wüste entstanden. In dem subarktischen Klima vergehen etwa 15 Jahre, bis Bäumchen und Büsche die Höhe der Fenstersimse erreichen. Privatquartiere vermittelt das Touristbüro und ebenso *Icelandair*. Im Preise inbegriffen ist meistens auch der Familienanschluß. Da erfährt man so manches über das private und öffentliche Leben, was dem Fremden im Hotel unbekannt bleibt.

Fast alle Ehefrauen sind mit Arbeiten außerhalb des Hauses beschäftigt. Die kleinen Kinder werden tagsüber in einem Heim versorgt. Erst gegen Abend ist die Familie wieder versammelt. So erlaubt der Verdienst beider Ehepartner einen relativ hohen Lebensstandard. Die meisten Isländer arbeiten auch während der langen Sommerferien. Wer fremde Sprachen beherrscht, dem bieten sich Möglichkeiten im Rahmen des Fremdenverkehrs. Teenager finden Beschäftigung und wesentliche Aufbesserung ihres Taschengeldes bei der Pflege öffentlicher Anlagen. Das Familieneinkommen muß relativ höher sein als bei uns, weil alle importierten Waren, auch die mechanisierten Haushaltsgeräte, durch Einfuhrzölle sehr teuer sind. Man zahlt hundertprozentigen Einfuhrzoll für private Kraftfahrzeuge.

Früher hatte jede Familie nahe Verwandte auf dem Land. Dort schickte man im Sommer die Kinder hin, und oft verbrachten auch die Eltern dort ihre Ferien. Während der letzten Jahrzehnte sind aber so viele Isländer in die Stadt gezogen, daß sich die angestammte Verbindung zum Land gelockert hat.

Es gibt keinen Hundedreck auf den Straßen von Reykjavik, weil das Halten von Hunden in der Hauptstadt verboten ist. Ein anderes Gesetz verbietet die Mitnahme von alkoholischen Getränken im Auto, es sei denn, Flaschen würden im originalverpackten Zustand vom Einkauf direkt nach Hause befördert. Der Vertrieb von Alkoholika ist staatliches Monopol, es gibt dafür nur einige wenige, streng kontrollierte Geschäfte. Als Kuriosum sei noch erwähnt, daß man in den Bars geistige Getränke nur an Tischen oder Theken von bestimmter Höhe genießen darf.

Um die Kunst der Malerei, der Bildhauerei und ähnlicher Kreationen zu fördern, beziehen anerkannte Künstler ein festes Jahresgehalt vom Staat. Die Sorge um ihr tägliches Brot bleibt ihnen damit erspart.

Von den kulturellen Überlieferungen der alten Zeit ist viel mehr geblieben, als der eilige Fremde bemerkt. Das Ehepaar Stroß führte mich zu einem ›Kvöldvacka‹. Sechs Männer und drei Frauen standen auf einer schmucklosen Bühne, trugen die Tracht des 18. Jahrhunderts und erzählten Geschichten. Ohne irgendwelche Kulissen sollte eine abendliche Zusammenkunft im Torfhaus der Vergangenheit dargestellt werden. Da war es üblich, daß man Sagen aus der »Goldenen Zeit« vortrug, auch lustige Begebenheiten der damaligen Epoche, einfache Märchen und schon längst bekannte Gedichte. Man rezitierte Höhepunkte isländischer Dramen mit verteilten Rollen und las mit lauter Stimme aus alten Folianten. Das Publikum war begeistert und ging zufrieden nach Hause.

Wer eine isländische Familie kennt, der kennt schon bald sehr viele. Man begegnet weitgereisten Leuten. Weil die Universität nicht für alle Fachgebiete eine vollständige Ausbildung bieten kann, verbringen viele junge Leute mehrere Jahre im Ausland. Die gebildete Schicht ist so sprachgewandt, wie man es in anderen Ländern nur selten oder gar nicht findet. Eine Unterhaltung in englischer, deutscher und französischer Sprache macht keine Schwierigkeit. Oft läßt sich nicht die Spur eines fremden Akzentes erkennen. Als ich mit dem berühmten Schriftsteller Gunnar Gunnarsson sprach, war es, als würde ich mit einem Deutschen reden.

Ich suchte den Kontakt mit Kennern der Wikingerfahrten nach Grönland und zur Nordküste Amerikas. Der Flug nach Grönland stand auf meinem Programm und für den kommenden Winter auch ein Besuch in Neufundland. Dort hatte der norwegische Forscher Helge Ingstad vor wenigen Jahren die Reste einer Wikingersiedlung entdeckt. War sie wirklich echt, und wie waren die Nordmänner dorthin gekommen? Weshalb waren sie nach vier Jahrhunderten ihres ständigen Aufenthalts wieder ganz aus Grönland verschwunden? Darüber gab es viele Theorien, aber welche kam vermutlich der Wahrheit am nächsten? Wer konnte mir darüber Auskunft geben?

»Doktor Kristjan Eldjarn, lange Jahre der Leiter des isländischen Nationalmuseums«, wurde mir gesagt.

Er hatte selbst an den Ausgrabungen in Grönland teilgenommen und war mit Helge Ingstad in L'Anse aux Meadow gewesen, als an der neufundländischen Nordspitze die dürftigen Reste von Torfhäusern aus dem zehnten oder elften Jahrhundert zum Vorschein kamen.

»Er wird Sie bestimmt empfangen und Ihre Fragen beantworten. Wir wollen gleich mal anrufen.«

Am nächsten Tag war ein Treffen nicht möglich. Da mußte Dr. Eldjarn an der Beisetzung des Ministerpräsidenten teilnehmen, der mit seiner Frau und seinem Enkel auf tragische Weise verbrannt war. Alle Häuser hatten halbmast geflaggt, und eine dreitägige Staatstrauer war angeordnet.

»Am Mittwoch um zehn«, kam die Antwort, »Sie wissen doch Bescheid, wo Eldjarn zu finden ist?«

Im Nationalmuseum, meinte ich, weil er doch dessen Gründer war.

»Aber nein, im Althing, gleich rechts vom Eingang liegen seine Amtsräume. Wir haben ihn doch zum Präsidenten von Island gewählt.«

Der Rote Erich und sein Sohn

Rund tausend Jahre sind vergangen, seitdem der erste weiße Mann in Grönland auftauchte. Aber es war den Wikingern schon vorher bekannt, daß im Westen von Island eine von Eis umgebene Küste lag, die man wegen ihrer zahlreichen Riffe und Klippen zu fürchten hatte. Oft wurden Seefahrer weit ins Nordmeer hinausgetrieben, manche von ihnen erblickten in der Ferne das geheimnisvolle, ganz von Schnee bedeckte Land. Doch keiner hatte sich nahe herangewagt oder gar die abweisende Küste betreten. Grönlands eigentliche Entdeckung blieb Erich dem Roten vorbehalten.

In der Grönlandsaga wird einiges über das Vorleben »Erik Raudes« berichtet, auch über seinen Vater Thorvald. Viel ist es nicht, aber es wirft einen dunklen Schatten auf diese Familie: »Sie verließen ihre norwegische Heimat, weil sie mehrere Männer erschlagen hatten.«

Mit diesem einen Satz war schon viel gesagt, aber es sollte bald noch schlimmer kommen.

Geysir auf Island. In Abständen von wenigen Minuten bis zu einer halben Stunde steigt der dampfende Strahl mit laut zischendem Geräusch hoch in die Luft (oben).

Das siedend heiße Wasser des vulkanischen Teichs ist so klar, daß man jede Kontur des Bodens deutlich erkennt (unten).

Thorvald entstammte einem alten, vornehmen Geschlecht der Landschaft Jaeren. Als ihm der Boden in Norwegen zu heiß wurde, segelte er mit seiner Frau und den Kindern, mit dem leibeigenen Gesinde, dem Vieh, den Schafen und sämtlichem Hausrat nach Island. Die Reise erfolgte, soviel man weiß, im Jahre 950 nach unserer Zeitrechnung. Aber die Neusiedler kamen zu spät; denn schon hundert Jahre früher hatte die Landnahme der Nordmänner in Island begonnen. Das gute Weideland an den Fjorden der sonst öden Insel war bereits von anderen Siedlern besetzt. Ohne Grünflächen konnte aber niemand in diesem Lande leben. Sie waren das Futter für Rinder und Schafe, nur auf guten Weiden konnten sich die mitgebrachten Tiere vermehren. Sie lieferten damals den Menschen fast alles für ihre Existenz, das Fleisch, die Milch, Butter und Käse, Leder für die Schuhe, Wolle für die Kleider und Segel sowie Häute für vielfache Verwendung.

Thorvald und Erik mußten sich bei Hornstrandir im Nordwesten der Insel mit nur sehr mageren Weiden begnügen. Thorvald starb schon bald, Erik, sein ältester Sohn, heiratete Thjodhild, die Erbtochter eines reichen Landbesitzers. Sie brachte ihrem Mann das Wiesenland von Haukadal mit in die Ehe. Dort baute sich der Rote Erich einen großen Hof und nannte ihn Erikstadir. So war eigentlich alles aufs beste geregelt. Aber Erik Raude war, wie sein Vater, ein Mann von höllisch heißem Temperament. Hatte er schon in Hornstadir seine Nachbarn belästigt, so erschlug er nun zwei Männer in der Nähe von Haukadal. Seine Strafe dafür war die Verbannung aus der Gegend. Er zog mit seiner Familie an den Breidafjord, um sich in Oxney einzurichten. Wie es scheint, besaß Thjodhild auch dort eine Fläche guten Landes. Aber Erik gönnte seinen Nachbarn keine Ruhe. Er überfiel andere Höfe und brannte sie nieder. Nochmals wurde er schuldig am Tode zweier Männer. Das Thing von Thorsnes verurteilte ihn zu dreijähriger Verbannung aus Island.

Alte isländische Kirche, durch Wälle aus Torf und Stein gegen Winterstürme gesichert. Der junge Mann an der Tür läßt erkennen, daß die Menschen der vergangenen Jahrhunderte vermutlich viel kleiner waren als die heutigen Isländer (oben).

Eskimo bei Kulusuk, einer der wenigen Siedlungen an der Ostküste von Grönland (unten).

Drei Söhne hatte er zu dieser Zeit, mit Namen Leif, Thorstein und Thorvald, außerdem noch Freydis, eine Tochter außerhalb der Ehe.

Als der Rote Erich bekanntgab, er wolle nach dem geheimnisvollen Land im fernen Westen suchen, fand er für die Fahrt ins Ungewisse zwanzig wagemutige Begleiter. Er besaß ein Schiff, und wie man weiß, waren die ›Drachenschiffe‹ der Wikinger die weitaus besten Seefahrzeuge der damaligen Zeit. Kein noch so starker Wellengang konnte sie zum Kentern bringen. Die Rippen und Spanten waren so elastisch zusammengefügt, daß die Schiffe mit den Wogen auf und nieder tanzten. Bei günstigem Wind wurde ein quadratisches Segel gesetzt, sonst griff man zu den langen Rudern.

Die Nordmänner brauchten keinen vor Sturm und Strömung geschützten Hafen. Wenn sie landen wollten oder mußten, gelang es ihren vereinten Kräften, das Schiff auf den Strand zu ziehen. Das erlaubte ihnen, die Küstenbewohner gerade dort zu überfallen, wo man es am wenigsten vermutete. Bei originalgetreuen Nachbauten der Wikingerschiffe wurde festgestellt, daß sich allein durch die Muskelkraft der Männer eine Stundengeschwindigkeit von 25 bis 30 Kilometern erreichen ließ. Die Drachenschiffe, so genannt wegen eines geschnitzten Drachenkopfes am hoch geschwungenen Bug, hatten keine Kabinen. Nur am Heck und am Bug gab es Verschläge für die trockene Aufbewahrung des leicht verderblichen Proviantes. Ein ausgespanntes Zeltdach schützte die Mannschaft und Passagiere sowie die Haustiere vor sengender Sonne oder prasselndem Regen. Aber sie mußten im Nordmeer eisige Kälte ertragen, ebenso die unvermeidbare Nässe. Sie durchzog Kleider, Pelze und Lederstiefel. Während der Fahrt wurde nur kalte Kost verzehrt und auch tagelang gehungert. Es war schon ein starkes und hartes Geschlecht, das solche Seefahrten über sehr weite Strecken ertrug. Die Wikinger drangen auf ihren Raubzügen in alle großen Ströme Europas ein. Sie brandschatzten die Küsten Frankreichs, Englands und Irlands. Dann erschienen sie in Spanien und im Mittelmeer. Ihre Schiffe durchquerten auf den Wasserwegen ganz Rußland und fuhren über das Schwarze Meer bis nach Konstantinopel. Während ihrer besten Zeit eroberten die unersättlichen Nordmänner den größten Teil von

England, Irland und Schottland, gründeten eigene Staaten in der Normandie, Sizilien und Süditalien und errichteten ihre Herrschaft an der Wolga mit Kiew als Hauptstadt. Das russische Zarenreich ist daraus entstanden.

Es gab Kriegsschiffe und Frachtschiffe, die einen schnell und schlank, die anderen breit und schwerfälliger. Sie beförderten Handelswaren, auch Familien mit allem Zubehör, sogar Rinder, Schafe, landwirtschaftliches Gerät und Baumaterial für standfeste Hütten.

Es ist anzunehmen, daß Erich der Rote für seine Entdeckungsreisen ein Frachtschiff benutzte. Er brauchte große Vorräte an Verpflegung, dutzende von Wasserfässern, Bekleidung für jede Jahreszeit und das notwendigste Material für den Bau von Winterquartieren. Holz war auch in Island eine Mangelware, seitdem man die Birkenwälder fast völlig vernichtet hatte. Niemand konnte wissen, ob es Wälder in dem sagenhaften Westland gab. So mußte der Führer einer solchen Expedition für allen Bedarf entsprechende Vorsorge treffen. Das galt besonders für Erik Raude, denn er durfte ja unter keinen Umständen vor dem Ablauf von drei Jahren nach Island zurückkehren.

Seine Frau und seine Kinder ließ er daheim, aber mit dem Versprechen, sie abzuholen, falls er gutes Weideland finden würde. Erik hatte sich so viele Feinde in Island gemacht, daß er auch nach Verbüßung seiner Strafe kaum noch auf den Ländereien Thjodhilds leben konnte.

Die Saga schweigt über die Beschwernisse der gewiß sehr gefahrvollen Reise. Für gewöhnlich behielten die Wikinger das Land in Sicht, denn sie besaßen keinen Kompaß und auch sonst keine Möglichkeit, ihren Standort genau zu bestimmen. Ihre Orientierung waren Sonne und Sterne, auch Meeresströme und vorherrschende Windrichtung. Bei bedecktem Himmel und in Meeren, die sie nicht kannten, verloren die Nordmänner oft ihren Kurs. So war es für Erich den Roten gewiß ein großes Wagnis, weit vom Land entfernt über die Wogen zu rudern und zu segeln.

Man weiß nur, daß er mit seinen zwanzig Gefährten eines Tages vor der grönländischen Ostküste anlegte. Dort war alles steinig, wüst und leer. Treibendes Eis schwamm in den Fjorden, ewiges Eis füllte die Täler, und steile Berge erhoben sich aus endlosen Schneefeldern. Der Rote Erich steuerte nach Süden, in der Hoffnung, etwas milderes Klima zu finden. So kam er zum Kap Farewell, der Südspitze Grönlands. Er umrundete das Kap und folgte der Westküste. Zunächst sah es auch dort nicht besser aus als im Osten. In jeden Fjord ruderten die Nordmänner hinein, weil sie glaubten, in geschützter Lage schneefreien Boden zu entdecken, vielleicht sogar grünes Weideland. Endlich wurde ihre Mühe belohnt. Am Rande tiefeingeschnittener, von hohen Gebirgen umrahmter Buchten lag vielversprechendes Land. Weidengestrüpp und Birkenbüsche standen an einigen Stellen bis zwei Meter hoch. Kilometerweit dehnten sich Grasflächen aus. Es gab gutes Trinkwasser in den Bächen, Torf als Brennstoff für die Hüttenfeuer, reichen Fischbestand in den Fjorden, auch Robben und Seehunde in großer Menge.

Erik der Rote blieb mit seinen Gefährten drei Sommer und zwei Winter in Grönland. Sie erforschten die Küste hoch hinauf nach Norden, bis sie eine ziemlich genaue Karte im Kopf hatten. Jede mögliche Gegend für eine Siedlung wurde festgestellt. Die besten Plätze nahm Erik für sich und die Seinen in Anspruch. Aber mindestens hundert andere Familien konnten noch an den grünen Fjorden leben.

Die Nordmänner fanden zwar Reste von Erdhütten und zerfallenen Fellbooten, aber keine Spur von Landesbewohnern. Wie man heute weiß, haben mehrere Wellen von Polarvölkern die grönländische Küste besiedelt, aber in den Zwischenzeiten waren die Fjorde für Jahrhunderte menschenleer. Als Grund werden klimatische Änderungen angenommen sowie das Verschwinden und Wiederauftauchen der Seehunde, Walrosse und Rentiere. Die Wikinger entdeckten die grünen Landstreifen am Ende der Fjorde, als keine Eskimo dort lebten.

Wie ein Grundstücksmakler die bestmögliche Werbung betreibt, um Käufer anzulocken, so gab Erich der Rote dem gefundenen Land einen zugkräftigen Namen. Heute lesen wir auf Werbeprospekten von Goldstrand, Silbersand, Smaragdbuchten, Paradiesküste und andere Bezeichnungen ebenso schöner Art. Erik Raude warb für seine Entdeckung am Polarmeer mit der stark übertriebenen

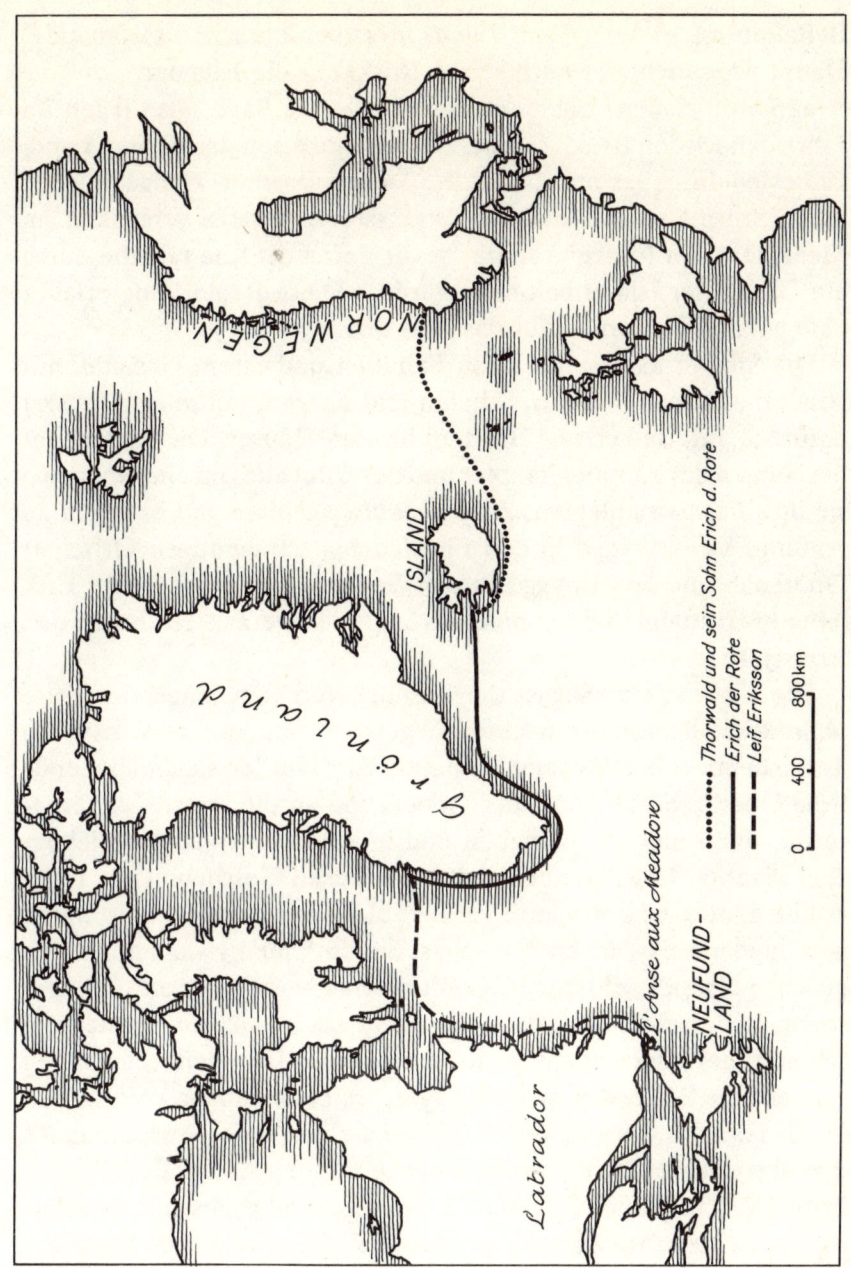

Entdeckung Amerikas durch die Wikinger

Behauptung, es sei *grünes Land*, in seiner Sprache »Grönland«. Damit überraschte er nach seiner Rückkehr die Isländer.

»25 vollbeladene Schiffe«, so berichtet die Sage, »verließen im Jahre danach den Breidafjord und Borgafjord, um das ›Grüne Land‹ zu besiedeln. Aber nur 14 Schiffe kamen dorthin. Einige wurden durch Stürme nach Island zurückgetrieben, andere versanken im Meer. Das war fünfzehn Jahre, bevor der christliche Glaube durch ein Gesetz für Island befohlen wurde.« Diese Bemerkung erlaubt eine genaue Datierung auf das Jahr 985.

Die Siedler kamen mit ihren Familien und ihrem Gesinde, mit Rindern, kleinen Pferden, Schafen und Ziegen, mit allem Hausrat natürlich, mit Balken und Brettern für ihre Häuser. Die Saga nennt die Namen der Familienhäupter und berichtet auch im einzelnen, wo sie ihre Farmen anlegten. Zwei Siedlungsgebiete gab es schon zu Anfang, Verstribyggd in den Fjorden bei der heutigen Ortschaft Godthaab und Eystribyggd in der Gegend von Julianehaab. Erik lebte in Brattahild und nannte die lange, vielverzweigte Bucht den Eriksfjord.

Die historischen »Sagas« der Isländer sind keine Sagen im Sinne phantasievoll ausgeschmückter Legenden, sondern es waren die Tatsachenberichte der damaligen Zeit. Erst wurden sie durch mündliche Überlieferung von einer Generation an die andere weitergereicht, dann niedergeschrieben und immer wieder abgeschrieben. Wer glaubte, er wisse noch mehr von diesen Geschehnissen, fügte es hinzu, oder er korrigierte vermeintliche Irrtümer. So entstanden verschiedene Fassungen der Sagas. Sie enthalten zwar immer den gleichen Grundstoff echter Geschichtsschreibung, aber oft sind Personen zu derselben Zeit daran beteiligt, die in anderer Darstellung schon früher oder erst später auftreten. Auch Familienbeziehungen spielen eine Rolle. Konnten die Sagaschreiber einen ihrer Vorfahren in der Handlung entdecken, so gaben sie ihm mehr Bedeutung als den übrigen Helden. Das verwirrt mitunter den Ablauf des Geschehens. Doch in großen Zügen sind die Sagas wahrheitsgetreue Schilderungen aus lange zurückliegender Zeit. Die Bodenforschung und wissenschaftliche Analyse in unserem Jahrhundert haben dafür so manche Beweise erbracht, besonders in Grönland und Vinland.

»Erik Raude genoß das höchste Ansehen«, berichten die Sagas, »alle Nordmänner in Grönland folgten den Anweisungen Eriks. Da waren seine Söhne: Leif, Thorvald und Thorstein und eine Tochter, deren Name Freydis war. Seine Frau Thjodhild bekehrte sich, als sie älter wurde, zum Glauben an Christus. Sie war die erste des neuen Glaubens in Grönland. Erik folgte ihrem Beispiel nicht, und deshalb versagte ihm Thjodhild den Besuch ihrer Kammer. Sie ließ eine Kirche bauen, doch einen Weg entfernt vom Hof Erik Raudes. Thjodhilds Kirche war aber hoch gelegen und weit zu sehen.«

Jedes Jahr brachte neue Siedler nach Grönland. Bald lebten hundert Familien an den Fjorden von Eystribyggd und Vestribyggd. Es ging ihnen gut, und sogar Erich der Rote hielt Frieden mit seinen Nachbarn. Sein Sohn Leif fuhr zweimal nach Norwegen und verbrachte beide Winter als gern gesehener Gast am Hofe des Königs Tryggve Olafssons. Als gläubiger Christ kehrte er zurück nach Grönland und bekehrte zum Kummer seines Vaters noch viele andere Leute. Leif wurde um das Jahr 1000 der erste Entdecker Amerikas.

Um das Jahr 1300 lebten in Eystribyggd und Vestribyggd nach verschiedenen Schätzungen 3000 bis 5000 Menschen. Sie nannten sich Grönländer und waren zu einem Volk eigener Art geworden. Es gab einen Bischof in Gardar, zwei Klöster und achtzehn Kirchen. Ein reger Handelsverkehr verband die Grönländer mit Island, Norwegen und sogar mit den deutschen Hansestädten. Grönland exportierte die Häute und das Elfenbein der Walrosse, Tran und Trockenfisch, Eiderdaunen, Jagdfalken und sogar junge Eisbären. Die Einfuhr bestand aus Holz, Getreide, Geräten für den Haushalt und die Landwirtschaft, aus Leinenstoff, Wein und Branntwein. Vieles war dabei, das für damalige Begriffe schon fast zum Luxus zählte. Aber die notwendigen Gebrauchsgegenstände für das sehr einfache tägliche Leben wurden im Land hergestellt. Die Nordmänner hatten in den Mooren sogenanntes Raseneisenerz entdeckt und Schmieden eingerichtet. Sie konnten sich daher selbst mit Kochtöpfen, Speerspitzen, Pfeilen, Nägeln und Angelhaken versorgen.

Zu Anfang des 15. Jahrhunderts hören alle Nachrichten auf. Man weiß noch von der Hochzeit zwischen Thorsten Olafsson und Sigrid

Björnsdottir in der Kirche von Hvalsey am 16. September 1408. Das war die letzte Kunde aus dem Grönland der Nordmänner. Der englische Seefahrer John Davis hat auf seinen drei Expeditionen 1585 bis 1587 keine Menschen angetroffen. Auch eine dänische Expedition, die eigens zur Suche nach den Nordmännern ausgesandt war, kam erfolglos zurück. Als 1723 Hans Egede die ständige Verbindung zwischen Norwegen, Dänemark und Grönland wieder herstellte, waren die Fjorde in Eystribyggd und Vestribyggd von Eskimo bewohnt. Sie hatten sich an den gleichen Stellen niedergelassen wie seinerzeit die Wikinger. Allem Anschein nach waren sie nicht unmittelbar auf die Nordmänner gefolgt, sondern hatten bei ihrer Ankunft die Fjorde menschenleer vorgefunden. Aber es gab noch Ruinen der Kirchen und Klöster, Reste der alten Siedlungen und Gräber mit zerfallenen Kreuzen. Doch fehlte jeder Hinweis auf das Schicksal der Verschwundenen.

Was war geschehen?

Man weiß es bis heute nicht. Das große Rätselraten der Gelehrten und der Laien hat nur Theorien hervorgebracht. Es sind ganz verschiedene Versuche, das Verschwinden der weißen Grönländer zu erklären: Einige davon könnten richtig sein, und zwar die folgenden:

Die rasche Verschlechterung des Klimas im 15. Jahrhundert. Die Sommer wurden kürzer und kälter, die Winter brachten mehr Schneefall und tiefen Frost. Das führte zum Verlust der Rinder, der Schafe und überhaupt aller Haustiere. Schließlich gingen auch die Menschen an Nahrungsmangel zugrunde.

Epidemische Krankheiten, vor allem die Pest, haben nach und nach die Nordmänner ausgerottet. Weil zur gleichen Zeit auch in Island, Norwegen und Dänemark die Pest einen großen Teil der Bevölkerung hinwegraffte und allgemeine Not herrschte, segelten von dort keine Schiffe mehr nach Grönland. Die Nordmänner starben aus, weil ihnen der Nachschub an notwendigsten Verbrauchsgütern fehlte.

Als das Klima kälter wurde und deshalb die Weidewirtschaft nicht mehr möglich war, sahen sich die Grönländer zur Auswanderung nach Nordamerika gezwungen. Den Weg kannten sie schon seit langem, denn sie bezogen ihr Holz aus Vinland. Von dort fuhren sie weiter nach Süden, vermischten sich mit den Indianern oder fanden ihr Ende beim Kampf mit den Rothäuten.

Seeräuber überfielen die Siedlungen, brannten die Höfe nieder, schlachteten das Vieh, mordeten die Menschen oder verschleppten sie als Sklaven.

Man sagt auch, daß entgegen überwiegender Meinung die Eskimo, vom hohen Norden kommend, bis ins südwestliche Grönland vordrangen, als die Wikinger noch Vestribyggd und Eystribyggd bewohnten. Sie konnten sich gegen das Polarvolk nicht halten und wurden von den Eskimo nach und nach vernichtet.

Meines Erachtens hat die Theorie einer Ausrottung durch Piraten vieles für sich. Die weit auseinander liegenden Höfe waren praktisch wehrlos. Ein Raubzug schon genügt, um die sehr dünne Lebensgrundlage der Grönländer zu zerstören. Das abgeschlachtete Vieh konnte man nicht ersetzen. Ohne Schiffe, die gewiß von den Seeräubern verbrannt oder mitgenommen wurden, war es nicht möglich, Holz für den Wiederaufbau der Höfe heranzuschaffen. Wenn es so war, dann mußten die überlebenden Menschen schon im nächsten Winter zugrunde gehen. Es ist kaum zu glauben, aber doch eine Tatsache, daß um das Jahr 1600 arabische Piraten aus Algier die Westmännerinsel bei Island überfielen und fast die gesamte Bevölkerung in die Sklaverei verschleppten. Sie hätten es in den Fjorden Grönlands noch einfacher gehabt.

Welche Meinung zu diesen Theorien vertrat nun Dr. Kristjan Eldjarn, der große Experte für die nordische Geschichte und amtierender Präsident von Island?

Jedes andere Staatsoberhaupt residiert in einem Palast. Es steht ihm ein Stab von zahlreichen Beamten, Adjutanten und sonstigem Personal zur Verfügung. Der Präsident von Island hat nur drei Amtsräume in dem an sich schon bescheidenen Parlamentsgebäude. Es gibt keinen Warteraum für Besucher. Eine Sekretärin im Vorzimmer führt mich gleich zum Chef des Präsidialbüros, das nur aus ihm und der Schreibkraft besteht. Schlag zehn Uhr, keine Minute früher oder später, läßt mich der Präsident bitten.

Ein Mann in den Fünfzigern, schmal, mittelgroß, graumeliertes

Haar, elastische Haltung und gebräuntes Gesicht. Ich übergebe ihm die isländische Ausgabe eines Meissnerbuches, und er schenkt mir einen Bildband über Island.

Der Präsident verläßt seinen Schreibtisch, und wir nehmen Platz in einer Sitzecke. Kein Wort über politische, wirtschaftliche oder soziale Probleme. Ich bin nicht zum Präsidenten der Republik gekommen, sondern habe den Historiker aufgesucht, um mit ihm über Probleme zu sprechen, die weit in der Vergangenheit liegen. Man hat es ihm gesagt, und so kommen wir gleich zum Thema.

»Weshalb sind die Nordmänner aus Grönland verschwunden? Sie kennen die verschiedenen Erklärungsversuche, Herr Präsident, welche davon halten Sie für wahrscheinlich?«

Er legt die Hände zusammen und beugt sich vor.

»Es sind vermutlich mehrere Ursachen gewesen, die sich auf tragische Weise ergänzt haben. Ich glaube nicht, daß die Grönländer durch Nahrungsmangel degeneriert sind oder Epidemien zum Opfer fielen. Man war lange Zeit vorwiegend dieser Meinung. Doch sie läßt sich nicht mehr aufrechterhalten, seitdem man zahlreiche Gräber geöffnet hat. Die Untersuchung der Skelette aus den letzten Jahrzehnten der noch bestehenden Siedlung hat keine besonderen Mangelerscheinungen im Knochenbau ergeben. Das durchschnittliche Alter, auch die Körpergröße und die Kindersterblichkeit entsprechen den gleichen Verhältnissen wie damals in Island und Norwegen. Von den älteren Leuten haben fast alle unter starken rheumatischen Beschwerden gelitten. Aber das war ganz allgemein. Es ist keineswegs typisch für die weißen Grönländer und hat mit ihrem Ende nichts zu tun.«

Völlig neu war für mich ein Versäumnis oder, wenn man so sagen darf, ein Verstoß gegen die Naturgesetze. Es hat zweifellos zum Verschwinden der Grönländer beigetragen, ganz gleich, welche anderen Umstände noch hinzukamen.

»Sie haben sich nicht ihrer polaren Umwelt angepaßt«, erklärte der Präsident. »Sie lebten oder wollten weiter so leben wie in Island und Norwegen. Trotz der umständlichen Beschaffung von Bauholz blieben die Grönländer bei der gewohnten Bauweise ihrer Höfe und Hütten. Sie lernten es nicht, Kajaks oder Umiaks aus Walroßhaut und Walknochen herzustellen. Allem Anschein nach besaßen sie keine Hundeschlitten. Den Bau von Iglu verstanden sie nicht. Ihre Jagd auf Seehunde, Robben und Walrosse war nicht die Grundlage ihrer Ernährung, sondern bestenfalls eine Ergänzung. Sie waren auf Weidewirtschaft angewiesen, sie versuchten sogar den Anbau von Gerste, Roggen und Hafer, teilweise mit Erfolg. Aber welche Mühe hat das bei den klimatischen Verhältnissen bedeutet. Welch zeitraubende Arbeit war für die Frauen das Spinnen und Weben der Schafwolle, nicht nur für die Kleider, sondern auch für die Segel der Schiffe. Die Eskimo brauchten keine Wollstoffe, deshalb auch keine Schafe, Spindeln und Webstühle. Sie lebten allein von ihrer Jagdbeute und lebten nicht schlecht dabei. Die Grönländer haben dagegen nicht ausgenutzt, was ihnen die Polarwelt in so reichem Maß zur Vergügung stellte. Sie kämpften um eine Existenz wie ihre Vorfahren in Norwegen und Island, aber unter sehr viel schlechteren Bedingungen. Schon ein langer Winter und ein paar Tage Frost im Sommer brachten die Familien an den Rand des Ruins.«

Das konnte auf die Dauer nicht gut gehen. Es erscheint überhaupt als Wunder, daß die Siedlungen einen so langen Bestand hatten. Vilhjalmur Stefansson, geborener Isländer und nationalisierter Kanadier, der auf seinen vielen Expeditionen durch die Polarwelt allein von der Jagd und dem Fischfang gelebt hat, schrieb ein Buch, das er »Die freundliche Arktis« nannte. Darin beweist er in zahllosen Details, daß jeder an Geist und Körper gesunde Mensch am Polarkreis und darüber mindestens ebensogut von den Gaben der Natur existieren kann wie im gemäßigten Klima. Es war sein Leitgedanke, daß die arktische Umwelt viel zu stark ist, als daß man einen Kampf gegen sie gewinnen könne. Aber durch geschickte Anpassung sei alles von ihr zu haben.

Wir sprachen über die erste Entdeckung Amerikas ein halbes Jahrtausend vor Christoph Kolumbus. Weshalb hatte Leif Eriksson die von ihm entdeckte Küste »Vinland« genannt, obwohl es doch in Neufundland gewiß keine Weintrauben gab? Sein Vater hatte nur stark übertrieben, als er daheim vom »Grünen Land« berichtete. Bei Leif Eriksson war aber »Weinland« glatter Schwindel.

Dies harte Urteil wies Dr. Eldjarn ganz entschieden zurück.

»Leif hat die volle Wahrheit gesagt, und seine Landsleute haben ihn durchaus richtig verstanden. »Vin« bedeutet nicht »Wein«, sondern es war die damals übliche Bezeichnung für Grasland, Wiesen oder Weiden. Das war es ja, was die Nordmänner suchten, worauf sie den größten Wert legten. Ihre ganze Existenz hing davon ab.«

Wahrlich, all jene Forscher hätten es wissen sollen, die »Vinland« bis hinunter nach Virginia und Florida gesucht haben, damit die Lage mit dem Verbreitungsgebiet der wilden Weintrauben übereinstimmte.

Ich fragte, ob die Entdeckung Helge Ingstads bei L'Anse aux Meadow keinen Zweifel mehr übrig ließ, daß diese Reste uralter Torfhäuser von den Wikingern stammten. War es wirklich Leifbudir, die so lange gesuchte Siedlung Leif Erikssons auf amerikanischem Boden?

Dr. Eldjarn mußte es wissen, er war ja selbst an den Ausgrabungen beteiligt gewesen.

»Nicht jeder Forscher ist restlos davon überzeugt. Aber Sie fliegen ja selbst nach Grönland und später nach Neufundland. Der eigene Augenschein wird Ihnen mehr sagen, als ich es kann.«

Grönland – weiß und grün

In knapp zwei Stunden fliegt die *Icelandair* von Island zu den westlichen Fjorden Grönlands, über eine Entfernung von etwa 2000 Kilometern. Das ist die reine Flugzeit, hinzu kommen noch die halben oder ganzen Stunden für das Abfertigen, Anstehen und Warten, bis sich die Maschine vom Boden erhebt. Das geschieht nicht nach dem Flugplan, sondern maßgebend dafür ist die Wetterlage am Polarkreis. Es kann sein, daß der Flug ganz entfällt oder die Maschine auf halbem Wege wieder umkehrt. Darüber sollten sich die Passagiere nicht beschweren, denn es geht ja um ihre Sicherheit. Zwar kann der Pilot mit seinen Instrumenten durch dicksten Nebel fliegen, aber nicht auf grönländischen Flugfeldern landen. Dort fehlen noch die navigatorischen Hilfen.

Vorher hatte ich zweimal den Versuch unternommen, nach Kulusuk zu gelangen, einer der ganz wenigen Eskimosiedlungen an der grönländischen Ostküste. Dort leben die Polarmenschen noch weitgehend nach Art ihrer Vorfahren ganz in arktischer Umwelt, die so gut wie keine Vegetation erlaubt. Aber beide Male legte sich kurz vor unserer Ankunft eine Wolkendecke über die Fjorde. Der Pilot entschloß sich daher zum Rückflug, und die Stewardess erklärte den Passagieren, sie bekämen natürlich ihr Geld zurück. Die Eskimo in Kulusuk hatten umsonst ihre alten Trachten aus den Truhen geholt.

Aus dem Südwesten Grönlands wurde gutes Wetter gemeldet,

also können wir eine glatte Landung in Narssarssuaq erhoffen. Erst schweben wir durch geballte Wolken über Island, danach herrscht freie Sicht. Die Farbe des Eismeers ist tiefes Dunkelblau. Es kann im Hochsommer nicht anders sein, zumal wenn die Sonne vom Himmel leuchtet. Man braucht eine dunkle Brille, sonst würden die Augen schmerzen. Die Maschine ist voll besetzt, man hört Bemerkungen von Mitreisenden in wenigstens sieben Sprachen. Mehrere Touristengruppen befinden sich an Bord, eine aus Frankreich, eine aus der Schweiz und eine aus den USA. Reiseleiter geben Erklärungen ab. Dabei höre ich nur mit halbem Ohr, daß man aus besonderem Entgegenkommen die allein reisenden Passagiere einer der Gruppen zugeteilt hat. Sonst müßte sich jeder von ihnen sein eigenes Boot für die Ausflüge in Grönland mieten. Aber es gibt davon nur wenige, und die sind schon alle vorbestellt. Ein Studienrat aus Zürich läßt wissen, daß ich zu ihm gehöre und seiner Gruppe zu folgen habe. Andere Sprachen hätte ich besser verstanden als sein betontes Schwyzerdütsch. Aber es wird schon irgendwie gehen.

Nun ist das tiefblaue Meer mit weißen Punkten bedeckt. Es sind Schollen, die von Norden nach Süden treiben. Schwarzgraue Felseninseln tauchen auf, vermehren sich, nehmen die seltsamsten Formen an und werden steiler von Minute zu Minute. Die bizarren Inseln, das schwimmende Eis und die noch offenen Stellen bilden ein phantasievolles Muster. Alles glänzt und glitzert. Für meinen Geschmack gibt es kaum eine schönere Landschaft als arktische Gewässer am Rande einer Küste.

Von Grönland sollte man nicht sagen, daß es am Horizont erscheint. »Es erhebt sich«, ist der passende Ausdruck. Spitze Berge wie in Spitzbergen, senkrechte Wände aus dunklem Fels. Sie steigen empor aus ewigem Schnee, und ihre Spalten sind mit Eis gefüllt. Erich der Rote muß wirklich ein Mann von großer Unerschrockenheit gewesen sein, daß er bei diesem Anblick nicht verzagte. Wie konnte er nur hoffen, in so abweisender Wildnis ein paar grüne Flekken zu finden?

Wir gleiten durch eine Lücke zwischen den Bergen und fliegen über das Inlandeis. Es sieht aus wie eine unendliche Ebene, aber sie liegt 2000 bis 3000 Meter über dem Meeresspiegel und bedeckt sieben Achtel von Grönland. Sie ruht mit ihrer gewaltigen Eismasse auf unsichtbarem Land. Messungen mit Echolot haben ergeben, daß die Eisdecke über dem ansteigenden Felsenboden bis zu 1500 Meter stark ist. Weder Menschen noch Tiere können auf dem Inlandeis am Leben bleiben. Nur wenige Expeditionen haben es überquert. Die Eskimo sehen keinen Grund, dort hinaufzusteigen, auch für sie bedeutet es eine lebensfeindliche Region.

Grönland ist die größte Insel der Welt, 2700 Kilometer lang und an der weitesten Stelle 1200 Kilometer breit. Heute leben an den Fjorden der Rieseninsel ungefähr 28 000 Menschen, die meisten an der südwestlichen Küste, aber nur wenige im Osten und knapp 350 im höchsten Norden bei Thule. Fast alle grönländischen Eskimo haben eine mehr oder minder starke Beimischung skandinavischen Blutes in den Adern. Man nennt sie nicht Eskimo, sondern Grönländer, denn sie sind ein Volk für sich, wie seinerzeit die Wikinger im »Grünen Land«. Ihre Lebensweise, ihr Nahrungserwerb und die Entwicklung ihrer ersten und danach ständigen Kontakte mit der Außenwelt, vor mehr als 250 Jahren, lassen sich nicht mit den übrigen Eskimo vergleichen. Aber nur etwa 1000 Dänen gehören zur Bevölkerung.

Nachdem Hans Egede, Missionar, Händler und Forscher, im Jahre 1720 eine dauerhafte Verbindung zwischen Europa und Grönland hergestellt hatte, war aller Handel und Verkehr ein Monopol des dänischen Staates. Kein fremdes Schiff durfte ohne besondere Erlaubnis in einem grönländischen Fjord die Anker auswerfen. Kein Fremder durfte das Land betreten oder sich gar dort niederlassen. Diese strengen Gesetze, soweit man sie in der Praxis durchsetzen konnte, waren ein Segen für die Grönländer. Denn so blieb ihnen eine allzu enge Berührung mit den weißen Walfängern, Seehundjägern und Robbenschlägern erspart. Sie litten nicht unter schamloser Ausbeutung, unter Überschwemmung mit schlechtem Schnaps, der Schändung ihrer Frauen und der Ansteckung mit Krankheiten, gegen die sie keine Abwehrstoffe im Blut hatten. Sie standen unter Aufsicht der lutherischen Missionare und der Dänisch-Grönländischen Handelsgesellschaft. Es ist ihnen dabei nicht schlecht gegangen. Die Vorteile der Zivilisation wurden behutsam eingeführt und die Nachteile möglichst vermieden. Sicher hat die staatseigene Handelsgesellschaft ihren eigenen Vorteil nach Kräften gefördert und die Preise im Tauschhandel nach eigenem Ermessen bestimmt. Gewiß waren die Missionare zuweilen sehr strenge Hirten des ihnen anvertrauten, weit verstreuten Volkes. Aber es blieb dabei gesund, vermehrte sich und fand den Übergang in die neue Zeit, ohne schweren Schaden zu erleiden. Die Isolierung von der übrigen Welt wurde erst 1951 aufgehoben. Aber die Möglichkeiten für einen Besuch in Grönland sind noch immer beschränkt. Nur an wenigen Punkten sind bisher Touristen in Erscheinung getreten. Es gibt keine Hotels, die hundert Personen zugleich aufnehmen. Es fehlen die Verkehrsmittel für Massenausflüge, für den Fremdenbesuch sind bestenfalls drei Monate des Jahres geeignet.

Grönland ist keine Kolonie, sondern ein Distrikt des Dänischen Königreiches, mit einem gewissen Maß an Selbstverwaltung. Die grönländischen Eskimo sind dänische Staatsbürger. Sie wählen zwei Abgeordnete fürs Parlament in Kopenhagen und ihre Volksvertreter im eigenen Land. Sie erhalten vom Staat freie medizinische Versorgung, eine Altersrente und auch Renten im Falle der Invalidität. Die Einnahmen des Landes können die Ausgaben nicht decken. Für Dänemark ist Grönland ein Zuschußgebiet, das jährlich 10 bis 20 Millionen kostet. Früher lebten die Grönländer in kleinen Siedlungen, die häufig ihren Standort wechselten. Aber die Einrichtung von Schulen, Hospitälern, Kirchen, Kaufläden, Kinos und auch der bessere Verdienst haben die Polarmenschen veranlaßt, sich in der Nähe größerer Ortschaften einzufinden. Wie in allen Ländern unter dem Nordlicht: die Landflucht aus der Weite in die relative Enge.

Wir sind vom Inlandeis wieder aufs Meer hinausgeflogen. Der rasche Temperaturwechsel bewirkt ein heftiges Schwanken der Maschine. Wir fallen in ein sogenanntes Luftloch, und ängstliche Frauen schreien vor Schreck. Der Pilot geht bis auf 100 Meter herab

Reste der Bischofskirche von Gardar auf Grönland. Sie wurde von den Wikingern gebaut, die Grönland unter Führung Erichs des Roten vor etwa 1000 Jahren entdeckten und besiedelten. Ihre Kolonie bestand bis ins 15. Jahrhundert, ist aber dann aus bisher nicht bekannten Gründen untergegangen.

und schwenkt danach in einen Fjord. Eisberge jeder Form und Farbe schwimmen auf dem türkisblauen Wasser. Beiderseits schroffe Berge mit eisgepanzerten Gipfeln. An den Ufern hier und dort ein grasgrüner Streifen. Das ist der Fjord Erik Raudes mit einem der »grünen Länder« von Grönland.

Narssarssuaq nennt sich der Platz, an dem wir landen. Natürlich ein Eskimoname und daher für andere Menschen kaum auszusprechen. Während des Zweiten Weltkrieges war hier ein Stützpunkt der amerikanischen Marine und Luftwaffe. Davon ist noch vieles übriggeblieben, das große Flugfeld, der kleine Hafen und ein halbes Dutzend grauer Gebäude, manche mit zwei und sogar drei Etagen. Sonst Kiesboden und Sandflächen. Dahinter ansteigende Berge und daneben abfallende Flußtäler. Eine schöne Gegend ist das nicht, aber weit und breit die einzige Möglichkeit, etwa 60 Touristen unterzubringen. Von hier aus wird man sie mit Motorbooten durch den Fjord befördern, eine jede Gruppe für sich.

Nach Pässen werden wir nicht gefragt, auch kein Zollbeamter läßt sich blicken. Zwei VW-Busse schaffen die Passagiere zum nahegelegenen ›Arctic Hotel‹. Die USA haben das dreistöckige Holzhaus vor 30 Jahren für ihr militärisches Personal gebaut, und die Dänen haben es in eine Touristenherberge verwandelt. Jedes Doppelzimmer hat Ölheizung und teilt mit dem anschließenden Zimmer den Waschraum und das WC. Zum Essen allerdings werden die Hotelgäste in Minibussen zu einem drei Kilometer entfernten Restaurant gebracht.

Es gibt keine Einzelzimmer. So muß ich wohl oder übel meinen Schlafraum mit einem fremden Menschen teilen. Aber ich bin stets mit Oropax versorgt, kann also meine Ohren verschließen und auch einen Schnarcher ertragen.

Mein Zimmergenosse braucht sich nicht vorzustellen. Ich kenne ihn von den Fotos in seinen Büchern und den Vorträgen im Fernsehen. Professor Heinrich Harrer, der berühmte Wanderer durch Tibet, Erstbesteiger der Eiger-Nordwand, Forschungsreisender in Neuguinea, Surinam, Guyana und Borneo, ein bescheidener und

Mitternacht im Eriksfjord auf Grönland.

liebenswürdiger Mensch. Obwohl ich diese Eigenschaften nicht besitze, herrscht schon bald die denkbar beste Übereinstimmung. Beide sind wir weitgereiste Leute, einer hat die Bücher des anderen gelesen, und wir haben viele gemeinsame Interessen. Erst gegen Mitternacht findet die lebhafte Unterhaltung ein Ende. Während der ganzen Woche in Grönland und bei allen Ausflügen bleiben wir zusammen.

Es ist warm in Grönland, geradezu heiß unter wolkenlosem Himmel. Sehr klare Luft, grellblendendes Licht und salziger Duft aus den Fjorden. Ich würde gern als erstes nach Brattahild hinüber fahren, wo Erich der Rote mit seiner Familie lebte, und nach Gardar, dem Sitz des Bischofs in der Wikingerzeit. Es geht hier aber nicht nach eigenen Wünschen, sondern jede Gruppe hat einem bestimmten Programm zu folgen. Für uns sind Brattahild und Gardar die letzten Etappen des reichhaltigen Angebots.

Drei Schiffe stehen zur Verfügung, eines kleiner als das andere, aber jedes hat eine winzige Kabine. Von Dieselmotoren werden die Schiffe angetrieben. Der Bug ist mit Eisenplatten belegt, um treibende Schollen ohne Schaden für das Schiffchen auseinanderzuschieben. Wir sind nur zehn Personen auf jedem Boot. Vom Arctic Hotel erhalten wir Lunchpakete, Kaffee und Fruchtsäfte werden an Bord serviert.

Die Fahrt in Gesellschaft von zwei anderen Fahrzeugen hat den Vorteil, daß man die Eisberge im Größenvergleich mit einem der Boote filmen und fotografieren kann. Das belebt die Aufnahmen und zeigt, wie klein die Menschen sind. Der Fjord ist wie ein Tal im Gebirge, so als habe Hochwasser alle tiefen Lagen überschwemmt. Von dem Eriksfjord zweigen Nebenfjorde ab, und von diesen wieder andere, kleinere und engere. Keiner dehnt sich in gerader Linie aus, sondern alle winden sich um Vorgebirge, umschließen Inseln und Riffe. Eisberge, Eisblöcke und Eisschollen schwimmen an uns vorüber. Steile und senkrechte Felswände umrahmen die Fjorde, aber es gibt auch sanft ansteigendes und sogar flaches Land. Da sieht man die »Vins«, die grünen Wiesen, das mannshohe Gestrüpp von Erlen, Weiden und Birken. Hier war das »Grünland« der Wikinger, hier grasen heute die Schafe, die Rinder und sogar Pferde der modernen Grönländer. Für die meisten Fremden an Bord unseres Bootes ist das ein überraschendes, ja kaum zu glaubendes Bild. Die Eskimo beim Melken der Kühe, bei der Arbeit im Gemüsegarten und sogar auf dem Rücken kleiner, struppiger Rösser. Aber es sind ja nicht mehr die Eskimo längst vergangener Zeit, sondern die relativ wohlhabenden Bürger eines dänischen Distriktes. Sie leben in gut gebauten, weiß, rot oder braun bemalten Holzhäusern. Blumenkästen an vielen Fenstern, Korbstühle auf der Veranda und Antennen auf dem Dach. Manche der eingeborenen Farmer besitzen mehr als 200 Schafe. Jede Familie hat ihr Motorboot, um zu fischen oder auf weite Jagd hinaus ins offene Meer zu fahren. Dorsche hängen auf Holzgestellen, wo Luft und Sonne sie in Trockenfisch verwandeln.

Wir legen nirgendwo an, die Fahrt geht weiter den Eriksfjord hinauf. Wildbäche rauschen durch schmale Täler, Wasserfälle stürzen von den Felskanten hinab, Gletscherzungen reichen bis in den Fjord hinein. Dort brechen die Eisblöcke ab, klatschen ins Wasser und bewegen sich schaukelnd davon. Graue Flüsse suchen sich ihren Weg durch das Steingeröll breiter Täler. Hier und dort das Zelt von fremden Sportfischern. Sie kommen einzeln und in kleinen Gruppen aus Skandinavien, England und den USA. Der Bootsführer sagt uns, daß passionierte Angler ihre Ausrüstung tageweit die Täler bis zu den Gletscherseen am Inlandeis hinaufschleppen. Dort finden sie die feinsten Lachse, genießen absolute Einsamkeit und kommen erst am Ende ihrer Ferien wieder zum Vorschein.

Die Stunden vergehen, die Besiedlung am Rand der Fjorde hört auf. Das Fahrwasser wird enger, das Eis rückt dichter zusammen. Gegen Mitternacht liegt vor uns ein hochgetürmter Wall aus weißgrauen Blöcken. Durch die Wolken schimmert nur dämmriges Licht. Die Bootsleute haben die Positionslampen eingeschaltet. Ein fast gespenstisches Bild, die grünen und roten Leuchtpunkte in der wildromantischen Einöde. Erst gegen vier Uhr am hellen Morgen sind wir zurück in Narssarssuaq.

Während einer anderen Bootsfahrt, diesmal durch den Ameralikfjord, besuchen wir Narssaq, mit 1100 Bewohnern eine der größten Ortschaften von Grönland. Es ist fast eine Enttäuschung für uns zu sehen, wie zeitgemäß hier das Leben verläuft. Narssaq hat

Asphaltstraßen, Verkehrsschilder, sogar Taxis und Minibusse. Es gibt ein Kino mit schreiender Reklame, knallbunte Eisdielen und viele Drähte von Dach zu Dach. Sogar zwei Hochhäuser hat man gebaut. Das verbilligt die Beheizung pro Kopf der Mieter. Aber man sagt uns, daß sich die Grönländer in den großen Kästen nicht wohlfühlen. An sehr viel Platz gewöhnt, vertragen sie nur ungern das enge Zusammenleben mit anderen Familien. Zwischen den Eisschollen vor den Hochhäusern paddelt ein alter Eskimo im Kajak. Das ergibt zwei sehr gegensätzliche Aspekte auf dem gleichen Film.

Ein hübsches Eskimomädchen in der reichbestickten Tracht für festliche Gelegenheiten präsentiert sich den Filmern und Fotografen. Wir nehmen an, daß Bezahlung erwartet wird. Aber nein, das Mädchen verweigert die Annahme. Zwei grönländische Playboys brausen in einem schnittigen Rennboot an uns vorüber. Sind wohl reiche Jungen und haben viel Zeit fürs Vergnügen. Am Ufer liegt ein ehemaliger amerikanischer Frachter mit Riesenlöchern im Bauch. Die Deutschen haben ihn während des Krieges torpediert.

»Ein Kanonenboot mit lauter blonden Mädchen...«, ruft ein junger Mann hell begeistert, »... und alle in Matrosenanzügen!«

Man greift zu Ferngläsern und zückt die Kameras. Doch es sind keine weiblichen Wesen an Bord des Patrouillenschiffes der Königlich-Dänischen Kriegsmarine. Aber der Irrtum ist begreiflich, denn die Blauen Jungs tragen ihr lockeres Haar schulterlang. Das muß schon seit Jahren erlaubt sein, sonst hätte die Zeit für das bemerkenswerte Wachstum nicht gereicht. Einer von den Marinemännern ist gerade dabei, die blonde Pracht zu kämmen. Er sieht aus wie die Loreley.

»Ich weiß nicht, was soll es bedeuten...«, zitiert der Studienrat aus Zürich.

»Aber traurig ist er nicht«, bemerkt Heinrich Harrer.

Für den nächsten Tag ist eine Fußwanderung hinauf zum Inlandeis vorgesehen. Der Marsch soll zehn Stunden dauern, und es wird gebeten, daß sich nur sportgestählte Personen daran beteiligen. Es melden sich in der Hauptsache Touristen von vierzig Jahren aufwärts. Als wir kurz nach fünf Uhr morgens aufbrechen, erscheint tatsächlich ein alter Wiener mit Fahrrad.

Johann Bayerlein ist der Name des Siebzigjährigen. Wie er gleich erklärt, hat der ehemalige Schlosser schon die gesamte Welt mit dem Fahrrad bereist. Er trat auf die Pedale von Patagonien nach Alaska, vom Nordkap bis nach Hinterindien. Die Landstraßen Japans, Neuseelands und Australiens sind ihm bekannt. Was dem unermüdlichen Radler seiner Meinung nach noch fehlt, ist nur Grönland. So will er nun ein paar hundert Meter weit übers Inlandeis strampeln. Es wäre die Krönung seiner Laufbahn oder, zutreffender gesagt, seiner Radbahn. Das Stahlroß ist zerlegbar, als handliches Gepäckstück hat es Bayerlein im Flugzeug mitgenommen. Alle Achtung vor dem Mann in schon ehrwürdigem Alter.

Er schultert sein Fahrzeug, und wir marschieren los. Aber schon gleich steht unsere Gruppe vor dem ersten Hindernis, einem rauschenden, milchweißen Fluß, etwa fünfzig Meter breit und anscheinend ziemlich tief. Ein Halbeskimo aus unserem Hotel hat Ruder mitgebracht und findet auch ein Boot dafür. Jeweils vier Personen werden durch Strudel und spritzende Wellen hinübergebracht. Der Wiener und sein Fahrrad kommen natürlich mit.

Nun folgt eine lange und oft auch recht beschwerliche Wanderung. Wir stapfen durch lockeren Sand, laufen über knirschenden Kies, springen von einem Felsblock zum nächsten, waten knietief durch eiskalte Bäche und steigen allmählich immer höher. Einen Weg gibt es natürlich nicht. Wir bewegen uns in einem breiten Tal, das auf beiden Seiten von kahlen Bergzügen eingefaßt wird. Alle Wasserläufe, die uns begleiten oder die wir durchschreiten, stammen aus den Gletscherzungen des Inlandeises. Nach zwölf Kilometern, so hat man uns gesagt, werden wir die glitzernden Höhlen sehen, aus denen das Schmelzwasser hervorschießt.

Vorerst sind wir überrascht von der relativ üppigen Vegetation, die sich an den Rändern des Tales ausbreitet. Ein Dickicht von Erlen und Birkenbüschen, die an manchen Stellen über unsere Köpfe ragen. Oft versinken die Stiefel im schwellenden und schwankenden Moors. Vögel zirpen, Insekten schwirren, Lemminge huschen in ihre Löcher. Die Sonne brennt, und wir geraten ins Schwitzen.

Zwei breitgebaute Damen und ein schnaufender Mann bleiben zurück. Professor Harrer marschiert an der Spitze, beladen mit einer schweren Filmkamera für professionellen Gebrauch, mit zahlreichen Filmrollen und einem soliden Stativ. Ich trage nur meine Fotokamera und einen leichten Rucksack mit der Tagesverpflegung, aber leider zwanzig Pfund zu viel unter der Haut.

Der alte Wiener mit seinem Fahrrad folgt mir auf dem Fuß, und gleich danach eine grauhaarige Französin, die ohne Punkt und Komma redet. Bei jeder Rast erklärt uns der Studienrat die geographischen, geologischen und glaziologischen Verhältnisse der näheren und auch weiteren Umgebung. Er ist zum ersten Mal in Grönland, hat aber die Fachliteratur gründlich studiert. So erfahren wir das Gesamtgewicht des Inlandeises, dessen Alter in Jahrmillionen und das Volumen in Tonnenmilliarden. Der gelehrte Mann erwähnt auch die Eisüberquerungen Professor Wegeners und seinen tragischen Tod bei der Forschungsarbeit. Doch er weiß nicht, daß der Schwiegersohn Wegeners vor ihm geht, nämlich Heinrich Harrer.

Wir klettern über einen haushohen Moränenwall, umwandern ein paar graugrüne Gletscherseen und erreichen schließlich den breiten Fluß des Inlandeises. Fingerdicke Sandschichten liegen darauf, Felsblöcke sind darin eingeschlossen. Die Tunnel, aus denen Schmelzbäche ans Tageslicht rauschen, bieten ein phantastisches Bild. Das Wasser gurgelt und strudelt darin wie in einem kochenden Kessel. Tief aus dem Innern des Gletschers dröhnt unheimliches Gepolter. Eisiger Wind weht aus den schimmernden Höhlen.

Wir steigen über die sandbedeckten Zungen auf das freiliegende Eis. Es ist körnig geworden unter der warmen Sonne und knirscht beim Darübergehen. An seinem Anfang ist das Inlandeis noch keine Hochfläche, sondern besteht aus Hügeln und Tälern, die parallel zueinander verlaufen. Johann Bayerlein besteigt sein Fahrrad und rollt mit offenkundiger Freude durch eines der Eistäler. Etwa sechzig Meter weit kann er radeln, einmal hinauf und wieder hinab. Dann trägt der wackere Mann sein Stahlroß ins nächste Tal, um das gleiche Vergnügen aufs neue zu genießen. Der erste Radfahrer auf dem Inlandeis! Johann Bayerlein hat es geschafft und der Geschichte des Radsports einen neuen Rekord hinzugefügt.

Harrer, der Studienrat und ich marschieren mit gebotener Vorsicht noch etwa 1000 Meter weiter, um von erhöhter Position einen

Rundblick zu gewinnen. Die Hügel und Täler im Eis sind bald danach zu Ende. Eine glänzend weiße Hochfläche dehnt sich aus, so weit wie der Blick durchs zehnfache Fernglas reicht.

»Man darf sich von dem harmlosen Anblick nicht täuschen lassen«, warnt Heinrich Harrer, »es können überall Spalten verborgen sein. Wer nicht aufpaßt, bricht durch eine dünne Decke und verschwindet in eisiger Tiefe. Nur die angeseilte Mannschaft ist hier einigermaßen sicher. Es ist besser, wir gehen zurück.«

Für die Wanderer zum Inlandeis ist der folgende Tag ein Ruhetag. Dann endlich starten wir zur Fahrt nach Brattahild* und den Ruinen von Gardar.

Mit den Wikingern sind auch die germanischen Namen aus ihren einstigen Siedlungsgebieten verschwunden. Fast alle geographischen Bezeichnungen im heutigen Grönland stammen von den Eskimo, sind aber für unsere Zungen kaum verwendbar, auch die Schreibweise ist schwierig. Brattahild, die Gründung des Roten Erich, heißt heute Qaqssarssuak. Der Eriksfjord erscheint auf meiner Karte als Tungdilarfik. Nach einer Stunde flotter Fahrt im Motorboot steigen wir an Land.

Von einem Dorf nach unseren Vorstellungen kann nicht die Rede sein. Qaqssarssuak ist eine Streusiedlung von 30 bis 40 kleinen Anwesen, die sich über mehrere Quadratkilometer Wiesenland verteilen. Am Landungssteg ein paar Warenschuppen und ein Kaufladen. Hundert Meter weiter eine weißgestrichene Kirche mit rotem Dach. Irgendwo ein neues Schulhaus, allein für sich. Hier eine Farm und dort eine Farm. Fische trocknen an Holzgerüsten. Schlitten und Kajaks liegen auf Schuppendächern, sonst würden die Hunde daran nagen. Ein angestauter Bach zum Zweck der Bewässerung. Heuschober, Benzintonnen und Plastiksäcke mit Düngemitteln. Ausgefahrene Traktorwege und eingezäunte Felder, wo man sich um den Anbau von Kartoffeln, Roggen und Gerste bemüht. Ehemalige Wohnhütten aus Torf dienen jetzt als Hühnerställe. Rinder stehen auf den Wiesen, Schafe weiden an den Hügeln hinauf, Ziegen knabbern an Weidenbüschen. Drei Eskimobuben trotten auf Ponies an

---

* Es wird auch ›Brattalihd‹ geschrieben.

uns vorüber. Hunde liegen bei den Häusern, und eine Katze leckt sich die Pfoten. Menschen und Tiere haben scheinbar unbegrenzten Lebensraum in Qaqssarssuak. Vier oder fünf Personen sind schon eine Volksversammlung.

Die Schulkinder haben Sommerferien, aber das Schulhaus ist offen geblieben. Wir gehen hinein und blättern im Stapel der Hefte. Teils sind die Arbeiten in dänischer und teils in grönländischer Sprache geschrieben. So ist es auch in den Schulbüchern. Das eigene Volkstum und die Sprache sollen erhalten bleiben, aber es kann nicht genügen. Die Eskimo müssen auch Dänisch schreiben, lesen und fließend sprechen, weil sonst kein Kontakt mit der übrigen Welt möglich wäre.

Die Bilder der Königsfamilie hängen in der Schule, im Vorraum der Kirche und im Kaufladen. König Frederik, Königin Ingrid und die Prinzessinnen tragen auf den Fotos die bestickten Festtagskleider grönländischer Eskimo. Schon oft haben Mitglieder der Familie, einzeln oder gemeinsam, die fernste Siedlung ihres Königreichs besucht und erfreuen sich in Grönland großer Beliebtheit.

Herr Thor Thorensson, der uns für diesen Ausflug zugeteilt ist, schreitet rasch voran und bleibt schließlich auf einer flachen Anhöhe stehen.

»Der Hof Erichs des Roten«, sagt er, »diese Erdwälle sind alles, was von den Häusern übrigblieb.«

Der erste Anblick ist enttäuschend. Man wird ohne sachkundige Erklärung oder eigene Vorstudien kaum die Bedeutung der dürftigen Reste begreifen. Weil die Nordmänner mit Balken und Brettern sparen mußten, war Torf ihr wichtigstes Baumaterial. Nur die Pfosten, die Firste, die Dachsparren und die relativ dünnen Wände der Wohnräume bestanden aus Holz. Dieses Gerippe eines Hauses wurde sodann mit Torfmauern umgeben, die an der Basis bis zu 1,50 Meter breit waren. »Strengur« nannte man die oberste, knapp zehn Zentimeter starke Torfschicht im gewachsenen Boden. Sie wurde in quadratischen, etwa meterbreiten Stücken ausgestochen, wie ein Teppich zusammengerollt, an den Bauplatz transportiert und dort wieder ausgebreitet. Eine Schicht legte man über die andere, bis zur Dachkante hinauf. Schließlich wurden auch die Dachsparren mit mehreren Torfschichten bedeckt. Das Strengur lebte weiter, wuchs zusammen und bildete nach mehreren Jahren einen grasbewachsenen Hügel. Nur der aufsteigende Rauch verriet, daß sich in dem Hügel eine Menschenwohnung verbarg. Fenster gab es nicht, nur bei geöffneten Türen fiel Tageslicht in die niederen, engen Räume. Während des langen Polarwinters war es draußen ohnehin dunkel. Aber man hatte drinnen den rotglühenden Schimmer des ständig unterhaltenen Herdfeuers, außerdem noch Kienspäne als Fackeln. Die Behausungen waren vollkommen dicht, bewahrten die Wärme und widerstanden wegen ihrer hügeligen Form auch der schwersten Schneelast und den stärksten Stürmen. Nach dem gleichen Prinzip waren auch die Häuser im holzarmen Island gebaut, ebenso auf den schottischen Inseln, auf den Färöer und im skandinavischen Hochland. Selbst die Lappenkota haben im Prinzip die gleiche Konstruktion.

Es gab viele, meist sehr enge Kammern in den alten Grönlandhäusern. Jede Generation fügte noch ein paar Räume hinzu. Weil man das Bauholz auf Schiffen heranbringen mußte, konnten die Wikinger nur verhältnismäßig kurze Stämme Balken und Bretter verwenden. Aber jede der vielen Kammern hatte ihren besonderen Zweck. Da gab es Kammern für Ehepaare, für ihre Kinder, die jungen Männer und die Mädchen, für die leibeigenen Knechte und Mägde, auch Kammern für Gäste. Jeder Hof hatte seine Schmiede, seine Sauna, die Spinnstube, die Milchstube, Speisekammern, Rauchkammern, Vorratskammern und so weiter. Hinzu kamen die Ställe für das Vieh, die Schafe und Pferde, auch ein Torfschuppen mit Heu für den Winter. Rechts und links des Eingangs lagen die Abtritte, für Frauen und Männer getrennt, aber nach vorne offen*. Sie besaßen sogar Kanalisation. Das war ein Bach, den man zu diesem Zweck abgeleitet hatte. Die gesamte Anlage wurde mit der Zeit immer größer und dehnte sich nach allen Seiten aus. Eine Farm wie die Erichs des Roten bestand am Ende der Wikingerzeit aus 21 Gebäuden.

---

* Die Sagas berichten von Unterhaltungen, die zwanglos von Lokus zu Lokus geführt wurden, wobei sich die Gesprächspartner gegenüber saßen.

Die Feuerstellen waren mit Steinplatten ausgelegt und die Schornsteine aus Felsbrocken durch das Dach gemauert. Durch eingelassene Steinblöcke erhielten die Torfwände mehr Festigkeit. Daran vor allem konnte man sie nach sehr langer Zeit noch erkennen.

»Wir haben den Bauplan von Brattahild in allen Einzelheiten festgestellt«, erklärt Thor Thorensson. »Die Pfosten waren im Boden noch gut erhalten, ebenso die Feuerstellen, Reste der Sitzbänke und der Türschwellen. Wir haben Holzgeschirr gefunden, Töpfe aus Eisen und Speckstein, hölzerne Milchschalen und sogar Kinderspielzeug. Wir können uns vom täglichen Leben der Leute eine recht gute Vorstellung machen. Natürlich sind jetzt all diese Funde im Museum. Das Nationalmuseum in Kopenhagen bekam den größten Teil.«

Dort hatte ich mir das angesehen. Und man darf wohl sagen, daß die Reste aus Grönland mit den Bodenfunden aus der gleichen Zeit in Europa übereinstimmen. Es gab ja zwischen den handwerklichen Arbeiten der bäuerlichen Bevölkerung nur geringe Unterschiede. Man hatte überall ähnliche Bedürfnisse und mußte die Gegenstände des täglichen Gebrauchs mit eigenen Händen herstellen. Von hoher Kunst und Kultur kann natürlich nicht die Rede sein, alles war nur für praktische Zwecke gedacht.

Fast fünfhundert Jahre lang war Brattahild bewohnt gewesen. Von Erik Raude selbst und von seiner damaligen Familie stammt wohl nur der innerste Kern der später so weit ausgedehnten Wohnhügel. Immerhin stehen wir an dem Platz, wo der Entdecker von Grönland und der erste Entdecker Amerikas vor bald tausend Jahren gelebt haben. Beide sind auch hier gestorben.

Nun zu Thjodhilds Kirche, etwa 200 Meter südlich von Eriks Hof. Der Ehemann war bekanntlich seinen alten Göttern treu geblieben, Thjodhilds Kirchlein wollte er nicht in seiner Nähe haben. Erst 1961, als man dort ein Schülerheim für Kinder aus entfernten Farmen bauen wollte, wurde Thjodhilds winziges Bauwerk entdeckt, inmitten eines Friedhofs, der 144 Skelette enthielt.

Die Kirche war nicht mehr als eine Kapelle, nur 3,60 Meter lang und 2,30 breit. Kaum zwanzig Menschen konnten darin Platz finden, wenn sie eng gedrängt nebeneinander saßen. Sechs Holzsäulen trugen das kleine Dach, mit flachen Felsplatten war der Boden ausgelegt. Der Altar bestand aus sorgfältig behauenen Steinen. Die Kirchgänger saßen auf Holzbänken, und wahrscheinlich fiel Tageslicht durch Seitenfenster in den Raum. Auch Thjodhilds Kirche war ein Holzbau in einem Torfbau. 25 Lagen aus Strengur bildeten die Außenwand, unten 1,60 Meter breit. Man hat den U-förmigen Grundriß wiederhergestellt. Wo die Torfmauern standen, die fast ganz verschwunden waren, sind nun halbmeterhohe Grasbänke aufgeschichtet. Wir nehmen darauf Platz und hören die weiteren Erklärungen des Herrn Thorensson.

Es war Sitte bei den getauften Wikingern, daß die Männer südlich des Heiligtums, die Frauen nördlich und die Kinder östlich davon beigesetzt wurden. Je höher der Rang des Toten, desto näher lag sein Grab an der Kirchenmauer. Wegen des Holzmangels wurden nur die vornehmsten Personen in einem Sarg bestattet. Bei Thjodhilds Kirche fand man nur drei weibliche Skelette unmittelbar neben der Torfmauer und vier Männer in Särgen nahe der Südseite. Weil das Kirchlein für die wachsende Zahl der Gläubigen bald nicht mehr genügt hatte, wurde schon sehr früh eine neue, größere Kirche gebaut und deren Friedhof für die Beisetzung der Toten benutzt. Aus den Sagas ist bekannt, daß Leif Eriksson Thorstein Erikson und natürlich Thjodhild neben der ersten Kirche bestattet wurden. Weil die fromme Thjodhild ihren Mann um viele Jahre überlebte, ist als sicher anzunehmen, daß sie den alten Heiden auch bei der Kirche begraben ließ, um womöglich doch seine Seele zu retten*. Demnach müßten die Skelette neben der Kirchenmauer die Knochen jener Männer und Frauen sein, die einst über Brattahild geherrscht haben: Erik, Thjodhild und ihre drei Söhne, wahrscheinlich auch Gudrid, Thorsteins Frau und Eriks Schwiegertochter. Welche Knochenreste zu wem gehörten, das läßt sich nicht bestimmen. Sie wurden wieder an gleicher Stelle der Erde übergeben, wie uns der Begleiter sagt.

---

* Aus alten Quellen ist überliefert, daß Thjodhild nach dem Tode Erichs des Roten eine Pilgerfahrt nach Rom unternahm. Eine Reise im elften Jahrhundert von Grönland über Island und Norwegen quer durch Europa bis nach Rom und zurück war bestimmt eine große Leistung, besonders für eine ältere Frau. Sieben Jahre sollen darüber vergangen sein.

Drei Kirchen erheben den Anspruch, die Gebeine des Christoph Kolumbus zu besitzen. Aber die sterblichen Überreste seines Vorgängers Leif Eriksson, der 500 Jahre früher den Boden der Neuen Welt betreten hatte, liegen ohne Zweifel neben Thjodhilds ehemaliger Kirche in Brattahild.

Die Sagas berichten von zwei Ereignissen in dem Kirchlein. Es war die Hochzeit Gudrids mit Thorstein Eriksson und die Trauerfeier für Thorstein, der schon ein Jahr später starb. Für ihn wurde wahrscheinlich das erste Grab neben der Kirche ausgehoben. Er war bis kurz vor seinem Ende noch Heide, hatte aber in der Todesstunde den Christengott um Vergebung seiner Sünden gebeten.

Aus Gardar, dem Sitz des Bischofs während der Wikingerzeit, ist Igaliko geworden. In einer knappen Stunde bringt uns das Motorboot zu einer Landestelle an unbewohntem Strand. Von dort marschieren wir etwa zwei Kilometer über eine Landenge zum Igalikofjord. Die Siedlung der Eskimo breitet sich in demselben Gelände aus, das vom Beginn des elften bis zum Anfang des fünfzehnten Jahrhunderts von den Nordmännern bewohnt war. Hier stand die »Kathedrale«, hier amtierte der Bischof. Hier war der Mittelpunkt des alten Grönland, seitdem Eriks Familie nicht mehr den beherrschenden Einfluß im Lande besaß. Die Sagas enthalten keinen Hinweis auf das Ende der Eriksenkel. Als Herr von Brattahild und als führender Mann der weißen Grönländer in der ersten Hälfte des 12. Jahrhunderts wird Sokki Thorisson genannt. Von ihm berichten die Sagas, daß er seinen Sohn Einar nach Norwegen schickte, um von König Sigurd Jerusalemfarer einen Bischof für Grönland zu bekommen. Sokkisson brachte dem König ein ganz besonderes Geschenk. Es war ein junger, von Menschen aufgezogener und völlig zahmer Eisbär. Die Gabe gefiel dem König so gut, daß er gerne Sokkis Wunsch entsprach. Für den Bären einen Bischof, so könnte man sagen. Es war der Mönch Arnald, den man erst zum Bischof weihen mußte. Und zwei Jahre vergingen, bis der päpstliche Segen in Norwegen eintraf. Es scheint, daß Arnald von seiner Mission bei den Grönländern durchaus nicht begeistert war und versucht hat, die Abreise zu verzögern. Sein kirchlicher Oberhirte war übrigens der Erzbischof von Hamburg–Bremen.

Arnald erschien 1126 in Gardar und begann sogleich mit dem Bau einer Kathedrale. Als Kirche eines Bischofs mußte sie diese stolze Bezeichnung tragen. Für die Verhältnisse der Arktis hatte die aus behauenen Steinen errichtete Kathedrale eine erstaunliche Größe. Sie war 67 Meter lang, 14 Meter breit und besaß zwei Türme von nicht mehr bekannter Höhe. Dazu gab es in Gardar ein Kloster der Augustinermönche und ein Nonnenkloster der Benediktinerinnen. Zum Anwesen des Bischofs gehörte unter anderem ein Stall mit Platz für 100 Stück Vieh. Wahrscheinlich wurden in Gardar Waisenkinder sowie alte und kranke Leute versorgt. Dort versammelte sich auch das Thing, die Volksvertretung der freien Nordmänner.

Jeder grönländische Bischof hat weite Reisen unternommen. Es war seine Pflicht, alle Kirchen mindestens einmal im Jahr zu besuchen. So führten ihn seine Fahrten von den Farmen bei Herjolfnes im Süden bis hinauf zur Anavikkirche am Godthaabfjord, mit allen Umwegen eine Entfernung von über tausend Kilometern.

Es gab zwei getrennte Siedlungsgebiete der Wikinger, Eystribyggd und Vestribyggd, die »Ostbuchten« und die »Westbuchten«. Es sind jedoch Namen, die nicht der geographischen Lage entsprechen. Die Reste von 220 Farmen wurden in Vestribyggd wiedergefunden und 90 in Eystribyggd. Während der Sommer fuhren die Grönländer aber noch viel höher an der Küste hinauf, vermutlich um Walrosse und Robben zu jagen. »Nordsetur« nannten sie diese Gegend, und dort blieben sie für mehrere Monate. Bei Upernivik, auf 72,5 Grad nördlicher Breite, wurde ein Runenstein der Wikinger entdeckt. Er trägt den Namen von drei Jägern und nennt einen bestimmten Tag, aber nicht das Jahr.

Die Grundmauern der Kathedrale wurden von dänischen Archäologen freigelegt und stehen heute wieder bis zu einer Höhe von drei Metern. Der Kirchenboden ist mit Steinplatten belegt, und ein gepflasterter Weg führt zum ehemaligen Wohnhaus des Bischofs. Auch davon sind noch beachtliche Reste vorhanden. Alles in allem eine großzügige Anlage, die gewiß jahrzehntelange Arbeit erfordert hat. Nur im kurzen Sommer war das möglich, und sicher wurde die Arbeit um Gotteslohn geleistet.

Der Viehstall hatte eine Länge von etwa 70 Metern und war 12

Meter breit. Durch einen überdachten Gang, der zweimal umbiegt, zog das Vieh hinein und hinaus. Schnee, Wind und eisiger Sturm konnten also nicht in den Stall fegen. Aber der Gestank in dem niederen Raum muß atemberaubend gewesen sein. Jedes Stück Vieh hatte eine »Box« für sich. Wir sehen noch die hochkant aufgestellten Felsplatten zwischen den Abteilungen. Eine Simmentaler Kuh würde dort nicht hineinpassen, die Rinder der Nordmänner waren demnach sehr viel kleiner. Sie standen, wie auch heute allgemein üblich, mit dem Kopf über der Futterkrippe zur Seitenwand. Der Mittelgang führte zwischen zwei Reihen der Rinder hindurch. Im flakkernden Licht von Kienspänen wurde das Vieh gemolken und mit Futter versorgt.

Bei den Ausgrabungen in Gardar konnte man einige der Toten namentlich bestimmen. Bischof John Smyrill, gestorben 1209, hielt in seiner linken Knochenhand den Krummstab als Zeichen seiner Würde. Aus Walroßelfenbein war der Knauf geschnitzt, und man weiß sogar von wem. Das Kunstwerk stammt von einer Frau. Sie hieß Margarethe, war damals berühmt wegen ihrer hervorragenden Schnitzarbeit und soll die Tochter eines Priesters gewesen sein.

Die erstaunlichsten Funde der Wikingerzeit kamen ans Tageslicht, als man die Gräber im Friedhof von Herjolfnes freilegte. Im gefrorenen Boden fand man auch die gut erhaltenen Kleider der Toten. Es waren keine festlichen Gewänder, sondern gewöhnliche Kleider, wie man sie zur täglichen Arbeit anlegte. 30 Röcke von Männern und Frauen, 17 Kapuzen, 5 Hüte und 6 Paar Strümpfe wurden entdeckt. Alle Stoffe bestanden aus Schafwolle, waren sorgfältig gewebt und fein genäht. Es sind die einzigen Beispiele für Tageskleider aus dem Mittelalter. Sonst blieb auch in Europa nichts anderes erhalten als Prachtgewänder der Fürsten, der Priester und reicher Patrizier. Nur der eisige Boden Grönlands hat Kleidungsstücke des Volkes bewahrt. Zwar sind die ursprünglichen Farben nicht mehr zu erkennen, denn graubraun ist alles geworden. Doch um so größer war das Erstaunen, als man feststellte, daß die grönländischen Wikinger dem Schnittmuster der damaligen europäischen Mode gefolgt sind. Die alten Zeichnungen von Trachten in Skandinavien, im Rheinland und sogar in Burgund stimmen ganz und gar mit den grönländischen Kleidern derselben Epoche überein. Ich hatte die Funde schon vorher im Nationalmuseum von Kopenhagen gesehen, und dabei waren mir besonders die langen Zipfel an den Kapuzen aufgefallen. »Gugelhaube« ist dafür die kostümkundliche Bezeichnung. Man sieht genau dieselben ellenlangen Zipfel auf bildlichen Darstellungen vom ausgehenden dreizehnten bis zum Beginn des fünfzehnten Jahrhunderts. Dort werden sie fast nur von einfachen Leuten getragen, von Bauern, Handwerkern und dem dienenden Gefolge der Fürsten. So muß eine relativ enge Verbindung zwischen dem zivilisierten Europa und Grönland bestanden haben. Um so rätselhafter erscheint der Abbruch des Verkehrs in der folgenden Zeit.

Alle Quellen schweigen nach dem Jahr 1409. Wie schon gesagt, ist der Bericht über die Hochzeit Thorstein Olafssons mit Sigrid Björnsdottir, im Jahre 1409, in der Kirche von Hvalsey das letzte sichere Lebenszeichen aus dem Grönland der Wikinger.

Das neugefundene Land

Es ging nicht anders, nur zwei Wochen im Januar konnte ich für den Besuch in Neufundland frei machen. Wer die Insel kennt, schüttelt den Kopf. Kein vernünftiger Mensch unternimmt eine solche Reise im Winter. Aber es mußte sein, und ich fand sogar Gründe, die gerade dem Januar gewisse Vorteile zuschrieben. Keine Touristen im Land, also freie Fahrt ohne Vorbestellung von Hotelzimmern und Flugkarten. Wo ich Auskunft brauchte, hatte man vermutlich Zeit, darauf einzugehen. Überhaupt sind persönliche Kontakte leichter zu finden, wenn der fremde Besucher in der ruhigsten Zeit des Jahres erscheint. Entscheidend war allein die Frage, ob ich mir den einstigen Wohnsitz der Wikinger auch während des tiefsten Winters ansehen konnte. Der deutsche Wahlkonsul in St. John's, der neufundländischen Hauptstadt, beseitigte das Problem mit der Antwort, daß man über den Ausgrabungen drei oder vier Schuppen errichtet habe. Sie waren vor dem Wind, dem Wetter und den Schneemassen geschützt. Ein Telegramm an den Wächter würde ihn veranlassen, die Eingänge freizuschaufeln.

Ich flog mit der *KLM* von Frankfurt nach Montreal. Die Überquerung des Atlantik war wie eine Bahnfahrt durch die Nacht, aller-

Grönlandeskimo im Kajak (oben).

Das Inlandeis von Grönland. Es bedeckt neun Zehntel der größten Insel unserer Erde und erreicht im Inneren des Landes eine Stärke von bis zu 1500 Metern (unten).

dings mit einer Geschwindigkeit von 1000 Stundenkilometern in einer Höhe von 10 000 Metern über dem Meer. Der Begriff für Entfernung geht dabei verloren. Von einem Kontinent zum anderen, das ist bequemer und angenehmer als im eigenen Wagen über die Autobahn von Hamburg nach Stuttgart zu rollen. Schon längst sind die Formalitäten reine Routine geworden. Nach dem Abflug ein gutes Abendessen, vor der Ankunft ein gutes Frühstück. Die beiden Plätze neben mir sind frei, so kann ich schlafen und bin am Morgen ausgeruht. Das ist wieder ein Vorteil der Reisen im Winter.

In Montreal erfahre ich, daß die Flüge nach Neufundland vorläufig eingestellt sind. Schneesturm wurde gemeldet, und die Passagiere sollen warten, bis sich das Wetter beruhigt hat. Damit rechnet die *Air Canada* erst im Lauf des folgenden Tages. Das ist der Nachteil von Reisen im Winter.

Dem Flughafen gegenüber liegt das Hilton Airport Hotel, und natürlich sind dort Zimmer frei. Vor dem Portal des Hauses steht eine mittelalterliche Burg aus Eisblöcken, von innen mit bunten Neonröhren beleuchtet. Für die Dauer von vier bis fünf Monaten wird das Gebilde in jedem Jahr aufs neue gebaut. Ein hübscher Anblick, ein reizvolles Objekt für Film und Foto. Die Heizung im Hotel versagt noch vor dem Abend ihren Dienst. Zwar bringt das Personal doppelte und dreifache Daunendecken, damit der Gast im Bett nicht friert, doch aus den Wasserhähnen im Bad sprudelt Eiswasser. Dennoch ist die Direktion zu loben, weil sie aus freien Stücken den Zimmerpreis auf die Hälfte reduziert.

Die Maschine der *Air Canada* startet am nächsten Tag gegen 17 Uhr. Aber wegen des immer noch schlechten Wetters erfolgt eine Zwischenlandung in Fredericton, der Hauptstadt der Provinz New Brunswick und ein längerer Aufenthalt in Halifax, der Hauptstadt der Provinz Nova Scotia. Hätte ich das vorher gewußt, wäre ich mit dem Zug gefahren, um mehr vom Land zu sehen. Aus der Luft war das wegen der Wolkendecke nicht möglich. Es gibt eine recht gute

Eine Wohnstraße in St. John's, der Hauptstadt von Neufundland (oben).

Dieselbe Straße in St. John's am Tage nach dem Schneesturm (unten).

Verbindung von Montreal nach St. John's. In Sydney, an der Nordspitze von Nova Scotia, besteigen die Passagiere eine Schiffsfähre nach Porte aux Basques und werden danach von Autobussen quer durch Neufundland nach St. John's befördert.

Es war Mitternacht geworden, als ich die Halle des Flughafens von St. John's betrat. Mit einem Empfang durch irgend jemanden hatte ich nicht gerechnet, schon gar nicht zu dieser Stunde. Aber mein Name wurde aufgerufen, und Günther Sann, der Deutsche Konsul, drückte mir die Hand. Ich hatte ihn noch nie gesehen, sondern nur Briefe mit ihm gewechselt. Wie sich bald herausstellte, hatten wir gemeinsame Freunde und auch ähnliche Interessen. Mit seinem Wagen brachte er mich ins Newfoundland Hotel, dem besten Haus am Platze im Zentrum der Stadt. Auf meinem Zimmer tranken wir noch mehrere Whisky. Dabei wurde ich mit einem lückenlosen Programm bekanntgemacht, das der Konsul für die nächsten Tage entworfen hatte. Es reichte vom Besuch sämtlicher Sehenswürdigkeiten über eine Reihe von gesellschaftlichen Veranstaltungen bis zum Empfang beim Ministerpräsidenten. Ich dankte mit bewegtem Herzen, wies aber darauf hin, daß die Siedlungsreste bei L'Anse aux Meadow der eigentliche Anlaß meines Besuches seien.

»Das weiß ich aus Ihren Briefen, und demgemäß habe ich den Ausflug vorbereitet. Sie fliegen am Freitag nach St. Anthony, wohnen im neuen Rasthaus, fahren mit einer Taxe am nächsten Morgen nach L'Anse und haben einen ganzen Tag für Leifbudir. Der Wächter weiß Bescheid und wird die Schaufel schwingen. Am Sonntag fliegen Sie zurück, und alles weitere ergibt sich von selbst. Nur für das Wetter kann hierzulande niemand garantieren...«

Nach einem Konsul wie diesem Konsul muß man lange suchen, wobei nicht gesagt ist, daß man ihn findet. Ich kann mir in dieser Hinsicht ein Urteil erlauben, weil ich selber Konsul gewesen bin. Doch im Gegensatz zu meiner zwölfjährigen Beschäftigung im Auswärtigen Dienst genießt Günther Sann die große Gunst, daß er seine konsularischen Pflichten ehrenamtlich ausübt. Er ist im übrigen Chef und Mitinhaber einer bedeutenden Firma. Es gibt, wie man weiß, zahlreiche »Ehrenkonsulen«, die ihre vermeintliche Ehre auf dem Markt der Eitelkeiten gekauft haben. Bei der Bundesrepublik und auch sonst bei Staaten, die auf gewisse Würde achten, stehen aber solche Titel nicht zum Verkauf. So war die Berufung zum Konsul für Günther Sann eine Auszeichnung besonderer Art und für das Auswärtige Amt in Bonn eine billige Vertretung deutscher Interessen. Die Errichtung eines Berufskonsulats mit allem Drum und Dran wäre zu teuer.

Man zählt in Neufundland nur etwas mehr als eine halbe Million Bewohner. Die Industrie hat im Vergleich zu den anderen Provinzen Kanadas noch keine große Bedeutung erlangt, und der Boden ist nur in begrenztem Umfang für die Landwirtschaft nutzbar. Überwiegend lebt die Bevölkerung von der Fischerei, dem Erzeugen von Fischereiprodukten und was sonst damit zusammenhängt. Es ist bekannt, daß die Neufundlandbänke zu den reichsten Fischgründen der Welt gehören. Aber dort fischen auch andere Nationen, und wie es scheint, viel zu intensiv, denn die Erträge nehmen ab. Das Innere der großen Insel wird fast ganz von Wäldern bedeckt, aber das Holz ist meist von geringer Qualität, gerade gut genug für die Herstellung von Zeitungspapier, Zellulose und Faserplatten.

Der eigentliche, erst vor wenigen Jahrzehnten entdeckte Reichtum liegt unter der Erde. Es sind Kupfer, Zink, Nickel, Blei, Asbest, Gips, Silber und Gold. Dazu noch in Labrador Eisenerz, dessen Menge auf mehrere Millionen Tonnen geschätzt wird, und wahrscheinlich die größten Uranvorkommen der Welt. Kohle aber ist nur wenig vorhanden, und nach Öl hat man vergeblich gesucht. Dennoch ist es ein Land der Zukunft, dem eine wirtschaftliche Entwicklung von noch kaum übersehbarem Ausmaß bevorsteht. Aber dafür ist trotz bedeutender Fortschritte in jüngster Zeit noch viel zu tun. Man sagt, daß Neufundland um etwa fünfzig Jahre hinter den anderen Provinzen Kanadas zurückgeblieben ist. Nicht aus eigener Schuld, sondern weil die Mittel zum Ausbau der Möglichkeiten gefehlt haben. Neufundland, ein Britisches Dominion mit Selbstverwaltung, mußte sich 1933 sogar für bankrott erklären, da es fällige Zahlungen nicht mehr leisten konnte. Eine Königliche Kommission übernahm die Verwaltung, beglich die Schulden und riet der Bevölkerung zum Anschluß an Kanada. Mit knapper Mehrheit bei der entscheidenden Wahl ist das 1949 geschehen, und seitdem ist die große Insel eine kanadische Provinz. Es hat ihr mehr Vorteile als Nachteile gebracht. Vor allem eine gesunde Finanzlage, die es nun erlaubt, den im Boden ruhenden Reichtum zu heben.

Von heute auf morgen kann es nicht geschehen, denn Neufundland ist mit 92 000 Quadratkilometern mehr als doppelt so groß wie die Schweiz. Zur Provinz Neufundland gehört noch Labrador auf dem kanadischen Festland. 25 000 Menschen leben dort auf 300 000 Quadratkilometern. Das Klima ist zu rauh, die Stürme sind zu stark und die Winter zu lang für eine dichtere Besiedlung Labradors. Aber reich ist das Land an Rohstoffen und Wasserkräften, deren Erschließung kanadische und englische Konzerne mit größtem Kapitalaufwand vorantreiben.

Man nennt Neufundland eine Provinz, aber für kanadische Begriffe ist das gleichbedeutend mit einem Staat im Bundesstaat. Neufundland hat seine eigene Regierung mit einem Ministerpräsidenten, der üblichen Zahl von Ministern und natürlich auch einem Parlament. Mit Kanada gehört auch Neufundland zum Britischen Commonwealth, und die englische Krone schmückt das Staatswappen. Königin Elisabeth ist selbst des öfteren in Neufundland gewesen.

Schon bevor der Beweis erbracht wurde, daß grönländische Wikinger bereits um das Jahr 1000 hier gewesen sind, hatte Neufundland für amerikanische Verhältnisse eine uralte Geschichte. Man glaubt zu wissen, daß Fischer aus dem Baskenland schon zu den reichen Fischgründen bei Neufundland segelten, als Kolumbus noch nicht geboren war. Doch die Lage der Bänke blieb ihr streng bewahrtes Geheimnis, um die Konkurrenz anderer Fischer fernzuhalten. Es ging um Stockfisch, das heißt luftgetrockneten Dorsch oder Kabeljau. Sie waren damals ein beliebtes Nahrungsmittel, besonders während der streng eingehaltenen Fastentage in ganz Europa. Die Stockfische verdarben nicht, sie hatten nur geringes Gewicht bei hohem Nährwert, und man konnte sie leicht von den Seehäfen ins Hinterland befördern. Stockfisch bedeutete für Neufundland etwa das gleiche wie der Biber für die Erschließung von Kanada. Die Engländer entsandten 1497 den Seefahrer John Cabot* auf die Suche nach den Fischbänken der Basken. Zwar wurde sein Auftrag nie so deutlich genannt, doch er läßt sich an den Zusammenhängen vermuten. Dabei löste Cabot nicht nur das Geheimnis der Basken, er gelangte auch zur Insel Neufundland. Wie es heißt, wurde er dort von den Eingeborenen mit den Worten »Baccaleus ... Baccaleus« begrüßt. Das bedeutet »Dorsch ... Dorsch« in der baskischen Sprache. Bald folgte auf Cabot der portugiesische Seefahrer Gaspar Corte Real, der anschließend noch die Küste von Labrador besuchte. Schon zu Beginn des 16. Jahrhunderts segelten viele hundert Fischkutter aus England, Frankreich und Portugal zu den Neufundlandbänken. Sie trockneten die Dorsche am Strand des »neugefundenen Landes«. Einen besseren Namen wußte man dafür nicht, und er gilt bis heute in allen Sprachen.

Die weitere Geschichte Neufundlands ist einzigartig, denn mit allen nur möglichen Mitteln versuchten die seefahrenden Nationen, eine Besiedlung des Landes zu verhindern. Der Grund dafür? Wegen der Stürme in den dortigen Gewässern bestand die Mannschaft der Fischkutter aus den besten Seeleuten der damaligen Zeit. Wenn Kriege ausbrachen, was zu jener Zeit häufig vorkam, brauchte man die Neufundlandfischer für die Bemannung der Kriegsschiffe. Also durften die Herrscher nicht tatenlos zusehen, daß sich so tüchtige Leute im neugefundenen Land dem Dienst auf ihren Karavellen, Galleonen und Fregatten entzogen. Sobald die Fangsaison vorüber war, mußten sie in die Heimat zurückkehren. Es war ihnen nur gestattet, die Fische während des Sommers am Strand zu trocknen. Aber ständige Niederlassungen waren verboten. Winterfeste Unterkünfte wurden niedergebrannt, und jeder entlaufene Mann einer Schiffsbesatzung, den man wieder einfing, endete am Galgen.

England nahm die Insel schon 1583 in Besitz, aber hundert Jahre danach hatte Neufundland erst 120 ständige und behördlich zugelassene Bewohner weißer Hautfarbe. Andere lebten verborgen im Land, durften aber nicht zum Vorschein kommen und mußten sich mit einem äußerst primitiven Dasein begnügen. St. John's, die heutige Hauptstadt, wurde als vielbesuchter Hafen schon 1527 genannt,

---

* Geborener Italiener, der eigentlich Giovanni Caboto hieß. Er bekam für die Entdeckung Neufundlands und der Fischbänke eine »Belohnung« von 10 Pfund Sterling.

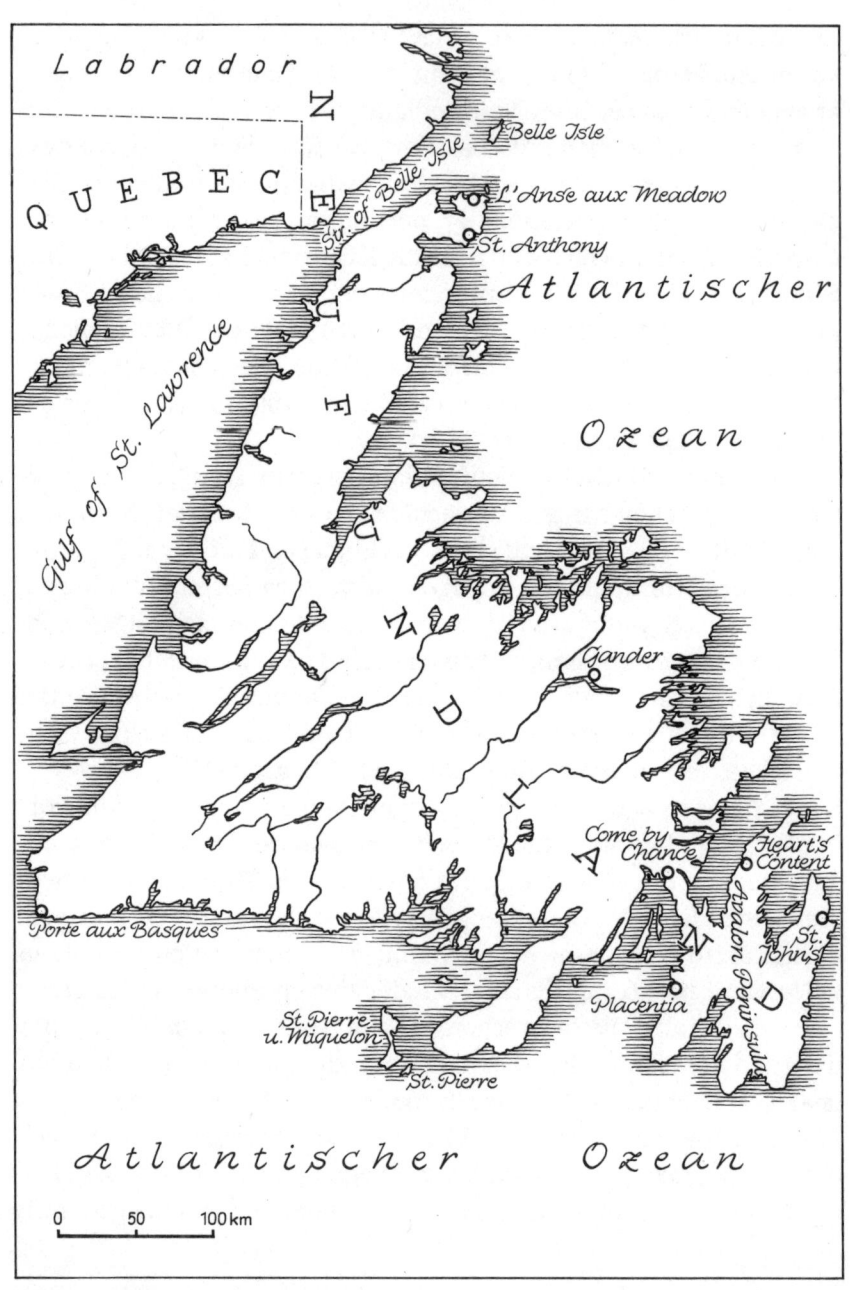

Neufundland

aber eine »genehmigte« Ortschaft ist erst hundert Jahre später dort entstanden. Könnte man das Gründungsjahr auf 1527 zurückdatieren, wie es dort gewünscht wird, so wäre St. John's die älteste europäische Stadt in ganz Nordamerika.

Ich habe mich wirklich bemüht, die Geschichte Neufundlands von Anfang bis Ende zu begreifen. Aber der historische Ablauf des Geschehens vom 16. bis 18. Jahrhundert verliert sich in einem undurchdringlichen Dickicht von Kleinkämpfen der Franzosen gegen die Engländer, von Überfällen der Seeräuber, von Mord, Raub und Brandstiftung. Festungen wurden gebaut, gestürmt, geschleift und wieder aufgebaut. Im allgemeinen behielt England die Oberhand. Zwar gehörte den Franzosen ganz Kanada bis zum Jahre 1763, aber Neufundland konnten sie niemals ganz in Besitz nehmen.

Ungefähr die Hälfte der heutigen Bevölkerung ist irischer Abstammung, etwa vierzig Prozent sind Nachkommen englischer und schottischer Einwanderer. Der verbleibende Rest von rund zehn Prozent kann auf Vorfahren in Portugal, in den baskischen Provinzen Frankreichs und in Deutschland zurückblicken. Die Landessprache ist englisch ohne Ausnahme, jedoch in der Art eines besonderen neufundländischen Dialekts, der teilweise recht sonderbare und für Fremde kaum verständliche Ausdrucksformen enthält*.

Von den Ureinwohnern Neufundlands ist keiner übriggeblieben. Es waren die Beothuk, ein Volk noch auf der primitivsten Stufe des Daseins. Sie besaßen für die Jagd nur Pfeil und Bogen, kleideten sich in Felle, zogen als ewige Nomaden umher, fischten in den Buchten und sammelten eßbare Kräuter. Es war die Besonderheit der Beothuk, sich von Kopf bis Fuß mit rotem, aus Pflanzen gepreßtem Saft einzureiben. Daher der Name »Rothaut« für alle Indianer. Es war im »Neugefundenen Land«, wo Europäer zum ersten Mal den Eingeborenen Nordamerikas gegenüberstanden. (Vergessen wir vorübergehend die Nordmänner.) Man glaubte anfangs, das Rot der Beothuk sei ihre natürliche Hautfarbe und hat den Irrtum nie mehr

---

* Eine Mutter sagt zu ihrer noch sehr jungen Tochter: »Betty, I'm binicky . . . you're slinged, trapsing 'round with the oonshick Fred, who's a ral plumasher«.
(»Betty, ich bin verärgert, du hast die Schule geschwänzt und bist mit dem blöden Fred herumgelaufen . . . einem ganz unzuverlässigen Komplimentemacher.«)

korrigiert. Tatsächlich sind die Indianer hellbraun bis kupferbraun als auch dunkelbraun.

Die totale Ausrottung der Beothuk ist das traurigste Kapitel der neufundländischen Geschichte. Die wehrlosen Menschen wurden als eine Art von Ungeziefer betrachtet, das man wie die Ratten vernichtete. Fischer an der Küste, entlaufene Mannschaften der Fangschiffe, überhaupt jeder Weiße mit einer Feuerwaffe machte sich ein Vergnügen daraus, die Beothuk abzuknallen. Niemals wurde einer von den vielfachen Mördern dafür bestraft. Ganz im Gegenteil, sogar Kapitäne der britischen Kanonenboote gaben Befehl, das Feuer zu eröffnen, wenn sich eine Ansammlung der harmlosen Wilden irgendwo zeigte. Noch 1817 konnte sich ein Mann namens Rodger in aller Öffentlichkeit rühmen, daß er 60 von den »roten Ratten« ausgetilgt hatte, und mit ihnen auch gleich »die Läuse«. Damit waren die Kinder gemeint. Noel Boss hatte es auf 99 Opfer gebracht und bedauerte sehr, daß ihm noch eines für das volle hundert fehlte. Mit Kerben auf dem Schaft seiner Muskete bezeichnete er die Zahl der erfolgreichen Abschüsse. Das ›Liverpool Manuskript‹, eine vor wenigen Jahren wieder aufgefundene Niederschrift aus damaliger Zeit, berichtet von einer Treibjagd an der Trinity Bay, wo es gelang, etwa 400 Beothuk zu ertränken. Von einem Widerstand der Verfolgten ist so gut wie nichts bekannt. Die neufundländischen Indianer suchten ihre Rettung in der Flucht. Wenn es nicht möglich war, sanken sie auf die Knie, entblößten ihre Brust und hofften auf raschen Tod.

Schließlich wurde für den Fang eines lebendigen Beothuk die hohe Belohnung von 50 Pfund ausgesetzt. Man wollte die Opfer nach Europa verfrachten, um sie als besondere Attraktion in Schaubuden zu zeigen. Aber die meisten starben an Schwindsucht, bevor die Reise begann. Im Jahre 1823 wurden noch siebzehn Beothuk entdeckt. Ein sehr jung gefangenes Mädchen namens Shananditti soll die letzte ihres Volkes gewesen sein.

Sicher haben die aus Nova Scotia eingewanderten Micmac-Indianer an der Jagd auf die Beothuk teilgenommen. Aber bei ihnen war es nicht üblich, auch die Frauen und Kinder zu killen. Sie wurden mitgeschleppt, sogar in den Stamm aufgenommen. Deswegen glauben Optimisten, daß noch geringe Reste der Beothuk bei den Micmac erhalten blieben, direkte Nachkommen der gefangenen Buben und Mädchen. Man will solch seltene Exemplare in Micmacdörfern der Provinz Nova Scotia festgestellt haben. Skelette aus Beothukgräbern sind im Nationalmuseum von Neufundland zu sehen. Sie stammen von überdurchschnittlich großen Menschen. Wenn diese keine Ausnahmen sind, müssen die Beothuk wahre Riesen gewesen sein. Um so weniger ist zu begreifen, daß sie ohne entschlossene Abwehr untergingen*.

Von meinem Fenster im Hotel, das auf einer Anhöhe steht, kann ich die Stadt und den Hafen überschauen. St. John's hat eine beneidenswert schöne Lage. Bebaute Hügel nach drei Seiten und auf der vierten die von einer hohen Halbinsel eingefaßte Bucht. Die Natur hat ein weites und breites Hafenbecken geformt, in das nur eine relativ enge Passage hineinführt. Diesem sturmgeschützten Ankerplatz verdankt die Stadt ihre Entstehung.

Konsul Sann holt mich ab, und wir beginnen die Rundfahrt. Mit etwas mehr als 100 000 Bewohnern, alle Außenbezirke mitgerechnet, ist St. John's keine menschenwimmelnde Metropole. Der eigentliche Stadtkern besteht aus der Waterstreet und Duckworthstreet, die parallel zum Hafenkai verlaufen. Die Verbindungsstraßen im Zentrum sind steil. Man kann sie nur im ersten oder zweiten Gang befahren. Die neufundländische Hauptstadt bietet nicht das Bild einer City. Der Straßenverkehr ist relativ ruhig. Man findet freie Parkplätze ohne langes Suchen, sogar vor der Hauptpost und den Warenhäusern. Wir lassen den Wagen stehen und erledigen einige Besorgungen zu Fuß. Die Auswahl in den Geschäften ist auf biederen, bürgerlichen Bedarf zugeschnitten. Man sieht keine Damen in eleganten Pelzen. Die Passanten sind ohne Ausnahme einfach und zweckentsprechend gekleidet. Männer mit abgegriffe-

---

* In Labrador leben 1200 Eskimo und zwei kleine indianische Gruppen aus dem Volk der Montagnais und Nascapi, diese letzteren noch in relativ ursprünglichem Zustand. Die seit Jahrhunderten dort lebenden weißen Fischer, Jäger und Trapper, mit dem Blut von Indianern und Eskimos in den Adern, führen die seltsame Bezeichnung »Livyers«. Es ist eine Korrumpierung der Worte »live here«, in der Bedeutung »wir leben immer hier«. Dies zum Unterschied gegenüber den Mannschaften der Fischkutter, die nur während der Fangsaison an die Küste kamen. Die ›Livyers‹ (auch ›Livyears‹ oder ›Livvers‹ geschrieben) hatten sich bis noch vor 50 Jahren ganz und gar den Lebensformen der Eingeborenen angepaßt.

nen Mützen stehen an den Ecken. Es sind Arbeitslose, die zur Zeit nur wenig Hoffnung haben, eine Stellung zu finden. Etwa zehn Prozent der Arbeitsfähigen sind auf ihre Unterstützung durch öffentliche Ämter angewiesen. Diese Beschäftigungslosen bieten ein bedrückendes Bild. Hier ist man daran gewöhnt und findet sich damit ab. Es wird wohl im Frühjahr wieder besser werden.

Die Wohnstraßen erinnern an das alte England. Holzhäuser im viktorianischen Stil, braun, dunkelrot oder grauweiß angestrichen. Ein paar Treppenstufen führen zu den Eingängen hinauf. Die Gardinen sind zugezogen, die Türklopfer blank geputzt. Stille Straßen, nur wenige Menschen unterwegs. Bis weit in die Umgebung dehnen sich die Villenviertel. Alter Baumbestand in den Gärten, auch Alleebäume am Rand der ruhigen Gehsteige. Wegen des hügeligen Geländes zeigt der Stadtplan in den Vororten viele Kurven und Schleifen. Man fährt hinauf und hinunter. Talsenken dazwischen mit einem rieselnden Bach. Sicher ist es angenehm, in den Außenbezirken von St. John's zu leben. An Kurorte im Schwarzwald könnte man denken.

Mehrmals wurde St. John's durch Brände fast völlig vernichtet. Weil früher die ganze Stadt aus Holz gebaut war, konnten sich die Flammen mit großer Geschwindigkeit ausbreiten. Es geschah zum letzten Mal 1892, als wieder fast alle Häuser von St. John's in Schutt und Asche sanken. Wir fahren hinaus zum Marconiturm. Er steht auf einer hohen Klippe über der Einfahrt zum Hafen. Von dort übersieht man die ganze Stadt, einen guten Teil des Hinterlandes und genießt nach Osten einen weiten Blick über den grauen Atlantik. Hier empfing Guiglemo Marconi im Sommer des Jahres 1903 das erste drahtlose Funkzeichen von Europa nach Amerika. Es waren nur drei Punkte für den Buchstaben S, aber damit war der Anfang für den transatlantischen Funkverkehr gemacht.

Die Universität überrascht durch imponierende Größe und kühne Bauweise, innen sowohl wie außen. Die Studenten beiderlei Geschlechts betragen sich friedlich und freundlich. Eine Band musiziert in der Halle, zwar mit viel Getöse, aber heiterer Laune. Das Parlament, die Ministerien und die wichtigsten Ämter befinden sich im *Confederations Building* Es liegt weitab vom Zentrum und hat riesige Ausmaße. Ein historisches Museum wurde in der obersten Etage eingerichtet. Ich möchte jedem Neufundlandfahrer den Besuch empfehlen, denn die vielbewegte Geschichte des Landes ist darin sehr anschaulich dargestellt. Wir werden danach vom Ministerpräsidenten erwartet. Joseph R. Smallwood führt die Regierung des Bundesstaates schon seit dem Jahr 1949. Gewiß ein Rekord, der sich nicht so leicht von anderen Premiers übertreffen läßt. Eine Besprechung mit mehreren Ministern ist gerade im Gange. Wir werden dennoch gleich vorgelassen, die Sitzung wird kurz unterbrochen. Zwanglose Vorstellung im Kreis der Anwesenden, freundliches Händeschütteln, unverbindliche Redensarten. Der Premier ist trotz vorgerückten Alters ein quicklebendiger Mann, sprühend vor Energie, nur mittelgroß von Gestalt. Wir warten nicht auf ein Zeichen der Verabschiedung, sondern empfehlen uns nach etwa zehn Minuten von selbst. Jetzt noch ein Besuch beim Staatssekretär für den Fremdenverkehr. Es lohnt sich durchaus, denn er stellt mir für morgen einen Wagen mit Fahrer und landeskundigem Begleiter zur Verfügung.

Aber das Wetter macht nicht mit. Schon bei der Abfahrt vom Hotel beginnt es zu schneien und hört nicht mehr auf. Vorgesehen ist eine Fahrt um die Halbinsel Avalon, das älteste Siedlungsgebiet der Provinz. An ihren Buchten und Fjorden leben 40 Prozent der neufundländischen Bevölkerung, obwohl die Halbinsel nicht den zehnten Teil der Insel ausmacht. Wie mir der begleitende Beamte erklärt, gibt es nur wenige Ortschaften mit mehr als 500 Bewohnern. Der Fischfang, bescheidene Viehwirtschaft und Anbau von Gemüse ist meist ihre Beschäftigung. Die Siedlungen erinnern an dörfliche Idylle im alten Europa. Gewundene Wege, kleine Gärten, hübsche Häuser, und das Ganze vom Kirchturm überragt. Weiträumige Villen und herrschaftliche Besitzungen sehe ich kaum. Neufundland ist noch immer die ärmste aller kanadischen Provinzen.

Der unablässig fallende Schnee verhindert eine weite Sicht. Wir umfahren eine tief ins Land reichende Bucht nach der anderen, aber leider läßt sich ihre romantische Lage wegen des Schneetreibens nicht erkennen. Gedenksteine am Weg erinnern an historische Begebenheiten, etwa an eine Landung von John Cabot und Corte

Real, an die Erstürmung von Placentia, den heldenmütigen Widerstand einer anderen Festung und ähnliches mehr. Hier endete das erste Seekabel aus Europa, dort versank eine Viermastbark bei Nacht und Nebel vor den Klippen. Wir rollen durch dichtes Schneetreiben hinauf zu einer Bastion aus dem 17. Jahrhundert. Man bemüht sich schon seit längerer Zeit um die Wiederherstellung des ursprünglichen Zustandes. Wir sehen einen Traktor mit zwei Bronzekanonen im Schlepptau. Sie werden dort in Stellung gebracht, wo Schießscharten die Wälle durchbrechen. »Hony soit qui mal y pense«, lese ich auf den mächtigen Rohren, dazu die Jahreszahl 1681 unter dem Königswappen Karls II. von England.

»Wirklich feine Feuerspeier«, bemerke ich zu meinem Begleiter, »und noch so gut erhalten.«

»Ja, wir können zufrieden sein. Eine Firma in London liefert jede Sorte von alten Kanonen auf Bestellung. Die sehen dann wirklich aus wie echt.«

Die Namen mancher Dörfer und Buchten sind bemerkenswert, denn sie beweisen Sinn für Humor der ersten Siedler. Da gibt es »Hearts Delight« und »Hearts Content«, »Come-by-Chance«, »Irelands Eye«, »Just Passthrough«, »Jimmy-his-Hat«, »Little Paradise« und »Pettycoat Bay«*.

Als wir auf dem Rückweg im Moreland Inn eine Kaffeepause machen, meldet der Rundfunk, daß ein Wagen mit drei Personen auf der schneeglatten Straße ins Schleudern geraten und über den Steilhang gestürzt war. Keiner der Insassen hat überlebt. Das Unglück mußte geschehen sein, kurz nachdem wir die gleiche Stelle passiert hatten. Unser Wagen fährt nun so langsam, daß wir erst spät abends zurück sind.

An den beiden Tagen danach stand ich wieder unter der Obhut des fürsorglichen Konsuls. Ein Essen in seinem Haus, ein Betriebsfest in seiner Firma, ein Abend vor dem Kaminfeuer seiner Blockhütte weit draußen an der Felsenküste. Frau Sann, die Mutter er-

---

* »Entzücken des Herzens«, »Zufriedenheit des Herzens«, »Zufällig gekommen«, »Irlands Auge«, »Gerade durchgekommen«, »Jimmy sein Hut« und »Kleines Paradies«, »Unterrock Bucht«.

wachsener Kinder, ist Studentin und im Studium der Germanistik so weit fortgeschritten, daß sie schon länger in diesem Fach unterrichtet. Bald wird sie noch einen höheren akademischen Grad erreichen. Während wir Männer bei munteren Reden die Gläser heben, schreibt die fleißige Hausfrau an einer Arbeit in mittelhochdeutscher Sprache.

»Übrigens wollte ich Sie noch warnen«, fiel es dem Konsul ein, »die Vorhersage des Wetterdienstes meldet fürs Wochenende sehr tiefe Temperaturen. Mit starkem Sturm wird auch gerechnet . . . das wäre natürlich ein Schneesturm. Das Unwetter kann noch seine Richtung ändern, aber Sie sollten sich nicht länger als notwendig bei den Wikingern aufhalten. Wenn so ein richtiger Schneesturm losbricht, wird aller Verkehr in Neufundland eingestellt.«

Günther Sann war im Winter vor drei Jahren sogar auf dem *Trans Canadian Highway* eingeschneit, der Neufundland durchquert. Haushohe Schneewehen versperrten die Straßen, auch die Bahnlinie war blockiert und keine Ortschaft in der Nähe. Bei solchen Gelegenheiten kann es sein, daß Menschen im Wagen erfrieren. Der Konsul hatte sich schließlich bis zur Holzhütte eines Bahnwärters durchgekämpft, wo er die Öffnung der Straße abwarten konnte. Sieben Menschen sind damals in ihren Fahrzeugen erfroren oder an Motorgasen erstickt.

Wegen der Wikinger war ich gekommen. Leifbudir mußte ich unbedingt sehen. Aber ich hatte keine Zeit, erst einen Schneesturm abzuwarten, der vielleicht gar nicht kam. Also nach L'Anse aux Meadow, so schnell wie möglich. Der Flug hin und zurück war gebucht, dabei sollte es auch bleiben.

Nach Gander, wo ich die Maschine wechseln sollte, war es nur ein Katzensprung. Aber ich mußte dort einen Aufenthalt von drei Stunden in Kauf nehmen bis zum Weiterflug nach St. Anthony im hohen Norden Neufundlands. Die Strecke wird während des Winters nur zweimal in der Woche mit kleinen und schon alten Maschinen beflogen. Der Einsatz moderner Flugzeuge lohnt sich nicht für die wenigen Passagiere. Ich war schon einmal in Gander gewesen, bei der Zwischenlandung auf dem Flug von Bonn nach Washington mit einer Transportmaschine der Bundeswehr. Es war Mitternacht bei dieser Landung, wir tankten nur auf und flogen weiter. Aber die riesigen Ausmaße des Flughafens und seiner Gebäude hatten mich schon damals überrascht. Die Anlage war viel zu groß für ihren praktischen Zweck. Man hatte vor mehr als dreißig Jahren für die Zukunft gebaut, aber nicht vorausgesehen, daß die Entwicklung des transatlantischen Flugverkehrs diese Etappe eines Tages nicht mehr brauchen würde. Heute dient Gander nur noch dem lokalen Verkehr sowie der direkten Verbindung nach Island und Labrador.

Die himmelhohe Empfangshalle ist menschenleer, von den vielen Schaltern zur Abfertigung der Fluggäste sind nur zwei geöffnet. Aber ich entdecke ein hochinteressantes Museum, eine Erinnerungsstätte an die ersten Flugversuche über den Atlantik. Hier hängen die Bilder der erfolgreichen Piloten, die Fotos ihrer gebrechlichen Maschinen und detaillierte Berichte ihres Schicksals. Dem deutschen Zeppelin ZR III und Dr. Hugo Eckener hat man eine große Vitrine gewidmet. Ihm war die erste Nonstopfahrt eines Luftschiffes von Europa nach Amerika im Sommer 1924 gelungen. Weiter kommen die deutschen Piloten Köhl und von Hünefeld sowie der irische Major Fitzmaurice zu Ehren. Der erste Ostwestflug über den Atlantik im Jahre 1928 wird festgehalten. Das Unternehmen war nicht restlos geglückt, denn wenige Kilometer vor dem amerikanischen Festland mußte die Maschine auf einer kleinen Insel in der Belle Isle Street notlanden. Nur fünf Flugminuten hatten noch gefehlt.

Bald danach stehe ich vor einer Maschine, die gewiß berechtigt wäre, in diesem historischen Museum einen Ruheplatz zu finden. Sie war eine D3 und hatte der US-Luftwaffe während des Zweiten Weltkrieges als Bomber gedient. Danach hatte man die alte Kiste für den Transport von Fracht und Passagieren umgebaut. In Krieg und Frieden habe ich schon alles mögliche mitgemacht, zu Wasser, zu Lande und in der Luft. Aber in einen Veteranen von so ehrwürdigem Alter war ich noch nie gestiegen. Doch an seiner Zuverlässigkeit schin kein Zweifel zu bestehen. Der betagte Brummer versah den Dienst bis hinauf zum letzten Küstenplatz in Labrador schon seit etwa zehn Jahren, ohne daß ein Passagier dabei zu Schaden gekommen war. Also mutig hinein in den alten Adler!

Etwa die Hälfte des Raumes ist mit Kisten, Koffern, Kanistern und Säcken gefüllt. Den sieben Passagieren stehen nur stoffbespannte Stahlgerippe zur Verfügung. Gleich werden Wolldecken verteilt, denn es gibt keine Heizung in der Maschine. Rumpelnd rollt sie über die Startbahn, hebt sich vom Boden und steigt mit Gedonner bis über die Wolken hinauf. Eisige Luft pfeift durch die undichten Fenster und Türen. Ich trage meinen mit Schafspelz gefütterten Ledermantel, Pelzhandschuhe, eine Pelzmütze bis über die Ohren und zwei Paar Wollstrümpfe in den hohen Stiefeln. Das genügt aber nicht, die Wolldecken sind dazu noch unbedingt notwendig. Mein Atem bildet Eiskristalle auf dem Stoff, und ich binde mir einen Wollschal vors Gesicht, damit die Nase nicht zum Eisklumpen wird.

»Am White Fish River war's nicht so kühl«, sagte neben mir ein junger Mann mit wallendem Bart.

»Wieso gerade am White Fish River?« frage ich zurück.

»Ich bin doch William Hoek . . . aber mit meinen Fransen nicht mehr leicht zu erkennen. Wir haben damals Beluga gejagt, in Gesellschaft der Eskimo und der Indianer von McPherson. Freut mich sehr, Sie mal wiederzusehen, Doktor Meister . . . oder so ähnlich war doch der Name?«

Die Welt des hohen Nordens ist nur ein Dorf, was die Menschen betrifft. Wenn auch viele tausend Kilometer die Treffpunkte trennen, man kennt sich und hat gemeinsame Bekannte. Zwar hatte ich das damalige Äußere des William Hoek längst vergessen, aber ich wußte noch, daß er Biologe beim kanadischen Wildlife Service war. Er sollte die Eingeweide der erlegten Weißwale auf Parasiten untersuchen. Das war an einem Mündungsarm des Mackenzie River gewesen, am Rande des Eismeers in den Nordwest-Territorien. Gemeinsam waren wir tageweit mit den flachen Booten der Eingeborenen hinausgefahren, um Beluga zu erbeuten*.

»Ich war jetzt in der Hudson Bay am Ranklin Inlet, Sie kennen's ja auch, und hab' wieder Beluga untersucht. Ein trauriges Ergebnis, Doktor. Bleigehalt, daß man's kaum für möglich hält . . .«

---

* Diese Erlebnisse habe ich ausführlich geschildert in meinem Buch »Wildes rauhes Land«, Bertelsmann Sachbuchverlag.

Umweltverschmutzung in der Hudson Bay, Pollution in arktischen Gewässern. Wie war das möglich? Dort leben nur sehr wenige Menschen, und es gibt überhaupt keine Industrie.

»Begreif' ich auch nicht«, meint der Biologe, »das Dreckzeug muß wohl mit den Flüssen, mit dem Regen oder mit sonstwas aus dem Süden kommen. Hoffentlich findet man die Quelle des Übels. Jetzt soll ich die Lachse und Forellen bei St. Anthony untersuchen. Drücken Sie mir den Daumen, Doktor, daß es diesmal besser wird.«

Er hat nichts Schlechtes gefunden, wie mir später berichtet wurde.

Erst rauschen wir durch Wolken. Dann öffnen sich die grauen Schleier, und wir sehen die Landschaft. Lockerer Wald und freie Flächen, lange Bergrücken und Talsenken mit gefrorenen Seen. Viele Felseninseln vor der Küste und geschlossenes Eis in den Buchten. Aus offenen Stellen und Rinnen im Meer steigen Nebel hoch. Dort müssen warme Strömungen sein, die bei Berührung mit der eiskalten Luft diese Nebel bilden.

»So tiefe Temperaturen sind ungewöhnlich«, klärt mich der Biologe auf, »sonst herrscht hier ein erstaunlich mildes Klima. Der Wetterdienst meint, es braut sich vom Nordpol her was zusammen.«

Als ich Hoek den Grund meines Fluges nach Norden nenne, ist er gleich bereit mitzumachen. Er kennt die Geschichte der Wikinger in Vinland, hat aber die Ausgrabungen bei L'Anse aux Meadow noch nicht gesehen.

Der fliegende Kühlschrank senkt sich bis über die verschneiten Wälder, berührt ein langes, schmales Flugfeld und rollt dann aus. Von einer Ortschaft ist weit und breit keine Spur zu sehen. Die Passagiere eilen durch grimmige Kälte in einen winzigen Schuppen. Ein runder Eisenofen, bis zum Glühen geheizt, strahlt wohltuende Wärme aus. Hier sollen wir warten, bis ein Taxi kommt uns abzuholen.

Bei sehr tiefen Temperaturen muß man die Maschine vor dem Start erst mit heißer Luft aufwärmen. Das Flugzeug trägt außer den Rädern noch Schneekufen (oben).

Vereister Hochseefischer im Hafen von St. John's (unten).

Das Thermometer draußen am Fenster zeigt minus 22 Grad Fahrenheit, das sind nach Celsius 30 Grad unter Null.

Nach etwa einer halben Stunde erscheint das Taxi. Und ob man es glaubt oder nicht, wir werden alle hineingestopft. Vier Mann hinten, zwei Mann vorne und der siebente hockt auf dem Boden. Dazu noch die Koffer und Reisetaschen von jedem. Der Fahrer sagt, seine Kollegen hätten bei dieser barbarischen Kälte keine Lust, ihren Wagen aus der gewärmten Garage zu holen. Im übrigen gibt es für die 2500 Bewohner von St. Anthony nur vier Taxis, und die sind für gewöhnlich ausgebucht. Das veranlaßt mich gleich, diesen Fahrer für morgen früh zu bestellen, und er ist einverstanden.

26 Kilometer vom Flugplatz im Wald bis zur Stadt an der Meeresbucht. Die Straße ist breit und vom Schnee geräumt. Fichten und Birken beiderseits vom Weg sind mit fingerlangen Eiszapfen behängt. Sie glänzen im Schein der sinkenden Sonne wie Weihnachtskerzen.

William Hoek, ich und noch ein dritter Mann werden vor dem Skylight Hotel ausgeladen. Es liegt auf einer Anhöhe über St. Anthony, noch eine halbe Gehstunde von der kleinen Stadt entfernt. Äußerlich sieht man dem recht bescheiden wirkenden Gasthof nicht an, daß es drinnen sehr gemütlich und peinlich sauber ist. Ich bekomme ein hübsches, gut gewärmtes Zimmer mit Bad und schöner Aussicht. Der junge Wirt ist besonders freundlich und hält schon heißen Tee bereit.

»Nach L'Anse aux Meadow wollen Sie? Da wird's aber Zeit, bevor der große Schneesturm kommt. Wenn Sie dort einschneien, haben Sie nichts zu lachen. Es ist ein langweiliges Nest, bei mir ist man besser aufgehoben.«

Ich machte mich gleich zu Fuß auf den Weg nach St. Anthony. Nur sehr rasches Gehen konnte mich einigermaßen wärmen. Aber ich rieb ständig die Nase und beide Backen, damit sie im scharfen Wind nicht erfroren. Mein Ziel war das große Gebäude der *Grenfell Mission*. An Dr. Thomas, den Chef des Hauses, hatte ich einen Empfeh-

Die weit ins Eismeer vorgeschobene Nordspitze von Neufundland bei L'Anse aux Meadow.

lungsbrief in der Tasche. Die *Grenfell Mission* ist eine ebenso berühmte wie menschenfreundliche Einrichtung. Sie betreut mit ärztlicher Fürsorge und sozialer Hilfe die einsamen Fischerdörfer an der Nordküste Neufundlands, aber vor allem die Eskimo, Indianer und »Livyer« in Labrador. Die Mission hat eigene Motorkutter und Flugzeuge, um auch entlegenste Wohnplätze zu erreichen. Das Elend dieser Menschen muß in früheren Zeiten, bis noch vor etwa dreißig Jahren, unvorstellbar gewesen sein. Eingeschleppte Krankheiten, die Ausbeutung durch gewissenlose Händler und das völlige Fehlen staatlicher Autorität hatte die Eingeborenen wie auch die abgesunkenen Weißen in Labrador an den Rand des Verschwindens gebracht. Sie wären ohne die *Grenfell Mission* vermutlich ausgestorben. Ich wollte mich erkundigen, wie zur Zeit die Verhältnisse waren, um vielleicht im nächsten Jahr eine Reise nach Labrador zu unternehmen.

Dr. Thomas war auf einer Dienstreise im Norden. Sein Vertreter wußte nicht recht, was er mit dem fremden Besucher anfangen sollte. Es kam zu keiner angeregten Unterhaltung. Von L'Anse aux Meadow hatte er nur so nebenbei gehört. Also sprachen wir über das Wetter, weil hier jeder davon sprach.

»So kalt war es seit sieben Jahren nicht mehr. Manchmal haben wir in St. Anthony überhaupt keinen Schnee. Ich entsinne mich noch an die Jahre 1956 und 1961, als man die Kühe und Kälber während des ganzen Winters im Freien ließ. Da gab es nicht einmal Frost in den Nächten . . . erstaunlich für diesen Breitengrad, nicht wahr?«

Ich fragte, wie das zu erklären sei, aber er zuckte nur mit den Schultern.

»Wir haben morgen gegen 15 Uhr eine Maschine nach St. John's. Sie können mitfliegen, als unser Gast natürlich.«

»Vielen Dank, aber ich habe schon eine Flugkarte für den Tag danach.«

»Morgen wäre aber sicher«, meinte er, »übermorgen vielleicht nicht mehr.«

Ich dankte nochmals und stapfte durch fallenden Schnee zurück ins Hotel. Das Thermometer zeigte jetzt 26 Grad Fahrenheit unter Null. Ganz schön kalt, etwa 33 Grad Celsius unter dem Strich. Meine

Fenster waren völlig vereist, ich konnte die Lichter von St. Anthony nicht mehr sehen.

Zum Abendessen gab es gebratenen Lachs in riesigen Portionen. Bei uns eine kostspielige Delikatesse, hier ein Nahrungsmittel im Überfluß. William Hoek konnte Lachs schon nicht mehr sehen, Bratkartoffeln mit Speck und Spiegelei waren ihm lieber.

»Also morgen um sieben Uhr dreißig kommt unser Wagen, ich habe eben den Fahrer noch mal angerufen.«

Nun stand also der Besuch unmittelbar bevor, den ich so lange geplant hatte. Es konnte eine Enttäuschung werden, wie es so oft geschieht, wenn man besonders starke Eindrücke erwartet.

Wie war das gewesen vor bald tausend Jahren, als Leif nach Vinland fuhr und den zweitgrößten Kontinent der Welt entdeckte? Ich schaute noch einmal in die Bücher, um für morgen möglichst gut zu wissen, worauf man in Leifbudir achten sollte. Es sind ja von der Siedlung nur ganz geringe Reste übrig. Man muß ihre Bedeutung kennen, sonst hat die Betrachtung keinen besonderen Wert.

Es war nicht Leif Eriksson, der als erster Europäer einen Schimmer der nordamerikanischen Küste gesehen hat, sondern Bjarni Herjolfsson. Er kam über Island aus Norwegen, mit einer Ladung Bauholz an Bord. Bjarni war ein Händler und sein Schiff ein Frachtschiff. Stürme im Eismeer trieben ihn weit vom gewohnten Kurs nach Nordwesten. Da erblickte Bjarni flache Landstreifen, bedeckt mit Wäldern. Aus Furcht vor wilden Menschen und bösen Geistern steuerte Bjarni wieder ins freie Meer hinaus. Er suchte nichts anderes als den Weg nach Grönland. Das gelang ihm auch, und so erreichte er schließlich Brattahild. Am Hüttenfeuer im Hause Erichs des Roten erzählte Bjarni von seinen Erlebnissen. Weil er das fremde Land nicht betreten hatte, wurde Bjarni ausgelacht.

Nur der Rote Erich lachte nicht.

»Was sagst du ... da waren Wälder an der Küste ... ist das wahr?«

Bjarni wollte es gerne beschwören. Jeder Mann an Bord hatte das Waldland gesehen, die konnte man auch noch fragen.

Holz war eine Kostbarkeit bei den Grönländern. Sie mußten es mit Tauschwaren teuer bezahlen, denn weit war der Transport von

Norwegen bis in die Fjorde Grönlands. Wenn man sich die Baumstämme selbst beschaffen konnte, auf eigenen Schiffen und ohne Mittelsmänner, war eines der schwierigsten Probleme gelöst.

Erik wollte die Suche nach dem Markland* selbst unternehmen, mit seinem Sohn Leif und dreißig Mann zur Bedienung des Schiffes. Als er jedoch, fertig zur Abfahrt, an den Strand hinunterritt, fiel er vom Pferd. Das erschien ihm als böses Vorzeichen.

»Die Götter wollen es nicht. Ich bleibe auf Brattahild. Leif soll fahren, das Glück wird ihn begleiten.«

Leif Eriksson überredete ein paar Männer von Bjarni, die Fahrt mitzumachen. Sie wußten ungefähr die Richtung, wo das Markland zu finden war. Bei andauernd gutem Wetter wurde schon bald eine unbekannte Küste entdeckt. Aber es war nicht das »Markland« von Bjarni, sondern steiniger Strand, vermutlich in einer Bucht von Labrador. Leif betrat die Küste und nannte sie »Helluland«**.

Weiter ging die Entdeckungsreise in südlicher Richtung, und man sah ein Land mit Wäldern. Die Grönländer lagerten am Ufer, schauten sich die Gegend an und griffen dann wieder zu ihren Rudern. Noch zwei Tage und Nächte weiter nach Süden. Da fanden sie Wälder und Weiden. Die Sagas berichten recht ausführlich über die Gestalt des Landes, die Lage der Bucht und die geringe Tiefe des Wassers vor der Küste. Eine Insel, eine Landzunge, ein Bach und dahinter ein See werden genannt. Von reichem Fischbestand ist die Rede und vom »süßen Tau« an den Gräsern.

Die Männer zogen ihr Schiff auf den Strand und erkundeten das Gelände. Leif schickte seine Leute in verschiedene Richtungen aus, doch sollte jeder bis zum Abend wieder zurück sein. Zu den Leibeigenen gehörte auch ein in jungen Jahren verschleppter Deutscher namens Tyrkir. Er wird in den Sagas als »Stiefvater« Leif Erikssons bezeichnet. Gemeint ist wohl, daß Tyrkir den Sohn seines Herrn, als dieser noch ein Kind war, zu beaufsichtigen hatte. Leif war nun sehr besorgt, als Tyrkir nicht mehr wiederkam, denn er hing an seinem »Stiefvater«. Deshalb mußten am nächsten Tag alle Männer nach ihm suchen.

* Waldland
** Land der flachen Steine

Sie fanden Tyrkir wohlbehalten, aber »hohen Geistes«. Mit andern Worten, der gute Mann war betrunken. Wie Tyrkir selber sagte, hatte er eine Menge süßer Beeren entdeckt und so viele davon gegessen, bis er nicht mehr konnte. Die ausgereiften Früchte waren vermutlich in Gärung übergegangen und enthielten daher Alkohol. So entstand die Legende von den Weintrauben*.

Aber Trauben waren es nicht, sondern süße Beeren ganz anderer Art. Es gibt davon sehr viele Sorten in Neufundland. Manche werden so groß wie Weintrauben, zum Beispiel *viburanum pauceflorum*. Die Nascapi-Indianer Labradors bereiten daraus noch heute einen stark alkoholischen Saft. Das Fermentieren von wildwachsendem Beerenobst war auch den Nordmännern bekannt. Wenn die Sagas berichten, daß Tyrkir »hohen Geistes« war, nachdem er die Früchte genossen hatte, wird das wohl stimmen. Aber der Zustand dieses Mannes darf nicht dazu führen, die Stelle seiner Trunkenheit um zwanzig Breitengrade nach Süden zu verschieben.

»Vinland« kann nur mit Weideland übersetzt werden. Die Möglichkeit, hier Rinder, Schafe, Ziegen und so weiter zu ernähren, wurde natürlich von Leif sofort erkannt. Wald und Weiden, fischreiche Bäche und Torf, Sumpfeisen und die Daunen der Eiderenten, was brauchte man noch mehr? Die neue Entdeckung war noch besser als die Entdeckung des Roten Erich in Grönland. Leif blieb mit seinen dreißig Gefolgsleuten ein ganzes Jahr in Vinland. Die Sagas sprechen von »großen Torfhäusern«, die er bauen ließ. Der Hinweis auf die Größe seiner Anlage wird mehrmals wiederholt und kann nur bedeuten, daß Leif daran dachte, Siedler mit ihren Familien, dem Vieh und dem Hausrat nach Leifbudir zu bringen. Erst als diese Vorbereitungen getroffen waren, fuhr der erste Entdecker Amerikas zurück nach Brattahild.

Man weiß nicht, warum Leif dann auf die Verwirklichung seines Planes verzichtet hat. Es war statt dessen sein Bruder Thorvald, der die nächste Reise unternahm. Aber Leif wollte ihm die »großen

---

* Sie werden zum ersten Mal 1070 in einer Niederschrift des Erzbischofs Adam von Bremen erwähnt, der am Hofe des norwegischen Königs von »Vinland« gehört hatte. Er glaubte, daß der Name »Weinland« bedeute, wegen der sogenannten Weintrauben des Tyrkir.

Häuser« in Vinland nur leihweise überlassen. Das Eigentum behielt er sich vor. Thorvald Eriksson nahm keine Frauen mit. Anscheinend war seine Fahrt auch nur eine Erkundungsfahrt. Leif hatte geglaubt, das Land sei menschenleer, aber Thorvald traf auf Eingeborene. Aus den Sagas ist nicht zu erkennen, ob es Indianer oder Eskimo waren. Von den Grönländern wurden sie »Skraelinger« genannt. Über die ersten Begegnungen mit diesen Menschen berichten die Sagas auf verschiedene Weise. Jedenfalls kam es zu Kämpfen, und dabei wurde Thorvald von einem Pfeil tödlich getroffen. Seine Gefolgschaft segelte zurück nach Grönland.

Jetzt war Thorfinn Karlsefni an der Reihe, ein sehr energischer, vermögender und mutiger Mann. Er wollte siedeln, und zwar gleich in großem Stil. Er brachte eine Gefolgschaft von 160 Personen zusammen, aber nur sechs Frauen waren dabei. Zu ihnen gehörte auch Gudrid, die noch junge Frau Thorfinns. Drei Schiffe wurden ausgerüstet, wohl die größten Schiffe der damaligen Zeit, denn sie beförderten Rinder, Schafe und allen Hausrat. Auch die Webstühle und Werkzeuge für ein dauerhaftes Leben im fremden Land wurden mitgenommen. Sogar ein Bulle war an Bord.

Thorfinn Karlsefni bezog Leifbudir und ließ die Anlage noch viel weiter ausbauen. So entstanden eine Schmiede und eine Sauna, Quartiere für Knechte und Mägde, Stallungen für das Vieh, Vorratshäuser und Bootsschuppen. Also eine Siedlung mindestens so groß wie Brattahild und sehr gut organisiert.

Das Klima war entweder milder als in unserer Zeit, oder Karlsefni traf zufällig auf ein relativ warmes Jahr. Das Vieh konnte auch im Winter auf den Weiden stehen. So berichten die Sagas. Frau Gudrid schenkte einem Knaben das Leben. Snorri wurde der Bub genannt und war das erste weiße Baby in Amerika.

Thorfinn begnügte sich nicht mit dem Erforschen der näheren Umgebung. Weite Fahrten nach Süden wurden unternommen, entlang der Ostküste Nordamerikas. Bis wohin die Grönländer kamen, ist eine Streitfrage der Gelehrten. Ein Stück Anthrazitkohle, von Helge Ingstad in Leifbudir entdeckt, kann nicht aus Neufundland stammen, denn es gibt dort kein Anthrazit. Das nächstgelegene Vorkommen findet sich im heutigen US-Staat Rhode Island bei New

York. Auch eine indianische Pfeilspitze aus Quarzit, die man in Grönland entdeckte, war vermutlich ein Mitbringsel der Vinlandfahrer von ihren Erkundungsreisen bis vermutlich nach Virginia. Das Segeln und Rudern entlang einer Küste war für die Wikinger kein Problem. Andere Nordmänner erreichten ja zur ungefähr gleichen Zeit Byzanz, die Hauptstadt des oströmischen Reiches, und durchquerten auf Flüssen ganz Rußland von der Ostsee bis ins Schwarze Meer.

Drei Jahre lang ging alles gut in Leifbudir. Aber dann zeigten sich die Skraelinger in immer größerer Zahl. Man wollte friedlichen Tauschhandel mit ihnen treiben, hatte sich auch schon gegenseitig beschenkt, als plötzlich der aus Grönland mitgebrachte Bulle zum Angriff überging. Er geriet in Zorn über den Geruch der fremden Menschen und stürmte schnaubend gegen die Skraelinger. Sie liefen Hals über Kopf davon und glaubten, das Ungeheuer wäre eine furchtbare Kriegswaffe der weißen Männer. Tiefbeschämt wegen ihrer feigen Flucht überfielen die Eingeborenen nun jeden Fremden, wo sie ihn fanden. An Zahl waren die Skraelinger den Nordmännern so weit überlegen, daß man Leifbudir auf die Dauer nicht halten konnte. Nach einer Reihe von unersetzlichen Verlusten blieb Thorfinn Karlsefni nichts anderes übrig, als Vinland zu verlassen. Gewiß hat er das nur schweren Herzens getan. Aber es war ein Gebot der Vernunft und spricht für seine Qualität als Führer der Kolonie.

Freydis, die außereheliche Tochter Erichs des Roten, hatte mehr Mut als die meisten Männer. Sie organisierte trotz aller Gefahren eine neue Expedition nach Vinland. Dreißig Männer kamen mit, darunter auch ihr Ehemann, der nur wenig zu sagen hatte. Zwei Schiffe wurden ausgerüstet und schwer beladen. Das eine gehörte Freydis, das andere den beiden Brüdern Helgi und Finnbogi, Handelsleuten aus Island. Zu ihrer Gefolgschaft zählten fünf Frauen. Mit dieser Gesellschaft segelte Freydis nach Leifbudir und führte dort sogleich ein strenges Regiment.

Die Skraelinger ließen den Nordmännern keine Ruhe. Ein Angriff folgte dem anderen. Pfeile zischten aus dem Hinterhalt, dann brachen die Wilden in Massen aus dem Wald hervor. Als die Nordmänner den Mut verloren und davonliefen, entblößte Freydis ihre breite Brust, was offenbar erschreckend wirkte. Ein Schwert schwingend, stürmte sie laut brüllend gegen den Feind. So wurde der Tag gewonnen, und die Skraelinger kamen so bald nicht wieder.

Nun wollte Freydis das Schiff und überhaupt allen Besitz der Brüder Helgi und Finnbogi in ihre raffgierigen Hände bekommen. Sie weckte eines Nachts ihren Mann und behauptete, die Brüder hätten ihre weibliche Ehre beleidigt. Da mußte der Gatte, wohl oder übel, die angeblich Schuldigen bestrafen. Er sammelte seine Mannschaft, und alle eilten mit gezogenen Schwertern ins Torfhaus, wo Helgi und Finnbogi in tiefem Schlummer lagen. Die Brüder und ihre Gefolgsleute wurden ohne Ausnahme umgebracht, nur die heulenden Weiber ließ man leben. Aber diese Gnade war nicht im Sinne der furchtbaren Freydis. Sie ergriff die Axt und schlug nacheinander jeder Frau den Schädel ein.

Aber mit den Skraelingern wurde sie letztenendes nicht fertig. So mußte auch Freydis nach ein bis zwei Jahren die Niederlassung wieder aufgeben. Mit den Leuten, die noch übrig waren, kehrte sie zurück nach Brattahild. Ein strenges Strafgericht wegen ihrer Schandtaten blieb jedoch aus. Man erfährt nur, daß Freydis für den Rest ihres Lebens »nicht hoch geschätzt« wurde.

Die Sagas berichten von keinem neuen Versuch, in Vinland zu siedeln. Aber noch sehr oft segelten die Grönländer hinüber, um Holz zu holen. Vinland und Markland waren Begriffe, die man in Norwegen und Island, überhaupt im Norden Europas, wie selbstverständlich kannte. Die Islandannalen, zu Anfang des 14. Jahrhunderts niedergeschrieben, wissen von der Fahrt eines grönländischen Bischofs nach Vinland im Jahre 1124. Sie berichten auch, daß 1347 ein havariertes Schiff, das aus Vinland kam, in den Ytre Straumfjord einlief. Ein heute nicht mehr vorhandener Runenstein bei Ringerike in Norwegen soll den Namen eines Mannes genannt haben, der auf der Fahrt nach Vinland ums Leben kam. Zumindest fünf Karten aus dem 15. und 16. Jahrhundert zeigen Vinland im Westen gegenüber Grönland. Wo auch das Land erwähnt wird, setzt man voraus, daß jeder weiß, worum es sich handelt. Wie Helge Ingstad in seinem Buch »Westward to Vinland« feststellt, war es von den grönländischen Wikingern durchaus keine besondere Leistung, daß sie einen

Teil Nordamerikas entdeckten. Es wäre im Gegenteil kaum zu begreifen, hätten sie Vinland nicht gefunden. Für wagemutige Seefahrer lag es gewissermaßen vor der Haustür.

Es sind insgesamt sieben Sagas, die von Vinlandfahrten berichten. Vermutlich waren es noch viele mehr, die uns aber nicht erhalten blieben. Mit Sicherheit wurden die Reisen bis zum Untergang der Siedlungen in Grönland fortgesetzt. So trennt nur ein Jahrhundert diese Fahrten der Nordmänner von den ersten Fahrten des Kolumbus nach Amerika. Vieles spricht dafür, daß Kolumbus vor seinen großen Entdeckungsreisen in Island war. Dann muß er dort von Vinland gehört haben, jedoch im Glauben, es wäre ein Teil von Ostasien. Damals suchte man schon lange nach Möglichkeiten, die reichen Handelsstädte in China und Indien auf dem Seeweg zu erreichen. Das hat Kolumbus auf westlichem Kurs versucht, wahrscheinlich gestützt auf seine Kenntnisse über Vinland, die er aus guten Gründen geheimhielt. Bis ans Ende seiner Tage war der Genuese fest davon überzeugt, daß die von ihm entdeckten Inseln und Küsten am Rande von Indien lagen.

Als man in neuer Zeit nach dem Vinland der Wikinger suchte, haben die »Weintrauben« lange den Erfolg verhindert. Zwar gab es einige Forscher, wie Munn, Tanner, Mallery und Meldgaard, die Vinland an der Nordspitze von Neufundland vermuteten. Aber sie fanden keinen Glauben. Der Norweger Helge Ingstad, von der Wissenschaft zunächst nicht ernstgenommen, hatte sich mit dem Problem sehr eingehend beschäftigt. Er meinte, es könne nur durch Absuchen aller Buchten und Fjorde gelöst werden, die möglicherweise den Schilderungen der Sagas entsprachen. Allein und im eigenen Boot begann er 1960 mit seinen Fahrten bei Rhode Island, knapp nördlich von New York. Er folgte allen Hinweisen, Gerüchten und Andeutungen, deren es sehr viele gab. Nichts davon konnte ihn an Ort und Stelle überzeugen. Ingstad fuhr durch die Belle Isle Street zwischen Neufundland und dem kanadischen Festland bis hinauf in die letzte Bucht von Labrador. Hier und dort eine Hoffnung, aber keinen wirklichen Beweis. Danach die Küste des nördlichen Neufundlands. An Bord eines Hospitalschiffes der Grenfell Mission besuchte Ingstad auch die kleinsten Siedlungen. Das gab ihm Gelegenheit, alle Leute eingehend nach etwaigen Resten aus unbekannter Vergangenheit zu befragen. Man zeigte ihm viele Stellen, wo früher Menschen gelebt hatten. Aber die Erdwälle und vermoderten Balken stammten von den Walfängern, den Fischern und Piraten, lange nach der Wikingerzeit.

Eines Tages, in dem kleinen Fischerdorf L'Ansel aux Meadow an der Epavesbucht, war es anders. Ein Mann namens George Decker führte Ingstad zu kaum noch erkennbaren Wölbungen aus Torf. Sie bewiesen eine planmäßige Anlage, und die Übereinstimmung mit den Grundrissen alter Grönlandhäuser war offensichtlich. Die Küste, das Vorgebirge, eine Insel, die geringe Wassertiefe in der Bucht, auch die Wiesen und Wälder mit dem herabströmenden Bach entsprachen der Beschreibung in den Sagas. Wenn ein Schiff der Küste Labradors nach Süden folgte, auf der Suche nach grünem Land für das Vieh und Holz für den Hüttenbau, mußte es nach Überquerung der relativ schmalen Belle Isle Street in die Bucht von L'Anse aux Meadow gelangen. Hier war die erste Stelle, wo man seit dem Verlassen von Grönland Wald und Weiden fand. Die Nordmänner konnten sich gar nichts Besseres wünschen*.

Im folgenden Sommer begannen die Ausgrabungen. Frau Anne Ingstad, eine ausgebildete Archäologin und noch drei andere Wissenschaftler waren dabei. Bald entdeckte man eine mit Steinplatten ausgelegte Feuerstelle und danach eine Grube für glimmende Holzkohlen. Solche Gruben gehörten zu allen Haushalten der Wikinger. Man bewahrte darin die Glut über Nacht, um damit gleich am Morgen das Herdfeuer wieder zu entfachen. Nach und nach wurden die Fundamente von sechs Häusern freigelegt. Ebenso wie in Grönland hatte man für die Außenwände zahlreiche Schichten von Torf aufeinandergepackt und die Innenwände mit Holz verkleidet. Jedes dieser Torfhäuser hatte vier bis sechs Kammern. Die Fußböden be-

---

* »Anse« in L'Anse aux Meadow nannte man im alten Französich das innere Ende einer Bucht. Das englische »meadow«, verwandt mit dem deutschen Wort »Matte«, ist Wiese, Weide und Grasland. Also »Bucht der Wiesen«, und demnach eine Bezeichnung, die »Vinland«, dem Weideland sehr nahe kommt. Der teilweise französische Name L'Anse aux Meadow kann durch Emigranten aus dem ehemals französischen Kanada erklärt werden. Man findet ihre Nachkommen auch in Labrador, unter den »Livyears«.

standen aus festgestampftem Lehm und Sand. Das größte Haus war 26 Meter lang und 20 Meter breit.

Drei Sommer hindurch wurde weiter gegraben. Mehrere wissenschaftliche Institute hatten die Kosten übernommen. Die Experten kamen aus Kanada, Island, Norwegen und den USA, manchmal waren es bis zu zwanzig Personen. Dr. Kristjan Eldjarn, später Präsident von Island, entdeckte die Schmiede der Nordmänner, komplett mit Amboß, Holzkohlen, Schlacke, Vorräten an Sumpfeisen und fertig gehämmerten Nägeln. Die Analyse nach dem Carbondiaverfahren ergab ein Alter von rund 1000 Jahren. Das war nach den Sagas die Zeit der Entstehung von Leifbudir. Zum gleichen Resultat kam die Pollenanalyse der zum Hüttenbau verwendeten Torfschichten. Eigentlich Grund genug, daß die letzten Zweifel verstummten.

Aber es gab noch Leute, die meinten, daß schon in so früher Zeit die Basken in Neufundland waren. Man hielt auch für möglich, daß Eskimo oder Indianer solche erstaunlichen Reste hinterlassen hatten. Dabei kannten die ehemaligen Eingeborenen Neufundlands keine Bearbeitung von Metall, und so viel man weiß, haben die Basken nie in Torfhäusern gelebt.

Beim Durchsieben schon ausgehobener Erde fand Frau Ingstad einen zum Spinnen verwendeten »Whorl«. Es war ein rundes, in der Mitte durchlöchertes Stück Speckstein mit nur fünf Zentimeter Durchmesser. Solche Rundsteine waren mit einer Schnur am Schwungrad befestigt, womit die Spindel gedreht wurde, um Garn aus Rohwolle zu spinnen. Das Fundstück hatte ganz genau die gleiche Form und Art wie die ›Whorle‹ derselben Zeit in Skandinavien und Island. Das Spinnen und Weben war allein Sache der Frauen, und für die Wolle mußte man Schafe haben. Drei Tatsachen waren damit bewiesen: der Gebrauch eines Werkzeugs der Wikinger, Frauen hatten hier gelebt und Schafe geweidet. Von Frauen in Vinland berichten die Sagas nur an einer Stelle, und das war Leifbudir.

Falls es noch jemanden gegeben hat, dem auch der berühmte ›Whorl‹ nicht genügte, den mußte schließlich eine Bronzenadel überzeugen. Erst im Sommer 1968 wurde das bescheidene Schmuckstück tief im gewachsenen Boden neben einer Herdstelle entdeckt. Die Nadel ist fingerlang und trägt einen Ring am stumpfen Ende. In Skandinavien hat man die gleichen Bronzenadeln zu vielen Tausenden gefunden. Gegenstände aus Bronze wurden in Vinland bestimmt nicht hergestellt, dazu fehlten alle Voraussetzungen. Eine der Wikingerfrauen hatte die Ringnadel aus ihrer Heimat mitgebracht und bei der Arbeit am Herd verloren. Das kleine Ding wurde achtlos in den Boden getreten, später ist Gras und Torf darüber gewachsen.

Als ich gegen sieben Uhr morgens nach dem Wetter sehe, ist die Temperatur auf minus 36 Grad Celsius gefallen. Unser Taxi kommt eine volle Stunde später als bestellt. So lange hat der Fahrer gebraucht, um den Motor anzuwerfen.

»Ich hab' die Garage geheizt, aber sie war heute morgen so kalt wie 'ne Tiefkühltruhe. Bis wir zurück sind, kann ich den Motor nicht abstellen. Sie gestatten, daß ich den Fahrpreis verdopple?«

Wir gestatten es unter den gegenwärtigen Umständen. Es verdient hohe Anerkennung, daß der brave Mann überhaupt zu der Fahrt bereit ist.

Die Straße ist glatt wie Spiegelparkett, aber beiderseits haben die Schneeräumer meterhohe Wälle aufgetürmt. So kann auch beim schlimmsten Rutsch nicht viel passieren. Wir begegnen keinem anderen Wagen, und die wenigen Ortschaften scheinen ausgestorben. Alle Schulen sind geschlossen. Nicht ein Hund wagt sich ins Freie. Die Eiskristalle an den Zweigen und Ästen glitzern wie tausendmal tausend Diamanten. Die Grenze zwischen Land und Meer ist nicht zu erkennen. Alles eine gleichförmige Decke von Eis und Schnee.

Arm sind die Fischerdörfer entlang der Küste. Nur kleine Häuser, nur sehr wenige mit Fernsehantenne. Zur Ölheizung haben es die Leute noch nicht gebracht. Hohe Hügel aus armdicken Ästen sind vor jedem Gehöft aufgestapelt. William Hoek erzählt mir, daß man für den Transport zweirädrige Karren mit Hunden verwendet. Er sagt auch, daß die ganze Familie in der Wohnküche lebt, wenn es so kalt ist wie jetzt. Man heizt nur den Herd, einen anderen Ofen gibt es nicht im Haus. Das wäre schon ein seltener Luxus.

Unser Wagen durchrollt ein paar Schneewehen auf der Straße,

und selbst bei leichten Steigungen drehen die Räder durch. Ich halte jedesmal den Atem an, bis wir darüber hinweg sind.

»Ich bring' Sie nach L'Anse«, sagt der Fahrer, »an den Rückweg möcht' ich aber jetzt nicht denken.«

Über viele Kilometer liegt kein Dorf und keine Hütte am Weg. Dann bleibt der niedere, aufgelockerte Wald zurück, und wir sehen am Ende einer sanft abfallenden freien Fläche zehn bis zwölf buntbemalte Holzhäuser. Sie stehen verstreut im Gelände. Der Schnee reicht bis zu den Fenstern und über den Zaun. Das ist L'Anse aux Meadow, nur von 54 Menschen bewohnt. Die Straße endet schon beim ersten Haus. Weiter hat man sie nicht geräumt.

Der Fahrer gibt Signal. Aus dem dritten Haus läuft ein Mann ins Freie, so vollkommen in Pelze gehüllt, als wäre er ein Grizzly. Es ist der Wächter von Leifbudir und ein Sohn jenes George Decker, der seinerzeit Helge Ingstad den ersten Hinweis auf die Reste der tausendjährigen Siedlung gegeben hat. Der alte Decker starb am Herzschlag bei emsiger Arbeit in Leifbudir. George nennt sich auch der Sohn, und er ist, wie sein Vater, die führende Persönlichkeit in L'Anse.

»Nur 'ne halbe Meile bis zu den Schuppen«, sagt er zur Begrüßung, »aber es pfeift ein saukalter Wind.«

Er schneidet wie mit haarscharfen Messern. Wollschals genügen nicht, um Nasen, Wangen und Lippen vor raschem Erfrieren zu schützen. Man muß sich die Fausthandschuhe vors Gesicht halten. Ich schiebe noch schnell eine Flasche Scotch in die Fototasche. Man wird sie brauchen. Dann stapfen wir los über den hartgefrorenen Schnee. Nur eine halbe Meile, das sind keine tausend Schritt unter normalen Umständen, aber hier eine gewaltige Anstrengung. Mit vorgebeugtem Oberkörper, das Gesicht dem Boden zugewandt, kämpfen wir uns dem Wind entgegen. Nur in Bewegung bleiben, sonst erstarren die Glieder. Nur nicht tief atmen, sonst vereisen die Lungen.

Da haben wir es endlich geschafft. George Decker verschwindet in einer schmalen Schneeschlucht, und wir rutschen hinterher. Knarrend öffnet sich die verklemmte Tür. Wir treten in einen halbdunklen, weiten und stillen Raum.

Weil der grausame Wind so plötzlich aufhört, glaube ich, in einer gewärmten Halle zu sein. Irrtum natürlich, auch hier sind wir im Eiskeller. Werden aber nicht mehr so schrecklich angefaucht und stehen auf festem Boden. Wir sollen als erstes unsere Namen in ein Buch schreiben. Das Papier ist vereist, der Bleistift hinterläßt keine Spur. Wir stärken uns jeder mit einem langen Zug aus der Whiskybuddel. Das belebt den Geist und wärmt die Eingeweide. Dann endlich schauen wir uns im Schuppen um.

Es vergeht eine Weile, bis sich meine Augen an das schwache Licht gewöhnt haben. Ein Holzgeländer umschließt die Reste des großen Torfhauses. Da wir unter Aufsicht des Wächters stehen, öffnet er die Absperrung.

Nun ist deutlich zu erkennen, wie die etwa zweifingerstarken Torfschichten übereinander liegen. Sie reichen noch einen halben Meter hoch über den gewachsenen Boden und dort, wo man gegraben hat, ebenso weit hinunter. Die Breite beträgt gut einen Meter. Der größte Raum in diesem größten Torfhaus hat eine Ausdehnung von 10 mal 8 Schritten. Es war die Halle des Häuptlings und damals ein Bauwerk, das schwere Arbeit gekostet hat. Für das Dach und erst recht für den First brauchte man sehr starke Stämme, denn es wurden ja noch viele Schichten Torf daraufgepackt. Die Pfosten zum Abstützen des schweren Gewichts mußten von besonderer Stärke sein. Nur mit vielen Kräften, die zusammenwirkten und die Anweisungen eines Mannes von beherrschendem Einfluß ausführten, konnte zu jener Zeit ein so großer Raum entstehen.

In der Mitte ein etwa vier Meter langer, relativ schmaler Graben. Hier war das »Langfeuer«, wo sich alle freien Männer nach getaner Arbeit versammelten. Sie saßen auf Torfbänken, die noch vorhanden sind. Damals waren sie mit Fellen und Schafspelzen bedeckt. Im Zentrum des Langfeuers ein etwas tieferes, rechteckiges Loch, ringsum mit Platten ausgelegt. Es war das Holzkohlenbecken zum Aufbewahren der Glut für den nächsten Morgen. Daneben ein breiter, flacher Stein. Man nimmt an, daß er zum Abstellen heißer Töpfe gedient hat. Nach alter Sitte war der Platz des Hausherrn am Kopf des Langfeuers, dem Eingang gegenüber.

Ich stehe davor und versuche mir das Bild jener Abende vor die

Augen zu zaubern. Auf dieser Torfbank saß Leif Eriksson. Er hatte langes, rotblondes Haar wie sein Vater und sicher auch einen zottigen Bart. Das kantige Gesicht wird vom flackernden Feuer angestrahlt. Eine breite, halbentblößte Brust, darauf an silberner Halskette das Christenkreuz. Er war ja, wie man weiß, ein getaufter Mann und Bekehrer der Grönländer. Dröhnend seine Stimme bei der Ausgabe von Befehlen für den kommenden Tag, und herzhaft lacht er über die groben Scherze seiner Männer. Hinter ihm Tyrkir, der aus einer Holzkanne berauschenden Beerensaft in die Hornbecher gießt. Rauhe und bärtige Gestalten auf den Bänken ums lodernde Feuer. Beizender Rauch in der Luft, knisterndes Holz und stiebende Funken. In den Steintöpfen und Eisenkesseln brodelt die Fleischbrühe. Fette Lachse werden am Spieß gebraten. Mit ihren Händen reißen die Männer saftige Fetzen von den Keulen der Karibu. Dann beginnt einer zu erzählen, die Saga von Siegfried und Brunhild, der große Sieg von Hengist und Horsa im Angelland. Jeder kennt schon diese Geschichten, aber sie werden immer wieder vorgetragen. Käme ein Isländer von heute hinzu, er könnte alles verstehen und sich ohne Mühe mit Leif unterhalten.

Die anderen Räume sind sehr viel kleiner als die Häuptlingshalle. Gewiß wurden sie erst später angebaut, wahrscheinlich von Thorfinn Karlsefni und seinen Leuten. Auch dort sind Feuerstellen, Schlafbänke an den Wänden und Pfostenlöcher im Boden. Zwei Kammern, nach der Sonnenseite gelegen und mit eigenen Zugängen, waren vermutlich die Räume der Frauen. Eine fußbreite und ebenso tiefe Rinne, die zwei Kammern durchläuft, war dem Anschein nach die Wasserleitung. Sie diente auch zum raschen Löschen von Bränden. Bei feindlichen Überfällen versuchten die Angreifer, das Torfhaus in Brand zu stecken. Hatten die Verteidiger nicht genügend Wasser zur Hand, waren sie verloren.

George Decker zeigt mir die Stelle, wo die Bronzenadel gefunden worden war. Den ›Whorl‹ hatte Frau Ingstad im Boden einer Kammer entdeckt. Dort war sicher eine der Stuben gewesen, wo sich die Frauen mit Spinnen und Weben beschäftigten. Das Holz der Behausung ist überall verschwunden. Verkohlte Stellen lassen vermuten, daß Leifbudir am Ende durch ein Feuer zerstört wurde.

Ich will Farbfotos mit Blitzlicht machen, aber die Batterie zündet nicht. Heute morgen im Skylight Hotel habe ich noch alles geprüft, und der Blitz funktionierte einwandfrei.

»Sie vergessen die Kälte«, erinnerte William Hoek, »bei dieser Temperatur ist nichts zu machen.«

Deswegen habe ich von Leifbudir keine bessere Aufnahme in diesem Buch. Ich mußte bei offener Blende mit zwei bis drei Sekunden belichten. Anstelle eines Stativs hatte ich nur die Torfbänke.

Wir verlassen den Schuppen und folgen Decker zu einer sehr viel kleineren Hütte. Hier haben die Nordmänner in Dampf gebadet. In einer Ecke die Feuergrube, etwa einen Meter tief. Darin noch ein paar Dutzend zerbröckelter Steine. Nach dem gleichen System wie bei der finnischen Sauna wurden die Steine im Feuer erhitzt und dann mit Wasser übergossen. Gleich füllte sich der Raum mit heißem, schweißtreibendem Dampf. Ungefähr zwölf Menschen hatten Platz in dem Schwitzbad.

Danach zur Schmiede. Sie war in den Abhang des Black Duck River hineingegraben. Man hatte hier, unter dem Torf und neben dem »Schwarzentenbach«, eine Schicht von Sumpfeisen gefunden. So war das ein praktischer Platz für die Schmiede. Decker muß erst den Schnee wieder von der Tür schaufeln, damit wir in den Schuppen kommen. Der Amboß ist ein Block von etwa 30 Zentimetern Durchmesser. Man sieht noch die Spuren der Hammerschläge auf seiner sonst glatten Oberfläche. Das Feuerloch ist angefüllt mit zerfallener Holzkohle. Die Analyse der organischen Substanz ergab auch hier ein Alter von rund tausend Jahren. Dr. Eldjarn, Entdecker und Gräber in der Schmiede, hat neben sehr viel ausgebrannten Schlacken auch einen vom Schmied bereitgelegten Vorrat von 30 Pfund Sumpfeisen ans Tageslicht befördert. Die Zubereitung des Schmiedeeisens war ein umständlicher Prozeß. Sie konnte nur einem

Die spärlichen Reste der vor wenigen Jahren entdeckten Wikingersiedlung auf Neufundland beweisen, daß schon 500 Jahre vor Kolumbus weiße Männer in Amerika gewesen sind. Leif Eriksson gilt als Gründer dieser Kolonie. Der Holzschuppen schützt die Ausgrabung vor den verderblichen Einflüssen der Witterung.

Mann mit großer Erfahrung gelingen. Sumpfeisen ist, wie Raseneisenerz, eine bröckelige, mit Erde, Sand und Pflanzenresten vermischte Substanz. Erst mußte man sie rösten, um die Fremdstoffe hinauszubringen. Dann wurde das Roheisen bei Temperaturen zwischen 1100 und 1250 Grad geschmolzen. Wie es ein Schmied der damaligen Zeit fertigbrachte, ziemlich genau diese Hitze zu erzeugen und zu erhalten, ist bisher ein Rätsel geblieben. Die Herstellung der Form, das Hämmern und Abkühlen war noch eine schwierige und langwierige Arbeit. Der Schmied wurde deshalb hoch geachtet, er war ein absolut unersetzlicher Mann. Man weiß ja, daß Schmiede auch in den alten deutschen Sagen eine wichtige Rolle spielen.

Es sind in Leifbudir noch die Reste von fünf Bootshäusern vorhanden, aber sie liegen jetzt unter Schnee begraben. Ebenso die flachen Ruinen der anderen Wohnhäuser. Decker meint, sie könnten uns nichts mehr Besonderes bieten. Ich habe alles gesehen, was man im tiefen Winter sehen kann.

Der Rückweg nach L'Anse aux Meadow ist besser als der Hinweg. Wir haben nun den eisigen, pfeifenden, messerscharfen Wind im Rücken. George Decker lädt zum dampfenden Kaffee in seine Wohnküche, und wir leeren dabei die Whiskyflasche. Am Herd sitzt die junge, mollige Hausfrau und hält ein schlafendes Kind in den Armen. Sie hat ein engelhaft schönes Gesicht und wunderbar große, hellblaue Augen. Aber mit keinem Wort nimmt sie an der Unterhaltung teil. Gerne hätte ich Decker noch vieles gefragt, aber der Taxifahrer drängt zu sofortigem Aufbruch.

»Wenn der Wind die Straße zuweht, gentlemen, sind wir geliefert. Ich muß also dringend bitten . . .«

Der Motor lief während der ganzen Zeit, und der Wagen steht in einer Wolke von Auspuffgasen. Der Fahrer klemmt sich hinters Steuer, wir sinken auf die Polster. Die Steigung zur Anhöhe gelingt nur mit knapper Not. Rutschend und gleitend kommen wir gerade hinüber. Der Wagen durchstößt wogende Schleier von Schneekristallen. Wie der Fahrer noch sehen kann, ist kaum zu begreifen. Der

Auf der Flucht vor dem Schneesturm.

Wind saust und biegt die Bäume. Manchmal bricht die Sonne durch nebelgraue Vorhänge, dann glänzt und glitzert der Wald in zauberhaftem Licht.

»Bloody son of a bitch«, flucht der Mann am Steuer, »die Straße ist blockiert.«

Eine meterhohe Schneewehe liegt darüber. Aber sie ist zu unserem Glück noch so locker, daß wir mit Anlauf hindurchkommen. Das nächste Mal könnte es nicht mehr sein. Eine Umkehr nach L'Anse wäre ausgeschlossen. Und schon wieder ein weißer Wall. Hinein mit Vollgas und mitten durch!

»Gott sei mit uns«, betet der Fahrer dazu, »ich meine, wir schaffen's auch beim dritten und vierten Mal.«

Es macht ihm richtig Spaß, mit der Gefahr zu spielen. Was man nicht für möglich hält, geschieht auch bei den scheinbar schlimmsten Stellen. Unser Mann ist zu bewundern, ebenso der Wagen und sein Motor. Der Wind, dieser schreckliche Wind, kann uns nicht überholen. Schon möglich, daß seine Geschwindigkeit von den Wäldern gebremst wird. Ich wage es noch gar nicht zu hoffen, da sind wir schon bei unserem Hotel.

Der erfolgreiche Fahrer wird seinen Verdiensten entsprechend belohnt, und wir flüchten vor der Kälte ins Haus.

»Anruf von der *Grenfell Mission*«, sagt mir der Wirt, »das Hospitalflugzeug startet in vierzig Minuten. Sie sollen unbedingt mit . . . es ist die letzte Gelegenheit, bevor es hier richtig losgeht.«

»Aber ich habe doch . . . ich wollte eigentlich erst morgen . . .«

»Schon abgesagt . . . alle normalen Flüge sind eingestellt.«

In drei Minuten habe ich meine Sachen gepackt, die Rechnung bezahlt und William Hoek die Hand gedrückt. Da kommt schon ein Land Rover der Mission herangebraust. Zwei Ärzte sind darin, die unbedingt noch heute St. John's erreichen müssen. Schneller als es die Polizei erlaubt, fegen wir über die schon fast verschneite Straße. Rasche Flucht vor dem großen Sturm.

Auf dem Rollfeld der fliegende Sanitätswagen, aber ohne Patienten an Bord. Er soll die beiden Ärzte fortbringen, denn man erwartet sie dringend für eine schwierige Operation in St. John's. Es ist von der Mission gewiß sehr freundlich und hilfsbereit, daß ich mitfliegen darf. Eine Maschine der *Royal Canadian Mounted Police* ist eben gelandet. Sie wird vom Piloten und dem Kopiloten gleich in den Hangar geschoben.

»Lausiges Wetter, und es soll noch schlimmer kommen!«

Der Motor unserer Maschine wird aus großen Schläuchen von einem fahrbaren Spezialgerät angeheizt. Das faucht und zischt und dampft gewaltig in der eisigen Luft.

»Hinein, die Herren, rasch hinein, wir müssen weg!«

Das wird uns nur einmal gesagt, da sind wir schon drin. Keine Tragbahren in der Kabine, sondern weiche Sessel. Man kann sie durch wenige Handgriffe in Krankenbetten verwandeln. Draußen fallen die Schläuche ab, und beide Propeller beginnen mit ihrem Wirbel. Die Maschine rollt auf die Startbahn, wird schneller, zieht steil hinauf, und von der ganzen Welt ist nichts mehr zu sehen.

Das sei noch gerade gut gegangen, meint der Pilot, wir würden dem Sturm davonfliegen. Er ist hinter uns, hat nach letzter Meldung soeben Labrador überfallen und soll nach Westen abdrehen. Dann bleiben Gander und St. John's außerhalb der Gefahrenzone.

Aber diese Hoffnung erfüllt sich nicht. Durch Funk erhält unser Pilot Anweisung, in Gander zu landen. Die Aufsicht für den Flugverkehr holt alle Maschinen aus der Luft, die noch nicht auf festem Boden stehen. Was sollen wir jetzt tun?

Die Straße nach St. John's sei noch offen, wird uns in Gander gesagt. Aber man weiß nicht, wie lange noch. Der letzte Autobus ist abgefahren.

»Also her mit einem Mietwagen«, ist der Vorschlag Dr. Harrisons. »Ich fahre und wir teilen die Kosten ... dreißig Dollar pro Kopf.«

Der Wagen wird gleich gebracht. Es sind 380 Kilometer von Gander nach St. John's. Die breite, fast immer schnurgerade Straße ist ein Abschnitt des *Trans Canada Highway*. Er beginnt in St. John's und durchschneidet zunächst Neufundland. Dann erreicht man auf einer Fähre das Festland und folgt weiter dem *Highway* durch die ganze Breite Kanadas bis nach Vancouver an der Küste des Pazifischen Ozeans. Erst 1966 wurde diese fabelhafte Autobahn mit der unglaublichen Länge von 7850 Kilometern fertiggestellt.

Wir sind weiter auf der Flucht vor dem großen Schneesturm. Ich bin es schon seit L'Anse aux Meadow. Aber es ist ein gutes Gefühl, daß ich Leifbudir gesehen habe, den Anlaß meiner Reise. Dr. Harrison fährt im Schnitt 100 Stundenkilometer, obwohl der *Highway* an vielen Stellen sehr glatt ist. Doch wir sind allein auf der breiten Straße, und sie führt an den Ortschaften vorbei. Die Nacht bricht an, unsere Scheinwerfer leuchten über blankes Eis. Etwas geht nun Harrison mit dem Tempo herunter. Schon bald die Lichter von St. John's, nur zehn Minuten noch, und ich stehe mit meinem Gepäck in der Halle des Newfoundland Hotel.

Am nächsten Morgen klares Wetter und vollkommene Windstille, aber 30 Grad Celsius unter Null. Schon der Zimmerkellner, der mein Frühstück bringt, sagt, es wäre unheimlich. Das verstehe ich nicht, denn die Sonne scheint.

»Eben deswegen, Sir, die Sonne und so tiefe Kälte passen nicht zusammen, dazu noch die ruhige Luft. Man hat schon die Schulkinder nach Hause geschickt.«

Ich unternehme einen Bummel zum Hafen, und dort geht alles seinen gewohnten Gang. Ein großes deutsches Motorschiff, die ›Heinrich Kern‹ aus Bremerhaven, hat eben angelegt. Einer der Seeleute sagt mir, daß sie bei den Bänken gefischt haben. Aber wegen der Meldung von einem heranbrausenden Sturm lief das Schiff mit Volldampf voraus in den nächsten Hafen. Es fahren noch andere Schiffe ein. Doch sonst ist kein Zeichen von gespannter Erwartung zu bemerken. Die Arbeitslosen haben sich in die Postämter und die Eingangshallen der Warenhäuser zurückgezogen. Kinder sind nicht mehr auf der Straße.

Im Hotel eine Notiz von Konsul Sann mit der Bitte, ihn anzurufen.

»Ich hab' meinen Betrieb geschlossen wegen des kommenden Unwetters. Viele von den Angestellten haben einen weiten Weg. Es könnte sein, daß heute abend die Busse nicht mehr fahren. Kommen Sie doch am frühen Nachmittag und bleiben Sie zum Abendessen. Wir machen's uns gemütlich. Also dann . . . bis auf bald.«

Mittags fehlt im Speisesaal etwa die Hälfte des Personals. Alle, die außerhalb wohnen, hat man nach Hause geschickt. Durchs Radio kommt eine Warnung nach der anderen. Die Überlandstraßen sind gesperrt, die Bahn fährt nicht mehr, und alle Telefonleitungen nach dem Norden sind unterbrochen. Man soll Kinder nicht auf die Straße lassen und nur mit dem Wagen fahren, wenn es unbedingt notwendig ist. Dabei scheint noch immer die Sonne, und kein Windhauch bewegt die Luft.

Ich schreibe ein paar Briefe in meinem Zimmer und fühle, daß die Heizung nicht mehr richtig wärmt. Durch einen fadendünnen Spalt weht hauchfeiner Schnee in den Raum, und die Vorhänge bewegen sich. Die Fenster zittern, als würden winzige Vögelchen an die Scheiben picken. Der Himmel ist grau geworden, Wolkenfetzen flattern vorüber. Als ich beim Portier ein Taxi bestelle, sagt der Mann, es würde keines mehr fahren.

So will ich Sann verständigen, daß leider aus dem gemütlichen Beisammensein nichts werden kann. Aber die Leitung ist gestört. Ich kann nicht wissen, daß der Konsul zur gleichen Zeit versucht, mich anzurufen. Ich möge lieber nicht kommen, wollte er warnen, denn gleich ginge es los.

Bis zu seinem Haus in der Poplar Avenue geht man nur etwa 15 Minuten. In den Straßen der Hauptstadt kann mir doch nichts passieren. So marschiere ich los. Tatsächlich kein Verkehr und kein Mensch unterwegs. Als ich gerade in die Waterstreet einbiege, rollt noch ein Taxi vorüber. Ich winke, der Fahrer hält, ich steige ein.

Binnen wenigen Sekunden ist alles weiß geworden. Die Schaufenster sind zugeweht, leere Pappkartons rutschen über die Straße.

Schon faucht der nächste Stoß, und wir fahren im zweiten Gang. Aber der Wischer kann die herangewehten Flocken nicht beiseite schieben. Der Fahrer hält und wartet. Solche Windstöße gehen vorüber, meint er, und so rollen wir auch bald ein paar hundert Meter weiter. Da kommt es wieder, noch heftiger als zuvor. Der Wagen steht für eine halbe Minute im dichten Wirbel. Dann wird es schlagartig heller, und wir gelangen noch ein gutes Stück voran. Das wiederholt sich in jeweils kürzeren Abständen vier- bis fünfmal.

»Poplar Avenue«, sagt der Fahrer, »ich komm' da nicht mehr 'rein. Aber Nummer 28, das sind von hier nur ein Dutzend Häuser. Da gehen Sie am besten zu Fuß.«

Ich zahle, danke für seine Mühe, und der Wagen dreht ab. Sogleich werde ich vom Sturm gepackt. Es ist schlimmer, als man beschreiben kann. Eine Kälte von unvorstellbarer Schärfe und Schneemassen, die einer Lawine gleichen. Minutenlang ist es so dunkel wie in tiefer Nacht. Dann aber Lichtblicke und Sturmpausen.

Die Villen beiderseits der Straße liegen zurück in ihren Gärten, links auf einem Hang und rechts ein paar Meter tiefer. Vor mir hat der Wind Schneewehen bis etwa zwei Meter Höhe aufgetürmt. Da muß ich hinüber, finde aber keinen Halt und sinke bis zur Leibesmitte ein. Also versuche ich das Manöver im Kriechgang, gegen den entsetzlichen Sturm, in der Masse von Schnee und mit keuchendem Atem. Ein paar Schritte rasch gelaufen, dann auf allen vieren durch die Hügel gekrochen. Noch nie habe ich etwas Ähnliches erlebt. Das kann doch nicht sein, hier im Wohnviertel einer Stadt von 100 000 Menschen, so dicht vor der Haustür friedlicher und gewiß freundlicher Familien. Die Stöße treffen mich, als wären es gezielte Boxhiebe. Es ist mir gleich, an welcher Tür ich die Klingel drücke, nur weg aus dieser furchtbaren Naturgewalt.

Ich komme aber nicht den Hang hinauf und würde auf der anderen Seite hinuntergefegt werden. Nur geradeaus habe ich vielleicht eine Chance durchzukommen. Der nächste Sturmstoß wirft mich zu Boden. Ich komme wieder hoch, stapfe zur nächsten Schneewehe und wühle mich durch. Vorne ist Licht über einem Portal, unmittelbar neben der Straße. Da muß ich hin, das muß noch geschafft werden. Aber ich verliere den linken Handschuh, und das ist eine üble Sache. Mir werden gleich die Finger erfrieren, wenn ich sie nicht ständig in der Tasche halte. Aber ich brauche die Hand, sonst wird mir womöglich beim nächsten Sturz auf glattem Eis der Arm zerbrechen. Jetzt habe ich Angst, feige und erbärmliche Angst um mein Leben. Was für ein Ende wäre das, so nahe bei warmen Wohnungen zu erstarren.

Das kann nicht sein, es darf nicht sein. Rutschend, stehend und kriechend komme ich zu dem Haus mit dem Licht an der Front. Ich presse die Hand auf den Klingelknopf, aber drinnen rührt sich nichts. Ich schlage mit beiden Fäusten gegen die Tür, aber ohne Erfolg. Auch Fußtritte nützen nichts, da ist niemand zu Hause. Also ein

Fenster zertrümmern und einsteigen. Unter diesem Umständen ist das erlaubt. Aber nicht im männermordenden Wind, sondern hinter dem Haus, wo ich einigermaßen geschützt bin.

Also schwanke ich um zwei Ecken und gelange in Windschatten. Dort lehnen drei Gestalten an der Hauswand.

»Mann, wo kommen Sie denn her...?«

Es sind junge Leute von ungefähr zwölf bis achtzehn Jahren, eingemummt in Anorak und Pelzmütze, daß man kaum etwas von ihnen sieht. Auf dem Heimweg hat sie der Sturm überrascht, ganz in der Nähe wohnen die Eltern. Ich gestehe, am Ende meiner Kräfte zu sein und daß ich den Handschuh verloren habe. Dann sage ich noch, was eigentlich das Ziel meines lebensgefährlichen Unternehmens gewesen sei.

»Zum Konsul Sann, der wohnt doch gegenüber – da bringen wir Sie hin.«

Der größte geht vor, um Fußstapfen zu treten. Der zweite schiebt von hinten, und der kleinste hilft mit guten Ratschlägen. Ein hoher und breiter Schneehügel versperrt den Weg. Mit vereinten Kräften klettern wir hinauf. Der Schnee gibt zum Glück nicht nach, wir rutschen droben über einen festen, glatten Buckel.

»Das Dach von 'nem Wagen«, sagt einer der drei Brüder, »wir dürfen's nicht zerkratzen.«

Mir ist jetzt alles ganz gleichgültig. Dann fallen wir in tiefen Schnee, schaufeln uns frei, und ich werde an dem Hang hinaufgezogen.

»Wir sind schon überm Zaun, das ist der Garten vom Konsul. Gleich haben wir die Tür... jetzt hier vorbei an der Terrasse.«

Ich sehe nichts in dem wilden Schneegestöber, es könnte nahe beim Nordpol sein. Aber dann faßt der junge Mann vor mir eine Klinke, und wir stolpern in die erleuchtete Garderobe.

Für die Bewohner des Hauses eine sensationelle Überraschung, ähnlich einer Invasion vom Mars. Heißer Tee mit Rum, ein tiefer Sessel vor dem flackernden Kamin. Fragen und Antworten, Wärme und Geborgenheit. Welch ein Kontrast.

Die drei jungen Leute halten sich nicht lange auf. Sie wohnen nebenan, und die dreißig Schritte sind gewiß zu schaffen.

Soeben hat die Regierung den Notstand ausgerufen, berichtet Sann. Das ist seit fünfzehn Jahren nicht mehr geschehen. Der Bürgermeister von St. John's hat absolute Vollmachten erhalten. Fahrverbot für jeden Wagen, mit Ausnahme der Polizei und des Sanitätsdienstes. Niemand soll ohne zwingenden Grund sein Haus verlassen. Die Warnungen werden in kurzen Abständen wiederholt.

»Bleiben Sie unter einem Dach, hinter vier Wänden. Bleiben Sie, auch wenn nicht genug Nahrungsmittel im Hause sind ... wenn das Licht ausgeht ... wenn die Heizung versagt. Das können Sie überstehen, aber draußen geraten Sie in Lebensgefahr. Verlassen Sie nicht Ihr Haus ...«

Die Fernsehscheibe wird blaß, und die Stimme verstummt.

Da sitzen wir nun bei Kerzenlicht. Weil der Strom fehlt, versagt auch die Ölheizung. So bleibt nur das Kaminfeuer als wärmende Quelle, und dort wird Glühwein gebraut. In den lodernden Flammen bewegen wir die Bratspieße mit bruzzelnden Fleischbrocken. Es wird also doch noch ein gemütlicher Abend.

Unter drei Daunendecken schlafe ich in einem Fremdenzimmer der gastfreien Freunde. Morgens gegen sieben Uhr gewaltiges Dröhnen. Ein Schneeräumer stößt ruckartig durch die weißen Hügel. Der glitzernde Staub fliegt weit über Dächer und Bäume. Ein guter Bekannter des Hauses lenkt das Ungetüm bis zum Wendeplatz im Garten. Der Schneesturm hat sich gelegt, aber die Stadt kann noch nicht zum gewohnten Leben erwachen.

Erst gegen Mittag ist es soweit, daß ich den Fußmarsch zum Hotel beginnen kann. Knapp fünfzehn Minuten sind es sonst, aber erst nach einer Stunde anstrengenden Stapfens bin ich am Ziel. Nur kalte Küche im Hotel mit Selbstbedienung von einer Anrichte. Jeder kann nehmen, was er will und legt dafür drei Dollar in einen Korb. Kein Strom im ganzen Haus, deshalb kein Lift, keine Heizung und kein warmes Wasser. Aber die wenigen im Hause wohnenden Angestellten bemühen sich in jeder möglichen Weise um das Wohl der Gäste. Kerzen im Zimmer, drei Wolldecken auf dem Bett und die Fensterritzen mit Plastikstreifen verklebt.

Am Morgen danach wieder Licht, Lift und Heizung. Ich wandere durch die Stadt, wo der Schnee noch die Bürgersteige blockiert. Die Geschäfte sind weiter geschlossen, die Eingänge verweht. Autos liegen unter Schneemassen begraben. Im Hafen sind die Schiffe völlig vereist und mehrere Schuppen von der weißen Last eingedrückt.

Abends um zehn startet eine Maschine nach Montreal. Der Bus hat große Mühe, an den Flugplatz durchzukommen. Ein Schneeräumer bahnt ihm den Weg. Bei der Abfertigung geht alles drunter und drüber, weil natürlich die Reservationen durcheinander gekommen waren. Die Fürsprache des Konsuls hat mir einen Platz gesichert. Endlich im Flugzeug, warten wir noch fast eine Stunde, auf unseren Sitzen angeschnallt, bis die Maschine startet.

Noch eine Nacht im Airport Hotel Montreal. Wegen des Schneesturms, der alles blockiert hat, warten noch viele andere Leute auf ihren Abflug. Doch es gelingt der *KLM*, mir einen Platz in der nächsten Maschine nach Frankfurt zu beschaffen.

Zwölf Stunden später bin ich daheim in München. Gerade noch rechtzeitig für zwei Dutzend Gäste, die wir schon lange für diesen Abend gebeten hatten. Eine schöne Bescherung wäre es gewesen, hätte der Hausherr gefehlt.

»Na, wie war's denn in Neufundland?« ist die häufigste Frage. »Muß ja eine ideale Gegend sein für Wintersport.«

»Kommt darauf an, was man unter Wintersport versteht . . . mir scheint, der Sommer ist doch die bessere Jahreszeit.«

Öl im Eis

Sofort ... Philadelphia, 13. März 1968 ... Atlantic Richfield Company gibt bekannt, daß Versuchsbohrung Prudhoe Bay Nr. 1 ... gemeinsames Unternehmen mit Humble Company ... an der North Slope Alaska in Tiefe 9300 Fuß auf Öl gestoßen ... durch ³/₄-inch-Rohr strömen pro Tag 184 000 Liter.

Das war die erste Nachricht von einem der größten Ölfunde auf Erden. Aber damals wußte man noch nicht, was sich aus diesem Anfangserfolg der langjährigen und kostspieligen Bohrversuche im nördlichsten Alaska ergeben würde. Die Tagesmenge des emporsteigenden Öls war gewiß imponierend, doch man hatte ähnliches schon in anderen Teilen der Welt mehrfach erlebt. Aber der ersten Meldung folgten bald noch andere, die von Woche zu Woche die Hoffnung steigen ließen, es seien Öllager von nie erhofftem Ausmaß entdeckt worden. Schon im Juli des gleichen Jahres wurde die Menge der Ölreserven an der Prudhoe Bay von den Experten auf ein bis zwei Milliarden Tonnen geschätzt. Aber das war bei weitem nicht genug. Wie man heute annehmen darf, liegen wenigstens 10 Milliarden Tonnen Erdöl im Boden der Tundra. Das ist dreimal mehr als in Texas, Kalifornien und Louisiana zusammen. Damit übertreffen die Ölreserven an der Prudhoebucht alle bisher bekannten Vorräte der USA.

Die Fachleute versicherten der Presse, das Öl am Polarmeer sei ein »Gottesgeschenk« für die Vereinigten Staaten. Denn binnen kurzem wären die USA in die Zwangslage geraten, ihre schon bekannten Ölvorkommen bis an den Rand der Kapazität auszunützen. Das aber soll und darf nicht sein. Man legt großen Wert auf Reserven im eigenen Boden, um den ständig steigenden Bedarf auch in kritischen Zeiten selbst decken zu können. Aber schon bald wäre die Vorratswirtschaft nicht mehr möglich gewesen. Kenner der Verhältnisse hatten ausgerechnet, daß die Vereinigten Staaten, um noch eigene Reserven zu behalten, darauf angewiesen seien, bis zum Jahre 1970 etwa ein Viertel und bis 1980 ein Drittel des notwendigen Ölverbrauchs aus fremden Quellen zu beziehen. Angesichts der gespannten Lage im Nahen Osten und der nie vorauszusehenden politischen Entwicklung waren dadurch folgenschwere Gefahren zu befürchten. Ein Ausfuhrstop der arabischen Staaten, auch eine Unterbrechung der weiten Seeverbindungen konnten die USA empfindlich treffen. 75 Prozent aller Energie in den Vereinigten Staaten ist abhängig von Öl und Erdgas. So wäre möglicherweise die künftige Versorgung der amerikanischen Industrie und Bevölkerung ohne diese Funde an der North Slope* äußerst schwierig geworden.

Etwa 70 Porzent der bisher bekannten Ölfelder liegen im Nahen Osten und Nordafrika. Die westlichen Länder Europas sowie Japan sind zum allergrößten Teil auf diese Quellen angewiesen. Sollten die Lieferungen aus irgendeinem Grund gedrosselt werden oder nur für wenige Monate ganz entfallen, hätte es in der gesamten freien Welt, Amerika ausgenommen, die schlimmsten Folgen. Allein die USA könnten in begrenztem Maße helfen, wenn ... bis dahin die neuerdings entdeckten Quellen in so reichem Maße fließen, wie es die Optimisten erhoffen.

So ist leicht zu begreifen, daß die Gewißheit von unermeßlichen Ölfunden an der Prudhoe Bay ein Feuerwerk der Begeisterung auslöste. Keine andere Entdeckung hat jemals die gleiche fortdauernde Wirkung erzielt. Auch der Goldrausch vom Klondike, der Ende des

---

* Allgemeine Bezeichnung für die Tundra nördlich der Brooksberge.

vorigen Jahrhunderts ganz plötzlich den Namen Alaska zum Begriff rasch gewinnbaren Reichtums machte, war nichts dagegen. Was man damals für möglich hielt, aber nur eine vorübergehende Episode blieb, sah man nun als ein sicheres Versprechen. Das Öl war da, und es wurde dringend gebraucht, von der gesamten Industrie, von jedem Autofahrer und von jedem Haushalt mit Ölheizung. Sobald es durch die Pipelines strömte und in die Tanker floß, war der Segen aus Alaskas Boden noch viel besser als reines Gold. Auf das schimmernde Metall konnte man notfalls verzichten, aber unter keinen Umständen auf so lebenswichtige Energiequellen. Allem Anschein nach war das »Gottesgeschenk« an der North Slope unerschöpflich.

Allein für die Ausbeutungsrechte auf relativ eng begrenztem Raum zahlten die Ölgesellschaften dem Staat Alaska auf einen Schlag 900 Millionen Dollar. Das war mehr, als die Bodenschätze des Landes in zehn Jahren der Staatskasse zugeführt hatten. An Steuern und sonstigen Abgaben war mit 200 Millionen Dollar in jedem kommenden Jahr zu rechnen. Insgesamt fünfzehn Companies, die mächtigsten der Welt, bemühten sich um das große Geschäft. Sie waren bereit, die phantastische Summe von vier Milliarden Dollar zu investieren. Das aber sollte nur der Anfang sein, um dem Strom des »schwarzen Goldes« die Schleusen zu öffnen. Noch mehr, noch sehr viel mehr würde folgen. Für ein Land mit nur 300 000 Einwohnern, aber einer siebenmal größeren Ausdehnung als die der Bundesrepublik Deutschland, war es ein Regen des Reichtums. Nach menschlichem Ermessen mußte jeder Alaskaner davon profitieren. Wirklich ein Geschenk aus heiterem Himmel oder, zutreffender gesagt, aus tiefem Boden. Alaska, bisher der ärmste Staat in den USA, würde der reichste sein. Die allgemeine Euphorie grenzte schon an Größenwahn, als man mit stolzem Spott erklärte: »Wir werden uns Texas kaufen.«

Die Companies erteilten japanischen Firmen den Auftrag, die Röhren für eine Pipeline von 1250 Kilometer Länge zu liefern. Bis zu 200 000 Tonnen Öl pro Tag sollten durch die Leitung fließen. Baumaschinen im Wert von mehreren 100 Millionen Dollar wurden auf dem Luftweg an die North Slope befördert. Dort entstand ein Netz von Straßen, ein Wald von Türmen, Hafenanlagen, Raffinerien, Werkstätten und ein Gebäude der Verwaltung mit Wohnraum und allen übrigen Räumen für zunächst 200 Personen. Doch es war bereits vorgesehen, den Bau für die Aufnahme von 600 Menschen zu vergrößern, und er sollte nur der erste von vielen anderen sein. Allein die Kosten des Materialtransportes erreichten bald unglaublich hohe Summen. Die leistungsfähigsten Luftfrachter wurden dafür eingesetzt. Was trotz ihres großen Fassungsvermögens nicht hineinpaßte, mußte man in Teile zerlegen und an der Prudhoe Bay wieder zusammenbauen. Um nur einen der riesigen Bohrtürme mit allen Betriebsteilen ans Eismeer zu befördern, wurden von den Herkulesmaschinen, die 15 Tonnen Last aufnehmen, nicht weniger als 72 Lufttransporte durchgeführt. Es klingt unglaublich, wurde mir aber mehrfach versichert, daß an manchen Tagen etwa 1000 Maschinen an der Prudhoe Bay gelandet oder von dort aufgestiegen seien. Erst im zweiten Jahr gelangten auch Schiffstransporte während der kurzen eisfreien Zeit an die North Slope und damit zu den Ölquellen. Bis zum Herbst 1970 waren es insgesamt 187000 Tonnen Material! Sogar auf dem Landweg wurden Lasten ans ferne Ziel befördert. Mächtige Bulldozer bahnten einen Winterweg durch die verschneiten Wälder. Sogenannte ›Cat Trains‹, gezogen von gewaltigen Lkw mit Sechsradantrieb, schleppten den Lastzug fast 500 Kilometer weit. Dem mitgeführten Personal standen während der 14 Tage langen Reise rollende oder rutschende Quartiere zur Verfügung, die Küche, Speiseraum und Schlafkojen enthielten. Man mußte auch jede notwendige Reparatur mit eigenen Mitteln durchführen, denn es gab unterwegs keine andere Möglichkeit. Den Fahrern, Beifahrern und Mechanikern wurde ein Stundenlohn bis zu 20 Dollar bezahlt. Die sehr mühsame Fahrt begann in Fairbanks, dem Endpunkt des einzigen Schienenwegs von Alaska, folgte dem Lauf vereister Flüsse in die Brooksberge, überquerte den Anaktuvukpaß und bewegte sich über den steinhart gefrorenen Boden der Tundra. Aber schon die ersten Anzeichen des Frühjahrs machten diesen Transporten ein Ende. Nur meterdickes Eis konnte die schweren Cat Trains tragen, im Schmelzwasser wären sie gleich versunken.

Welche Mengen von Öl hat nun bisher Prudhoe Bay an die Welt außerhalb von Alaska geliefert?

Ein Faß mit 160 Litern! Das war alles, seitdem man die unermeßlichen Ölreserven entdeckt hat. Noch immer läßt sich nicht mit Gewißheit sagen, wann und auf welchem Weg der Strom des schwarzen Goldes fließen wird.

Was sind die Gründe? Weshalb wurde die Pipeline nicht gebaut, ja nicht einmal mit dem Bau begonnen? Welche Umstände haben eine volle oder auch nur teilweise Förderung der flüssigen Bodenschätze bisher verhindert?

Eine Reihe von Problemen sind aufgetaucht, mit denen man zuvor nicht gerechnet hatte. Das waren zunächst die »Conservationists«, sehr einflußreiche Verbände des Tierschutzes in den USA und besonders in Alaska. Von ihnen alarmiert, schlossen sich auch die Vertreter der zuständigen Behörden, zahlreiche Privatpersonen, die Presse und das Fernsehen den immer stärker vorgetragenen Protesten an. Es ging vor allem um die Karibu, denn man glaubte – und viele der Tierfreunde glauben noch immer –, daß die großen Herden durch den Bau der Pipeline zum langsamen, aber sicheren Hungertod verurteilt seien.

Man schätzt die Zahl der Karibu für das nördliche Alaska auf etwa 600 000. Wenn das Frühjahr anbricht, verlassen sie die Wälder und ziehen hinaus in die Tundra. Dort bringen sie ihre Jungtiere zur Welt, dort weiden sie während des arktischen Sommers und ziehen beim ersten Schneefall zurück in den schützenden Wald. Während ihrer monatelangen Wanderung schließen sich die Karibu zu Herden von vielen tausend und sogar zehntausend Tieren zusammen. Die geplante Pipeline würde ihre Wechsel durchschneiden, an die sie seit vielen hundert Generationen gewöhnt sind und die sie niemals ändern. Die »Conservationists« sind der festen Überzeugung, daß die Leitbullen vor dieser schwarzen Schlange zurückschrecken, als wäre sie ein Ungeheuer. Natürliche Hindernisse, die vielleicht durch Erdrutsch oder ähnliches entstanden sind, werden umgangen. Aber nicht die Pipeline, an deren Länge der Tierstrom keine Lücke findet. Die Folge wäre, daß die Karibu entweder in der Tundra während des Winters verhungern oder daß sie im Frühjahr nicht mehr zu ihren lebensnotwendigen Weideflächen gelangen. Mit Sicherheit würden schon im ersten Jahr die Jungen zugrunde gehen.

Die Ölgesellschaften wollen zugunsten der Karibu kilometerbreite Rampen aufschütten und sind der Ansicht, daß die Herden ohne weiteres diese Übergänge annehmen. Außerdem sollen weite Strecken der Rohrleitung von 1,2 Metern Durchmesser unterirdisch verlegt werden. Schon jetzt haben die Companies allen ihren Mitarbeitern die Jagd wie auch sonst jede Störung der Wildnis streng verboten. Niemandem ist es erlaubt, eine Waffe an die North Slope mitzunehmen.

Aber damit sind die »Conservationists« noch längst nicht zufrieden, denn andererseits ist aus zwingenden technischen Gründen geplant, die Pipeline über ein System von Pfählen zu führen. Sie wird dann in ungefähr 2,5 Meter Gesamthöhe die Tundra durchqueren. Eine so weithin sichtbare Veränderung ihrer Umwelt, argumentieren die Gegner des Projekts sei für die Karibu nicht zu ertragen. Ihre Reaktion wäre ein verzweifeltes Umherirren, die Auflösung der Herden, schließlich der Tod durch Verhungern und Erfrieren.

Ich persönlich glaube das nicht. An der neugebauten Gulkana Street nahe dem McKinley Nationalpark habe ich selbst gesehen, wie eine Karibuherde nach längerem Zögern, vom Leitbullen geführt, durch eine stehende Kolonne zahlreicher Baumaschinen zur anderen Seite stürmte. Sie werden deshalb, so meine ich, auch die Rampen an der Pipeline benützen, immer vorausgesetzt, daß man sie an den passenden Stellen aufgeschüttet hat.

Es ist nicht so, als würden die Wechsel aller Herden von der Pipeline betroffen. Sie führt, grob gesprochen, ebenso wie die Wanderwege der Karibu von Norden nach Süden. Eine Durchschneidung der Wechsel ist also nur an relativ wenigen Stellen zu befürchten. Auch dort werden meines Erachtens die Karibu nicht in lang anhaltende Verwirrung geraten, sondern an dem Hindernis entlang laufen, bis sie eine Möglichkeit finden, darüber zu kommen. Die vorgesehenen Rampen sind deshalb, so scheint mir, wirklich eine Lösung des Problems.

Doch es ist nur eines von vielen, das die »Conservationists« bewegt. Als man für den Straßenbau an die Prudhoe Bay viele tausend Tonnen Kies aus dem flachen Flußbett des Sagavanirktok River geholt hatte, wurden angeblich die Laichplätze der Lachse zerstört und dem Fortleben der Fische ein Schaden zugefügt, der sich niemals wiedergutmachen läßt. Die Beschützer der Tierwelt sind um das Wohlergehen der Eisbären besorgt, die vielleicht ihre Winterquartiere an der North Slope verlieren könnten. Dorthin begeben sich die Bärinnen und graben Höhlen in den Schnee, worin sie ihre Jungen zur Welt bringen. Die Brutplätze der Eiderenten sind womöglich gefährdet, und noch viele andere Geschöpfe werden nach Ansicht leidenschaftlicher Tierfreunde durch die Aktivität der Ölgesellschaften in verderblicher Weise gestört. Wobei man jedoch übersieht, daß nur ein verschwindend kleiner Teil der North Slope vom Segen oder Unsegen der Zivilisation berührt wird. Doch die besorgten Stimmen finden in neuester Zeit weit mehr Gehör als früher und zwingen sogar die Regierung zu rücksichtsvoller Beachtung ihrer Proteste. So wurden Beamte des *Wildlife Service* an die Prudhoe Bay entsandt, deren Aufgabe es ist, mit aller gebotenen Strenge jeden nur möglichen Schaden für die bestehende Tierwelt zu verhindern. Die »Conservationists« wollen erst dann ihren Widerstand gegen den Bau der Pipeline aufgeben, wenn man ihnen beweisen kann, daß sie den Karibu in keiner Weise schadet.

Die Ölgesellschaften trifft der Vorwurf, sich nicht beizeiten um eine Verständigung mit dem Naturschutz bemüht zu haben. Sie waren so fest von der Dringlichkeit ihrer Öllieferungen überzeugt, daß sie definitive Pläne bekanntgaben, enorme Summen investierten und Aufträge für mehrere tausend Millionen Dollar erteilten, ohne andere als technische Probleme vorauszusehen. Und die sind allein schon schwierig genug.

1250 Kilometer Pipeline von der Prudhoe Bay im hohen Norden nach Valdez an der Westküste von Alaska. Sie muß über Bergpässe von 1700 Meter führen, 23 Flüsse durchqueren, unter anderem den mächtigen Yukon. Dazu noch 124 Wildbäche und drei Gebiete, wo Erdbeben häufig sind. Die Temperaturen auf der geplanten Strecke schwanken zwischen einem Maximum von 40 Grad Celsius im Hochsommer und einem Minimum von 60 Grad im tiefsten Winter. Der Permafrost, die niemals auftauende Vereisung, beginnt an der

Die Front eines Gletschers an der Küste von Alaska.

North Slope schon bei etwa 30 Zentimeter Bodentiefe und reicht bis zu 600 Meter hinab. 25 bis 30 Pumpstationen sollen das Öl auf seinem langen Weg über Berg und Tal befördern. Es verläßt das Innere der Erde mit einer Temperatur von etwa 80 Grad Celsius. Während des Transportes durch die Röhren erfolgt keine Abkühlung, vielmehr kann die Reibung das Öl noch um ein bis zwei Grad erwärmen. Wo die Pipeline unterirdisch verläuft, wird der Permafrost rings um die Leitung aufgetaut. Die Vermutungen, wie weit das geschieht, reichen bis zu einem Radius von zehn Metern.

Die dabei entstehenden Folgen haben weitere Gegner der Pipeline ins Gefecht geführt. Es sind die »Environists«, das heißt die privaten und öffentlichen Organisationen des Umweltschutzes. Sie weisen darauf hin, daß mit dem Auftauen des Permafrostes die Erdschicht in Bewegung gerät und die Rohre verschieben. An der einen oder anderen Stelle werden sie brechen. Das Öl läuft aus, kann jedoch nicht im Boden versickern, weil er neben sowie unter den aufgetauten Schichten steinhart gefroren bleibt. So legt sich das Öl viele Meilen weit über den Permafrost, ähnlich wie schwimmendes Öl auf einer Wasserfläche. Im Sommer, wenn der Boden etwas tiefer auftaut, werden in der ohnehin nur dünnen Erdschicht, die den Pflanzenwuchs ernährt, alle Wurzeln abgetötet. Da nichts mehr nachwachsen kann, entsteht im betroffenen Gebiet eine vegetationslose Landschaft.

Gewiß kann man die Pipeline abschalten, sobald die Kontrollstellen irgendwo einen Ölverlust anzeigen. Das geschieht automatisch, und die Companies sagen, daß der Stop binnen fünf Minuten erfolgt. Aber das Öl fließt mit der Geschwindigkeit von zwei Metern pro Sekunde, und jede Meile der Rohrleitung enthält rund 17 Tonnen. Bis man den Strom abgeschaltet hat, ist schon der vergleichbare Inhalt von 24 Tank-Lkws ausgeflossen. Während die »Environists«

Die weite Tundra an der North Slope von Alaska ist während des kurzen Sommers ein unwegsames Land aus Sümpfen, Sand und Seen. Nur im Winter ist die steinhart gefrorene Tundra nach allen Richtungen befahrbar (oben).

Tief unter dem Boden der Tundra liegen die vermutlich größten Ölvorkommen der Welt. Hier ein Bohrturm mit vier Männern des technischen Personals (unten).

die dadurch bewirkte Veränderung der Umwelt auf viele Quadratmeilen schätzen, versichern die Ölgesellschaften, es werde nur die nächste Umgebung betroffen, außerdem würde das Öl schon bald verdunsten.

Wie dem auch sei, die Führungsspitze von *TAPS** hat erst einmal den Beweis für nach menschlichem Ermessen absolute Sicherheit verlangt, bevor die Genehmigung zum Bau der Pipeline erteilt wird. Die streitbaren »Environists« haben ihrerseits beim Obersten Bundesgerichtshof der USA einen Prozeß anhängig gemacht, um das Projekt überhaupt zu verhindern. Es kann also nichts geschehen, bis das Urteil in dieser Sache gesprochen ist. Es wird nur dann zugunsten der Pipeline ausfallen, wenn *TAPS* alle Bedenken gegen mögliche Umweltschäden beschwichtigen kann.

Früher hat man geglaubt, die Arktis und auch sonst die nordische Wildnis wäre eine so »harte« Landschaft, daß sie alles ertragen könne. Aber das Gegenteil hat sich als richtig herausgestellt. Die Natur am Polarkreis kann Verletzungen auch scheinbar leichter Art in hundert Jahren nicht heilen. Dafür ist die vegetationstragende Schicht zu dünn und das Wachstum viel zu langsam. Nur zwei bis drei Monate während des Jahres hat die Vegetation eine geringe Chance, sich zu ergänzen und auszubreiten. Jeder Eingriff von Menschenhand, seien es auch nur die Spuren eines Geländewagens oder Kettenfahrzeugs, hinterlassen Narben, die noch Jahrzehnte später deutlich zu erkennen sind. Wo man den Boden aufreißt, bilden sich Bäche und führen zu fortschreitender Erosion. Wegen des Permafrostes können die Wurzeln von Bäumen und Büschen nicht tief in die Erde eindringen, sondern breiten sich fächerartig aus. Sie müssen zugrunde gehen, wenn die nahrungsgebende Schicht fortgespült wird. Es entstehen Kahlflächen, die sich immer weiter ausdehnen. Dagegen ist nichts zu machen, auch die Natur hat keine Möglichkeit, den Schaden auszubessern. Sogar niederes Gestrüpp, schlichtes Moos und Steinflechten brauchen zwei bis drei Jahrzehnte, um nur einen Quadratmeter zu überziehen. Im Vergleich zu den Ländern

---

* *Trans Alaska Pipeline System,* in Abkürzung *TAPS*, ist der Name für das von den Ölgesellschaften gebildete Konsortium zum Bau der Rohrleitung.

in gemäßigtem Klima gibt es in der Arktis nur sehr wenige Arten von Vegetation, und die sind für ihr Gedeihen an ein bestimmtes Biotop gebunden. Werden sie dort zerstört und ist damit ihr Standort frei geworden, so fehlen andere Arten, um diese Stelle einzunehmen. Die Lücke bleibt und weitet sich aus. So ist es leicht, die Arktis zu verwunden, aber schwer, ein Heilmittel zu finden.

Das hat sich deutlich genug an der »Winterstraße« gezeigt, dem Transportweg der Cat Trains. Als die Schneeschmelze kam, wurden die ausgefahrenen Rinnen zu strömenden Bächen. Sie rissen die Kanten des eingesunkenen Weges fort, schwemmten den Humus davon, legten die Wurzeln frei und verwüsteten auf beiden Seiten den ohnehin nur spärlichen Pflanzenwuchs. Die Winterstraße wurde ein grundloser Sumpf, dessen endgültige Ausdehnung man noch nicht übersehen kann. Demzufolge hat die Regierung den Fernverkehr mit Bulldozern und Cat Trains zur North Slope verboten. Für Landtransporte zu den Ölfeldern muß, wenn die Companies darauf bestehen, eine feste Straße für schwere Lkw gebaut werden. Aber deren Kosten dürften astronomische Höhen erreichen. Die Entscheidung, ob das Großprojekt in Angriff genommen werden soll, ist noch nicht gefallen.

Ein anderes Problem wird von niemandem erwähnt. Und das ist die Gefahr der Sabotage. Es wird sehr schwierig sein, bei Tag und Nacht, in klirrend kaltem Winter und auf sturmgepeitschten Höhen eine Rohrleitung von 1250 Kilometern Länge an jeder Stelle zu überwachen. Eine Dynamitpatrone genügt schon, um die Leitung aufzureißen. Mit einem Paket Sprengstoff könnte man die Pumpstationen und Schaltstellen zerstören. Dann wäre es nicht mehr möglich, den Strom fließenden Öls relativ rasch zu stoppen. Viele tausend Tonnen würden sich in das Land hinein ergießen. Es müssen durchaus nicht »Agenten einer fremden Macht« sein, die in Erfüllung ihrer geheimen Aufträge solches Unheil stiften. Es gibt in jedem Land eine Art von Leuten, die Züge zum Entgleisen bringen oder Bomben in Banken werfen und vermutlich mit noch viel größerer perverser Freude eine Pipeline sprengen. Es darf als sicher gelten, daß sich *TAPS* auch mit diesen bedrohlichen Möglichkeiten beschäftigt und alles tun wird, um Sabotagen zu verhindern. Doch es bleibt abzuwarten, ob das noch unbekannte Kontrollsystem in jedem Fall funktioniert.

Woran man bei den Ölfunden an der North Slope am wenigsten gedacht hat, sind die Eingeborenen des 49. Staates der USA, die Eskimo, Indianer und Aleuten. Ihre Zahl beträgt rund 55 000, etwa ein Fünftel der Bevölkerung von Alaska. Sie haben mit Recht die Frage aufgeworfen, wem eigentlich das Land gehört, aus dem die Zugereisten so ungeheuren Reichtum schöpfen wollen. Wenn schon die guten Geister der Natur so große Schätze im Boden verbargen, dann gewiß nicht für den weißen Mann allein. Die Eingeborenen, wie der Name sagt, sind eingeboren in das Land ihrer Väter und Vorfahren. Sollte es daher nicht ihnen gehören seit Anbeginn aller Zeiten? Jene Zustände, wie sie bis noch vor sechzig und siebzig Jahren in Alaska herrschten, als man auf die Rechte der »Natives« nicht die geringste Rücksicht nahm, sind vorbei und schon fast vergessen. Der Eskimo, Indianer und Aleute ist ebenso ein Bürger der Vereinigten Staaten wie jeder andere. Sie haben natürlich das Wahlrecht und ihre Abgeordneten im Parlament.

Es gibt unter ihnen einige Leute, die sich in rechtlichen Fragen auskennen. Sie fanden eine beachtenswerte Lücke im Staatsvertrag von 1867, der den Verkauf Alaskas von Rußland an die Vereinigten Staaten betrifft. Darin wird lediglich gesagt, daß die Hoheitsrechte an die USA übergehen. Von Staatseigentum an Grund und Boden ist darin keine Rede. Dennoch hat die Regierung alles Land, das nicht ständig bewohnt oder genützt war, als Eigentum der USA betrachtet. Es wurde an Siedler vergeben, an Privatpersonen verkauft oder Interessenten zur Ausbeutung überlassen. Jeder Alaskaner hatte unter gewissen Voraussetzungen ein Anrecht auf 40 Hektar, ohne dafür zu bezahlen. Die Eingeborenen hatten nichts dagegen. Es war ja so viel unbewohntes, nie von Menschen durchstreiftes Land vorhanden, daß man auf großzügigste Weise damit umgehen konnte.

Als jedoch die Staatsregierung 900 Millionen Dollar für die Nutzungsrechte an der North Slope kassierte, verlangten auch die Eingeborenen ihren Anteil am »Gottesgeschenk« der Tundra. Fast über Nacht entstand aus 18 Stammesgruppen die *Alascan Federation of*

Natives. Damit waren zum ersten Mal die Urbewohner des Landes, mitsamt ihren Mischlingen, in einem Bund zusammengeschlossen. Die *AFN* schickte ihre Vertreter nach Washington und verlangte von der US-Regierung nicht weniger als 500 Millionen Dollar, außerdem eine Gewinnbeteiligung an der Ölproduktion. Sie sagte, es spiele überhaupt keine Rolle, daß die North Slope unbewohnt sei, denn alle Eingeborenen zusammen wären gemeinsam die Besitzer von ganz Alaska, sofern noch kein Privateigentum an Grundstücken bestehe. Um hier ein für allemal Klarheit zu schaffen, sollten 60 Millionen Acres* im Staat Alaska der AFN zu ihrer alleinigen und freien Verfügung überschrieben werden.

Ein Rechtsstaat wie die USA konnte sich über die Forderung der *Alascan Federation of Natives* nicht ohne weiteres hinwegsetzen. Bis zur Klärung der Streitfrage verfügte die Regierung schon 1968 den sogenannten »Landfreeze«. Seitdem und bis auf weiteres ist es nicht mehr möglich, vom Staat auch nur einen Quadratmeter Land zu erwerben oder langfristig zu pachten. Das bedeutet für die räumliche Erweiterung der Ölkonzessionen ebenso wie für neue Anlagen außerhalb des bestehenden Pachtgebietes eine fugendichte Blockade.

Mit großer Mehrheit war der Senat in Washington bereit, der *AFN* eine Milliarde Dollar zu zahlen, aber ohne Beteiligung am Ölgewinn. Statt 60 Millionen Acres wollte man den Eingeborenen nur 10 Millionen überlassen. Das Repräsentantenhaus war jedoch nicht damit einverstanden. Es wollte der *AFN* zwar die geforderten 60 Millionen Acres bewilligen, aber bei weitem nicht die verlangte Summe baren Geldes. So steht nun die Sache und kommt nicht vom Fleck. Der Oberste Bundesgerichtshof soll sich damit befassen, doch bis zu seiner Entscheidung können erfahrungsgemäß mehrere Jahre vergehen, und so lange muß man auch mit dem Baubeginn der Pipeline warten.

Damit nicht genug, sind als weitere Gegner der Pipeline noch die Fischereigenossenschaften an der alaskanischen Westküste hinzu-

---

* Rund 240 000 Quadratkilometer. Das ist jedoch nur ein Fünftel der Gesamtfläche Alaskas, entsprechend dem Anteil der Eingeborenen an der Gesamtbevölkerung.

gekommen. Sie glauben und erklären, der gesamte Fischbestand würde vernichtet, falls in Valdez, am Endpunkt der Pipeline, Öl in den Prince William Sound läuft oder ein Tanker durch Schiffbruch seine flüssige Fracht verliert. Die gesamte Küste, bis hinunter nach Vancouver in Kanada, werde womöglich verseucht. Ein Meeresstrom bewegt sich dort von Norden nach Süden, und es sei mit Sicherheit anzunehmen, daß er die Ölpest in alle Fjorde ausbreite.

Es sind also vier einflußreiche Gruppen, die aus ganz verschiedenen Interessen den Abtransport des Öls von der North Slope bisher verhindert haben, die Tierschutzverbände, die Umweltschützer, die Eingeborenen und die Fischer.

Ein Ausweg aus dem Dilemma wäre eine Pipeline von der Prudhoe Bay zum Mackenziedelta im Nordwesten Kanadas, wo sich gleichfalls Ölfelder befinden, nur bei weitem nicht so ergiebig wie an der North Slope. Von dort könnte man die Leitung entlang dem Mackenzie River und quer durch Kanada bis zum Pipeline System der USA weiterführen. Sie hätte den Vorteil eines Öltransportes nur über Land, was den Militärs sicher am liebsten wäre. Tanker auf hoher See sind ja im Falle eines Krieges die ersten und lohnendsten Opfer feindlicher Angriffe. Aber die Kosten einer so unglaublich langen Pipeline – 2 700 Kilometer – schätzt man auf ungefähr vier Milliarden Dollar, und eine solche Summe wäre selbst für die Giganten des Ölgeschäfts kaum zu erschwingen. Im übrigen hätte man auch dann mit Ansprüchen der Eingeborenen zu rechnen.

So bliebe als letzte Möglichkeit nur ein Transport mit Tankern, direkt von der North Slope durchs Nördliche Eismeer zur Ostküste der USA. Der Versuch wurde gemacht. Im Sommer des Jahres 1969 bahnte sich der Tanker ›Manhattan‹, ein Schiff von 115 000 Tonnen, 320 Meter Länge, 11 Metern Tiefgang und einer Maschinenkraft von 43 000 PS einen Weg durchs Polarmeer vom freien Atlantik bis zur North Slope in Alaska. Für die Versuchsfahrt durchs Eismeer hatte man den Riesentanker in ein »eisbrechendes Schiff« umgebaut. Nach ihrer Fertigstellung verließ die ›Manhattan‹ den Hafen von New York am 24. August 1969. Sie war das größte eisbrechende Schiff auf allen Meeren der Welt und das größte Handelsschiff der Vereinigten Staaten. Das sehr schwierige und gewagte Unternehmen war eine Probefahrt, mit der Absicht, festzustellen, ob ein Öltransport auf der Nordwestpassage möglich sei, die Amundsen vor mehr als 60 Jahren entdeckt hatte. Nie zuvor hatte ein Schiff vergleichbarer Größe das Polarmeer befahren. In seiner Begleitung befanden sich der kanadische Eisbrecher ›MacDonald‹, während eines Teils der Reise auch der amerikanische Eisbrecher ›Northwind‹. Helikopter und DC-3-Maschinen erkundeten den bestmöglichen Weg durchs Eismeer. Froschmänner tauchten hinab, um mögliche Schäden am Rumpf des Riesen zu prüfen. Eine große Zahl von Wissenschaftlern, Journalisten und Spezialisten der Polarverhältnisse war an Bord. Bis zu sieben Metern aufgetürmtes Packeis schob sich vor den Bug der ›Manhattan‹ und mußte durchbrochen werden. Es gab Tage, an denen der Tanker nur wenige Meilen vorankam, und oft brauchte man für nur 150 Meter eine volle Stunde. Die ›Manhattan‹ stieß vor und zurück, schob ihr gewaltiges Gewicht auf die Eisfläche und sprengte sie auseinander. Aber ohne die Mithilfe der beiden Eisbrecher wäre die Passage sehr oft nicht möglich gewesen. In der McClurestraße zwischen dem Banksland und der Melville-Insel fuhr die ›Manhattan‹ fest. Ein Durchbruch nach vorne war auch bei wiederholten Angriffen auf das Eis nicht möglich. Also zurück nach Westen und danach durch die Prince-of-Wales-Straße nach Südosten. Hier gelang die schwierige Passage, und schließlich erreichte der eisbrechende Tanker offenes Wasser in der Beaufort-See. Bald danach war die ›Manhattan‹ vor der Prudhoe Bay.

Ein Faß Öl wurde an Bord genommen, gewissermaßen als Symbol für den Zweck des ganzen Unternehmens. Nur dieses eine Ölfaß mit 160 Litern wurde bisher von der North Slope in die Vereinigten Staaten befördert*.

Während der Rückfahrt, in Lancaster Sound, beschädigte scharfkantiges Eis die linke Bordwand der ›Manhattan‹. Es entstand ein langer Riß, und etwa 6 000 Tonnen Ballastwasser strömten ins Eismeer. Es befand sich in den Tanks, die an sich für die Aufnahme von Öl bestimmt waren. Ein Glück, daß sich nur Wasser darin befand,

---

* Zu Zwecken der Laboruntersuchung wurden 17 Tonnen Rohöl von der Prudhoe Bay nach Fairbanks geflogen und von dort mit Tankwagen nach Houston in Texas befördert.

sonst wäre es zur Katastrophe gekommen, jedenfalls nach Meinung der Naturschützer. In den engen Meeresstraßen hätte das schwimmende Öl jahrelang die Umwelt verschmutzt und der gesamten dort lebenden Tierwelt schlimmsten Schaden zugefügt.

Auch ohne das Mißgeschick im Lancaster Sound bleibt umstritten, ob die Fahrt der ›Manhattan‹ wirklich ein Erfolg war. Die navigatorische Führung des Unternehmens verdient gewiß Bewunderung. Jedoch ist nicht anzunehmen, daß damit ein wirtschaftlich lohnender Seeweg erschlossen wurde. Wegen der nur sehr geringen Wassertiefe vor der North Slope müßten zum Füllen der Riesentanker Hafenanlagen und Pipelines mit einem Kostenaufwand von schätzungsweise 500 Millionen Dollar gebaut werden. Das aber kann nur rentabel sein, wenn starke Eisbrecher die Durchfahrt während des ganzen Jahres öffnen. Es wäre ein technischer und finanzieller Aufwand dafür notwendig, der wiederum gewaltige Summen verschlingt. Wer die Arktis erlebt hat und auch den dunklen Polarwinter, kann sich nicht recht vorstellen, daß solche Pläne zur Wirklichkeit werden.

Von U-Boot-Tankern wurde gesprochen, die sich mit ihrer Ölfracht unter dem Eis bewegen, ja sogar von Tankflugzeugen, die in pausenlosem Pendelverkehr zwischen der North Slope und den amerikanischen Industriezentren durch die Luft brausen. Doch das hat wegen der enormen Kosten keine praktische Bedeutung.

Das Öl von der North Slope wird kommen, weil man unter keinen Umständen darauf verzichten kann. Aber wann und wie das »schwarze Gold« dorthin gelangt, wo es erwartet wird, kann mit Bestimmtheit noch niemand sagen.

Die *Atlantic Richfield Company* hat zum Besuch ihrer Anlagen bei der Prudhoe Bay eingeladen. Der Pressechef, ein Direktor, zwei Geologen und ein amerikanischer Journalist begleiten den Sonderflug. Man hat uns die Privatmaschine der Generaldirektion zur Verfügung gestellt, eine zweimotorige Jet des Typs HG–125, deren

Eskimo aus der Gegend von Point Barrow beim Schnitzen von Elfenbeinfiguren. Als Material verwenden sie die Stoßzähne von Walrossen.
NÄCHSTE DOPPELSEITE: *Ein zufriedenes Ehepaar der Ennadai-Eskimo in der neuen Siedlung Coral Harbour auf der Southamptoninsel.*

Anschaffungspreis etwa 25 Millionen DM beträgt. Wir werden von Anchorage bis zur North Slope nur ungefähr 70 Minuten in der Luft sein. Die Kabine ist ein eleganter Salon, in dem man sich gerne viel länger aufhalten würde. Klubsessel, mit blauem Nylonsamt bespannt, davor kleine Tische mit Schreibmappen, Zeitschriften und Zigarettendosen. Es gibt eine wohlgefüllte Bar, Kühlschrank und Kaffeemaschine. Ein Steward in schneeweißer Jacke sorgt für die Bewirtung der Gäste. Telefone stehen bereit, um jeden Ort der Welt drahtlos anzurufen. Die vielbeschäftigten Herren der Ölindustrie sind gewohnt, ihre Konferenzen auch in der Luft zu führen, und müssen dabei in Verbindung mit ihren Partnern bleiben. Zeit ist Geld, und hier geht es oft um viele Millionen. Allerdings nicht bei diesem Flug, der nur ganz allgemeinen Informationen dient.

Wir rollen über die Startbahn, schießen vom Boden steil in die Luft und werden gleich von grauen Wolken verschluckt. Die Maschine fliegt so ruhig, als würde sie stehen. Die Eiswürfel im Whiskyglas verraten nicht die geringste Bewegung. Bald herrscht die gleiche gelöste Stimmung wie in einem Herrenklub, dessen Mitglieder sich seit Jahren kennen.

Das Thema der Gespräche ergibt sich von selbst. Es sind die enormen Schwierigkeiten, den Schatz aus der Tundra zu verwerten. Solange der riesige Reichtum im Boden bleibt, hat er nicht nur keinen Wert, sondern bedeutet für die Companies einen schweren Verlust. Milliarden wurden investiert, ohne bisher den geringsten Gewinn abzuwerfen. Allein die Zinsverluste bei so gewaltigen Summen erreichen atemberaubende Höhe. Nur Konzerne von weltweitem Ausmaß können sie ertragen. Dies allein in der Hoffnung und Überzeugung, daß sich die verausgabten Milliarden in Zukunft rentieren, sogar doppelt und dreifach. Mitbetroffen von der jahrelangen Verzögerung sind viele hundert andere Firmen, zahlreiche Geschäftsleute und der ganze Staat Alaska. Allzu frühe Hoffnungen wurden bitter enttäuscht. Eilfertig aufgenommene Kredite können

---

* Nach ihm sind die Brooksberge genannt.

Jagdlager am Sythelemenkat-See nördlich des Yukon in Alaska.

nicht zurückgezahlt werden. Für rasch herbeigeschaffte Baumaschinen und Transportmittel fehlt der gewinnbringende Einsatz. Die Spekulation mit Grundstücken hat sich als Fehlschlag erwiesen. Die Arbeitslosigkeit in Alaska ist auf 14 Prozent gestiegen, und in Fairbanks sogar auf mehr als 20 Prozent. Ähnlich wie einst beim Goldrausch am Klondike und Yukon hat die Nachricht von den Ölfunden in der Tundra viele Glücksritter und arbeitsuchende Menschen in den 49. Staat gelockt. Sie kamen, teilweise mit der Familie, in klapprigen Wagen über den *Alcan Highway* nach Alaska. Aber die Hoffnung auf gut bezahlte Arbeit erfüllte sich nicht. Es bestand kein Bedarf, schon gar nicht an ungelernten Kräften. Sehr vielen der Enttäuschten fehlte das Geld zur Rückreise, der alte und verbrauchte Wagen würde sie auch nicht mehr schaffen. So blieben die Gestrandeten in Alaska. Sie sammelten sich vor allem in Fairbanks, weil diese Stadt den Ölfeldern am nächsten liegt, und leben mit knapper Not von der Arbeitslosenfürsorge. Der lange und sehr kalte Winter, die hohen Preise und Mangel an Wohnraum erschweren die Existenz. Die Pipeline könnte es ändern, schon der Startschuß zu ihrem Bau würde die Wirtschaft Alaskas außerordentlich beleben.

Die Wolken haben sich aufgelöst. Wir genießen den unwahrscheinlich schönen Anblick des Mount McKinley, von der Sonne beleuchtet und strahlend wie ein riesiger Diamant. Schneebedeckt seine Hänge, und mit ewigem Eis sind die Gipfel gepanzert. Der McKinley ist mit 6 200 Metern der höchste Berg in Nordamerika und mit all seinen Tälern, Höhen und Tiefen das größte Naturschutzgebiet in Alaska. Nicht lange danach schweben wir über Fairbanks, mit rund 40 000 Einwohnern die zweitgrößte Stadt des Staates und Sitz der Universität (ca. 2 500 Studenten). Hier endet die Bahnlinie, und sehr viel weiter reichen auch die Straßen nicht. Am Yukon hören alle ständig befahrbaren Verkehrswege auf.

Nun schon die Brooks Range, ein bis über 3 000 Meter aufsteigender Gebirgszug, so lang und so breit wie die Alpen in Europa. Keine Spur von menschlicher Siedlung, absolute Einöde in unerschlossener Wildnis. Dunkler Wald in tiefen Tälern, Schnee auf baumlosen Höhen und kahles Geröll an den steil abfallenden Hängen. Schon bald liegen auch die Brooks hinter uns. Wir fliegen über eine völlig flache Landschaft, so weiß wie ein frischgewaschenes Tischtuch. Leichte Nebel verhüllen den Himmel und senken sich tiefer. Nirgendwo ein Anhaltspunkt fürs Auge. Nicht die geringste Erhebung, kein Baum, kein Strauch und gar nichts auf der weiten, endlosen Ebene. Am Yukon war noch goldgelber Herbst, aber hier ist schon tiefer Winter. Luft und Land haben die gleiche Färbung. Es scheint, daß sich beide Elemente vermischen, und so gibt es keinen Horizont. Auch der beste Pilot hätte Schwierigkeiten zu landen, weil er den Boden nicht sieht. ›Whiteout‹ nennt man diesen Zustand, und wer die North Slope anfliegt, muß damit rechnen. Wenn das ›Whiteout‹ alle Konturen auslöscht, ist der Mann am Steuerknüppel allein auf seine Instrumente angewiesen.

Ausgerechnet in einem solchen Land liegt eines der reichsten Ölvorkommen unserer Welt. Vier Monate im Jahr kommt die Sonne nicht zum Vorschein, vier Monate lang bleibt sie am Himmel stehen. Im Winter sind alle Gewässer bis zum Grund gefroren, während des kurzen Sommers aber ist die Tundra ein nasser Schwamm. Es gibt mehr Sümpfe, Teiche, Seen, Flüsse und Bäche als festen Boden. Dennoch fällt sehr wenig Regen und Schnee auf diese Landschaft, nicht einmal 15 Zentimeter pro Jahr. Aber der Permafrost läßt keinen Tropfen in den Boden. So entsteht während des kurzen Sommers eine allenthalben feuchte, durchweichte Ebene. Ohne den beständigen Frost im Boden wäre sie eine Wüste wie die Sahara.

Als das Öl an der North Slope entdeckt wurde, war es für die meisten Menschen eine große Überraschung, denn so weit droben an der Polarküste hatte man keine Ölreserven vermutet. Aber einige Experten wußten es besser, sofern sie alte Berichte studiert hatten, die halbvergessen in den Archiven lagen. Schon in den Jahren um 1830, als noch ein russischer Gouverneur die nominelle Herrschaft über das nur am Rande erforschte Alaska ausübte, hatte eine Expedition aus dem Zarenreich dunkle Ölschichten auf den Teichen der Tundra festgestellt. Ein halbes Jahrhundert später war der amerikanische Geologe und Landvermesser Alfred Brooks* an der North Slope und fand in der Nähe von Point Barrow mehrere Ölflecken an der Oberfläche. Er nahm an, sie seien nur geringe Anzeichen von sehr großen Ölmengen unter dem Permafrost. Brooks zeichnete genaue Karten der Gegend und schickte sie mit seinem Bericht an Washington. Aber damals brauchte man Öl nur für die Lampen, und es gab in Texas mehr als genug von der brennbaren Brühe. An den Funden im fernen Alaska hatte man kein Interesse. William Vanville, Lehrer an der Schule in Wainwright, glaubte an Gerüchte der Eskimo, die von einem See erzählten, der ganz mit Öl gefüllt war. Er spannte Rentiere vor seinen Schlitten und fuhr 800 Kilometer weit durch die Wildnis, um dieses Wunder der Natur zu finden. Nach seiner Rückkkehr sagte Vanville, er sei an dem Ölsee gewesen. Wenn es wirklich so war, ist aber der See seitdem verschwunden. Nach dem Ersten Weltkrieg haben Ingenieure der amerikanischen Marine an der North Slope nach Öl geforscht und Versuchsbohrungen durchgeführt. Das Ergebnis war so vielversprechend, daß Präsident Hoover 1923 ein 35000 Quadratmeilen umfassendes Gebiet zwischen dem Colville River und der Endicott Range zur »*Naval Reserve Nr. 4*« erklärte. Doch weiter geschah nichts, die Akten wurden wieder geschlossen.

Erst während des Zweiten Weltkrieges und danach begannen neue Bohrungen, mit einem Kostenaufwand von ungefähr 60 Millionen Dollar. An drei Stellen wurde Öl und an vier Stellen Erdgas entdeckt. Doch die hier gefundenen Mengen reichten für eine wirklich lohnende Förderung nicht aus, und so erfolgte der Befehl zum Rückzug.

1957 fand die *ARCO* einige Ölvorkommen auf der Halbinsel Kenai, gegenüber von Anchorage, und begann mit der Förderung. Von dort war der Abtransport des Öls relativ einfach, es konnte auf kürzestem Weg oder sogar direkt von den Türmen in die Tanker fließen. Aber die Bohrversuche an der Bristol Bay, am Coppermine River und im Delta des Kuskokwim blieben ohne Erfolg. Dann erlaubte die Regierung eine Reihe von Versuchen an der North Slope, außerhalb der *Naval Reserve*. Im Jahre 1964 wurden sieben Quellen entdeckt, doch keine mit ausreichendem Ölstrom. Trotz dieser Enttäuschung gingen die Versuche weiter. Viele tausend Tonnen Material wurden an die Prudhoe Bay geflogen, viele Millionen Dollar verschwanden in den Bohrlöchern. Hier ein Ölfund, dort ein Ölfund, aber nirgendwo genug, um die Kosten und Mühen zu belohnen.

Dann endlich der 13. März 1968 und der Ölstrom am Bohrloch Prudhoe Bay State Nr. 1. Der große, der größte, der absolut einmalige Erfolg!

Die Maschine legt sich schräg, beschreibt eine weite Kurve und sinkt tiefer. Rote Punkte glühen im ›Whiteout‹. Es sind lodernde Fackeln an der Spitze schwarzer Rohre, die in den Himmel ragen. Wir sind in Prudhoe Bay und landen glatt auf der weißen Fläche des Flugfeldes.

Eisige Luft, aber völlige Windstille, Männer in Parka, Pelzmützen und hohen Stiefeln. Ihr Atem weht wie eine Wolke aus dem Mund, die Augenbrauen sind mit Schnee verkrustet. Keine besondere Begrüßung, nur schnell hinein in die Geländewagen mit laufendem Motor. Türen zu, Fenster dicht und Heizung auf volle Kraft. Mit Vierradantrieb rollen wir durch den grauweißen Nebel. Hartgefrorener, plattgewalzter Schnee knirscht unter den Reifen. Die Kettenfahrzeuge haben breite und tiefe Rinnen hinterlassen. Sie versetzen unseren Wagen in schaukelnde, schlingernde Bewegung. Etwa ein Meter hoch liegt die aufgeschüttete Straße über dem Tundraboden. Sie würde sonst, wenn das Tauwetter einsetzt, im aufgeweichten Grund verschwinden. Nur undeutlich zu erkennen sind Blechbaracken, Gittertürme, dampfende Rohre, aufgepumpte Plastikzelte, lange Reihen von Baumaschinen, stehende Kolonnen riesiger Lkws und die Masten einer Funkstation. Aber Menschen sieht man nicht.

Vor uns ein hoher, grauer, quadratischer Schatten. Das Hauptquartier der *ARCO* an der Ölfront. Es steht auf Stahlsäulen und wirkt in der flachen, farblosen Landschaft noch viel größer und imponierender, als es seinen ohnehin weiten Ausmaßen entspricht. Wir rumpeln durch ein Tor, das sich automatisch öffnet und hinter unserem Wagen gleich wieder schließt. Hier fährt man nicht vor, sondern in das Gebäude hinein. Der große Raum, in dem noch andere Wagen und Busse stehen, ist geheizt. Man kommt also nicht mehr mit arktischer Luft in Berührung. Das Hauptquartier ist gegen die Außenwelt hermetisch abgeschlossen und eine Welt für sich. Gleich stehen wir in einer weiten Halle. Sie könnte der Empfangsraum eines Hotels mit tausend Zimmern sein. Spannteppiche aus Nylon, die jeden Quadratmeter Boden bedecken. Sitzecken mit Sofas und Sesseln, holzverkleidete Wände, lange Tische mit Zeitschriften und künstlichen Blumen in kleinen Vasen. Strahlende Helligkeit aus Kronleuchtern mit Neonlicht, peinliche Sauberkeit und gähnende Leere.

Ein Mann des Sicherheitsdienstes in dunkelblauer Uniform mit blitzenden Knöpfen, einen breitkrempigen Hut auf dem Kopf und die Pistole am polierten Ledergürtel kann allein die Halle nicht beleben. Auch unsere Gruppe, die Gastgeber und die Gäste, steht wie verloren auf weiter Flur. Erst jetzt werden die Namen genannt und Hände geschüttelt. Jene Herren, die uns abgeholt haben, schälen sich aus ihrer polaren Verkleidung. Darunter tragen sie Straßenanzüge und sehen nicht anders aus, als wären sie im Bürogebäude einer City. Belanglose Höflichkeiten werden ausgetauscht, dann gehen wir gleich zum Essen.

Im Speisesaal für etwa 200 Personen schieben sich nicht mehr als 20 Leute an der Ausgabe für Selbstbedienung vorbei. Es sind, wie man uns später sagt, Ingenieure, Arbeiter, Geologen, Biologen, Professoren und Männer vom Reinigungsdienst. Äußerlich ist kein Unterschied zu erkennen, denn alle tragen ungefähr dieselbe Kleidung. Frauen sind nicht dabei, denn für sie ist die Prudhoe Bay ein Sperrgebiet.

Die Auswahl der Speisen ist kaum zu glauben. Klare und dicke Suppen, Fisch, Geflügel, Steaks und Filets. Dazu Reis, Mais, Spaghetti, gekochte, gebratene Kartoffeln und Pommes frites. Drei, vier oder fünf Sorten Gemüse, Kuchen, Gebäck, Schokoladencreme und Eis für jeden Geschmack. Tee, Kaffee und Kakao und alle nur möglichen Fruchtsäfte. Aber kein Tropfen Alkohol, denn in dieser Hinsicht sind die Ölfelder absolut trocken.

Die bei der *ARCO* Beschäftigten zahlen für ein so reichhaltiges Angebot, das in beliebiger Menge zur Verfügung steht, nur einen nominellen Betrag. Doch werden viele von der Sorge um ihr steigendes Körpergewicht geplagt. Löhne und Gehälter sind etwa doppelt so hoch wie sonst in den USA, mit nochmals einem Zuschlag für Außenarbeit im Winter. Doch beschränkt sich schon seit mehreren Jahren die Arbeit an der North Slope auf die Instandhaltung der technischen und sonstigen Anlagen. Jene geringen Ölmengen, die gefördert und raffiniert werden, dienen allein dem eigenen Verbrauch an Ort und Stelle. Es sind nur noch zwei oder drei Versuchsbohrungen im Gange, und einige wissenschaftliche Teams betreiben Forschungen zugunsten des Umweltschutzes. Das ist alles und soll demnächst noch weiter reduziert werden*.

Die Arbeitszeit beträgt zwölf Stunden an allen sieben Tagen der Woche. Danach hat jeder eine Woche bezahlten Urlaub. Auf dem Luftwege bringt man die Urlauber nach Fairbanks oder Anchorage, wo meist die Familien leben, falls die Männer verheiratet sind. Mit derselben Maschine kehren die Leute zurück, wenn ihre freie Woche vorüber ist. Es müssen also zwei Belegschaften vorhanden sein. Was für enorme Kosten das alles erfordert, läßt sich denken.

Nach dem Essen besichtigen wir das sehr vielen Zwecken dienende Gebäude von unten bis oben. Es enthält die Büros und Labors, wissenschaftliche und sonstige Büchereien, Lesezimmer, Hobbyzimmer, ebenso die Wohnräume, Schlafräume und Aufenthaltsräume für die gesamte an der Prudhoe Bay anwesende Gefolgschaft der *ARCO*. Es gibt Räume für Sport und Gymnastik, ein Hospital, eine Sauna, ein Kino und überhaupt alles, was zu einem Gemeinwesen modernster und komfortabelster Art gehört.

Alles unter einem Dach, in dem hermetisch gegen die Außenwelt isolierten *Central Building*. Kein Fenster läßt sich öffnen. Die gleichbleibend erwärmte Luft zirkuliert durch ein System klimatischer Anlagen, die jeden Raum erreichen. Es macht drinnen keinen Unterschied, ob es draußen schneit, regnet, stürmt oder die Sonne scheint. Es kann Winter oder Frühjahr sein an der North Slope, hundert Tage heller Sommer, tiefe Polarnacht, schneidender Frost oder feuchtwarmes Wetter. Im Hauptquartier der *ARCO* ist davon nichts zu bemerken.

Es sind nur wenige Leute, die während ihrer Arbeitswoche das große Haus verlassen, nur die Fahrer, die Männer der Außenposten und einige Wissenschaftler, die mit Untersuchungen des Tundrabodens beschäftigt sind. Sonst kann alles im Hauptgebäude erledigt werden.

---

* Während des Baubooms befanden sich 5000 an der North Slope. Während meines Besuchs waren es insgesamt noch 200, und davon wurden seitdem weitere 60 Mann abgezogen.

»Wir nennen das *capsule living*«, sagt mir der Arzt des Hauses, »ein neues Wort, das für diesen Zustand geprägt wurde. Also ein Leben in der Kapsel, eine Existenz ähnlich wie im getauchten Unterseeboot. Es ist unter den gegebenen Umständen die einzige Möglichkeit, aber nicht die beste für lange Dauer. Das ist auch der Grund oder einer der Gründe, weshalb wir alle nach sieben Tagen eine Woche in Fairbanks oder Anchorage verbringen. Wäre man ständig in dieser großen Kapsel, würden sich psychische und physische Störungen einstellen. Der normale Mensch braucht wechselndes Wetter, den Wind, die Kälte, Sonne, Regen und weit geöffnete Fenster. Ich kenne Leute, die sich freiwillig drei und sogar vier Jahre in Radarstationen aufhielten. Das sind auch solche Kapseln an der Polarküste, wo praktisch überhaupt kein Außendienst notwendig ist. Dort haben sich die Männer so an das *capsule living* gewöhnt, daß sie auch während ihrer Freizeit keinen Fuß vor die Tür setzen. Es bekommt ihnen gar nicht gut, das können Sie mir glauben. Diese neuzeitlichen Höhlenbewohner haben bleiche Käsegesichter, sie schlürfen wie Nachtwandler durch die Gänge, und mancher fängt an zu spinnen.«

Ich hatte es selbst gesehen, an der Cold Bay, bei Point Hope und in Clyde Harbour auf Baffinland. Alle Leute in leichter Kleidung, ohne Jacke und mit offenem Hemd. Von dem Land, in dem sie lebten, hatte keiner auch nur die geringste Ahnung. Eine Wanderung durch die Wildnis, das Besteigen eines nahe gelegenen Gipfels, das Beobachten der Tiere oder sonst ein Zeitvertreib draußen in der Natur kam nicht in Frage. Ein Junggeselle bildete sich ein, daß er Frau und Kinder habe, denen er liebevolle Briefe schrieb. Ein anderer spielte stundenlang Klavier auf der Tischplatte, wie einst der

Blockhütte eines Trappers an der Waldgrenze. Rechts die sogenannte »Cache« auf Pfählen. Die Cache ist gegen das Eindringen von Tieren geschützt und steht abseits, um Proviant und Waffen bei einem etwaigen Hüttenbrand zu sichern.

Durch Flugzeuge hat die kanadische Regierung auf dieser Insel im Contvoyto-See kleine Fertighäuser bringen lassen, um die letzten Nomaden der Tundra, die sogenannten »Karibufresser«, an ein festes Winterlager zu gewöhnen und sie damit für soziale Hilfsaktionen erreichbar zu machen.

taubgewordene Beethoven, und ein dritter glaubte ans Ende des Universums, schon in der nächsten Woche. Doch sie erfüllten aus alter Gewohnheit gewissenhaft ihre Pflichten. Dennoch mußte man diese Leute in ihrem eigenen Interesse so bald wie möglich fortschikken.

»Für Menschen, die viel im Freien zu tun haben«, meint der Doktor, »ist die Region am Polarkreis eine kerngesunde Gegend. Die Trapper, die Jäger und die Waldläufer haben fast alle ein hohes Alter erreicht. Solche Oldtimer sehen um mindestens zehn Jahre jünger aus, aber die Kapseltypen um ebenso viele Jahre älter.«

Einen Vorteil hat die Kapsel ganz bestimmt, ihre Bewohner sind keine Gefahr für den Fortbestand des Tierlebens. Sie stören die Umwelt nicht, sondern schließen sich von ihr ab.

Etwa 60 Kilometer Straße haben die Ölgesellschaften als Verbindung zu ihren Depots, den Bohrtürmen, den verschlossenen Ölquellen und zu den Docks am flachen Strand über die Tundra gelegt. Man gibt mir die Gelegenheit, alle Strecken abzufahren. Leider ist die Sicht wegen des Nebels auf 100 bis 200 Meter begrenzt. Einer der Ingenieure steuert den Wagen und gibt Erklärungen. Vieles, was er sagt, ist verlorene Mühe, weil mir die einfachsten technischen Kenntnisse fehlen. Wir rollen zuerst an den Sagavanirktok River, aus dem alles Wasser für den Betrieb der Anlagen entnommen wird. Er ist schon jetzt im September steinhart gefroren, und so muß man erst das Eis auftauen. Dazu dienen besondere, mit Öl angetriebene Maschinen in einer dampfenden Halle. Der breite Fluß ist gar nicht zu sehen, weil die verschneite und verwehte Landschaft keine Konturen erkennen läßt. Bill Baxter muß mir erst die Ufer zeigen. Das gleiche an der Küste, wo Land und Meer eine überganglose Gemeinschaft vortäuschen. Nur Schiffe mit sehr geringem Tiefgang können während des kurz bemessenen Sommers nahe der Küste ankern. Ein großer Frachter oder gar Riesentanker von 250000 Tonnen, wie sie jetzt gebaut werden, müßte einen etwa 60 Kilometer weiten Abstand halten. Man will deshalb eine Fahrrinne ausbaggern

Indianersommer . . .

und denkt an eine Pipeline bis zu den möglichen Ankerplätzen. Es wäre ein Bau von der Größenordnung des Suezkanals mit entsprechend hohen Kosten.

Der Hafen, wenn man ihn so nennen darf, besteht nur aus hochgeschütteten Dämmen, die eine ausgebaggerte Bucht umschließen. Das ist der sturmgeschützte Liegeplatz für die breiten, aber flachen Barken aus Stahl. Den weiten Weg von der Westküste, durch die Beringstraße und das Polarmeer legen sie nicht aus eigener Kraft zurück, sondern im Schlepptau anderer und viel stärkerer Schiffe. Die müssen aber dann weit draußen bleiben, während die Barken von flachgehenden Spezialbooten in die Bucht gezogen werden. Doch es gibt auch Barken mit eigenem Antrieb, der aber nur für Fahrten in küstennahen Gewässern dient.

Ungefähr ein Dutzend dieser Riesenkähne liegt jetzt im Hafen. Es ist niemand an Bord und Bewachung nicht nötig, weil es hier keine Leute gibt, die vielleicht etwas stehlen. Nur die Polarfüchse begeben sich unerlaubt an Bord der Schiffe, wohl in der Hoffnung, Reste von Lebensmitteln der Besatzung zu finden. Ihre feinen Nasen weisen ihnen den Weg, und vermutlich haben sie manches Mal auch Erfolg. Ihre Spuren laufen kreuz und quer über die verschneiten Decks. Sie müssen an den Haltetauen oder Ankerketten hinaufgekommen sein.

Röhren für die Pipeline sind zu zehn übereinander gestapelt in etwa zwanzig Reihen, jede einen halben Kilometer lang. Ein ruhendes Kapital von hundert Millionen Dollar und noch viel mehr, das Tag für Tag seine Zinsen kostet. Die Bohrung Bay State Nr. 1, jene entscheidende Stelle, wo das »Gottesgeschenk« zuerst entdeckt wurde, sieht an der Oberfläche nach gar nichts aus. Nur ein Ding, nach der Art von Hydranten, ragt etwa zwei Meter hoch aus dem Boden. Ein gewöhnliches Vorhängeschloß ist die Sicherung gegen unbefugte Spielerei mit der Quelle riesigen Reichtums. Eine Bronzeplatte nennt Tag und Jahr der damaligen Sensation. Binnen wenigen Minuten könnte die Fontäne brennbarer Flüssigkeit wieder emporsteigen. Aber es gibt ja vorläufig keine Möglichkeit, sie mit Nutzen und Gewinn zu verwenden.

Wir rollen über das festgefrorene Schneefeld zum nächsten

Barackenlager, aus dessen Mitte eine etwas kleinere Ausgabe des Eiffelturms emporsteigt. Männer in dickwattierten Overalls, die Plastikhelme auf dem Kopf, empfangen uns mit breitem Grinsen. Auf enger Stahltreppe steigen wir zu einer Plattform auf halber Höhe. Hier sitzt der Bohrmeister vor einem Armaturenbrett, auf dem zwölf bis zwanzig Zeiger vibrieren. Er dreht Kurbeln, hantiert mit Hebeln und läßt wissen, daß der Bohrer soeben 3 200 Meter Tiefe erreicht hat. Er glaubt mit Gewißheit, schon bald auf Öl zu stoßen. Man weiß ja so ungefähr, in welcher Tiefe es zu finden ist.

Der Mann wird stündlich abgelöst, denn seine Arbeit erfordert höchste Konzentration. Noch sechs oder sieben andere Ölmänner sind mit der Bohrung beschäftigt. Ihnen steht in dem lärmenden, zitternden Turm ein mehr als gut geheizter Raum zur Verfügung. Darin summt eine Kaffeemaschine und dröhnt ein Radio mit voller Lautstärke. Die Leute leben nicht im Hauptquartier, sondern drunten in den Blechbaracken. Von innen machen die Behausungen einen viel besseren Eindruck als von draußen. Man glaubt in einem Schiff zu sein, denn nicht größer als Schiffskabinen sind die Räume. Die Männer sagen, sie fühlten sich wohl und würden nichts vermissen. Auch sie arbeiten 82 Stunden in der Woche und haben danach sieben Tage Urlaub. Ihr Monatslohn übertrifft das Gehalt eines bundesdeutschen Generals oder Staatssekretärs.

Das wäre gewiß gut angelegt, wenn nur das Öl die North Slope verlassen könnte. Aber wir sehen nun Baumaterial, das, von Plastikplanen geschützt, schon seit Jahren auf seine Verwendung wartet. Die Stapel sind so hoch wie Häuserblocks, man fährt auf Straßen zwischen ihnen hindurch. Viele Dutzend schwerer Lkws mit Sechsradantrieb, ausgerichtet wie auf einem Kasernenhof, stehen arbeitslos in der Tundra. Bagger und Bulldozer, motorisierte Kräne, zerlegte Fördertürme und Bohrmaschinen leisten ihnen Gesellschaft.

Aber dort bewegt sich eine Kolonne, wenn auch nur mit Schrittgeschwindigkeit. Vorne eine riesige Zugmaschine auf Raupenketten und dahinter sechs Kastenwagen, jeder etwa so groß wie ein Wochenendhaus. Eine geologische Expedition auf dem Weg zu ihrem Arbeitsgebiet am Nordrand der Brooksberge. Das Ganze ist eine selbständige Gemeinschaft, die monatelang in der weißen

Wildnis bleibt. Man hat alles an Bord, die Küche, die Bäder, die Schlafräume, den Wohnraum und natürlich Arbeitsräume mit den notwendigen Apparaturen. Eigene Funkstation, eigene Stromversorgung und eine komplette mechanische Werkstatt.

»Der Zug fährt in eine Erdbebenzone«, sagt mein Begleiter, »es geht um seismographische Messungen wegen der Pipeline. Sie wissen ja, was alles davon abhängt!«

Wie sehr man nun bemüht ist, den Umweltschutz zu aktivieren, das beweist unter anderem die botanische Versuchsanstalt. Zur Zeit sieht man von ihrem Wirken etwa hundert Schilder auf Stangen. In sechs Reihen, jede etwa einen viertel Kilometer lang, wurden sie aufgestellt. Unter dem Schnee liegen die Beete mit Gras, Kräutern und Moospflanzen. Die Schilder darüber bezeichnen die verschiedenen Arten und Sorten mit ihrem lateinischen Namen. Auf möglichst rasches Wachstum kommt es an, um wieder mit Vegetation zu bedecken, was im Verlauf der Arbeiten an Pflanzenwuchs verlorenging. Man probiert alles aus, was nur einigermaßen Erfolg verspricht. Aus der gesamten nördlichen Welt, wo vergleichbares Klima herrscht, hat man Samen herbeigeschafft und versucht auch, neue Sorten zu entwickeln. So ist zu hoffen, daß die Verletzungen der Natur schon nach wenigen Jahren heilen statt erst nach Jahrzehnten.

Nirgends sieht man Abfall wie leere Öltonnen, zerschlagene Kisten, Schrotthaufen, Autowracks oder weggeworfene Konservendosen. Die Ölfelder und ihre Umgebung sind absolut sauber geblieben. Was man nicht an Ort und Stelle restlos vernichten kann, wird zerkleinert, in Flugzeuge gepackt und fortgeschafft. Ich habe selbst die Anlage gesehen, worin die menschlichen Exkremente zu grauem, geruchlosem Pulver verarbeitet werden. Aber auch das bleibt nicht an der North Slope. In Plastiksäcke gefüllt verschwindet das Zeug auf dem Luftweg.

Mit besonderem Stolz werden mir Aufnahmen einer Karibuherde gezeigt, die ruhig und gelassen am Hauptquartier der *ARCO* vorbeizieht. Was auf der Tundra von Menschenhand errichtet wurde, scheint kein Tier zu stören. Die Herden haben schon nach wenigen Jahren erkannt, daß diese Anlagen keinerlei Gefahr für sie bedeuten.

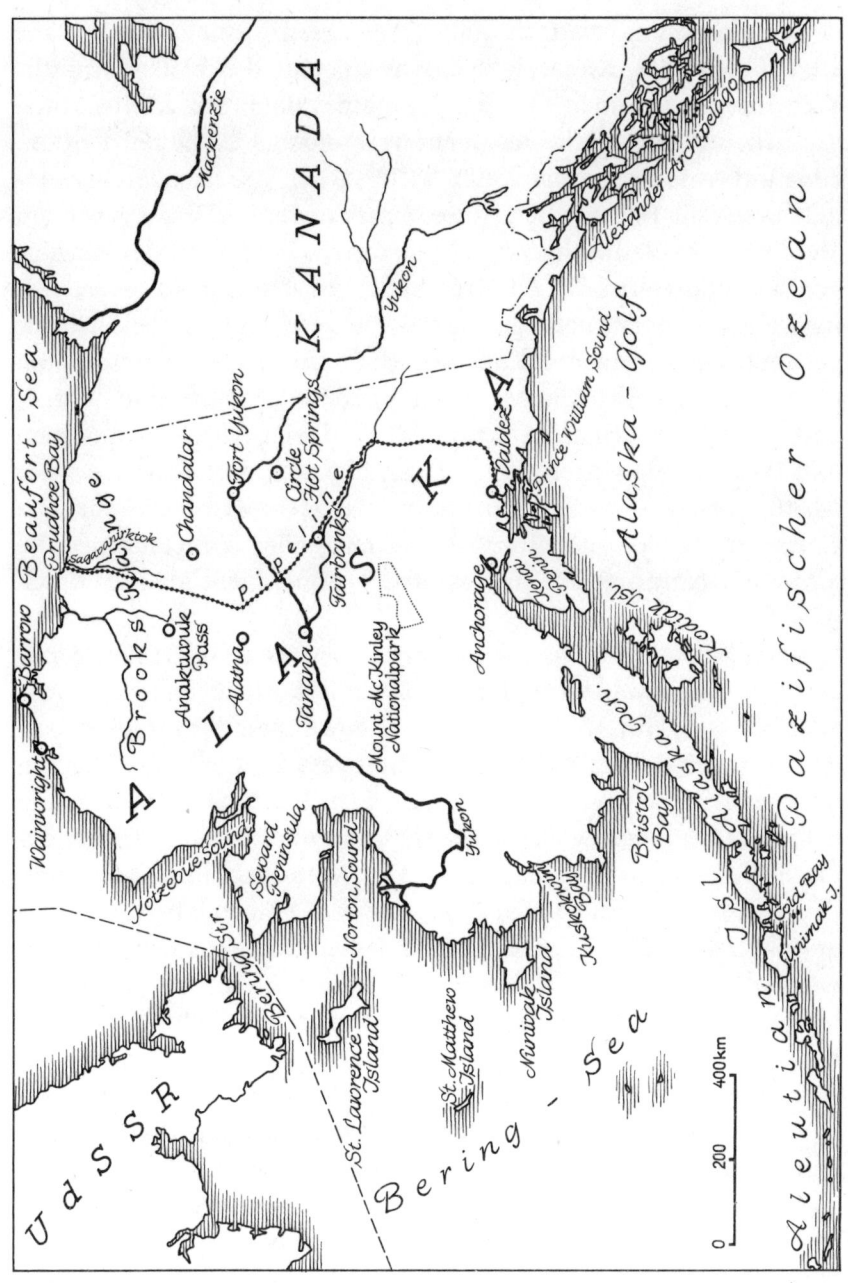

Alaska

Die Umwelt zu schützen und zu bewahren ist meines Erachtens ein Problem, das sich lösen läßt. Aus eigenen, durchaus geschäftlichen Interessen geben sich die Companies dafür die größte Mühe und scheuen auch nicht die damit verbunden sehr hohen Kosten. Eine Industrie im Aufbau kann die Ursachen von Schäden vermeiden, bevor die Folgen allen Augen sichtbar werden. Es ist gewiß ein Verdienst der Naturschutzverbände, daß sie beizeiten Alarm schlugen und den Herrn des Öls eine Salve vor den Bug schossen. Hat man doch gesehen, und ich selber habe gesehen, wie rücksichtslos gegenüber der Umwelt die Suche nach Öl und die Bohrversuche im nordwestlichen Kanada betrieben wurden. Schmutz und Abfall, verbotene Jagd auch in der Schonzeit, Saufgelage mit Eingeborenen und Waldbrände wegen nachlässigen Umgangs mit Feuer. An der North Slope und an der Pipeline ist das nicht zu befürchten. Die Companies wollen und müssen auch künftig alles vermeiden, was die Kritik der Naturfreunde herausfordert. Sonst fließt kein Öl durch Alaska.

Beim Abendessen im Hauptquartier der *ARCO* sitzt neben mir ein Mann von etwa sechzig Jahren. Doch sein Aussehen täuscht, wie er selber sagt. Harald Eide, geborener Norweger, hat vor 76 Jahren das Licht der Welt erblickt. Er ist Ehrengast der Company, die ihm Gelegenheit geben wollte, das Land an der North Slope nach einem halben Jahrhundert wiederzusehen, und zwar auf sehr viel bequemere Weise als in damaliger Zeit. Der wettergebräunte Mann mit den wasserblauen Augen hat sich ein gutes Gedächtnis bewahrt. Was er beiläufig erzählt, hört sich an wie Geschichten aus fernster Vergangenheit, doch es sind Erlebnisse aus seiner eigenen Jugend. Er hat Amundsen, den berühmten Entdecker des Südpols und der Nordwestpassage, noch persönlich gekannt. Als Trapper und Goldsucher war Harald Eide schon 1915 nach Alaska gekommen.

»Da bin ich von Valdez nach Fairbanks zu Fuß gelaufen und hab' den weiten Weg in drei Monaten geschafft. Die Leute haben geglaubt, ich wär' mit Siebenmeilenstiefeln ausgerüstet. Wie's damals aussah in Fairbanks, kann sich heute kaum noch einer vorstellen. Nur Blockhütten, Kneipen und Kramläden. Das Goldfieber hielt die Menschen noch gepackt, doch schon bald war's damit vorbei.«

Eide war dann als Trapper in die Brooks gezogen und hatte drei Jahre ganz allein in dem wilden Bergland gelebt. Mit seinem Schlittengespann erreichte er bei klirrender Kälte schließlich die North Slope. Hier an der Prudhoe Bay hatte er sich aus Treibholz eine Hütte gebaut und entlang der Küste seine ›Trapline‹ ausgelegt.

»Fast hundert Polarfüchse hab' ich hier in einem Winter gefangen, aber von Menschen war keine Spur zu sehen. Hätte mir damals jemand gesagt, daß ich über ein großes Meer von unterirdischem Öl laufe, dieser Mann wäre in meinen Augen verrückt gewesen. Mir waren jedenfalls die Weißfüchse zehnmal lieber, denn in jenen Jahren wurden die Pelze sehr viel höher bezahlt als heute. Ein paar Wochen vor der Schneeschmelze hab' ich meinen Schlitten vollgepackt und bin nach Point Barrow gefahren. Der alte Brower . . . Sie wissen ja, er hat diesen Handelsposten gegründet und die Eskimo hingezogen . . . also der geschäftstüchtige Charly Brower hat mir die Pelze abgekauft, und ich bin über den Sommer bei ihm geblieben. Es ist sehr freundlich von der *ARCO*, daß die Maschine morgen wegen mir einen Umweg über Point Barrow macht.«

Ich frage, wie lange er mit seinen Schlittenhunden von der Prudhoe bis nach Barrow gebraucht hat.

»Gar nicht lange, denn meine Huskies waren in bester Verfassung. Sie liefen so rasch wie noch nie. Zwanzig Tage sind's gewesen und keiner mehr.«

Er flog mit uns am nächsten Tag über die gleiche Strecke in 20 Minuten.

Indianersommer

Indianersommer nennt man den Herbst in Alaska. Damit ist keine bestimmte Zeit des Jahres gemeint, sondern ein Zustand der Natur. Bei klarem Himmel sind die Tage noch warm. Aber der Winter streckt seine Fühler aus, sobald die Sonne versinkt. Das Laub hat sich verfärbt, der Wald verströmt herben, würzigen Duft. Die wilden Enten, Gänse und Schwäne sind nach Süden abgestrichen. Mit dem ersten Frost in einer Nacht hat die Plage der Moskito ihr Ende gefunden.

Der Indianersommer ist die schönste Zeit im Norden. Die Wildnis strahlt in einer Farbenpracht, die man sich bei uns nicht vorstellen kann. Jedes Blatt an Baum und Strauch, jeder Halm und jedes Bodenkraut haben sich auf wunderbare Weise gefärbt. Vom glühenden Rot der Eberesche bis zum dunklen Violett im Schilfgras ist jede nur denkbare Schattierung vertreten. Im reinsten Weiß schimmert das Wollgras, hellgelbe Glöckchen schwingen an der Schneeheide. Noch blühen die Weidenröschen, noch sind die Berghänge von dunkelroten Moosbeeren bedeckt. Hellblaue Vergißmeinnicht betupfen den Waldrand, silbergraue Flechten überziehen das Gestein. Golden glänzende Nadeln rieseln von den Lärchen. Der Waldboden ist ein bunter Teppich und federt bei jedem Schritt des Wanderers.

Der Indianersommer kann schon Ende August beginnen oder erst um die Mitte des September. Das ist von Jahr zu Jahr verschieden.

Alle Tümpel und Teiche in der Tundra sind schon bis auf den Grund zu Eis erstarrt, während im Südosten Alaskas noch die blauen Blumen blühen. Lachse in unvorstellbarer Menge steigen die Flüsse hinauf zu ihren Laichplätzen, wo sie die Fortpflanzung besorgen und gleich danach sterben. Nahrung ist für jedes Tier in Hülle und Fülle vorhanden. Das Fell der Bären glänzt, ihr Körper ist rund von all dem Fett, das sie im Winter wärmen wird. Rote, gelbe und schwarze Beeren, süß und saftig, werden jetzt allenthalben angeboten. An manchen Berghängen gedeihen die Blaubeeren so dicht, daß jeder Schritt ein paar Dutzend zerquetscht. Alle Tiere des Waldes und der Berge, die Vorräte anlegen, sind nun eifrig beim Sammeln. Es ist die Zeit der großen Ernte.

Es ist auch die Zeit der hohen Jagd. Die Karibu ziehen aus der sturmgepeitschten Tundra zurück in den Schutz der Wälder. Elchbullen mit gewaltigen Schaufelgeweihen suchen die Gesellschaft der Kühe. Braune und schwarze Bären fischen Lachse in den Flüssen oder durchkämmen mit ihren Tatzen die Beerenkräuter. Schneeweiße Bergschafe klettern die Felshänge hinauf, Timberwölfe suchen Beute auf schleichender Jagd. Der Vielfraß folgt einer verlockenden Spur, fleißige Biber bauen an ihren Burgen.

Wer hat schon vom Sythelemenkat gehört, wer kennt einen See dieses Namens? Es würde mich wundern, auf diese Frage auch nur eine Antwort zu erhalten. Denn es sind, soviel ich weiß, bisher keine Fremden dort gewesen. Zwar ist der kreisrunde See auf den Karten eingezeichnet, aber nur als einer von sehr vielen Seen im gleichen Gebiet und ohne Nennung des Namens. Ein so schwieriges Wort der Athabaska-Indianer würde man auch gleich wieder vergessen.

Dreimal muß die Maschine von Fairbanks fliegen, um nur die Ausrüstung und den Proviant für das Jagdlager hinzubringen. Wir starten zum letzten Flug mit der viersitzigen Cessna, nehmen Kurs direkt nach Norden, bleiben etwa 70 Minuten in der Luft und überfliegen dabei den Yukon. Der Sythelemenkat-See liegt vor dem langen Hochgebirge der Brooks Range und schon im Bereich seiner Ausläufer. Wälder und Sümpfe, Buschsteppe und Hochmoore folgen einander in ständigem Wechsel. Kahle Bergrücken und dunkle Täler, ein Labyrinth von unzähligen Seen, Flüssen und Bächen.

Ein Flugzeug mit Rädern könnte nirgendwo landen. Aber unsere Maschine hat Schwimmer. Für sie ist jede ausreichend große Wasserfläche eine Gleitbahn. Bernd ist ein vorsichtiger Mann und kennt die Gefahren von Treibholz. Er schwebt zweimal dicht über den See dahin, um ganz sicher zu sein, daß er mit den empfindlichen Schwimmern kein Hindernis berührt. Alte Baumstämme treiben oft unter Wasser und sind aus der Luft kaum zu erkennen. Aber schon ein fingerlanger Ast kann genügen, um das Aluminium meterweit aufzuschlitzen. Die Maschine würde sofort umkippen, mit Wasser vollaufen und versinken. Ob man noch selbst hinauskommt, ist nicht gesagt, und es wäre keine sichere Rettung. Man müßte erst durch eiskaltes Wasser schwimmen, das Ufer erreichen und hätte ohne Ausrüstung nur eine geringe Chance des Überlebens.

Die Schwimmer setzen auf, springen wieder hoch, tauchen tiefer ein und ziehen lange Schweife von Spritzwasser hinter sich her. Schwankend und schaukelnd tuckern wir dem sandigen Strand entgegen. Da steht schon Timothy, der Halbindianer, zum Empfang bereit. Er packt den Haken am Bug eines Schwimmers, hat rasch den Nylonstrick daran befestigt und zieht aus Leibeskräften. Der Motor wird abgestellt, nur ein paarmal dreht sich noch der Propeller und bleibt dann stehen.

»Erst die Pferde und dann den Mann«, wurde früher jedem Rekruten der Kavallerie eingetrichtert. Hier gilt dasselbe für die Maschine. Alles Gepäck bleibt vorläufig darin. So behutsam wie möglich, um keine Kratzspur der Stiefel zu hinterlassen, bewegen wir uns über die aalglatten Schwimmer ans feste Ufer. Dann hauruck... hauruck... hauruck, etwa zwanzigmal, bis der Vogel so hoch auf dem Strand liegt, daß ihn auch starker Wogenschwall nicht mehr abtreiben kann.

Das Jagdlager am Sythelemenkat soll drei Personen aufnehmen, für eine vorläufig noch unbestimmte Zeit. Da ist erstens Bernd Gaedeke, 33 Jahre alt, geborener Deutscher, aber nach dem Krieg mit seinen Eltern in die USA ausgewandert. Er hat in Fairbanks, an der Universität von Alaska, sein Studium der Biologie abgeschlossen und war dann mehrere Jahre sogenannter ›Smokejumper‹. Wörtlich übersetzt heißt das ›Rauchspringer‹ und bedeutet einen lebensgefährlichen Nebenberuf. Mutige Männer dieser Art werden bei Waldbränden mit dem Fallschirm abgesetzt. Sie landen so dicht bei der Feuerlinie wie gerade noch möglich und bekämpfen den Brand mit chemischen Mitteln. Ein gutbezahlter Job, doch mit sehr hohem Risiko. Bei plötzlich umschlagendem Wind kann es sein, daß die ›Smokejumper‹ um ihr Leben laufen. Es bestehen auch oft sehr große Schwierigkeiten, sie mit Hubschraubern wieder abzuholen. Bernd hat 88 Absprünge hinter sich und war während der letzten Jahre sogar Chef der »Roten Engel vom Yukon«. Nun hat er sein hübsches Holzhaus in College bei Fairbanks, das eigene Flugzeug und die komplette Ausrüstung für mehrere Jagdlager in der weiten Wildnis. Bernd Gaedeke ist unter den amtlich zugelassenen Jagdführern nicht nur einer von den besten, vielleicht der beste überhaupt. Er hat uns mehrmals in München besucht, und so manche Woche haben wir in meinem Tiroler Jagdrevier gemeinsam verbracht.

Timothy ist sein Gehilfe, ebenfalls Jagdführer mit amtlicher Genehmigung und ein Waldläufer von nie erlahmender Ausdauer. Sein Vater war Trapper am Porcupine River und die Mutter eine Indianersquaw aus der gleichen Gegend. Tim, ein Mann von Ende zwanzig, wirkt wegen seines schwarzen Stoppelbartes bedeutend älter, als er wirklich ist.

Ich bin zum siebenten Mal in Alaska, die kürzeren Besuche mitgezählt. Beim zweiten Aufenthalt, im Sommer und Herbst 1962, blieb ich volle vier Monate und konnte mit weit mehr Glück als Verstand von jedem jagdbaren Tier ein bemerkenswert starkes Exemplar erlegen*.

Bernd will am Sythelemenkat eine winterfeste Blockhütte bauen. Er hat schon zwei Hütten auf eigenem Grund droben in den Brooks-

---

* Davon berichtet mein Buch »Bezaubernde Wildnis« im Cotta-Verlag, im Bertelsmann Lesering, der Europäischen Bildungsgemeinschaft usw. Weitere Alaskabücher aus meiner Feder sind der auf einigen Tatsachen beruhende Roman »Alatna, Duell in der Wildnis« (Bertelsmann Verlag) und die Lebensgeschichte des ersten russischen Gouverneurs, Alexander Baranow, unter dem Titel »In Alaska bin ich Zar«. Mein Buch »Überlistete Wildnis« schildert das Leben und Überleben in freier Natur, ist aber nicht allein auf den hohen Norden beschränkt.

bergen. Sie befinden sich an tageweit auseinanderliegenden Stellen. Aber der dort schon früh beginnende Winter erlaubt die Jagd nur bis bestenfalls Ende September. Später ist das Wassern mit Schwimmern so hoch im Norden nicht mehr möglich. Der Sythelemenkat bleibt jedoch frei von Eis bis etwa Mitte Oktober. Elche mit starken Schaufeln sind relativ häufig, Karibu durchziehen die Wälder am See, und die Fährten von Grizzlies sind nicht zu übersehen.

Wir sind gekommen, die jagdlichen Verhältnisse genauer zu prüfen. Das sind die Gewohnheiten des Wildes, die Wechsel zwischen den Einständen, Äsungsflächen und Tränken. Wo begegnen sich Bullen und Kühe während der Paarungszeit? Werden Brunftgruben angelegt, wandern die Elche nur durch, oder bleiben sie als Standwild in der Umgebung? Gibt es Wölfe in den Wäldern, Schneehühner auf den Hochmooren und welche Fischarten im See? Davon wird es abhängen, ob Bernd die geplante Hütte baut und Jagdgäste für jeweils zehn bis vierzehn Tage einfliegt.

Wir schleppen das Gepäck, die Kisten und Segeltuchsäcke, am Hang hinauf, um sie erst einmal dort zu deponieren. Den großen, weiten See umgibt ein natürlicher Damm. Die Wellen und der Eisdruck haben ihn langsam, aber sicher im Verlauf von vielen Jahrtausenden aufgeschüttet. Droben auf dem flachen, festen Damm mit dem weiten Blick hätte ich mein Zelt hingestellt. Aber es wäre ein unentschuldbarer Fehler gewesen. Wie mir Bernd versichert, hält kein Zelt den Stürmen stand, die gelegentlich über dem See toben und alles vom Damm herunterreißen, was nicht fest mit dem Boden verwurzelt ist. Als Mann mit Erfahrung hat er etwas weiter hinten einen Platz gewählt. Er liegt windgeschützt vor dem Rand des Urwaldes, und ein murmelnder Bach führt direkt am Lager vorbei.

Timothy hat das große Zelt schon aufgeschlagen. Es besteht aus baumstarken Stützen und einer Firststange von vier Metern Länge. Der Wald und die Axt liefern dafür das Material. Mit wasserdichtem Stoff von ungewöhnlicher Stärke wird das Gerüst bespannt. Etwa 20 Pflöcke stoßen wir in den Boden, um das Zeltgebäude möglichst fest zu verankern. Die bei weitem wichtigste Einrichtung ist der ›Yukonofen‹. So nennen die Trapper des Nordlandes jene eisernen Öfen ganz verschiedener Form, die gleichermaßen als Herd und

Heizung dienen. Der Transport ist relativ einfach, denn man kann die vier Beine abschrauben. Das Ofenrohr läßt sich zusammenschieben und wird, zusammen mit den Beinen, im Feuerloch des Ofens untergebracht. Er wiegt mit allem notwendigen Zubehör nicht mehr als ungefähr zehn Kilo. Ein Schlitz im Zeltdach ist die Passage für das Ofenrohr von drinnen nach draußen. Asbestscheiben und Blechplatten verhindern das Eindringen von Regenwasser und Brandflecken im Zeltstoff. Der Yukonofen ist ein Allesfresser. Er verschlingt armlange Holzscheite, Kohlen jeder Art, große Torfstücke, Moos, Gras, Schilf, alte Putzlumpen und den größten Teil der Abfälle im Lager. Kochkessel und Bratpfanne können gleichzeitig auf der Eisenplatte stehen.

Wer den Yukonofen nicht kennt, wird kaum für möglich halten, wie rasch er auch bei tiefsten Außentemperaturen ein Zelt erwärmt, und wie bald schon die Steaks in der Pfanne brutzeln. Am Mystery Lake vor sechs Jahren war es während der Nacht so bullenheiß in unserem Zelt, daß ich aus dem Schlafsack kroch und mir noch die Pyjamajacke auszog. Als ich zu mitternächtlicher Stunde nach dem Wetter schaute, wie man so sagt, war unser Trinkwasser draußen zum Eisblock geworden. Natürlich verbrauchen die Ykonöfen eine Unmenge von Brennstoff. Aber wenn man sie abends noch einmal mit klobigen Scheiten füllt, bleibt die Glut bis zum Morgen erhalten. Vorräte an Feuerholz anzulegen, war die wichtigste Aufgabe für Timothy gewesen. Deswegen hatte ihn Bernd schon ein paar Tage zuvor an den See gebracht. Nun lag hier ein Stapel geschlagenen Fichtenholzes für mindestens drei Wochen bereit.

Baumstümpfe, die auch dem schwersten Hintern genügend Platz boten, waren die Sitze im Zelt. Ein paar Bretter, aus Fairbanks herbeigeflogen, bildeten die Tischplatte, und die ruhte auf sechs armdicken Ästen. Mit leichten Klappmöbeln, wie man sie bei uns fürs Camping verwendet, wäre einem Jagdlager in der rauhen Wildnis nicht gedient. Dort muß man auf Tisch oder Stuhl zentnerschwere Keulen vom Elch zerwirken und die stärksten Knochen zerhacken. Waffen werden gereinigt, Kessel geschrubbt und Felle geschabt. Von gepflegter Wohnkultur in unserem Zelt kann daher keine Rede sein.

Die Luftmatratzen der Bewohner liegen auf einer halbmeterhohen Schüttung aus elastisch federnden Fichtenzweigen. Darauf eine Pelzdecke und darüber der Schlafsack. Eine Pressionslampe und notfalls auch Kerzen sorgen für die Beleuchtung. Wer es nicht selbst erlebt hat, wird kaum übersehen, was sonst noch zu einem vollständigen Jagdlager gehört: Kisten mit Konserven, große Pakete mit Reis, Erbsen, Mehl, Bohnen, Milchpulver, Eier, Zucker, Salz und Gewürze. Man braucht Speck, viel Trockenobst und Fruchtsäfte, Kaffee, Tee und Kakao, natürlich auch Schinken, Hartwurst und Knäckebrot in rauhen Mengen. Streichhölzer nicht vergessen und Wetzsteine für die Messer. Unzerbrechliches Geschirr, alle notwendigen Dinge für den Abwasch wie Topfkratzer und Putzlumpen dürfen nicht fehlen. Äxte, Schaufeln, Sägen und Spaten sind notwendige Gebrauchsartikel. An Waffen, Munition und Ferngläser, Angelhaken, Fischnetze denken Trapper und Jäger in erster Linie. Rucksäcke und Packboards für schwere Lasten, Wolldecken, Gummistiefel, Verbandzeug und Medikamente für alle nur denkbaren Notfälle. Taschenlampen, Stablampen und Leuchtpistolen. Lesematerial für verregnete Tage, doppelt und dreifache Kleidung für jeden Mann. Das eigene Waschzeug und Wollsocken zum Wechseln. Kameras, Filme, Fernobjektive, Belichtungsmesser, Kompaß und Karten. Davon kann der moderne Wanderer in der Wildnis nichts entbehren. Er braucht dazu Mittel gegen Mücken und Sonnenbrand, ebenso Schneebrillen, Ersatzbrillen, Schreibzeug, Nähzeug. Alkoholische Getränke würde man gegen Abend sehr vermissen, auch Pfeife, Tabak und Zigaretten für Raucher, die es nicht lassen können. Wenn die Stiefelsohle abfällt, muß man sie selbst wieder festnageln oder aufkleben. Eine komplette Liste der notwendigen Sachen füllt drei eng beschriebene Seiten. Nicht alles davon ist absolut zwingend, aber es könnte dringend gebraucht werden. Wenn bei gegebenem Anlaß dies oder jenes fehlt, scheitert womöglich das ganze Unternehmen.

Alle diese Sachen der verschiedensten Art muß man irgendwo im Zelt verstauen. Nichts darf die Bewegungsfreiheit der Bewohner stören. Aber sie sollen ohne langes Suchen immer finden, was man gerade verwenden möchte. Zur übersichtlichen Aufbewahrung dienen Gestelle aus armdicken Ästen sowie Schnüre, Beutel und Haken, die von der Firststange hängen. Draußen darf nichts bleiben, was ein Nagetier interessieren könnte. Glitzernde Gegenstände werden von Rabenvögeln abtransportiert. Füchse schleppen die Stiefel weg, und Bären zerbeißen auch Konserven.

Ich habe mein eigenes Zelt für mich, aber nur, um darin zu schlafen. Der Platz reicht gerade für die Luftmatratze, den Schlafsack und meine ganz persönlichen Sachen. Ich kann in dem Minizelt nur sitzen, liegen und lesen. Eine Heizung gibt es nicht. Der Aufenthaltsraum ist das große Zelt, in dem Bernd und Timothy auch die Nacht verbringen. Dort wird gekocht, gegessen, gewaschen, geredet, und dort sitzen wir an den Abenden noch lange zusammen.

»Was ich gerne wissen möchte . . .«, sagt Bernd und schiebt noch ein paar Scheite in den Ofen, »es würde mich interessieren, ob man's an einem Tag schafft, rings um den See zu laufen.«

Das ist meines Erachtens keine Frage. Man läuft ja auf dem Damm so bequem wie auf einer Promenade für erholungsbedürftige Kurgäste. Wenn wir bei aufgehender Sonne abmarschieren, sind wir bestimmt am frühen Nachmittag wieder im Camp.

»Ist aber nicht gesagt, daß der Damm so bleibt«, gibt Bernd zu bedenken. »Ich kenne ihn nur auf unserer Seite. Mit dem Abschätzen von Entfernungen nach Augenmaß ist das immer 'ne zweifelhafte Sache. Aber ich muß es wissen, wegen der Führung von Jagdgästen. Ich schlage vor, daß wir's morgen versuchen.«

Bei Bernd hat alles Methode, und jede nur denkbare Möglichkeit wird einkalkuliert. Er stopft Verpflegung für drei Tage in seinen Rucksack, schnallt die Bratpfanne darauf, nimmt Axt und Säge mit, auch eine Zeltbahn, die Leuchtpistole und den Beutel mit »Erster Hilfe bei Unfällen«. Timothy wird gleichfalls schwer beladen, so als hätten wir vor, hundert Meilen weit durch wilde Wälder zu ziehen. Ich trage nur meine Mauser, Fernglas, Kamera und Jagdmesser. Das wird bestimmt genügen.

Der See glänzt im Morgenlicht. Kleine Wellen glucksen ans Ufer, die Luft ist frisch und wird von leichtem Wind bewegt. Wer es nicht besser weiß, könnte glauben, der Damm sei von Menschen und ihren Maschinen aufgeschüttet. Er ist gut zwanzig Meter breit, ungefähr sieben Meter hoch und droben so fest wie ein gebauter Weg. Noch bequemer kann das Gehen gar nicht sein. Bernd marschiert rasch voran, und Timothy bummelt hinterher. Graubraunes Rentiermoos bedeckt den harten Boden. Landeinwärts Steppe, Sumpf und Mohrenköpfe. Das sind Grasbuckel auf einem schwankenden Sockel von Fußballgröße. Dazwischen ist knietiefer Morast. Wenn die Stiefel von einem Mohrenkopf abrutschen, hat man Mühe, sie wieder herauszubekommen. Nur gut, daß wir nicht gezwungen sind, durch solches Gelände zu stapfen. Es wäre eine üble Schinderei.

Im Hintergrund, etwa tausend Schritt vom Ufer entfernt, steigen die Berge an. Bis etwa zur halben Höhe sind die Hänge dicht bewaldet. Danach folgt karges Gestrüpp, weiter oben bemoostes und schließlich kahles Gestein. Entlang dem Ufer ein herrlich buntes Bild. Die weißen Birkenstämme mit goldgelbem Laub, tiefgrüne Schwarzfichten, silberglänzende Pappeln und die herbstlichen Farben der Erlen, Weiden und Schilfgewächse. Vollkommene Stille, absolute Einsamkeit, menschenferne Wildnis ohne Grenzen.

»Wo ist die nächste Siedlung«, frage ich Bernd, »wie lange müßte man bis dorthin marschieren?«

»Chandalar am Chandalar River, aber nicht ständig bewohnt. In der Luftlinie wären's bis dorthin etwa 150 Kilometer. Doch ein Wanderer müßte weite Umwege machen und käme ohne ein Boot nicht über die rasch strömenden Flüsse. Venetie, ein Indianerdorf nahe dem Yukon, wäre besser zu erreichen... in acht bis zehn Tagen könnte man dort sein.«

Aber was müßten moderne Jäger alles mitschleppen, um keine Not zu leiden? Die Waldläufer der alten Zeit brauchten das nicht, denn sie lebten vom Land. Sie fischten und sie jagten, sie schliefen unter einer Zeltbahn neben dem glimmenden Feuer und zählten nicht die Tages ihres Umherstreifens. Sie waren wirklich freie Menschen. Im Tausch gegen Felle und vielleicht auch Goldkörner bekamen sie von den Händlern am Yukon, was unbedingt notwendig war, um wieder in der Einsamkeit zu verschwinden. Oft blieben sie

Ein kapitales Elchgeweih auf starken Schultern (oben).

Die letzten Sonnenstrahlen vor dem Kältesturz in der kommenden Nacht (unten).

ein ganzes Jahr allein, und es gab niemanden, der einen solchen Mann vermißt hätte, wenn er nicht mehr auftauchte. Für Trapper war der Winter die beste Zeit, weil dann die Pelztiere das wärmste Fell trugen. Primitive Blockhütten, allein mit der Axt hergestellt und so eng wie eine Schiffskabine, waren das Standquartier dieser Männer der Wildnis. Darin die selbstgemachte Einrichtung, der rauchende Herd aus Lehmklumpen und eine mit Fellen bedeckte Schlafpritsche. Das Fenster war mit abgeschabten Tierhäuten bespannt.

Mit der bequemen Promenade auf unserem Damm ist es vorbei. Bäume, Büsche und totes Holz versperren den Weg. Wir steigen darüber, wir zwängen uns durch. Dann hinunter ans Wasser, wo huschende Wellen den körnigen Sand bespülen. Da geht man leichter, muß aber oft durch Bäche waten, die sich in den See ergießen. Es folgt eine sumpfige Strecke mit den wackeligen Mohrenköpfen. Man springt von einem zum anderen und bemüht sich dabei, nicht abzurutschen. Bernd und Tim sind wahre Meister dieser Kunst. Ich muß mich erst wieder daran gewöhnen. Oft stecken meine Stiefel bis an den Rand im Morast, und es macht Mühe, sie freizubekommen. Viel besser ist der Waldboden unter Fichten, Tannen und Lärchen. Die Schritte federn auf den abgefallenen Nadeln vieler Jahre. Aber gestürzte Stämme mit sperrigen Ästen liegen kreuz und quer. Man kriecht darunter durch, turnt mit Schwung hinüber oder klettert mit Hilfe der Hände durch die Hindernisse.

Große graubraune Vögel flattern ins Dickicht. Der Halbindianer hebt die Schrotflinte, und kurz hintereinander knallen zwei Schüsse. Tim hat getroffen und kommt mit der Beute zurück. ›Foolhen‹ nennt man diese Waldvögel, entfernte Verwandte unserer Tannenhäher. ›Dumme Hühner‹ wäre dafür die deutsche Übersetzung. Sie flüchten bei erkannter Gefahr nur wenige Meter weit auf einen Ast, wo man sie leicht herunterschießen kann. Geschickte Leute verstehen es sogar, die ›Foolhen‹ mit einem Steinwurf zu töten.

»Zwei sind zu wenig für drei Mann«, sagt Bernd, »wir brauchen noch einen dritten Vogel.«

Friedhof der ersten christlichen Eskimo an der kanadischen Eismeerküste.

Den soll ich vom Baum holen. Das arglose Tier sitzt auf einem niederen Zweig und hat sich auch von den beiden Schüssen nicht stören lassen. Eine Kugel, die für Elche stark genug wäre, trennt den kleinen Kopf vom Körper. Wir heben die Beute auf und marschieren weiter.

Gut drei Stunden sind wir schon unterwegs, da entdeckt Bernd die erste Spur von Menschen. Es sind keine Fährten im feuchten Boden, sondern meterhohe Baumstümpfe, von Axthieben spitz geschlagen. Schon vor vielen Jahren muß das gewesen sein, denn das Holz ist angefault.

»Hier war mal ein Camp der Indianer«, meint Bernd, »sie haben Stangen für ihre Zelte gebraucht. Der weiße Mann schlägt sie dicht über dem Boden ab. Indianer sind dafür zu bequem, sie hauen die Axt etwa meterhoch in den Stamm, und zwar von schräg oben nach unten. Das dauert länger, macht aber die wenigste Mühe.«

Woher die Leute gekommen sind, möchte ich wissen.

»Das kann niemand sagen, vielleicht von einer Siedlung, die nicht mehr besteht. Ich nehme an, sie haben hier gefischt, wahrscheinlich im Winter durch Eislöcher. Die Fische werden von dem einfallenden Licht angelockt, und man hat rasch ein paar Dutzend herausgeholt.«

Es ist Mittag geworden, aber noch nicht einmal die Hälfte des Sees haben wir umwandert. In der Ferne glänzen die schneebedeckten Gipfel der Brooksberge. Sommerlich warm ist die Luft, und der See liegt nun so ruhig wie eine Glasplatte. Das soll Mitte September sein, nördlich vom Yukon in Alaska. Es ist kaum zu glauben.

Wir halten Rast auf einer Sandbank am Ufer. Timothy rupft die Waldhühner. Bernd baut ein Feuernest aus dürren Zweigen und Schnipseln der Birkenrinde. Ich breche abgestorbene Äste von den Schwarzfichten am Waldrand. Das rasche und richtige Feuermachen ist eine Kunst für sich. Als erstes entsteht der winzige, lockere Scheiterhaufen zum Entfachen der fingerlangen Flämmchen. Darüber legt man trockenes Holz von Nadelbäumen. Wenn das richtig brennt und knistert, werden starke Knüppel hinzugefügt. Lodern goldgelbe Flammen empor, füttert man das Feuer nur noch mit armdickem Laubholz. Es brennt nicht so rasch wie Nadelholz, dafür aber sehr viel länger und erzeugt die größere Hitze. Was wir brauchen, ist aber nicht das prasselnde Feuer und erst recht kein großes Feuer, sondern die rote Glut der Holzkohlen. Bis wir sie haben, vergeht etwa eine halbe Stunde.

Inzwischen hat Bernd, als perfekter Koch der Wildnis, die Waldhühner ausgenommen und frische Kräuter in ihren leeren Leib gestopft. Er nimmt dann Speckscheiben aus einer Büchse und bindet sie mit Grashalmen um den kleinen Körper. Grüne Weidenstöcke sind die besten Bratspieße. Man schneidet vom Busch einen fingerdicken Zweig, der am oberen Ende in eine Gabel ausläuft. Das Messer schärft die beiden Spitzen. Wir bohren sie durch das Bündel und drehen langsam unsere Delikatesse über der höllisch heißen Glut. Schon bald hat sich der Speck goldbraun gefärbt. Aus den Hühnern tropft Fett und verzischt auf dem glühenden Holz. Mir läuft schon das Wasser im Munde zusammen, weil das Brathuhn so appetitlich riecht. Zum Schluß noch Salz und grobgemahlenen Pfeffer darauf. Lukullus in seinem Kirschgarten konnte nicht lukullischer speisen als wir drei Jäger knapp nördlich vom Polarkreis.

Wir zerreißen das knusprige Fleisch mit den Fingern und benagen die Knochen wie hungrige Füchse. Kein Geschirr ist zu säubern, kein Abfall bleibt zurück. Händewaschen im kalten See, sonst ist nach der schmackhaften Mahlzeit nichts zu tun. Die Gefahr eines Waldbrandes ist ausgeschlossen, denn wir haben unser Feuer auf einer Sandbank entfacht, und da kann überhaupt nichts passieren.

Weiter durch den Fichtenwald und dichte Büsche, über schwankende Mohrenköpfe, glattpolierte Felsbrocken und zeitraubende Windbrüche. Am Ufer eine abgeworfene Elchschaufel von ungewöhnlicher Breite, aber schon vom Zahn der Zeit benagt. Zweimal stoßen wir auf die Fährte eines starken Bären und stehen mehrmals vor dem tief ausgetretenen Wechsel der Karibu. Es ist ein Wanderweg der Tiere, den sie gewiß schon seit Generationen benützen.

Als die Sonne sinkt, stehen wir auf der Seeseite, die gegenüber unserem Lager liegt. Es war eine Fehlschätzung sondergleichen, daß ich geglaubt hatte, wir könnten den Sythelemenkat noch vor dem Abend umrunden. Der Damm war nur bei Anfang des Marsches so gut gewesen. Schon lange können wir ihn nicht mehr gebrauchen. Der mühsame Marsch über die Mohrenköpfe und die Kletterei durch Windbrüche hat sehr viel Zeit gekostet.

Bernd zeigt auf vermoderte Balken im Gebüsch, und ich sehe ein verbeultes, vom Rost zerfressenes Ofenrohr.

»Da hat mal ein Trapper gewohnt«, sagt Timothy, »und ich dachte, wir wären die ersten Leute mit der Absicht, hier 'ne Hütte zu bauen.«

Bernd stößt mit den Füßen die zerfallenen Stämme auseinander und findet noch mehr rostiges Eisen.

»Biberfallen ... ganz alte Dinger. Heute würde keiner mehr so was brauchen.«

Aber sie waren damals eine Kostbarkeit. Deshalb glauben Bernd und Tim, der Trapper sei hier gestorben. Sonst hätte er seine wertvollen Fallen mitgenommen.

»Er war bestimmt allein«, sagt Bernd, »und ein Grab hat er deshalb nicht bekommen. Seine Knochen müssen irgendwo herumliegen ... von Wölfen oder Bären zerknackt.«

Das ist kein Platz für längeres Verweilen. Wir marschieren noch eine gute Stunde in den Abend hinein, doch es wird allmählich zu dunkel.

»Na schön, wir haben gutes Wetter und können ohne Zelt kampieren.«

Wir brechen breite Zweige von den Fichten und legen sie auf den Boden. Noch mehr und noch mehr darüber, bis eine federnde Matratze entsteht. Nun die Lodenmäntel darauf, und schon sind drei Betten fertig. Ein langes Feuer wird entfacht, das bis zum Morgen glimmen soll. Die Nächte sind ja kühl, und bis unter Null kann die Temperatur absinken. Wir kochen Tee im Kessel und schütten hochprozentigen Rum hinein. Aus Mehl, Milchpulver und Eipulver rühre ich den Teig für einen Schmarren nach Tiroler Rezept. Die Zutaten sind Zimt, Zucker und Rosinen. In der Bratpfanne gelingt das Werk und wird von beiden Freunden gelobt. Kann man es besser haben in einsamer Wildnis?

Als ich beim ersten Frühlicht die Pfanne mit sandigem Wasser auswasche, sind am Ufer deutliche Abdrücke von Bärentatzen zu sehen. Kein großer Grizzly hat uns besucht, sondern ein noch junger Schwarzbär. Der Küchenduft hat ihn angelockt, aber er bekam wohl auch die Witterung von Menschen in die Nase und hat sich gleich getrollt.

Wir packen unsere Siebensachen zusammen und marschieren ab. Das Gelände ist jetzt flach, der Boden einigermaßen fest, und der Wald liegt weit zurück. Wir können auch für lange Strecken wieder den Damm benützen. Gegen Mittag trennen uns noch ein bis zwei Stunden vom Standlager. Bernd schlägt vor, daß wir zu einem kahlen Bergrücken hinaufsteigen. Von dort wird man weit ins Hinterland sehen, wo sich eine Kette von Teichen und Tümpeln ausbreitet.

»Eine gute Gegend für Elche, und ich möcht' wissen, ob die Bullen schon bei den Kühen sind.«

Am See war davon nichts zu bemerken, überhaupt hat uns bisher das Fährtenbild enttäuscht. Kein vielbegangener Wechsel mit frischer Losung. Aber irgendwo müssen die Elche sein, wenn nicht in der Nähe des Ufers, dann sehr wahrscheinlich hinter der Anhöhe. So wandern wir über einen ausgetrockneten Sumpf, steigen schräg am bewaldeten Hang hinauf und gelangen auf den felsigen Rücken. Zur anderen Seite hin dehnt sich eine weite, offene Ebene. Sie ist durchsetzt von zahllosen schilfumsäumten Teichen und ruhig dahinfließenden Bächen. Erst fern im Hintergrund wieder hohe Berge. Für das Suchen nach Wild kann es einen besseren Platz nicht geben.

Bernd holt sein Spektiv aus dem Rucksack, ein Glas mit 60facher Vergrößerung. Auch mit beiden Händen könnte man das schwere Ding nicht ruhig halten. Es wird auf ein fußhohes Stativ geschraubt, und Bernd legt sich dahinter. Wer nicht selbst durchs Spektiv schaut, muß sehr viel Geduld haben, denn bis zur Meldung eines Erfolgs vergehen oft mehrere Stunden. Der Beobachter übersieht bei so starker Vergrößerung immer nur einen kleinen Teil des Geländes. Er sucht mit System, rückt langsam weiter in der Horizontalen, vom äußersten rechten Punkt bis zum weitesten nach links. Dann folgt der nächste Streifen darunter, bis am Ende nichts mehr übrigbleibt. Man erkennt ein Tier auf weite Distanz nur in der Bewegung. Bestehen Zweifel, ob dies oder jenes Objekt ein lebendes Wesen ist, so merkt sich der Beobachter diesen Fleck möglichst genau, um ihn nach zehn bis zwanzig Minuten wieder anzupeilen. Meist wird sich dann herausstellen, ob sich dort etwas gerührt hat oder nicht. Bei ruhenden Elchbullen kann es sein, daß die Schaufeln in der Sonne glänzen. Wenn das Tier sein Haupt auch nur wenig bewegt, blitzen sie wie ein Spiegel.

»Ein Bulle im Schilf . . . fast am linken Ende der Fläche beim dritten Teich hinter dem Bach mit der doppelten Schleife . . .«, hören wir von Bernd, »für uns viel zu weit und Sümpfe dazwischen. Ein anderer zieht aus dem Fichtenbestand nach rechts . . . scheint mir schwächer zu sein. Aber da ist ein kapitaler . . . er folgt dem Bach, der sich teilt . . . wird gleich im Erlengebüsch verschwinden. Ein Braunbär mit zwei Jungen am Hügel rechts von der Mitte, neben dem breiten, grüngelben Sumpf. Die Mutter gräbt im Boden nach irgend etwas . . . nein, sie kämmt mit den Tatzen durch Heidelbeerkraut. Ich sehe überhaupt keine Kühe . . . nur Bullen. Da ist wieder einer: Die allgemeine Richtung geht nach Süden. Dort wollen sie hin . . . zu den beiden Tälern mit dunklem Wald. Dort sind wahrscheinlich die Kühe eingezogen, und die Bullen gehen nach . . .«

Wer das nicht schon öfter miterlebte, muß glauben, daß die Elche so dicht beisammen stehen, wie bei uns das Vieh auf einer Weide. Aber die zehn oder zwölf von Bernd entdeckten Bullen verteilen sich über etwa hundert Quadratkilometer. Auch beim besten Willen wäre es nicht möglich, noch am gleichen Tag bis auf Schußweite heranzukommen. Hier ist das eine ganz andere Jagd als in Norwegen, Schweden oder Finnland, schon deshalb, weil die jagdliche Mithilfe von Hunden verboten ist. Sogar innerhalb von Alaska selbst sind die Methoden verschieden. Das sorgfältige Absuchen von offenem Gelände mit dem Spektiv ist nur eine davon. Das Warten am Wechsel, das Folgen auf einer frischen Fährte und der Ansitz bei Brunftgruben sind weitere, doch längst nicht alle Möglichkeiten. Hier und heute geht es nur um die Feststellung, wo man an einem der nächsten Tage mit hinreichender Hoffnung auf guten Erfolg pirschen könnte.

»Schlecht sieht's aus«, meint Bernd, »was da unten herumläuft, kommt nicht wieder. Es sind alles nur Passanten, die weiterziehen. Die Brunft fängt erst langsam an, noch nicht kalt genug dafür . . .

Aber wenn die Nachtfröste richtig kommen, ist hier 'ne gute Gegend für Gäste ... dann bleiben die Bullen ungefähr am gleichen Platz.«

Er ist schon beim Abschrauben des Spektivs, da hat es mehrmals geblitzt. Gleich liegt Bernd wieder hinter dem Dreibein.

»Den siehst du auch im eigenen Glas ... dort bei den verbrannten Lärchen, wo der Boden schwarz ist. War in den Erlen und kommt jetzt raus ... zieht nach rechts wie die anderen, aber näher ... viel näher bei uns. Hast du ihn jetzt ...?«

»Ich hab' ihn ... er will zum ovalen See mit dem gelben Schilf. Können wir ihm nicht den Weg abschneiden?«

»Niemals, der läuft viel schneller als wir, wenn's einem auch langsam vorkommt, aber ... ich glaube, er tut sich nieder. Da liegt er schon im braunen Gestrüpp ... nur die eine Schaufel läßt er noch sehen ... breit und hoch, sicher ein ganz kapitaler. Wir werden's versuchen ...«

Den Weg am Hang hinunter, danach durch enges Stangenholz und noch über mindestens tausend Mohrenköpfe, diesen Lauf mit keuchenden Lungen und pochenden Pulsen werde ich bis zum Ende meiner Tage nicht vergessen. Alles nur, weil der starke Bulle gleich wieder aufstehen könnte, um für immer zu verschwinden. Mir liegt gar nicht so viel daran, seine Schaufeln zu erbeuten. Ich habe schon mehr als genug daheim, und es fehlt der Platz an meinen Wänden für weitere Trophäen. Nur notwendiges Fleisch für die Kühltruhe von Bernd und Tim wollten wir jagen. So war es eigentlich ausgemacht. Aber die Passion hat meine Freunde gepackt. Es ist für sie nun eine Ehrensache, mich auf Schußweite an den Bullen heranzubringen. So sind die guten Guides. Ein Erfolg des mitgenommenen Mannes bedeutet für sie sehr viel mehr als der eigene. Natürlich steckt das an, und so hetze ich hinterher, mit knackenden Knien und rutschender Hose.

»Augenblick mal«, unterbricht Bernd den schweißtreibenden Dauerlauf, »wir machen zu viel Lärm. Ihr beide geht allein weiter ... ich bleibe hier auf dem Felsblock und geb' euch Zeichen, wo der Bulle steckt und was er macht. Tim weiß genau, was die Zeichen bedeuten.«

Tief im Gestrüpp können wir den Starken schon längst nicht mehr sehen. Wir halten nur die Richtung ein, nämlich die Mitte zwischen zwei Gipfeln am Horizont. Bernd aber steht viel höher und hat den Bullen wieder im Glas.

»Wir sollen nach rechts 'rüber«, sagt mir Tim, »und dort über einen Bach. Nicht mehr so rasch, wir sind schon ziemlich nahe dran!«

Bernd hat seinen Hut aufs Gewehr gesteckt und hält es hoch.

»Achtung ... der Bulle ist aufgestanden ... jetzt nicht mehr rühren!«

Gebückt stehen wir unbeweglich im schulterhohen Fichtenholz. Tim schaut dabei ständig zu Bernd, der seinerseits den Bullen beobachtet.

»Langsam dreißig Schritt nach rechts sollen wir gehen, da wäre 'ne Lücke im Holz«, übersetzt mein Begleiter die Zeichen des Beobachters.

Wir folgen dem Befehl und bleiben dann wieder stehen.

Jetzt erkenne ich die graubraune Form, aber nur als großen Klumpen durch ein Gitterwerk von Ästen und Zweigen. Wenn er hochkommt und ein paar Schritte nach vorne macht, hätte ich den Koloß im freien Schußfeld.

»Das besorg' ich schon«, sagt Tim, »du mußt nur fertig sein für den Abzug im Bruchteil 'ner Sekunde. Ganz leise durch die Zähne zischen, wenn's soweit ist ...«

Durchladen, entsichern und spannen. Büchse fest an die Backe, das linke Auge zu und das rechte offen. Ich bin so weit und zische ganz leise durch die Zähne.

Da knackt der Halbindianer mit einem dürren Holz. Es klingt, als hätte ein schweres Tier auf einen Ast getreten.

Der Elch kommt rasch auf die Läufe, schiebt sich vor, steht völlig frei und wendet sein gewaltiges Haupt in Richtung des Geräuschs. Ein Hauch von Menschenwitterung hat ihn schon gewarnt, man sieht es ganz deutlich an seiner sprungbereiten Haltung.

»Dafür brauchst du 'ne Menge Platz«, meint Bernd, nachdem er die Schaufeln vermessen hat. »Nimm zwei andere Paare von der Wand und häng dafür diese Knochen an die freigewordene Stelle. Ich glaub', sie werden gerade hinpassen.«

Wir sind beim Ausnehmen des Wildkörpers und beim Abschärfen des Hauptes, als Timothy plötzlich auf die Beine springt. Ein anderer, fast ebenso mächtiger Elchbulle steht uns auf knapp zehn Schritt gegenüber. Er ist völlig furchtlos, schaut nur auf den gefallenen Bullen, nimmt von den Menschen keine Notiz.

»Das war der Rivale«, flüstert Bernd, »der jüngere von beiden. Er wollte den Alten verdrängen bei den Kühen. Nun scheint die Konkurrenz ausgeschaltet, und das möcht' er ganz genau wissen.«

Wir machen weiter, ohne besonders auf den Bullen Nummer zwei zu achten, der reglos unser Tun betrachtet. Wir nehmen jetzt nur die besten Teile mit, so viel noch in Bernds großen Rucksack hineingeht. Der Rest des riesigen Körpers wird mit Papiertüten verblendet, damit Raubtiere nicht daran fressen. Morgen und übermorgen wollen wir alles, was sich verwerten läßt, ins Lager schaffen. Die mühsamste Arbeit ist der Transport des schweren Hauptes mit dem breiten, daumendicken Schaufelgeweih. Mir ist das ganz unmöglich, denn insgesamt mögen es zwei Zentner sein. Bernd und Tim packen die Last abwechselnd auf ihre Schultern. Dafür schleppe ich den Rucksack und die Waffen des Trägers. Schon damit ist die Grenze meiner Leistungsfähigkeit erreicht, denn es steckt ja darin auch schon eine Menge von dem Wildbret.

Gerade hat Tim das Geweih aufgenommen, da erscheint der andere Bulle in bedrohlicher Nähe. Er glaubt, sein Gegner wäre wieder auferstanden, und er möchte mit ihm raufen. Die schwankenden Schaufeln auf Timothys Schultern sehen wirklich so aus, als würde ein Elchbulle langsam geschwächt davon ziehen. Der andere muß annehmen, daß sein Rivale die alte Kraft eingebüßt hat. Das bietet dem Jüngeren eine gute Gelegenheit, ihn endgültig zu vertreiben.

»Schießt ihn ab, verdammt noch mal«, ruft Timothy aufs höchste erschrocken, »er will angreifen . . . aber ich bin doch kein Bulle!«

Bernd und ich ballern in die Luft. Der Elch bleibt stehen, dreht zögernd ab und verschwindet. Nach etwa zehn Minuten kommt er wieder, und nochmals werden zwei Patronen verschossen. Jetzt endlich begreift der dumme Kerl, daß er nicht erwünscht ist und hält auf Abstand. Bis zum See hören wir ihn noch hinter uns, dann verschluckt die Dunkelheit seine Silhouette.

»Man lernt doch niemals aus bei der Jagd«, schüttelt Bernd den Kopf, als wir eine Pause machen. »Immer hab' ich gedacht und es wird auch immer erzählt, daß Elchbullen ihren Gegner in Ruhe lassen, wenn er geschlagen abzieht. Aber hier war's ganz anders ... da hat er ihn noch drei Stunden weit verfolgt.«

Der Mond steht hoch über dem See, als wir endlich das Lager erreichen. Von müden Schultern fallen schwere Lasten. Niemand verspürt Hunger, der Yukonofen bleibt kalt. Mit zitternden Fingern schälen wir uns aus den durchschwitzten Kleidern und triefend nassen Stiefeln. Hinein in den Schlafsack und die Welt vergessen.

Das gute Wetter bleibt uns erhalten, die Sonne strahlt aus wolkenlosem Himmel. Wir schleppen auf drei Gängen das Wildbret meines Elches vom Tatort ins Standlager. Dort wird es in meterlange Streifen geschnitten und an Ästen zum Trocknen aufgehängt. Fliegen und ihre Folgen sind nicht mehr zu befürchten. Schon der erste Nachtfrost hat genügt, sie allesamt zu vernichten. Das kann für Menschen und Tiere eine wahre Erlösung sein, denn Moskito- und und Fliegenschwärme sind während des Sommers die schlimmste Plage des Landes.

Die schlimmste Plage bei der Jagd kann es sein, von weit entferntem Platz in wegloser Wildnis mehrere hundert Kilo Fleisch dorthin zu schaffen, wo es ein Flugzeug oder Fahrzeug abholen kann. Doch es muß unter allen Umständen geschehen, weil die strengen Vorschriften es so verlangen. Ihre Einhaltung kann durchaus kontrolliert werden. Es gibt in Alaska nur eine Fernverkehrsstraße, und die Flugplätze bei den wenigen Städten werden überwacht. Wer Trophäen mitbringt, und die sind kaum zu verbergen, muß auch das entsprechende Wildbret vorweisen. Kann er das nicht und hat für das fehlende Fleisch keine glaubhafte Erklärung, so wird man ihm die Trophäe abnehmen und die Jagdwaffen konfiszieren. Außerdem hat der Guide noch den Verlust seiner Lizenz zu befürchten. Bedenkt man, daß eine Flugstunde nicht unter 60 Dollar kostet, so ist der vorgeschriebene Fleischtransport eine teure Sache. Aber verkaufen darf man nichts davon, sondern verbraucht es selbst, verschenkt es an Freunde oder füttert damit die Hunde im Nachbarhaus. Das Verbot des Geschäftemachens mit Wildbret ist auch der Grund, weshalb sich auf keiner Speisekarte des Landes ein Fleischgericht aus der Wildbahn befindet. Ein Fremder ohne Freunde wird nirgendwo mit Elchfilets, Karibukeulen oder Wildschafbraten bewirtet. Der Genuß jagdlicher Beute ist nur im privaten Haushalt und am Feuer im wilden Wald möglich.

Die Jagd soll nicht dem Gelderwerb dienen. Wäre der Fleischverkauf gestattet, würden viele tausend Geschäftemacher das Wild zusammenschießen, um sich die Taschen mit Dollars zu füllen. Die Alaskaner, aber nur sie allein, dürfen so viele Elche oder Karibu erlegen, wie die Kopfzahl ihrer Familie beträgt. Das ist altes Gewohnheitsrecht und stammt noch aus jener Zeit, da man sich überwiegend von der Jagdbeute ernährt hat. Heute machen nur wenige Alaskaner davon Gebrauch. Der zeitliche Aufwand, die Mühe der Jagd und alle damit verbundenen Kosten sind zu groß. Wer die schwere Last seiner Beute mitnehmen muß, ohne sich daran bereichern zu können, schießt nur, was er persönlich braucht oder wegen der starken Trophäe haben will. Fremde Jäger, und das sind auch Amerikaner aus den anderen Staaten der USA, müssen für jeden Abschuß von Elch, Karibu, Bergschaf, Schneeziege, Braunbär, Schwarzbär und Walroß besondere, teilweise sehr hohe Prämien bezahlen. Natürlich ist auch ein Jagdschein erforderlich, und die erlaubten Abschüsse sind auf ein Minimum beschränkt*.

Nur der Kadaver eines Bären kann liegenbleiben, nachdem man ihm das Fell abgezogen und den Schädel geborgen hat. Im Bärenfleisch sind Trichinen zu befürchten, und davon zu essen ist lebensgefährlich. Aus diesem Grund gelten hier andere Vorschriften als sonst bei jagdbarem Wild.

Der Elch hat keine Trichinen, und was das Beste an ihm ist, soll

---

* Die Vorschriften wechseln von Jahr zu Jahr und sind nach Regionen verschieden. Als Faustregel kann gelten: 2 Elche, 2 Karibu, 2 Schneeziegen, 1 Bergschaf, 1 Braunbär, 1 Eisbär, 1 Walroß und 3 Schwarzbären pro Kopf und Jahr. Es leben immer nur einige dieser Arten im gleichen Gebiet, und die Jagdzeiten sind verschieden. Ausländer dürfen auf bestimmte Wildarten nur in Begleitung eines behördlich zugelassenen Guide jagen. Dieser Mann kostet pro Tag 150 bis 200 Dollar. Eingeschlossen im hohen Preis sind die Flüge ins Camp und zurück, die Verpflegung, alle notwendige Ausrüstung während der vereinbarten Zeit sowie Abtransport der Trophäen und des Wildbrets. Der Gastjäger bringt nur seine Waffe und persönliche Sachen mit. Sonst ist für alles gesorgt.

uns schmecken. Feine Filets werden mit dem Holzhammer beklopft, gesalzen und gepfeffert, dann mit Knochenmark bestrichen, mit Zwiebeln geröstet und mit Waldbeeren gewürzt. Das schmort in der Pfanne auf dem Yukonofen und verbreitet einen überaus verlokkenden Duft. Er zieht aus dem Zelt, weht durch den Wald und ist auch am See zu spüren.

»Heute abend die Zunge und morgen das Hirn«, sagt der Küchenchef und erwähnt noch, daß für die Indianer früher die Augen eine besondere Delikatesse waren.

»Manche mögen's noch heute«, meint der Halbindianer, »ich hab' es selbst gesehen und mich geschüttelt vor Ekel.«

»Und ich hab' gehört, es hat dir gut geschmeckt, Mr. Timothy Augenschmaus . . .«

Beide lachen, daß die Zeltwand bebt. Es bleibt jedoch unklar, ob Tim die Elchaugen verspeist hat oder nicht.

Bernd hebt den Kopf und sagt, wir sollten mal ruhig sein. Dann wirft er noch eine Portion in die große Pfanne.

»Ich höre 'ne kleine Maschine, und sie kommt 'runter, das bedeutet Besuch zum Mittagessen.«

Tim und ich laufen hinaus. Tatsächlich summt eine Piper Cub schon tief über dem See, setzt mit den Schwimmern auf und zieht sprühendes Wasser hinter sich her. Das Maschinchen tuckert dem Ufer entgegen und knirscht an den Strand. Wir machen sofort die Leine fest. Ein Mann mittleren Alters klettert aus der Kabine.

»Hab' den Rauch gesehen und wollte mal guten Tag sagen. Frank ist mein Name, Frank Brewster aus Boston.«

Er ist schlank und schlaksig, klein und von selbstsicherer Art, mit intelligenten Augen im scharfgeschnittenen Gesicht.

Wir sagen unsere Namen, wir schütteln ihm die Hand, stellen aber keine Fragen. Hier wäre das ein Verstoß gegen die guten Sitten. In nordischer Einsamkeit gilt noch der Brauch, jeden Fremden als gerne gesehenen Gast zu begrüßen. Es spielt keine Rolle, was er ist und wozu seine Reise dient.

»Wollte nur mal 'ne Tasse Kaffee trinken bei euch«, sagt der Besucher mit tiefer Stimme, »aber ich rieche was Besseres . . . Filet vom Elch, wenn mich die gute alte Nase nicht täuscht.«

»Die Nase stimmt, kommen Sie 'rauf, gleich ist es soweit.«

»Besten Dank, ich eile mit großen Schritten...«

Der Mann hat Humor und ist ein guter Kumpel, das merkt man gleich. Er nennt uns natürlich mit Vornamen, wie das hierzulande üblich ist. Einen Unterschied zwischen »Sie« und »Du« gibt es in der englischen Sprache nicht. Also reden wir miteinander wie alte Freunde.

Die Unterhaltung betrifft nur das Wetter, die nächste Umgebung und bestmögliche Zubereitung von Elchfilets. Man sieht, daß es dem Fremden schmeckt, und es scheint ihm zu gefallen in unserem Lager. Es ist ganz selbstverständlich, daß er beim Abwaschen hilft, Brennholz herbeischleppt und frisches Wasser holt. Das gehört sich so in einem Camp, und der Mann hat gute Manieren.

Wir sind gemütlich bei Kaffee und Kognak, rauchen Pfeife und haben die Beine weit ausgestreckt, als Frank ganz beiläufig beginnt, von seinem Flug zu erzählen. Er ist schon seit Wochen unterwegs, von Boston über den Mittelwesten nach Kanada und dann weiter hinauf in den Norden bis zu den arktischen Inseln. Wir erfahren jedoch nicht, ob er dafür einen bestimmten Auftrag hat oder nur zu seinem Vergnügen so weite Entfernungen zurücklegt. Es könnte auch sein, daß er beides miteinander verbindet. Frank verrät nicht mehr als sein Hobby, und das sind Besuche bei den Ureinwohnern des Nordens.

»Mich interessieren die Nascapi, die Nunamiut und solche Leute. Ich will sie noch sehen, bevor es ganz zu Ende ist mit ihrem Leben nach der alten Art. Da wird's jetzt höchste Zeit, denn bald ist nichts mehr davon übrig. Man lockt sie mit allen möglichen Vorteilen aus der freien Wildnis in die Welt des weißen Mannes. Da vergessen Eskimo und Indianer, was sie früher gewesen sind, und werden brave Bürger. Es muß wohl sein, es geht nicht anders, und sie haben's besser als je zuvor. Das beweist schon der Geburtenüberschuß bei den Eingeborenen, das Gewimmel ihrer kerngesunden Kinder. Aber mit der hohen Kunst des Überlebens, ganz aus eigenen Kräften unter schwersten Bedingungen, ist es vorbei. Wer kann denn noch ein Rindenkanu bauen... wo werden noch die Kamleika* gemacht... die echten Mukluk* und Schneebrillen aus Walfischknochen? Wer bleibt denn noch während des langen Winters in der Tundra? Ich suche diese Gruppen und finde sie auch. Von Jahr zu Jahr werden es weniger. Jetzt will ich zu den Nunamiut am Anaktuvukpaß, den letzten Eskimo der Berge ... schon einmal jemand dort gewesen von euch?«

Für meine beiden Freunde sind die Nunamiut gute Bekannte. Der Anaktuvukpaß im Hochland der Brooksberge liegt nicht allzu weit entfernt vom Sythelemenkat-See. Man kann im Sommer mit Rädern und im Winter mit Skikufen dort landen. Auch ich selbst bin dort gewesen, aber nur für knappe zwei Stunden.

Die Nunamiut sind nicht die letzten, sondern die einzigen Eskimo, die jemals so hoch in ein Gebirge hinaufstiegen, um für immer dort zu leben. Sie haben allen Kontakt mit den Eskimo an der Küste verloren und sind ein Rätsel für die Völkerkunde. Erst zu Anfang dieses Jahrhunderts wurden sie von weißen Trappern entdeckt, und erst vor dreißig Jahren hat sich ein Forscher mit ihnen beschäftigt. Das war Helge Ingstad, dem man auch die Wiederentdeckung von Leifbudir verdankt. Als er die Nunamiut besuchte und monatelang ihr Leben teilte, hatten sie noch keine Verbindung mit der Außenwelt. Sie ernährten sich allein von der Jagd, wohnten in Zelten aus Karibufellen und stellten alles, was sie brauchten, mit eigenen Händen her. Niemand weiß, wann und weshalb gerade diese Eskimo so weit ins Hinterland vorstießen und zu den wenigen Bewohnern des Hochgebirges wurden. Als Ingstad bei ihnen war, bestand die isolierte Gruppe nur aus achtzig Menschen. Aber danach hat sich der staatliche Eingeborenendienst um die Leute gekümmert. Holzhütten wurden hingeschafft, eine Krankenschwester entsandt und schließlich sogar ein Lehrer. Zweimal im Monat landet eine Maschine beim Anaktuvukpaß. Die Fürsorge hat sich gelohnt, denn das kleine Volk zählt heute 180 Köpfe.

»Ja, der Fortschritt marschiert. Ich darf keine Zeit mehr verlieren. Sonst haben sie Motorschlitten und leben von Konserven der güti-

---

* Die ›Kamleika‹ ist eine absolut wasserdichte, fast bis zu den Knien reichende Jacke aus den Darmhäuten von Robben oder Seehunden. Sie wird mit Tiersehnen zusammengenäht und wird vor jedem Gebrauch mit Fett oder Tranöl bestrichen. ›Mukluk‹ sind Eskimostiefel aus den Fellen von Seehunden, immen mit dem Pelz junger Karibu gefüttert.

gen Regierung. Aber ich weiß, es gibt unter ihnen noch richtige Heiden. Die alten Leute glauben an gute Geister und Dämonen, sie haben einen Schaman, der von sich behauptet, er könne mit den Tieren reden.«

Mich hat damals einer der Flugpioniere Alaskas nach Anaktuvuk begleitet. Er stand bei den Nunamiut in hohem Ansehen, weil er während eines Hungerwinters Säcke mit Lebensmitteln abgeworfen hatte. Er war für die Leute ein rettender Engel gewesen, ein guter Geist der Lüfte. Ihm hatte der Schaman eine von den Höhlen gezeigt, worin die Toten bestattet wurden, mit ihren Waffen und allem irdischen Besitz für den Gebrauch im Jenseits. Die heidnischen Höhlen waren aber dann verschlossen worden, und der Schaman ließ sich nicht überreden, eine der Grabkammern für Aufnahmen mit Blitzlicht zu öffnen. Die Sammlungen darin haben gewiß ethnographischen Museumswert.

Die Nunamiut haben es gut verstanden, die Möglichkeiten der neuen Zeit zu nützen. Sie verdienen ihre Dollars mit der Herstellung von Masken. Früher wurden sie bei Beschwörungstänzen gebraucht, heute verkauft man sie an die Sammler von Kuriositäten. Es sind echte Masken nach alter Tradition, aus Karibuhaut angefertigt mit einer Umrandung aus Wolfspelz. Mit angenähtem Bart und Augenbrauen gleichen die Masken verblüffend einem menschlichen Gesicht. Die Nunamiut liefern auf Bestellung mehrere hundert Stück pro Jahr.

Weil wir einiges über die Nunamiut sagen konnten, glaubt unser Freund, er habe es mit guten Kennern der polaren Völkerschaften zu tun. So bringt er nun gleich das Gepräch auf die Aleuten. Es sind die Ureinwohner jener Inselkette, die sich in einem 1 800 Kilometer langen Bogen von der Nordwestspitze Alaskas bis fast zur sibirischen Halbinsel Kamtschatka ausdehnt. Von einst 30 000 Aleuten, wie angenommen wird, sind heute kaum noch 2 000 übrig. Während der russischen Zeit Alaskas wurde dieses weitläufig mit den Eskimo verwandte Volk der Fischer und Seeotternjäger fast völlig vernichtet. Die wenigen noch unvermischten Reste leben in kleinen und kleinsten Siedlungen an kaum erreichbaren Buchten ihrer nebligen Inseln am sturmgepeitschten Beringmeer. Am reinsten erhalten blieben noch etwa 150 Familien auf den Pribilofinseln. Dort und in Belkofski bei Coldbay habe ich diese letzten Gruppen noch unvermischter Aleuten besucht. Auch Frank möchte die Aleuten sehen, es ist offenbar einer der wichtigsten Punkte seines Programms. Aber er hat Bedenken, mit seiner kleinen Maschine dorthin zu fliegen. Die Aleuteninseln sind berüchtigt wegen ihres schlechten Wetters. Nebel und tiefhängende Wolken verhüllen fast immer die Sicht. Es regnet oder schneit fast jeden Tag, und Stürme von unglaublicher Gewalt fegen oft über die Kette der Aleuten. *Reeves Aleutian Airways* ist die einzige Fluglinie, die einen regelmäßigen Dienst zu den größeren Inseln durchführt.

»Ich werd's versuchen, ich habe Zeit . . . auf mich warten keine Termine. Solange ich lebe, geht mein Urlaub nicht zu Ende.«

Ein beneidenswerter Mann, ein wirklich freier Mensch. Vielleicht sucht er deshalb nach anderen Menschen in völliger Freiheit.

»Erwarten Sie aber keine Menschen im Urzustand«, muß ich einschränken. »Die Aleuten haben sehr viel von den Russen angenommen, denn sie standen drei Generationen lang unter ihrer strengen Herrschaft.«

Als man im Zarenreich die vielbegehrten Pelze der Seeotter mit Goldstaub im gleichen Gewicht bezahlte, wurden die Aleuten von ihren gnadenlosen Herrn zu lebensgefährlicher Jagd gezwungen und drakonisch bestraft, wenn sie nicht die befohlene Zahl von Pelzen ablieferten. Sie fanden nur Schutz und Hilfe bei den Missionaren. Deshalb wurden sie orthodoxe Christen und sind es noch heute. In den Blockhütten hängen Heiligenbilder, und teilweise predigen die Priester noch in altrussischer Sprache. Der Samowar ist das beste Stück im Hause und Tee das Leibgetränk der Aleuten.

»Außerhalb der amerikanisierten Ortschaften ist alles unberührte Wildnis von ganz besonderer Eigenart. Eine unfaßbare Welt, ein Land der tiefen Fjorde und tausend Inseln. Rauchende Vulkane, dampfende Quellen, dunkle Felsen, schwarzer Sand und rollende Brandung . . .«

Frank scheint begeistert von meiner knappen Schilderung, es kann ihm nicht wild genug sein. Er hat in der zweisitzigen Piper Cub alle nur notwendige Ausrüstung, um allein zu kampieren. Die will er in einer Verkehrsmaschine mitnehmen, um dann ein Motorboot zu mieten oder einen langen Fußmarsch zu beginnen. So wäre dieser Wanderer durch die Luft auch zu Lande frei von fremder Hilfe. Einmalige Erlebnisse stehen ihm bevor, die nur wenigen Menschen möglich sind.

Aber wie ist das mit den »Karibufressern«, den Inlandeskimo der nordwestkanadischen Tundra? Es soll mich wundern, wenn er jemals von ihnen gehört hat, denn sie wechseln ständig ihre Wohnsitze und sind nur schwer zu finden. Doch dieser Mann weiß bedeutend mehr, als ich dachte.

»Sie meinen die Leute vom Ennadai-See im Westen der Hudsonbucht? Die sind nicht mehr dort, ich hab' sie in ihren alten Jagdgebieten vergeblich gesucht. Vor ein paar Jahren, als die Karibu ausblieben und etwa die Hälfte der armen Menschen verhungert ist, hat man die Überlebenden mit Flugzeugen geholt und auf mehrere Siedlungen an der Küste verteilt. Ein paar Familien wurden nach Coral Harbour auf die Southamptoninsel gebracht, andere nach Eskimo Point und Ranklin Inlet an der Hudsonbay. Fast wäre die Rettungsaktion zu spät gekommen, aber die Beamten vom DND* entschuldigten sich mit der Behauptung, sie hätten von der Not dieser Menschen nichts gewußt. Es kann ja sein, denn es gab so gut wie keinen Kontakt zwischen den Tundramenschen und der Außenwelt.«

Es waren nicht die Nomaden, nach denen ich eben gefragt habe.

»Ich meine die sogenannten Karibufresser im Zentrum der Northwest Territories, eine völlig isolierte Gruppe in der Einöde um den Contwoyto-See.«

Frank zeigt sich interessiert und fragt, ob ich dort gewesen sei.

»Nicht am Boden, nur im Luftraum darüber. Unsere ›Beechcraft‹ hatte Räder, auf der hügeligen Tundra konnten wir nicht landen. Es wäre auch mit Schwimmern nicht möglich gewesen, denn es trieben noch im Juli gefährliche Eisbrocken auf dem Wasser. Ein paar Zelte hab' ich gesehen und sechs oder sieben winkende Menschen. Sie waren sogenannte Karibufresser, aber aus hundert Metern Höhe kaum zu erkennen.«

---

* *Canadian Government Department für Northern Developement and Indian Affairs*

Man schätzt ihre Zahl auf fünfzig bis sechzig. Es sind die letzten ständigen Bewohner der unermeßlichen Tundra in einem dreimal größeren Gebiet als die Bundesrepublik. 300 Kilometer Luftlinie trennen sie auf allen Seiten von der nächsten Ortschaft. Karibuherden von vielen tausend Tieren haben wir damals überflogen. Ihre deutlich zu erkennenden Wanderwege durchziehen die Tundra wie ein Netz aus zahllosen Fäden. Man nennt diese einsamen Eskimo »Karibufresser«, weil sie fast nur von Karibu leben. Sie warten an ihren Wechseln, folgen den Fährten und kreisen die Opfer ein. Menschliche Raubtiere sind die Nomaden der Tundra, denn sie jagen nach ungefähr den gleichen Methoden wie Wölfe und Bären. Die Nachzügler, die alten, schwachen und die langsamen Tiere werden erbeutet, weil es die wenigste Mühe macht. Eine Familie braucht bis zu 200 Karibu in jedem Jahr, um sich und die Schlittenhunde zu ernähren.

Der Eingeborenendienst hat versucht, die ewigen Wanderer an bestimmten Wohnplätzen seßhaft zu machen. Damit wäre die Versorgung in Notzeiten sehr viel einfacher. Man könnte die Kranken abholen und dringend notwendigen Bedarf einfliegen. Auf einer Landzunge am weitverzweigten Conwoyto-See wurden Zelte und zerlegbare Holzhütten aufgebaut, versehen mit Notproviant und sogar mit Ölheizung, für die gefüllte Fässer bereitliegen. Die Eskimo der Tundra sind nicht eingezogen. Sie haben nur geholt, was sie brauchen können, und sind weitergezogen. Immerhin erhalten sie auf diese Weise Gewehre und Munition, Gummistiefel, Kochgeschirre, Angelhaken und Fischnetze. Sie bekommen auch Mehl, Mais, Tee, Zucker, Salz und noch so manches andere, was ihnen früher gefehlt hat.

Frank erzählt, daß die Karibufresser doch hin und wieder mit einem Piloten des Eingeborenenamtes in direkte Berührung kommen. Die Maschine versucht zu landen, wenn irgendwo ein Zeltlager entdeckt wird. Bis vor wenigen Jahren war das noch ein Schreck für die Eskimo. Aber sie wissen jetzt, daß der von einem Menschen geführte Vogel willkommene Geschenke bringt. Wie alle Naturvölker bezahlen sie die Gaben mit einem Gegengeschenk. Am Contwoyto-See sind das Karibufelle und luftgetrocknete Lachse. Der

Pilot hat Anweisung, die Sachen mitzunehmen. Der Tauschhandel soll und wird die Leute an Besuche aus der Luft gewöhnen. Eines Tages erhalten sie dann einen Kurzwellensender, bei dem wenige Handgriffe genügen, um im Falle der Not oder schwerer Krankheit rasche Hilfe herbeizurufen. Gerade die Eskimo begreifen sehr schnell, wie einfach technische Apparate zu bedienen sind*.

»Ich weiß, daß es unglaublich klingt«, sagt Frank, »aber einer dieser Tundramenschen hat mich vor dem sicheren Absturz gerettet ... durch sein unvorstellbar feines Gehör.«

Unser Freund hatte seine Piper Cub vor dem Lager aufs Wasser gesetzt. Er war am gleichen Tag mehrmals aufgestiegen, um nacheinander sechs bis sieben Eskimo das Hochgefühl eines ersten Fluges erleben zu lassen. Jeder wollte in die Maschine klettern, und auch droben wurde keiner von Angst geschüttelt. Ganz im Gegenteil lachten sie vor Vergnügen und imitierten die Bewegung fliegender Vögel. Als die Stunde des Abschieds kam und Frank den Motor warmlaufen ließ, saßen die Urmenschen am Strand und verfolgten aufmerksam seine Vorbereitungen zum Start.

»Ich stell' den Gashebel fest und steige wieder 'raus, um noch ein paar hingereichte Hände zu drücken. Da zupft mich einer von den Alten kräftig an der Jacke, zeigt erst auf seine Ohren und dann auf die Nase von der Piper. Ich weiß nicht, was er will. Aber der Mann läßt nicht locker, immer wieder zeigen seine unsauberen Finger von den eigenen Ohren zur Maschine mit dem warmlaufenden Motor. Er meint wohl, da würde was nicht stimmen, und zwar mit dem Motorengeräusch ... Wie soll er das wissen, so ein steinzeitlicher Mensch hat doch von moderner Technik überhaupt keine Ahnung.«

---

* Die gesundheitliche Betreuung der Eingeborenen ist vorbildlich, sowohl in Alaska wie im kanadischen Norden. Sogar in Siedlungen von wenig mehr als hundert Indianern oder Eskimo gibt es ein kleines Hospital mit Krankenschwester. Kann sie allein nicht helfen, so verständigt sie durch Sprechfunk den nächsten Arzt des *Medical Service*. Der läßt sich den Fall erklären und entscheidet, ob ein Flugzeug den Kranken holen muß. In Old Crow am Porcupine River in Nordwestkanada habe ich miterlebt, wie rasch und gründlich das funktioniert. Ein 10jähriger Indianerjunge hatte anscheinend Blinddarmdurchbruch. Binnen genau 90 Minuten nach der Meldung landete eine Maschine und brachte den Jungen auf den Operationstisch in Inuvik, wo schon alles für seine Rettung bereitstand.

Frank Brewster macht eine Pause, damit unsere Spannung steigt.

»Weil er immer so weiter macht, sperr' ich auch meine Ohren auf ... Der Motor läuft nicht, wie er sollte ... es ist ein unsauberer Lauf. Verrußte Kerzen müssen das sein, das ist so gut wie sicher.«

So war es auch, und Frank wäre nach menschlichem Ermessen binnen einer halben Stunde abgestürzt, hätte er nicht vor dem Start die Kerzen gereinigt.

Bernd und auch ich kennen noch andere Beispiele, die ein intuitives Verständnis der Eskimo für technische Zusammenhänge beweisen. Die Erklärung dafür ist die Umwelt der Polarmenschen. Kein anderes Volk auf Erden hat viele tausend Generationen unter so einzigartig schwierigen Verhältnissen existiert. Nach dem alten Naturgesetz »Auswahl der Tüchtigsten« konnte sich nur am Leben erhalten und fortpflanzen, wer die besten geistigen und körperlichen Fähigkeiten besaß. Dazu gehörte vor allem die hohe Kunst der Anpassung wie Ausnutzung jener geringen Möglichkeiten, die in der Arktis einem Menschen ohne fremde Hilfsmittel zur Verfügung stehen. Alles, was für ihre Lebenserhaltung notwendig war, mußten die Eskimo früher mit ihren eigenen Händen aus Knochen, Steinen, Tierhäuten und Fellen herstellen. Es fehlten ihnen nicht nur die Metalle, sondern in weiten Gebieten auch Holz. Was dennoch mit denkbar primitiven Mitteln gelang, waren Wunderwerke technischer Kunst. Die Eskimo erfanden den Kajak, das Iglu, die Harpune, das Schneemesser, die Vogelschleuder und noch manches andere mehr, weil sie es dringend brauchten. Das war, im weiteren Sinn des Wortes betrachtet, Technik in Reinkultur. Bei derartigen Fähigkeiten ist es für intelligente Eskimo relativ einfach, auch die Technik des weißen Mannes zu begreifen.

»Ich muß jetzt weiter ...«, sagt Frank Brewster und steht schon auf. »Vielen Dank für alles, es war sehr nett bei euch. Hoffentlich sehen wir uns mal wieder.«

Das ist so üblich im hohen Norden, viele Worte werden nicht gemacht. Das Maschinchen zischt mit zunehmender Geschwindigkeit übers Wasser und schwebt hinauf. Der summende Ton verklingt in der blauen Ferne.

Timothy nimmt die Axt, um Holz zu schlagen. Bernd will ein Netz auslegen, um Lachse und Forellen zu fangen. Ich bereite Elchzunge mit Moosbeeren zum Abendessen, begleitet von Glühwein. Das wird ein Genuß, wie ihn daheim auch die beste Küche nicht bietet.

»Ich rate zum frühen Rutsch in den Schlummersack«, meint Bernd nach dem Abwasch. »Morgen marschieren wir über die westlichen Höhen zu einem Fluß ohne Namen. Ich kenn' die Gegend nur aus der Luft, könnte mir aber denken, daß sich dort die Bullen mit den Kühen treffen. Schon möglich, daß auch Karibu und Braunbären zu finden sind ... wenigstens frische Fährten.«

Es ist mollig warm in meinem Schlafsack, das winzige Zelt ist mir zur gemütlichen Wohnung geworden. Einmal während der Nacht muß ich hinaus, und durch den engen Eingang geht das nur auf allen Vieren. Der Boden draußen war abends noch weich gewesen, ist aber jetzt steinhart gefroren. Eisige Kälte hängt in der Luft. Rasch wieder hinein in das Minizelt, Pelzmütze über beide Ohren, einen Wollschal vors Gesicht und den Reißverschluß des Schlafsacks bis ans Kinn zugezogen.

Einen so plötzlichen Sturz der Temperatur hat niemand von uns erwartet. Gestern noch war ich beim Weg zu dem Elchgerippe ins Schwitzen gekommen, jetzt aber liegt fingerdickes Eis auf jeder Pfütze. Der Indianersommer ist zu Ende, der Winter am Polarkreis hat begonnen.

Aus dem Wohnzelt steigen Rauchwolken, so dicht und so geballt wie nie zuvor. Die beiden Freunde haben den Ofen vollgestopft, daß die Eisenwände rötlich glühen. Bernd macht ein besorgtes Gesicht.

»Ist 'ne böse Überraschung, kann man wohl sagen. Wenn sich die Sonne nicht ganz gehörig anstrengt, müssen wir heute noch weg.«

»Du meinst, der See friert zu ... eine so weite Wasserfläche an einem Tag?«

»Man hat's schon erlebt, aber es muß nicht sein. Wenn sich bis Mittag am Ufer keine Eiskruste bildet, können wir bleiben.«

Ich gehe an den Bach, mir wenigstens Gesicht und Hände zu waschen. Da gleiten glasharte Körner durch meine Hände. Das Moos, die Gräser und die Zweige sind mit Eiskristallen besetzt. Gestern war hier noch alles grün, gelb und rotbraun. Die Halme bogen sich im Wind, und ich stand auf weichem, feuchtem Boden. An einer sprudelnden Engstelle des Baches haben wir die Eimer gefüllt. Nun hängen dort armdicke Eiszapfen, und es läuft nur wenig Wasser. Das gefrorene Laub knistert unter den Füßen. Eiskrusten zersplittern bei jedem Schritt, und wenn man das Waschwasser ausschüttet, gefriert es zu einem grauen Spiegel. Auch wir selbst haben den Wechsel der Witterung mitgemacht und sehen aus wie zünftige Polarforscher.

Aber der See ist noch frei und wird leicht von Wellen bewegt. Er hat auch strömende Zuflüsse, da kann so bald nichts passieren. Erst wenn jede Bewegung aufhört, wird die weite Fläche langsam erstarren. Bernd hat die Lage geprüft und meint, die Kälte sei doch nicht so schlimm.

»Na ja, wir werden's wagen und steigen erst mal dort auf den Rücken. Wir sehen dann bis ins Tal, von dem ich gestern sprach.«

Dort oben klammern sich Zwergbirken an den Boden. Wir werden ein Feuer entfachen und abwarten, wie es mit der Sonne wird. Kommt sie richtig heraus, können wir doch ins Tal auf die andere Seite hinuntersteigen.«

Über gefrorenen Boden geht man leicht. Auch die Mohrenköpfe sind starr geworden, und die Stiefel finden darauf festeren Halt. Es herrscht vollkommene Stille in der Natur. Wir hören den eigenen Atem, das Knirschen der Kleidung, die klingelnden Patronen und das Rumpeln im Rucksack.

Wir stehen auf einer Lichtung im Wald und beraten, welches der bequemste Aufstieg sei. Die absolute Ruhe der Umgebung beschwert das Gemüt. Mir wäre wohler, wenn ein Vogel vorbeifliegen oder ein Bach irgendwo murmeln würde.

»Ich find' es unheimlich hier«, sage ich zu Bernd, »dieses totale Schweigen im Wald macht mir geradezu Angst.«

Er zuckt mit den Schultern und schaut sich um, ohne zu reden. Der Halbindianer schüttelt den Kopf, tritt von einem Bein aufs andere und meint, er fühle sich gar nicht wohl.

Die Sonne hat alle Kraft verloren, beißende Kälte bohrt sich durch die Daunenkleider und pelzgefütterten Stiefel. Lange können wir nicht so unschlüssig herumstehen.

»Schau mal nach oben«, sagt Bernd in flüsterndem Ton, »jetzt wird's erst richtig kalt.«

Es steht keine Wolke am Himmel, er wird auch nicht von Nebel verhüllt, dennoch ist die Sonne zu einer farblosen Scheibe verblaßt. Aus dem glänzenden Gold wurde hellgrauer Stahl. Der Rand des Himmelskörpers läßt sich kaum noch erkennen. Noch grausamer als zuvor durchschneidet der Frost meine Knochen.

In der gleichen Minute rieselt das Laub von den Bäumen. Die Nadeln der Lärchen, die Blätter der Birken, der Pappeln, Weiden und Erlen fallen senkrecht herab. Ein Regen ohne Tropfen, ein Geflimmer in bunten Farben. Auf allen Seiten das gleiche, kaum zu beschreibende Bild. Vor unseren Augen sinken so viele Sendlinge der Bäume zu Boden, daß wir bald knöcheltief in Laub und Nadeln stehen.

Die durchdringend verschärfte Kälte der letzten Viertelstunde hat dieses Phänomen ausgelöst. Das Laub wurde abgesprengt, die Nadeln verloren ihren Halt. Kein Blättchen ist an seinem Zweig geblieben. Die Verwandlung geschah wie etwa der Szenenwechsel auf einer Drehbühne. Die Bäume sind nur noch kahle Gerippe. Wo eben halbdunkles Dickicht war, können wir weit hindurchsehen.

»Zurück ins Lager«, ruft Bernd, »wir müssen starten, so schnell wie möglich!«

Er läuft schon davon, und wir laufen ihm nach. Ein Wettrennen mit den Eiskristallen, die binnen kurzem den See verschließen. Kommt unser Vogel nicht mehr hoch, sind wir für Wochen in der todeskalten Wildnis gefangen. Erst muß sich eine Schneedecke über das Eis auf dem Sythelemenkat legen, dann könnte uns eine Maschine mit Skiern abholen. Bis dahin wäre es ein langes und vielleicht hungriges Warten im Zelt. Ich überlege beim Gehen, wie es sein wird, bei minus 40 oder 50 Grad Außentemperatur. Das ist unvorstellbar, ich habe es noch nie erlebt. Wann wird man uns vermissen? Wer soll meine Frau verständigen, wann könnte ich wieder zu Hause sein? Habe ich genug zum Lesen, wollene Unterwäsche zum Wechseln und Tabak zum Rauchen? Reicht das Petroleum für die Lampen, welche Unmengen von Holz müssen wir schlagen, kann uns der Ofen überhaupt erwärmen?

Da peitschen zwei Schüsse durch den Wald, gleich gefolgt von einem Kanonenschlag schweren Kalibers. Feindlicher Überfall wie damals an der Ostfront?

Die Knallerei kommt aus Bäumen, nicht aus Geschützen. Der Saft ist plötzlich gefroren und sprengt den Stamm. Das kann nur geschehen, wenn die Temperatur binnen kurzer Zeit auf selten erreichte Tiefe sinkt. Die jungen Bäume platzen mit dem hellen Ton von Gewehrschüssen und die alten mit dem Donnerschlag von Kanonen. Wer die Ursachen nicht kennt, muß zutiefst erschrecken. Doch es besteht keine Gefahr, weder für Menschen noch Tiere. Die Stämme stürzen nicht um, sie erhalten nur Risse, die fast immer verheilen.

Wir sind im Zelt und packen die wichtigsten Sachen in fliegender Eile. Fast die gesamte Ausrüstung muß hierbleiben, leider auch mein Elchgeweih. Wir nehmen nur mit, was besonderen Wert hat, die Waffen, die Kameras, die Ferngläser, das Spektiv, die Daunenrollen und mein Minizelt. Hinein damit in die Segeltuchsäcke und hinunter zur Maschine.

Verdammt noch mal, der Motor springt nicht an!

Bernd versucht es mit allen Hilfen und Finessen des alaskanischen Buschpiloten. Timothy dreht am Propeller, bis selbst bei diesem bärenstarken Mann die Arme erlahmen. Dann bin ich an der Reihe und kugele mir fast die Schulter aus, kann aber nicht halb so lange drehen wie der andere. Für einen Blick aufs Wasser habe ich keine Zeit.

»Bernd, wir müssen weg«, ruft der Halbindianer, »die Eiskörner werden zu Klumpen ...«

Dann endlich macht es dreimal puff ... puff ... puff ... und schon ist es wieder aus.

»Tim, du mußt drehen, so rasch wie möglich und pausenlos!«

Der arme Kerl schwitzt bei 40 bis 50 Grad unter Null, sein Gesicht ist rot angelaufen.

Puff ... puff ... puff ...

Es tut sich was im Motor, und wir können hoffen.

Er setzt wieder aus, springt an, stirbt ab, und so geht es weiter. Das Gepäck haben wir längst verstaut, aber der See ist milchweiß geworden. Faustdicke Eisbrocken schwimmen in der Brühe.

Puff ... puff ... puff ... – ... puff ... puff – puffpuffpuff und erlösendes Knattern in rascher Folge. Tim kann loslassen, der Propeller wird vom Motor herumgewirbelt.

Wir klettern schnell ins Kabinchen, verriegeln die Tür und schnallen die Gurte fest. Jetzt geht es darum, ob wir hochkommen.

Langsam löst sich die Cessna vom Ufer. Eisklumpen klirren und klopfen an den Schwimmern. Ein sehr häßliches Geräusch, Warnung und Drohung zugleich. Je rascher die Maschine durch den Brei rutscht, desto lauter das üble Gepolter. Wir brauchen zum Start in die Luft etwa 100 Stundenkilometer. Das ist meines Erachtens nicht zu schaffen.

Unser Pilot gibt Vollgas. Das gefährliche Geprassel hört sich an wie Maschinengewehrfeuer. Hoffentlich werden die Schwimmer nicht leckgeschlagen. Es ist nicht auszudenken, was dann mit uns geschieht.

Dreimal versucht Bernd die Maschine aus dem Brei zu heben, aber das Tempo genügt nicht. Der fortschreitend gefrierende Sythelemenkat will uns festhalten. Das Geratter wird schlimmer von Sekunde zu Sekunde.

Da plötzlich hört es auf, und wir sind in der Luft.

Die Cessna fliegt in einer weiten Kurve rings um den See. Noch eine Kurve und noch eine, was ist denn los?

»Wir sind zu schwer ... Spritzwasser an den Schwimmern vereist ... ich komm' nicht hoch ... nur ganz allmählich ... müssen vielleicht ein paar Klamotten 'rauswerfen ... doch nicht nötig ... es wird schon gehen ...«

Er redet mehr mit sich selbst als mit uns. Ich spüre seine Spannung und die Gefahr der Situation. Wir müssen bis etwa 3000 Fuß steigen, um über die Höhen hinwegzukommen, die auf allen Seiten den See umschließen. Für viele Versuche reicht der Sprit nicht aus.

Timothy zupft an meinem Ärmel und zeigt hinunter.

»Wölfe am Elch, vier, fünf, sechs Stück ... heute hätten wir einen oder zwei erwischt.«

Sie lassen sich von dem Motorenlärm nicht stören. Freßgier hat die Raubtiere gepackt, das Gerippe wird hin und her geschüttelt. Dann sind wir schon weiter und sehen nichts mehr.

Mein Blick bleibt auf dem Höhenmesser. Darauf kommt's jetzt an, 900 Fuß ... 1 100 ... 1 300 ... 1 500 ... Die Cessna steigt und steigt. Sie fliegt einem Sattel in dem Bergrücken entgegen. Wenn wir darüber sind, ist die schwierigste Etappe geschafft.

1 800 Fuß ... 2 000 ... 2 200 ... 2 300 ... immer langsamer bewegt sich der Zeiger nach oben. Die kahle Senke zwischen zwei Buckeln kommt näher, und ich kann schon einzelne Blöcke erkennen. Der Pilot schwenkt ab, um in weit ausholender Kurve noch höher zu steigen.

2 300 ... 2 400 ... 2 450 ... und noch eine Kurve, sonst geht es nicht. Nervenzermürbend langsam zittert der Zeiger nach oben.

Aber dann viel rascher als zuvor ... 2 600 ... 2 800 ... 3 000 ... 3 200.

Jetzt haben wir die Höhe, nun steuert die Cessna direkt in den Sattel hinein.

»Vorbeugen, weit vorbeugen«, ruft Bernd mit erregter Stimme, »Gewicht nach vorn verlegen ... so weit wie möglich!«

Mein Gott, der Zeiger sinkt. Mein Magen saust nach oben, das Gesäß nach unten. Alles Gefühl in den Beinen geht verloren.

Wir fallen in wenigen Minuten um 500 ... 600 ... 700 Fuß. Es sieht nach Absturz aus, und ich schließe die Augen. Rasch noch sämtliche Sünden bereuen, bevor es zu spät ist.

Am Hang hoher Berge gibt es Aufwinde und Abwinde. Doch ich weiß nicht, wann der eine oder andere die Macht übernimmt. Wir jedenfalls werden herabgezogen, tief, tiefer und noch tiefer. Bernd rettet die Maschine durch eine Schwenkung in den freien Raum vor dem Gebirge.

»Es geht wieder hoch«, höre ich die Stimme des Freundes, »das Herzklopfen kann aufhören.«

In Kreisen und Schleifen hebt sich die Cessna hinauf in den blaßgrauen Himmel. Der Zeiger schwankt um die Marke 3 000. Da unternimmt Bernd aus schräger Richtung einen neuen Versuch. Die Schwimmer schweben über grauem Geröll, und wir haben Bergwände auf beiden Seiten. Wir sind in dem Einschnitt, aber vor uns liegt weite, freie Sicht.

Der Sattel verschwindet nach rückwärts. Nun ist nicht mehr viel zu befürchten, für den Rest der Reise nach Fairbanks genügen 2000 Fuß.

»Mit dem Sprit werden wir auskommen«, meint Bernd beruhigend, »haben sogar noch eine Gallone Reserve.«

Der Yukon führt Eis, aber es wird von der Strömung mitgenommen wie Papierfetzen. Es kann dort unten nicht so kalt sein wie am Sythelemenkat. Die Wälder tragen noch ihr Laub, und Bäche rieseln durch die Täler.

Da ist eine Straße und die Dunstglocke über der Stadt. Unsere Cessna schwebt in gerader Linie hinunter zum Wasserflughafen. Bernd hat schon Kontakt über Sprechfunk und meldet seine Maschine der Flugleitung.

Jetzt kann nichts mehr passieren. Wir setzen auf, gleiten dahin und ... es passiert eben doch! Der Vogel läßt sich auf dem Wasser nicht steuern. Die kleinen Ruder hinten an den Schwimmern sind eingefroren. Mit noch flottem Schwung rutscht die Maschine dem steinigen Strand entgegen. Da ist nichts mehr zu machen, mit zerstörendem Stoß werden wir aufprallen.

Tim entriegelt die Tür, klettert hinaus und klammert sich ans Gestänge. Der brave Mann kriecht auf dem eisglatten Schwimmer nach hinten. Wenn er abrutscht, wird ihn die Kälte betäuben und das Gewicht seiner Kleider nach unten ziehen.

Doch er hat die Gewandtheit einer Katze, reitet auf dem Schwimmer und packt das Steuerblatt am Ende. Er rüttelt daran und bewegt die Scharniere. Das Eis bröckelt ab, das Ruder ist frei, und Bernd kann steuern. Es ist zwar nur eines der Ruder, aber das genügt, und die Cessna gehorcht ihrem Herrn.

Sie gleitet im Bogen bis zum Ende der Schwimmbahn und berührt das steinige Ufer mit nur leichtem Stoß.

Nichts kann schöner sein als fester Boden unter beiden Füßen.

Register

Adventfjord 97, 98, 99, 103
Ainu 144, 158 ff.
Air Canada 241
Akureyri 180, 183, 195 f.
Alaska 14, 114, 288–318, 326–363
– Temperatursturz 357 ff.
Alasca Federation of Natives (AFN) 300 f.
Alcan Highway 306
Aleuten 300, 351 f.
Almannjaschlucht 197
Althing 177, 199 f., 203
Amerilikfjord 227
Amsterdamøya, Insel 92
Amundsen Roald, 114 f, 118, 303, 324
Anadyr, Fluß 141, 143
Anadyr, Bucht von 143
Anaktuvukpaß 291, 350
Anavikkirche 237
Anchorage 14, 304, 312, 315
Andrée, Auguste 106 f., 111
Anse aux Meadow, L' s.
 L'Anse aux Meadow
Aomori 149
Archangelsk 92, 119
Arnald, Mönch 236 ff.
Arnarsson, Ingolfur 178
Athabaska-Indianer 327
Atlantic Richfield Company (ARCO) 288, 304, 312, 313 ff., 323, 325
Atsushi 161
Aurora Borealis s. Nordlicht
Avalon, Halbinsel 253 f.

Baffinland 316
Banksland 303
Bären 156, 162, 327, 337, 340, 347
Bäreninsel (Spitzbergen) 58 ff., 91
Bäreninseln (Sibirien) 132
Bärenkap 132
Barents, Willem 91, 98, 119
Barentsberg 97
Bartlett, Kapitän 137
Basken 246 f., 271
Bathhurst, Insel 87
Baxter, Bill 317
Bayerlein, Johann 229, 230
Beaufort-See 303
Beechcraft (Flugzeug) 353
Belkofski 352
Belle Isle Street 256, 269, 270
Bellsund 105
Beluga 257
Beothuk-Indianer 249 ff.

Bergschaf 347
Beringinsel 143
Beringstraße 118, 119, 134, 137, 143
Bing, Direktor der Store Norsk Kul Kompanie 100, 102
Bjelo Ostroi 125
Björnsdottir, Sigrid 214, 239
Black Duck River 276
Bockfjord 109
Bohrung Bay State Nr. 1, 319
Bora, Giacomo 121
Borgafjord 212
Boss, Noel 250
Bovanyst, Naturgott 125
Brattahild 212, 226, 231 ff., 263, 264, 265, 266, 268
Breidafjord 207, 211
Bremerhaven 117
Brewster, Frank 348 ff.
Bristol Bay 312
Brooks, Alfred 311
Brooksberge s. Brooks Range
Brooks Range 291, 306, 322, 325, 327, 329, 336, 350
Brower, Charly 325
Brunhild, Sage von 198
Brusewitz, E. 121, 137

Cabot, John 246 f., 253
›Café Prince‹ 156 f.
›Capsule living‹ 316 f.
Cessna (Flugzeug) 176, 327 f., 361 ff.
Chabarowo 122 f.
Chandalar River 334
Chatanga (Fluß) 130
Chatangabucht 130
Chipewyan-Indianer 7 f.
Clyde Harbour 316
Contwoyto-See 353, 354
Cold Bay 316, 352
Coldwell, Clark 57, 62, 63, 65, 76
Colville River 312
Commonwealth 246
Companies s. Ölgesellschaften
»Conservationists« 292 ff.
Cook, James 119, 134
Coppermine River 312
Coral Harbour 353

Dalvasa Seter 24
Dänisch-Grönländische Handelsgesellschaft 221
Danskøya, Insel 106, 107, 110 f.
Davis, John 214

Decker, George sen. 270
Decker, George jun. 273, 275, 277
Deschnew, Kap 132, 134, 143
Dickson, Schiffsreeder 121
Dovrefjell 20
Drachenschiffe 208

Eckener, Dr. Hugo 256
Edda 198
Edgeøya, Insel 106
Egede, Hans 214, 221
Egil, Sage von 198
Eide, Harald 324 f.
Eiderenten 108 f., 294
Eingeborene von Alaska s. »Natives«
Eingeborenendienst von Alaska 350, 354
Eisbären 63, 294
– Jagd auf 53 ff., 63 ff., 70 ff.
»Eisbärenkönig« s. Rudi, Henry
Eisfischen 162 f.
Eisfjord 97, 98, 103
Eklund, Familie 101
Elche 327, 330, 337, 341 ff., 347, 357
– Fleischverwendung 346 f.
– Jagd auf 19 f., 35 ff., 43 ff.
– Transport des Wildbrets 346 f.
Eldjarn, Dr. Kristjan 202, 203, 215 ff., 271, 276
Elfenbein 131, 133
Elisabeth II., Königin von England 246
Ellsworth, Lincoln 114
Endicott Range 312
Ennadai-See 353
»Environists« 295 f.
Epavesbucht 270
Erdöl s. Öl
Erich der Rote 198, 204 ff, 220, 222, 226, 231, 232, 233, 234, 235, 236, 263 f, 265, 267
Erik Raudes s. Erich der Rote
Eriksage 198
Eriksfjord 212, 226
Eriksson, Leif 198, 208, 213, 217 f. 235, 236, 263, 264 ff., 275
Eriksson, Thorstein 208, 213, 235, 236
Eriksson, Thorvald 208, 265 f.
Erikstadir 207
Eschenbach, Wolfram von 179
Eskimo 91, 140, 143, 214, 215, 217, 219, 221 f., 228, 231, 232, 236, 259, 271, 300, 312, 349, 350, 351, 354 ff.

Eskimo Point 353
›Express‹ 121, 126 (Begleitschiff der ›Vega‹)
Eystribyggd 212, 213, 214, 215, 237

Färöer-Inseln 233
Fairbanks 291, 306, 315, 324, 327, 328, 331, 363
Fanshawe, Kap 107
Finnbogi, Helgi 267, 268
Fischbänke der Basken 246f. s. auch Neufundlandbänke
Fischereigenossenschaften von Alaska 301f.
Fitzmaurice, Major 256
»Foolhen« 335
›Fraser‹ 121, 126 (Begleitschiff der ›Vega‹)
Fredericton 241
Frederik, König von Dänemark 232
Freydis 267f.
Fuji 159
Fujimoto, Professor 148

Gaedecke, Bernd 328ff.
Gama, Vasco da 118
Gander 255, 281
Gardar 226, 231, 236f.
– Augustinermönche 237
– Benediktinerinnen 237
Geirfuglasker 173
Geysire 195
Giljaken 144, 163, 164
Gletscher, Kalben der 111
Godthaab 212
Godthaabfjord 237
Golfstrom 16, 78, 90
Grenfell Mission 259f., 269, 278
Gresamoen 20, 30ff.
Grizzly 329
Grönland 198, 202, 204–217, 219–239, 263f., 265, 268, 269, 270
– Inlandeis 220f., 227, 228ff.
Grönländer 221, 222, 227, 236, 237
Grönlandsaga 204
Grumantsbyen 97
Gudafoss 195
Gudefjell, Insel 47, 48ff.
Gudmundsson, Arni, 173
Gudrid 236, 266
Gudrun, Sage von 198
Gugelhaube 239
Gulkana Street 293
Gullfoss 196
Gunnarsson, Gunnar 202

Hamburg-Bremen, Erzbischof von 236
Hammerfest 92

Handelswege des Hohen Nordens 133, 140
Hansen, Kapitän der ›Havella‹ 56, 62, 66, 70, 71, 75, 77
Hakodate 149
Halifax 241
Hardangervida 20
Harpune 356
Harrer, Heinrich 225, 228, 229, 230, 231
Harrison, Dr. 281, 282
Haukadal 207
Haukadalur 196
›Havella‹ (Schiff) 52ff.
Heimaey 176
›Heinrich Kern‹ (Schiff) 282
Hekla 182f., 185
»Helluland« 264
Helsingborg 144
Helsingør 144
Hengist und Horsa, Saga von 275
Herjolfnes 237, 238
Herjolfsson, Bjarni 263f.
Hinlopenstraße 107f.
Hoek, William 257, 258, 259, 276, 278
›Hohenzollern‹ (Schiff Kaiser Wilhelms II.) 99
Hokkaido 149, 159, 160
Hondo 149
Hoover, Präsident der USA 312
Hopen, Insel 66ff.
Horgaard, H., 121 135
Hornstadir 207
Hornstrandir 207
Hornsund 105
Hudson Bay 257f., 353
Hünefeld von 256
Humble Company 288
Hvalfjördhur 196
Hvalsey, Kirche von 214
Hveragerdhi 184, 196
Hveravellir 196
Hvitafluß 196
Hvitø (»Weiße Insel«) 106f.

›Ibsen‹ (Schiff) 102ff.
Icelandair 182, 200, 219
Igaliko 236
Igalikofjord 236
Iglu 217, 356
Indianer 259, 271, 300, 336, 349
Indianersommer 326f.
Indien 118
Ingrid, Königin von Dänemark 232
Ingstad, Anne 270, 271, 275
Ingstad, Helge 202, 218, 266, 268, 269, 273, 350
Inkapij 134
Inlandeis s. Grönland
Irkutsk 141
Island 14, 173–203, 207, 233, 256
– »Goldene Zeit« 198, 199
– Landschaft 182

– Namensgebung 180f.
– Sprache 180
– Vulkane 184
Island Tourist Büro 182, 190, 200
Islandannalen 268
Islandpony 179, 197
›Isleifur II‹ (Schiff) 173f.
›Italia‹ (Luftschiff) 114

Jaeren 207
Jagdlager 327
Jakowiecz 120
Jakutsk 130, 131
Jamal, Halbinsel 125f.
Japan 144, 146f.
Japanstrom 16
Jaumo 19, 20, 33ff.
Jenisej, Fluß 120, 121, 126
Johansson, Eislotse der ›Vega‹ 135
Jugorstraße 122

Kohle 97f., 104, 112f.

Labrador 245, 246, 247, 256, 260, 264, 265, 269, 270, 281
Lachse 293, 327
Lacrosse, Pierre 8ff.
Laki 200
Lancaster Sound 303ff.
Landflucht 24f.
»Landfreeze« 301
›Landnamabook‹ 91, 198
L'Anse aux Meadow 15, 202, 218, 242, 255, 258, 259, 260, 270, 273, 277, 282
Lappen 20f., 165
Lappenkaffee 41f.
Lappenkota s. Kota
›Latham‹ (Flugboot) 115
Leifbudir 218, 242, 255, 263, 265, 266f., 270ff., 273ff., 282, 350
Lena (Fluß) 120
Lena, Mündungsdelta 130, 131
›Lena‹ (Begleitschiff der ›Vega‹) 121, 126, 128, 130
Lerner, Theo 59ff.
›Liverpool Manuskript‹ 250
»Livyer« 259
Ljachow, Insel 132
›Lögmadur‹ 197
Longyear 97
Longyearbyen 75, 86, 97, 99, 100, 112, 115
Lund, Erzbischof von 236
Luru (Fluß) 21
›Lyngen‹ (Schiff) 100

›Mac Donald‹ (Eisbrecher) 303
Mackenzie River 257, 302
Maffen, Insel 108f.

365

Maghellan, Fernando 118
Mallery 269 (Forscher)
Malmgreen 115
Mammut 131
›Manhattan‹ (Tanker) 302 ff.
Marconi, Guiglemo 252
Markland 264, 268
Markowa 141
Masken 351
Matotschkinsund 122
McClure-Straße 303
McKinley, Mount 306
McKinley Nationalpark 293
McPherson 257
Meldgaard (Forscher) 269
Melville-Inseln 303
Micmac-Indianer 250 f.
Mineralogische Abteilung am Schwedischen Staatsmuseum 120
Missionare, Lutherische 221 f.
Montreal 241
– Hilton Airport Hotel 241, 287
Moschusochsen 80, 85 ff.
Mosjø 122
Moskito 326
Mukluk 349
Mullen, Timothy 56 f., 66, 69 f., 71, 72, 76, 77
Munn (Forscher) 269
Muscovy Company 91
Mussolini (Duce) 114
Mystery Lake 331
Myvatnsee 195

Narssaq 227 f.
Nascapi-Indianer 265, 349
Narssarssuaq 220, 225, 227
– Arctic Hotel 225
Nationalmuseum Kopenhagen 234, 239
»Natives« 300
Naval Reserve Nr. 4 312
»Nebelfürst« s. Lerner, Theo
Neufundland 202, 217, 218, 240–287
– Geschichte 247 ff.
– Schneesturm 282 ff.
Neufundlandbänke 245, 246 f., 282
Neunteufel, Dr. 67
Neusibirische Inseln 131
New Brunswick 241
Nibelungenlied 179
Nischnij Kolyansk 143
Njaskaja 130
Nobile, Umberto 114 f.
Nois, Frau 81
Nois, Hilmar 78 ff., 104
Nordenskiöld, Adolf Erich 115 f., 120 ff.
Nordlicht 9 ff.
Nordostpassage 115, 116, 118–144
Nordquist, Leutnant 121, 127, 132, 140

Nordsetur 237
Nordwestpassage 114, 118, 303, 322, 324
Nordwestterritorien 14, 257, 352
›Norge‹ (Luftschiff) 114
North Slope (Alaska) 288, 289, 290, 291, 293, 294, 299, 300, 302, 303, 305, 311, 314, 316, 322, 323, 324, 325
Northwest Territories 353 s. auch Nordwestterritorien
›Northwind‹ (Eisbrecher) 303
Norwegen 17–51, 79, 207
Nova Scotia 241, 250
Nowaja Semlja 91, 119, 122
Nürnberger, Anton 154 ff.
Nunamiut 349, 350 ff.
Ny Alesund 98, 100, 112 ff.

Ob (Fluß) 120
Oberster Bundesgerichtshof der USA 296, 301
Ochotskisches Meer 149
Odomari 149, 151 f.
Öl 14, 288–318
– Arabische Staaten 289
– Arbeitslosigkeit 305
– Europa 289
– Geschichtliches 311 f.
– Japan 287, 290
– Naher Osten 289
– Nordafrika 289
– Rußland 300
– Sabotage 299
– Texas 312
– USA 289, 300, 303
Ölbohrungen 14
Ölgesellschaften 290, 293, 294, 295, 299, 305, 324
Ölkonzessionen 301
Olaf V., König von Norwegen 113 f.
Olafsson, Thorstein 214, 239
›Olga‹ (Schiff) 60
Ørland, Halbinsel 105
Orok 144, 171 f.
Osaka 154, 159
Oskar II., König von Schweden 118, 121, 141
Oxney 207

Palsson, Pal 193 ff.
Pazifischer Ozean 118
Pelzjäger, Russ., s. Promischleniki
Permafrost 294 f., 311
Petschora (Fluß) 124
Pilotenfelsen 195
Pilsudski, Józef 155
Pipeline 290, 292 ff., 317, 324
– System der USA 302
Piper Cub 352, 355
Placentia 254
Point Barrow 311, 325
Point Hope 316

Polander, L. 121, 127, 134
Polarbären, s. Eisbären
Polarbüffel s. Moschusochsen
Polarkreis 16
– Länder am 12 ff.
Pollution 258
Port Clarence 143
Porte aux Basques 241
Preobraschenij, Insel 130
Prince-of-Wales-Straße 303
Prince William Sound 302
Prins Karls Forland 104
›Pröven‹ (Kutter von Nordenskiöld) 120
Promischleniki 84 f., 91
Prudhoe Bay 288, 289, 291, 293, 294, 302, 303, 304, 312, 325
Prudhoe Bay State Nr. 1 313 ff.
Pyramidspitsen 97

Qaqssarssuak 231 ff.

Radarstationen 14
Ranklin Inlet 257, 353
Real, Gaspar Corte 247, 253
Rentiere 20 f., 80, 88, 165, 166, 167
Revolution, Russische 146
Reykjavik 174, 177 ff., 182, 183, 196, 200 ff.
Rhode Island 267, 269
Ringerike 268
»Rote Engel vom Yukon« 329
Royal Canadian Mounted Police 278
Rudi, Henry 67 f.
Rußland 146 f.
Ryokan 153

Sagas 212, 264, 265, 266, 269, 270, 271
Sachalin, Insel 144, 145–172
– Ureinwohner 151, 158 ff. (s. auch Ainu)
Sagavanirktok River 293, 317
Salpynhen 103
Samojeden 91, 122 ff.
Samowar 352
Sann, Günther 240, 241 f., 251, 254 f., 282, 283, 285, 286, 287
Sann, Frau 254 f.
Sassendalfjord 78
Schaefer, Horst 148, 152, 165, 169
Schamanen 125, 136, 351
Schelagaskij, Kap 132
Schneebrille 349
Schneemesser 356
Schneeziege 347
Schwedische Geographische Gesellschaft 118
Seeotter 352
Semonowskij, Insel 131
Senff 156

366

Shiguro-san 151–165, 169, 171 f.
Sibirien 117, 118
– Erforschung 119
Siegfried und Brunhild, Saga von 275
Sièzes, Hippolyte de 57, 61, 65, 71, 76
Sigurd Jerusalemfarer, König 236
Sigurdur 192 f., 195
Skaftafell 189
Skandinavien 14, 20
Skógafälle 196
Skraelinger 266, 267 f.
Smallwood, Joseph R. 253
Smeerenborg (»Fettstadt«) 92, 110
»Smokejumper« 328 f.
Smyrill, John Bischof 238
›Snorralaug‹ 198
Sokkisson, Einar 236
Solowetskoj (Insel) 92
Solowetskoj-Kloster 92
Sørkoppland 105
Southamptoninsel 351
Sowjetunion s. Rußland
Spitzbergen 14, 78–116
– Erforschung 97
– Kohle 97 f., 104, 112 f.
– Pelztierjagd 84 f., 91
– Walfang 91 f., 110
– Walrosse 110
Springgun 69
St. Anthony 242, 255, 258, 259 f.
– Skylight Hotel 259
St. John's 241, 247 f., 251 ff., 260, 278, 281, 282
– Newfoundland Hotel 242, 282
St. Lawrence, Insel 143
Stefansson, Vilhjalmur 217
Stilowoj, Insel 132
Stockfisch 246
Stockholm 117
Stöng, Tal von 196
Store Norsk Kul Kompanie 90, 97, 100
Strengur 232 f.
›Strokkur‹ (Geysir) 196
Stroß, Walter 182 f., 187, 200, 201
Struxberg, Dr. 122, 125, 144
Sturlungasaga 198
Sturlusson, Snorri 198 f.
Subarktische Zone 16
Suezkanal 119, 120
Surtsey 175 f., 177
Surtur 196
Svalbard 91, 101 (s. auch Spitzbergen)
Sverdrup, Sven 101 ff.
›Swetlana‹ (russ. Schiff) 60 f. s. Bäreninsel

Sydney (Neufundland) 241
Syrtlingur 175
›Sysselman‹ 99, 100, 101, 104
Sythelemenkat-See 327–363

Tajmyr, Halbinsel 129
Tanner (Forscher) 269
Thing, Das 237
Thingvellir 197, 200
Thjodhild 207, 209, 235
Thjodhilds Kirche 234 ff.
Thjórsáfluß 183
Thomas, Dr. 259 f.
Thor 190
Thorensson, Thor 232, 234, 235
Thorisson, Sokki 236
Thórsmoerk, Tal von 190 ff.
Thorsnes, Thing von 207
Thorvald (Vater Erichs des Roten) 204 f., 213
Thule 221
Tierschutzverbände Alaska s. »Conservationists«
Tierschutzverbände USA s. »Conservationists«
Timothy 328 ff.
Tobin, Kapitän 126
Tokyo 149, 151, 154
Tomasson, Gudmar 173, 174
Torrell, Otto 120
Toyohara 151, 152 ff.
– Hakaya Hotel 152 f.
Trans Alasca Pipeline System TAPS 295 f., 299
Trans Canada Highway 255, 281 f.
Trapper 79 ff., 83 f., 88, 92, 334, 340
Tromsø 52, 58, 68, 81, 92, 100, 115, 122
Trøndelag 18, 20
Trondheim 30
Trygve Olafsson, König von Norwegen 213
Tscheljuskin, Kap 128 f., 130
Tschuktschen 132 ff., 135 ff.
Tumat, Insel 130
Tunasee 47, 48
Tungdilarfik 231
Turuchansk 126
Tungusen 167
Tusenøyane 106
Tyrkir 264 f., 275

Umiak 132, 217
Umweltschutz, Organisationen des, s. »Environists«
Upernivik 237
Ural 122

Valdez 294, 302
Val di Paradiso 71
Vancouver 281, 302
Vanville, William 312
Vatnagletscher 189
Vedal, Einar 18 ff., 43, 47
›Vegal‹ Fahrt der 115 f., 117–144
Venetie 334
Verlegenhuken, Kap 108
Vestmannaeyjar 174 s. auch Westmännerinseln
Vestribyggd 212, 213, 214, 215, 237
Viburanum pauceflorum 265
Vinland s. auch Neufundland 213, 215, 217, 258, 263, 265, 266, 267, 268 f.
Vinlandsaga 198
Virgobucht 111
Vogelweide, Walther von der 179
Vulkane s. Island

Waigatsch, Insel 122
Wainwright 312
Wakkanai 149
Walfang 91 f., 110
Walrosse 110, 347
Wegener, Professor 230
Weihnachtsinsel 175
Weintrauben, Legende von den 265, 269
Weißes Meer 119
Westmännerinseln 173 ff., 215 s. auch Vestmannaeyjar
Westspitzbergen 90 f., 98
White Fish River 257
»Whiteout« 129, 311, 313
»Whorl« 271, 275
Wikinger 178, 195, 202, 204–217, 233 ff., 246, 255, 258, 263 ff.
Wikingerzeit, Funde der 238
Wildlife Service 257, 294
Wildschutz von Alaska 53
»W. M. Meyer« (Wahlfänger) 137
Woodfjord 109
Wotan 197

›Ymer‹ (Dampfschiff) 120
Yokohama 144
Ytre Straumfjord 268
Yukon 294, 305, 327, 336, 363
Yukonofen 330 f.

Zeppelin ZR III 255
Zweite Weltkrieg, Der 146

FOTONACHWEIS: G. Lamprecht, Geophysikalisches Institut der Universität Alaska (1), P. Bading, Anchorage (2), D. Wendler, Iceland Tourist's Bureau (1), Iceland Air (1), J. Rychetnik, Anchorage (2), alle übrigen Fotos sind Aufnahmen des Verfassers.